칸트와 독일관념론의 자아의식 이론

칸트와 독일관념론의 자아의식 이론

A Study on the Theories of Self-consciousness
in Kant and German Idealism

백훈승 지음

서광사

이 저서는 2008년 정부(교육과학기술부)의 재원으로 한국학술진흥재단의 지원을 받아
수행된 연구임(KRF-2008-812-A00303)

칸트와 독일관념론의 자아의식 이론

백훈승 지음

펴낸이 | 김신혁, 이숙
펴낸곳 | 도서출판 서광사
출판등록일 | 1977. 6. 30.
출판등록번호 | 제 406-2006-000010호

(413-756) 경기도 파주시 교하읍 문발리 534-1
대표전화 (031) 955-4331   팩시밀리 (031) 955-4336
E-mail: phil6161@chol.com
http://www.seokwangsa.co.kr | http://www.seokwangsa.kr

제1판 제1쇄 펴낸날 — 2013년 11월 25일

ISBN 978-89-306-1047-6   93160 .

자아의식 이론 고찰의 의의

자아의식의 문제는 서양철학사에서 가장 근본적인 문제들 가운데 하나였다. 서양철학사에서 헬라스의 자연철학자들이 등장하여 세계[우주]의 시원(始原, archē, ἀρχή)을 탐구한 이후, 소피스트들과 소크라테스는 사유의 방향을 객관세계가 아닌, 객관을 사유하는 주관 자체로 돌렸다. 소크라테스는 델포이[Delphi] 신전에 새겨진 "너 자신을 알라"(gnōthi seauton, Γνῶθι σεαυτόν)는 말을 자기 철학의 핵심명령으로 삼고 대중 및 소피스트들의 무지와 오만을 깨우치고자 힘썼다. 자아의식의 문제는 또한 플라톤(Platon, 기원전 427년경–347년경)에 있어서는 "그 자신에 대한 인식[ἐπιστήμη ἑαυτῆς]"(*Charmides*, 166c 등)이라는 이름으로, 아리스토텔레스(Aristoteles, 기원전 384–322)에 있어서는 "사유에 대한 사유(νόησις νοήσεως)"(*Metaphysik* BkXII, Kap. 9, 1074b 34 f.) 라는 이름으로 등장하였고, 헬레니즘적인 고대 후기에는 개인주의와 주관주의 그리고 기독교의 양심의 형이상학이, 이론적 · 실천적 세계관계에 대해 자아의식이 갖는 의미를 상승시키는 데 기여했다.

그러나 모든 자기인식 및 세계인식의 원리로서의 자아의식이 그 근본적인 역할을 비로소 획득하게 되는 것은 데카르트와 더불어서다. 근대철학의 아버지로 불리는 데카르트는 가장 기초적인 확신들도 정당화 되지 않고 근거가 없는 것으로 여겨질 수 있다는 사실을 통감함으로써, 어떤 회의주의자도 흔들어 놓을 수 없는, 우리의 지(知) 속에 있는 아르 키메데스의 점[fundamentum inconcussum]을 찾아 나섰고, 그러한 점 을 그는 실로 자아의식 속에서 발견하였다. 즉, 그는 칸트에 150년 앞서 서 인식의 확실성을 확보함에 있어서 자아의식이 차지하는 유일무이한 지위를 인식하여 '코기토(cogito)'를 자신의 제1철학의 원리로 제시하 였다. 그리고 데카르트의 이러한 정초(定礎) 이후에 자아의식의 과제영 역 및 기능영역은 영속적으로 확장되었다.[1]

라이프니쯔(Gottfried Wilhelm von Leibniz, 1646-1716)는 단자(單 子, Monade)들의 계층을 구분하고, 각 계층의 존재자가 지니고 있는 지각(知覺)의 수준을 구별하였다. 가장 저차적인 단계에 있는 지각은 무의식적인 "미세지각(微細知覺, petites perceptions)"[2]으로서, 이것이 저차적[열등한] 물질과 결합하여 저차적 생명체인 식물이 된다. 식물은 모호한 상태의 지각을 가진 단순실체(*Monadologie* §19)로서, 마치 기 절했을 때처럼 또는 꿈조차 꾸지 않는 깊은 잠에 떨어졌을 때처럼 아무 것도 기억하지 못하는, 또 어떤 분명한 지각도 하지 못하는 내면상태를 지니고 있다(*Monadologie* §20 참조). 이들은 "나체단자[Monade toutes

---

1 Karen Gloy, "Selbstbewußtsein als Prinzip des neuzeitlichen Selbstverständniss- es. Seine Grundstruktur und seine Schwierigkeiten," in: *Fichte-Studien: Beiträge zur Geschichte und Systematik der Transzendentalphilosophie*, Wolfgang H. Schrader (hg.), Amsterdam, 1990 (41-72), 42 참조.

2 Gottfried Willhelm Leibniz, "La Monadologie," in: *Monadologie und andere metaphysiche Schriften: französisch-deutsch: Disours de mtaphysique, Monadologie, Principes de la nature et de la grâce fondés en raison* / hg., übers., mit Einl., Anm. und Registern vers. von Ulrich Johannes Schneider, Hamburg, 2002 (110-151), §21. Monadologie로 줄여 쓰고 §숫자만 표기함.

nues]"(*Monadologie* §24)라고도 불린다. 두 번째, 좀 더 분명한 지각을 갖는 동시에 기억[감정(le sentimént)]을 동반하는 단자(*Monadologie* §19)가 있는데, 이 단자는 다른 말로 "혼(魂, Âme)"이라고 불리며, 여기에 동물의 신체가 결합되어 동물의 개체를 이룬다.[3] 이제 다음 단계에 등장하는 것이 "의식적 지각[이성적 혼(理性的 魂), Âme Raisonnable]" 혹은 "정신(精神, Esprit)"이라는 단자인데, 여기에 인간의 신체가 결합되어 인간을 이룬다. 인간의 단자는, 그 이전 단계의 단자가 가지고 있는 감정[Sentiment] 외에도 "지각(知覺)의 지각", 즉 "통각(統覺, apperception)"(*Monadologie* §14)을 지니고 있는데, 이 통각은 바로 '자아의식' 외에 다른 것이 아니다.[4] 라이프니쯔는, 통각은 인간으로 하여금 필연적이고 영원한 진리들을 인식하고 이성과 과학들을 가질 수 있게 해 줄 뿐만 아니라, 우리 자신과 신(神)을 인식하도록 한다고 말한다(*Monadologie* §29 참조). 라이프니쯔는 자아의식이, 진정한 존재자에 관한 최초의 확신일 뿐만 아니라, 존재론의 모든 근본 개념들을 정

---

3 그러나 라이프니쯔는 넓은 의미로는, "지각과 욕망[appétition]을 가진 모든 것, 모든 단순실체들, 즉 창조된 모나드들을 혼이라고 부를 수 있을 것이다"(*Monadologie* §19)라고 말한다.

4 예컨대 『이성을 기초로 한, 자연 및 은총의 원리』(*Principes de la nature et de la grâce fondés en raison*, 1714)의 제4장 가운데 유명한 한 구절에서 그는 지각 [perception]과 통각[apperception]을 다음과 같이 정의한다: "외부의 사물을 표상하는 모나드의 내적 상태인 perception과, 이러한 내적 상태에 대한 의식 혹은 반성적 지식이며, 모든 영혼에게 주어진 것도 아니고 동일한 영혼에 항상 주어진 것도 아닌 apperception은 잘 구별된다"(Leibniz, *Principes de la nature et de la grâce fondés en raison*, §4, in: *Die philosophischen Schriften*, ed. C. I. Gerhardt, 7 Vols. (Berlin, 1875-90), 6, (598-606), 600). 여기서는 Udo Thiel, "Self-consciousness and personal identity," in: *The Cambridge History of Eighteenth-Century Philosophy*. Vol. 1, ed. by Knud Haakonssen, Cambridge, NY., etc. (286-318), 2007, 292에서 재인용함.

당화하기 위한 연역원리이기도 하다고 생각했고, 칸트는 라이프니쯔의 원리를 주체 속으로 적용하는 전제하에 라이프니쯔를 따랐다. 즉, 지(知)와 지성(知性) 일반이 의미하는 바를 우리는 자아의식의 구조를 분석함으로써 경험할 수 있다는 것이다. 피히테에 있어서 이 구조는 자신 속에 다른 모든 문제를 포함하고 있는 유일한 철학적 문제였다. 그리고 이러한 주관적 확실성의 철학의 전통을 끝내고자 하는 헤겔에 있어서도 사변적 논리학의 결정적인 실험은, 오직 그것만이 '자아의식'이라는 의심할 수 없는 사태를 해석하기에 적합하다는 점을 증명하는 것이었다.[5]

헤겔은 『철학사 강의』에서 근대철학은 데카르트와 더불어 시작된다고 했다. 그는 의식 외부의 존재자나 대상을 철학의 원리로 삼은 고대인(古代人)들과는 달리 데카르트가 자아의식을 철학의 원리로 삼은 점을 높이 평가하면서 다음과 같이 말한다: "우리는 실로 이제야 새로운 세계의 철학에 이르러 이러한 철학을 데카르트와 더불어 시작한다. 진정 그(데카르트: 필자 첨가)와 더불어 우리는 자립적인 철학 속으로 발을 들여놓는다. 이 자립적인 철학은 자기가 이성으로부터 자립적으로 유래한다는 사실과, 자아의식이 진리의 본질적인 계기라는 것을 안다. 여기서 우리는 고향에 있다고 말할 수 있고, 광포한 바다에서 오랫동안 여기저기를 돌아다닌 선원처럼 '육지다!'라고 외칠 수 있다."[6]

---

5 Dieter Henrich, "Selbstbewußtsein. Kritische Einleitung in eine Theorie," in: *Hermeneutik und Dialektik I*, Tübingen, 1970 (257-284), 257 참조.

6 "Wir kommen eigentlich erst jetzt zur Philosophie der neuen Welt und fangen diese mit Cartesius an. Mit ihm treten wir eigentlich in eine selbständige Philosophie ein, welche weiß, daß sie selbständig aus der Venunft kommt und daß das Selbstbewußtsein wesentliches Moment des Wahren ist. Hier können wir sagen, sind wir zu Hause und können wie der Schiffer nach langer Umherfahrt auf der

칸트에 이르러서는, 근원적 통각으로서의 자아의식이 인식론의 핵심 개념으로 등장하며 칸트는 경험일반의 가능조건들은 동시에 경험대상들의 가능조건이기도 하다는 점을 밝힘으로써, 대상의식은 곧 자아의식이라는 점을 보여 주었다. 또한 정험적(定驗的)[7] 통각[자아의식] 없이는 어떤 경험[대상의식]도 가능하지 않다는 점 또한 드러내었다. 그런데

---

ungestümen See »Land« rufen." (Hegel, *Vorlesungen über die Geschichte der Philosophie*, TW 20, 120).

7 여기서 '정험적'(定驗的)으로 옮긴 본문의 원어는 'transzendental'이다. 칸트는 'transzendental'을 다음과 같이 정의하고 있다: "transzendental이라는 말은 (…) 모든 경험을 초월하는 어떤 것을 뜻하지 않고, 경험에 (선험적으로) 선행하긴 하지만 오로지 경험적 인식만을 가능케 하는 것이라고 규정된 어떤 것을 뜻한다." ("'transzendental' (…) bedeutet nicht etwas, das über alle Erfahrung hinausgeht, sondern was vor ihr (a priori) zwar vorhergeht, aber doch zu nichts Mehrerem bestimmt ist, als lediglich Erfahrungserkenntnis möglich zu machen." *Prolegomena zu einer jeden künftigen Metaphysik, die als Wissenschaft wird auftreten können*, hg. v. Karl Vorländer, Hamburg, 1969, 144.); "대상을 다루는 것이 아니라, 우리가 대상을 인식하는 방식을, 그것이 선험적으로 가능한 범위 내에서 다루는 모든 인식을 나는 transzendental이라고 부른다." ("Ich nenne alle Erkenntnis transzendental, die sich nicht sowohl mit Gegenständen, sondern mit unserer Erkenntnisart von Gegenständen, insofern diese apriori möglich sein soll, überhaupt beschäftigt." *Kritik der reinen Vernunft*, hg. v. Raymund Schmidt, Hamburg, 1956, B 25.). 이로 볼 때, 'transzendental'은 '경험에 앞서서 경험을 규정한다'는 의미를 지니고 있다. 이에 대해 가장 많이 사용되고 있는 번역어는 '선험적'(先驗的)이며, '초월(론)적[超越(論)的]'(백석현) 또는 '선정험적(先定驗的)'(김석수)이라는 용어도 사용되었다. 그러나 '선험적'은, 'apriorisch'와 구별이 되지 않을 뿐만 아니라 '경험을 규정한다'는 의미를 나타내지 못하며, '초월(론)적'이라는 번역어는 '경험에 앞서서 경험을 규정한다'는 의미를 제대로 드러내지 못한다. 칸트의 용법에 따르자면 김석수의 번역어가 가장 적절할 것이지만, '경험을 규정한다'는 의미의 '경험'에 이미 '경험에 앞서서'라는 의미가 포함되어 있는 것으로 보아 필자는 '정험적'으로 옮긴다. 그리고 'apriorisch'는 원래 이 용어의 의미 그대로 '선험적'으로 옮긴다(로타 엘라이, 『피히테, 쉘링, 헤겔』, 백훈승 역, 인간사랑, 2008, 35 참조). 그러나 'transzendental'에 '경험을 규정한다'는 의미가 포함되지 않은 채로 사용되는 경우에는 '선험적'이라고 옮기기도 할 것이다.

칸트에 있어서 자아의식의 정험적 통일은 대상의식을 제약하는 것이지만, 그는 현상(現象)과 물 자체(物 自體)를 구분함으로써 이 세계는 두 부분으로 분리되었다. 그리고 헤겔은 이성 개념을 도입하여 이 문제를 해결했다고 할 수 있다.[8]

칸트철학의 핵심은 인식의 형식들을 자아의식의 구조 및 형식으로부터 정당화하는 그의 방법이라고 할 수 있다. 데카르트는 의심의 가능성에는 아무런 한계가 없는 것은 아니라는 점만을 회의주의자에게 입증했다. 그는 우리의 사유가 확장되어 사용될 수 있다고 했지만 이러한 확장 속에서 신뢰할 수 있는 지(知)에 이르는 영역을 분명하게 규정하지 않았다.[9] 그런데 칸트는 자신이 이러한 과제 앞에 서 있다는 것을 알았다.

---

8 Marcuse, *Reason and Revolution, Hegel and The Rise of Social Theory*, Boston, 1964, 23 참조.

9 방법적 회의를 통하여, 그것의 존재를 더 이상 의심할 수 없는 '코기토'에 도달했으나, 이 '코기토'로부터 출발하는 그의 추론은 부당한 것으로 생각된다. 그의 추론을 따라가 보면 다음과 같다. 즉, 의심하는 자로서의 나는 불완전한 자다. 그리고 불완전성이라는 관념은 완전성이라는 관념을 전제로 하고 있다. 그런데 완전성이라는 관념은 불완전한 자인 나로부터(즉, 유한자인 인간으로부터) 유래할 수 없다. 그러므로 완전성이라는 관념의 원인인 '완전한 존재자', 즉 신이 존재해야 한다. 그리고 신은 그 속에 불성실함이나 거짓됨을 포함하고 있지 않기 때문에, 외계의 사물이 존재하지 않는데도 우리를 속여서 존재하는 것으로 보이게 하지 않을 것이다. 그러므로 외계의 사물은 (비록 우리 눈에 보이는 대로는 아닐지라도) 존재한다. 볼프(Christian Wolff, 1679-1754)의 구분에 의해 데카르트의 철학을 구분해 보면, 데카르트는 특수형이상학[metaphisica specialis]의 세 부분을 탐구한 것이다. 즉, 그는 먼저 이성적 심리학[자아론][rational psychology]을 통해 코기토를 발견하고 난 후, 이성적 신학[rational theology]을 통하여 신의 존재를 이끌어 내고, 마지막으로 신의 존재를 담보로 하여 이성적 우주론[세계론][rational cosmology]을 전개한 것이다. 이성적 심리학에는 정신계의 철학 즉, 사유물[res cogitans]의 철학이 대응하고, 이성적 우주론에는 물질계의 철학, 즉 연장물[res extensa]의 철학이 대응하며, 본래적인 의미에서 실체로 불릴 수 있는 신에 관한 철학이 이성적 신학에 대응한다.

데카르트와는 달리 칸트는, 자아를 의식하고 있는 사유자(思惟者)의 현존과 관련해서가 아니라 이 사유자가 사유할 수 있을 모든 사유에 대해서 사유자가 갖는 관계와 관련해서 정초에 대한 자기의 생각을 전개한다. 이 모든 사유와 관련해서, 자신에 관해서 사유자가 갖는 생각, 즉 자아의식에 귀속되는 것은 통일이다. 왜냐하면 자아의식 속에서 사유자는 무규정적인 다수의 가능한 생각들과의 관련 속에서 사유되기 때문이다. 이 관계는, 그로부터 칸트가 자신의 정험적 도출을 획득하는 사태를 위한 전제다. 그러나 그것은 아직 정험적 도출의 진정한 출발점은 아니다. 칸트는 인식을 위한 정험적 정당화를, 자아의식이 그것들과 더불어 등장할 수 있는 사유들을 모든 것과의 관계 속에서 갖고 있는 다른 속성으로부터, 즉 자아의식의 동일성으로부터 획득한다. '나는 생각한다'는 의식은, 자아의식이 가능한 존재자가 사유하는 모든 사유들과 결합될 수 있다. 왜냐하면 '나는 생각한다'라는 이 사유를 획득하기 위해서는, 그 사유를 진술할 수 있는 어떤 가능성과 더불어, 반성작용의 수행 외에는 아무것도 필요하지 않기 때문이다. 그리고 자아의식이 가능한 모든 존재자는 이러한 사유를 전적으로 자기 자신으로부터 성립시킬 수 있다.[10]

그런데 자아의식의 문제는 칸트에 있어서만이 아니라, 칸트 이후의 독일관념론자들에 이르러 본격적인 주제로 다루어졌다. 그리하여 필자는 칸트와 독일관념론자들의 철학체계가 형성되는 데 무시할 수 없는 의미를 가졌던 철학적 대화의 상황[Dieter Henrich, *Konstellationen*]에 주목한다. 이러한 상황은 글자 그대로 독일철학사에서 기라성 같은 철학자들[Stella]이 함께[Kon] 빛을 발하는 시기였다. 부브너(Rüdiger

---

10 Dieter Henrich, *Selbstverhältnisse. Gedanken und Auslegungen zu den Grundlagen der klassischen deutschen Philosophie*, Stuttgart, 1982, 176 ff. 참조.

Bubner, 1941-2007)가 말하듯이, 짧지 않은 인간의 사유의 역사에서 1800년을 전후한 수십 년 동안보다 철학이 그렇게 높은 수준에 올라간 때는 찾기 힘들다. 아마도 플라톤과 아리스토텔레스의 아테네의 고전 철학의 전성기만이 이에 비견할 수 있는 시기라고 할 수 있을지 모르겠다.[11] 그뿐만 아니라, 철학사에서 가장 복잡한 이성이론을 산출한 것도 바로 칸트 이후의 독일관념론이다.[12]

국내에서는 아직까지 칸트 이후에 피히테, 쉘링, 헤겔에 이르는 독일 관념론의 철학사상을 어떤 하나의 핵심문제를 주제로 하여 서술한 저술이 나오지 않았다. 필자는 그리하여, 서양 근대철학의 핵심 개념 중 하나인 '자아의식'의 문제가 칸트로부터 시작되는 정험철학으로부터 독일의 대표적인 관념론자인 피히테, 쉘링, 헤겔을 거쳐서 어떻게 변형된 형태를 띠면서 전개되고 있는지 추적하고자 한다. 필자가 이들 네 명의 철학자들의 자아의식 이론을 고찰하기 위해 주로 탐구한 텍스트는 칸트의 『순수이성 비판』(Kritik der reinen Vernunft, 1781), 피히테의 『전 학문론의 기초』(Grundlage der gesamten Wissenschaftslehre, 1794/95)와 『학문론의 원리들에 의한 자연법의 기초[13]』(Grundlage des Naturrechts nach Prinzipien der Wissenschaftslehre, 1796/97), 쉘링의 『정험적 관념론의 체계』(System des transzendentalen Idealismus, 1800), 그리고 헤겔의 『정신현상학』(Phänomenologie des Geistes, 1807)이다.

이 연구는 2008년 한국학술진흥재단(현, 한국연구재단)의 인문저술

---

11 Rüdiger Bubner, *Deutscher Idealismus. Geschichte der Philosophie in Text und Darstellung 6*, Stuttgart, 1978, 7 참조.

12 Ulrich Barth, *Gott als Projekt der Vernunft*, Tübingen, 2005, 309 참조.

13 『자연법의 기초』로 줄임.

지원 사업의 일환으로 수행되었다. 연구재단의 재정지원에 감사드린다. 여기에는 이미 발표된 필자의 연구성과도 상당부분 반영되었다. 어려운 출판여건 속에서도 전문적인 철학서적의 출판을 결정해 주신 서광사 김신혁 사장님과 이숙 부사장님께 감사의 마음을 전한다. 꼼꼼하게 교정작업을 해 준 편집부에 많은 빚을 졌음을 밝혀 둔다.

2013년 8월
백훈승

차 례

I

예비적 고찰

칸트와 독일관념론[1]

독일관념론이란 무엇이며, 그 근본사상 혹은 특징은 무엇인가? 독일
관념론은 칸트철학과 비판적으로 대결하는 가운데 발생했다. 일찍이
화이트헤드(Alfred N. Whitehead, 1861-1947)가 플라톤 이후의 서양
철학은 플라톤에 대한 주석에 불과하다고 말한 것처럼, 우리는 칸트 이
후의 독일관념론은 칸트철학에 대한 주석이라고 말할 수도 있을 것이
다. 독일관념론이라는 사상조류 아래에 우리는 보통, 1790년부터 1860
년 사이에 칸트의 비판철학으로부터 주관성[Subjektivität][2]을 이론철학

---

1 〈칸트와 독일관념론〉 항목은 백훈승, 『피히테의 자아론. 피히테철학 입문』, 신아출
판사, 2004, 14 ff.를 참조하였다.

2 Subjektivität에 해당하는 용어다. 이 용어는 맥락에 따라 여러 가지 의미를 지닐 수
있다. 첫째로 이것은 주관(주체)의 성격이라는 의미를 지니는데, 이 경우에는 '주관(주
체)성'이라고 옮기면 된다. 그러나 많은 경우에 이 용어는 주관 또는 주체의 '활동
(Subjekt + Aktivität)'을 가리킨다. 이 경우에는 '주관(주체)성'이라고 번역하면 안
된다. 이때에는 '활동하는 주체'라고 하든지, 아니면 이미 활동 또는 실천의 의미가 포
함되어 있는 '주체'라는 용어로 옮기는 것이 좋을 것이다. 또한 주관과 주체는 동일한
의미로 사용하기도 하지만, 경우에 따라서는, 인식과 관련해서는 '주관'을, 실천과 관
련해서는 '주체'를 사용한다(이에 대응하여 Objekt도 각각 '객관', '객체'로 옮기면 된

및 실천철학의 기초로 삼는 철학체계를 전개하려고 시도한 독일철학자
들을 포함시키며, 이 조류를 대표하는 가장 잘 알려진 사람들은 물론
피히테, 쉘링, 헤겔이다.[3]

　헨리히가 정확하게 지적하고 있듯이,[4] 철학의 문제들을 역사적인 연
관 속에서 다루는 것을 필수적인 일로 간주한 최초의 인물은 아리스토
텔레스였다. 예를 들면 그의 형이상학, 그리고 특히 심리학은 그의 선
구자들이 해결하지 못하고 좌절한 여러 난점들을 극복하려는 의도로
형성된 많은 개념들을 포함하고 있다. 이러한 개념들은 그의 역사적 비
판의 성과일 뿐만 아니라 그 자신의 사유의 성과이기도 한 것이다. 이
와 마찬가지로 칸트의 동시대 및[5] 후대의 철학자들이 칸트철학을 넘어
서기 위해서도 칸트철학에 대한 정확한 이해가 필요했고, 칸트가 해결
하지 못하고 남겨 놓은 문제들 혹은 칸트철학에 내재한 모순점들은 후
대의 철학자들의 철학적 사유의 출발점 내지는 동기가 되었다. 다른 한
편으로는, 칸트가 확립해 놓은 중요한 철학용어들은 그의 뒤를 잇는 독

다). 왜냐하면 전자에는 '본다[觀]'라고 하는, '관찰' 혹은 '인식'의 의미가 들어가 있
는 반면에 후자에는 우리의 실천의 매개체인 '몸[體]'이라는 의미가 포함되어 있기 때
문이다. 필자는 맥락에 따라 달리 번역할 것이다.

3 Ludwig Siep, *Praktische Philosophie im Deutschen Idealismus*, Ffm., 1992, 8 참
조.

4 Dieter Henrich, "Fichtes 'Ich'," 57 참조, in: *Selbstverhältnisse. Gedanken und
Auslegungen zu den Grundlagen der klassischen deutschen Philosophie*, Stuttgart,
1982, 57-82. 이 논문은 원래 1966년 초에 프랑스에서 강연한 내용인데, 이것을 수정
확대하여 만든 책이 바로 *Fichtes ursprüngliche Einsicht* (Ffm., 1967)다.

5 '및'과 '과'를 구별하여 사용하기로 한다. 우리말에서 이러한 구별이 제대로 되지
않아 많은 혼란을 겪고 있기 때문이다. 예를 들면 "학문론과 모든 학의 원칙"이라고 표
현하면, "학문론, 그리고 모든 학의 원칙"이라는 뜻으로서, '의'가 바로 앞의 명사에만
관계되며, "학문론 및 모든 학의 원칙"이라고 표현하면, "학문론의 원칙 그리고 모든
학의 원칙"이라는 뜻으로, '의'가 바로 앞의 명사와 처음의 명사 양쪽 모두에 관계된다.

일관념론 철학자들의 철학활동에 있어서 결정적으로 중요한 역할을 하고 있을 뿐만 아니라, 그들이 그것들을 자신들의 독자적인 철학체계 속에서 새로운 의미를 지니는 용어들로 변형시키고 있음을 알 수 있다.

1.1. 관념론(觀念論)과 실재론(實在論)

우리는 흔히 '칸트와 독일관념론'이라는 표현을 사용한다. 이 표현은 과연 무엇을 말하고 있는가? 이것은, 독일관념론 전체를 말하면서 그 대표자로서 칸트를 앞세운 표현인가? 즉, 이것은 '칸트를 위시한 독일관념론'이라는 표현인가, 아니면 칸트와 독일관념론을 구별해서 사용한 표현인가? 다시 말하면 이것은 '칸트, 그리고 독일관념론'이라는 표현인가? 과연 이 둘 가운데 어느 것이 옳은 주장일까? 대부분의 사람들은 칸트를 관념론자라고 말하고, 또 약간의 사람들은 관념론자가 아니라고 말하는데, 과연 칸트는 어디에 속하는가? 여기서 만약에 관념론과 실재론이라는 두 입장밖에 존재하지 않는다면, 칸트는 관념론자인가 아니면 실재론자인가? 한 사람이 동시에 이 두 입장을 지지할 수는 없다. 왜냐하면 이 양자의 입장 사이에는 모순관계가 성립하기 때문이다. 다시 말하면, 의견이 나누어진 학자들의 주장이 보여 주고 있는 것처럼, 칸트가 관념론자인 동시에 실재론자일 수는 없다. 우리는 어떻게든 이 문제에 대한 결론을 내려야만 한다. 이 물음에 답하기 위해서 우리는 먼저 관념론과 실재론이 과연 어떤 주장을 하고 있는지를 알아야 한다.

1.2. 관념론인가 이상론(理想論)인가?

관념론이라는 표현은 영어의 idealism이나 독어의 Idealismus의 번역어다. 그런데 우리가 '〜주의'나 '〜론'이라고 번역하는 '〜ism'앞에 어떤 용어를 붙여서 하나의 단어를 만드는 방식에는 두 가지가 있다. 그 하나는 '형용사 + ism'의 경우이고 다른 하나는 '명사 + ism'의 경우다. 전자의 예로는, 'spritualism'[정신주의], 'realism'[실재주의, 실재론], 'nationalism'[민족주의], 'naturalism'[자연주의], 'emotionalism'[정서주의, 정의주의] 등이 있고, 후자의 예로는 'behaviorism'[행동주의], 'egoism'[이기주의], 'theism'[유신론] 등이 있다. 그러면 idealism이나 Idealismus라는 복합어의 구성은 '형용사 + ism'의 경우에 해당하는가 아니면 '명사 + ism'의 경우에 해당하는가? 전자에 해당할 경우엔 당연히 'ideal + ism'으로서, 이때의 ideal은 '이상적인', '이념적인' 혹은 '관념적인'이라는 뜻을 지닌 형용사다. 그러므로 이 경우에는 idealism을 이상주의, 이념주의 혹은 관념주의 혹은 이상론, 이념론, 관념론으로 부를 수 있다. 그러면 후자에 해당할 경우엔 이 용어는 어떤 의미를 갖게 되는가? 'idealism'에서 'ism'을 빼면 남게 되는 부분은 'ideal'인데, 이것은 관념이라는 말이 아니라 '이상(理想)' 혹은 이념(理念)이라는 뜻이다. 그렇다면 이때의 번역은 관념론이 아니라 이상론, 이상주의, 이데아주의 혹은 이념주의가 되어야 할 것이다. 만약 사태가 후자의 경우라면, 이것이 왜 이상론이 아닌 관념론으로 번역되었는가? 그러나 이에 대해 반론을 제기할 수 있을 것이다. idealism이라는 용어는 'ideal + ism'으로 구성된 용어가 아니라 원래는 'idea + ism'인데, 발음을 편하게 하기 위해서 중간에 'l'을 끼워 넣은 것이라고. 만약에 사실이 그러하다면 idealism은 당연히 관념론 혹은 관념주의로 번역되는 것이 옳을 것이다.

자, 그렇다면 문제를 정리해 보자. 전자의 경우, 즉 '형용사 + ism' 의 경우에는 아무 문제없이 관념주의나 이상주의, 이념주의로 부를 수 있을 것이다. 그런데 후자의 경우에는 두 가지 중 어느 것이 옳은가 하는 문제가 생긴다. 즉, 그 가운데 첫 번째의 경우가 사실인가 아니면 두 번째의 경우가 사실인가, 아니면 두 가지 경우가 다 성립할 수 있는가 하는 것이 문제다.

그러면 먼저 관념론이란 과연 무엇인가? 우리는 보통, 관념론을 두 가지 관점에서 이야기한다. 첫째, 인식론적인 관점에서의 관념론은 실재론과 대비되는 개념이다. 그런데 이때의 관념론이나 실재론의 주장을 보면, '～이 관념적으로 존재한다'든가 아니면 '～이 실재한다'라는 주장이므로, 여기서의 '관념적 존재'와 '실재'의 주어 또는 주체를 무엇으로 설정하느냐에 따라 관념론과 실재론의 종류와 성격이 나뉜다. 그중 한 종류의 관념론·실재론은 인식주관의 외부의 물리적 대상을 중심으로 전개되는 이론으로서, 이때의 관념론은, 외계의 물리적 대상에 관하여 우리가 알 수 있는 것은 오직 우리의 관념일 뿐이며, 우리의 관념으로부터 독립적으로 존재하는 실재물을 인정하지 않는 입장을 말한다. 이에 반해 실재론은, 외계의 물리적 대상에 대한 우리의 관념으로부터 독립하여 존재하는 실재물이 있다고 주장한다. 이렇게 보면 칸트는 관념론자가 아닌 실재론자다. 두 번째 종류의 관념론·실재론은, 외계의 물리적 대상이 아닌, 보편자 혹은 이데아가 관념적으로 존재하느냐 아니면 실재하느냐 하는 문제를 둘러싸고 발생하는 이론이다. 이 경우에는, 보편자 혹은 이데아가 우리의 머릿속에 관념으로만 존재한다고 보면, 보편자[이데아] 관념론 — 즉 보편자는 개체를 떠나 독립적으로 존재하는 것이 아니라 개체 속에 본질로서 내재해 있는 것 혹은 이

름에 불과하다고 주장하는 유명론(唯名論, nominalism) — 이 되는 것
이고, 보편자[이데아]가 우리의 관념으로부터 독립적으로 존재한다고
주장하면 보편자[이데아] 실재론 — 보편론(普遍論, universalism) —
이 되는 것이다. 이를 둘러싸고 벌어진 논쟁이 바로 중세의 보편자 논
쟁이었다.

둘째, 존재론적인 관점에서의 관념론이 있을 수 있다. 이 주장은 존
재하는 모든 것의 근본적[fundamental], 혹은 일차적인[primary] 성질
이 정신적이라는 주장, 즉 정신주의[spiritualism]와 같은 의미로 사용
하는 표현인데, 사실 이 표현은 적절치 않은 것이다. 왜냐하면 관념이
란, 의식을 가진 존재자의 '생각'이라는 뜻이기 때문이다. 어쨌든, 이
경우의 관념론에 반대되는 입장은 유물론[materialism][6]으로서, 존재자
의 근본성질이 물질적이라는 주장이다. 그런데 예컨대 헤겔에 의하면,
진정한 존재자는 유한자가 아니라 무한자로서의 정신, 즉 신(神)이다.
그리고 이러한 입장에 서는 것을 그는 관념론이라고 부른다. "철학의
관념론은 유한자를 참된 존재자로 인정하지 않는 데 있다."[7] 그는 관념

---

6 유물론은 materialism, Materialismus의 번역어다. 글자 그대로 옮기면 '물질주의'
혹은 '물질론'이 되겠으나, 유물론이라는 번역어도 가능하다고 생각한다. 다만 이때의
'유'(唯)의 의미를 정확히 규정하고 이해해야 한다. 유물론은, 이 세계를 구성하고 있
는 두 가지 요소, 즉 물질 또는 물질적인 것과 정신 또는 정신적인 것이라는 요소가 있
는데, 이들 중 물질 또는 물질적인 것이 본질적·1차적[primary]인 것이고, 후자의 요
소는 전자로부터 파생된 비본질적·2차적인 것이라고 주장하는 형이상학적 입장을 말
한다. 그러므로 유물론은 결코, 이 세계가 오직 물질 또는 물질적인 것만으로 이루어져
있다고 주장하는 것이 아니다. 이 점을 오해하지 말아야 한다. 그러면 이때의 '유'(唯)
는 어떻게 해석되어야 하겠는가? 그것은 바로, 물질과 정신 두 요소 중에 진정한 것, 즉
독립적으로 존재하는 것은 오직 물질뿐이고, 정신은 물질에 의존하는 부차적인 것이라
는 의미다.

7 Hegel, *Wissenschaft der Logik I. Theorie Werkausgabe* in zwanzig Bänden,
Redaktion von Eva Moldenhauer und Karl Markus Michel, Ffm., 1969 ff. (TW로

론을 다음과 같이 정의한다: "대자존재자 외에 유한한 현존재자를 자립적으로 존속하지 않는 것으로"(TW 5, 178) 보면 관념론이고 그렇지 않으면 실재론이다. "유한자는 관념적이다라는 명제가 관념론을 이룬다"(TW 5, 172).

그러면 이제 이 용어가 'ideal + ism'으로 구성된 용어로서, '이상주의'나 '이념주의'로 해석되어야 하는 경우를 살펴보자. 이 사상은 현실보다는 이상이나 이념을 중시하는 사상을 가리킨다. 이상이란 무엇인가? 그것은 현실을 초월하여 존재하는 어떤 것이다. 완전한 자유, 완전한 평화, 완전한 사랑 등은 모두 현실에서는 존재하지 않는 것들이다. 물론 현실에서도 자유, 평화, 사랑은 존재한다. 그러나 그것들은 모두 불완전한 것들이다. 그것들이 현실 속에 완전히 실현될 수는 없다. 그렇기 때문에 그것들은 이상이라고 한다. 이상은 이상일 뿐, 현실일 수는 없다. 만약에 어떤 이상이 실현된다면, 즉 물리적인 시공간 속에 현실화된다면, 그것을 무엇이라고 말해야 할까? 만약에 그럴 수 있다는 가정하에 말한다면, 그것은 현실이지, 더는 이상(理想)이 아니다. 이상에 해당하는 서양어 ideal은 앞에서 간략하게 언급했듯이, 플라톤의 이데아(ἰδέα)에서 유래한 용어다. 그것은 관념[idea]이 아니라 이상[ideal]이다.

그러나 예를 들면 우리는 헤겔을 관념주의자라고 부를 수 있을 뿐만 아니라 이념주의자라고 부를 수도 있는데, 이 경우의 '이념주의'라는 용어의 의미는 통상적인 의미와 동일하지 않으므로 주의해야 한다. 양자의 차이점을 알기 위해서는 헤겔이 '이념[Idee]'이라는 용어를 어떤 의미로 사용하고 있는지를 먼저 알아야 한다. 그에게서 '이념'은 이중

줄임). TW 5, 172.

적인 의미를 지니고 있다. 우리가 일상언어에서와 철학에서 '이념'이라고 말할 때의 그것은, 우리의 머릿속에 있는 생각[念]으로서, 물리적인 시공간의 제약을 받지 않는 것, 즉 비현실적인 것이다. 이것은 '이상'의 경우도 마찬가지다. 만약에 이념이나 이상이 현실화, 즉 실현된다면, 그것은 현실이지, 더 이상 이념이나 이상이 아닌 것이다. 우선 헤겔은 일상언어와 일반 철학에서와 같은 의미로 이념이라는 용어를 사용한다. 예를 들면, 『법철학』의 서술 순서를 통해서 우리는 이러한 점을 확인할 수 있다. 즉, 역사적[시간적]으로는 국가가 먼저 발생했고 그 후에 시민사회가 형성되었으므로, 『법철학』의 서술이 가족, 국가, 시민사회의 순으로 이루어져야 하는데도, 가족, 시민사회, 국가의 순으로 되어 있다. 그 이유는, 헤겔이 여기서 다루는 것은 '역사적인 현실태[현존 태]'로서의 시민사회와 국가가 아니라 이념으로서의 시민사회와 국가이기 때문이다. 그러나 두 번째로 헤겔은, 이 용어를 이와는 다른 의미로 사용한다. 그것은 한마디로 말하면, '개념과 현실의 일치'다.[8] 즉 어떤 것의 현실이 그것의 개념에 일치하지 않은 채로 현존할 때, 그것은 그저 현실이나 현상에 불과하고 결코 이념은 아니다.[9] 그러나 어떤 것의 현실이 그 개념에 부합할 때, 그것을 바로 이념이라고 말한다. 예를 들면 국가를 생각해 보자. 현존하는 국가들 — 현상[Erscheinung], 현존 [Existenz] — 이 과연 국가라는 개념에 적합한 것인가? 사실은 그렇지 못하다. 다시 말하면, 현존하는 국가들은 국가가 마땅히 지녀야 할 속성들을 모두 갖추고 있는 것이 아니라 무언가를 결여하고 있다. 따라서

---

8 예를 들면 헤겔은 『법철학』에서, "철학적 법학은 법 이념을, 즉 법 개념과 그것의 실현을 대상으로 갖고 있다"(TW 7, 29 §1)라고 말한다.

9 "개념 자체를 통해 정립된 이 진정성(Wirklichkeit)이 아닌 모든 것들은 일시적인 현존재, 외적인 우연, 사념(私念), 본질이 없는 현상, 비진리, 기만 등이다."(TW 7, 29 §1).

그것들은 모두 이념으로서의 국가가 아닌 현존태로서의 국가들에 불과
하다. 그리고 물론, 헤겔에 의하면 이념은 이성과 동일한 의미를 지니
고 있으므로 — 예를 들면, 절대이념[die absolue Idee]=절대이성[die
absolute Vernunft] —, 이념으로서의 국가는 이성적 국가이고, 그것은
곧 진정한 국가다. 헤겔이 말하는 바는 바로 이런 것이다. 지상에 현존
했던, 그리고 현존하는 국가들은 모두 이성적인 국가, 진정한 국가가
아니다. 요컨대, 일상적인 용어법이나 일반철학에 있어서의 '이념'은
현실에 존재할 수 없는 것이지만, 헤겔이 말하는 두 번째 의미의 '이념'
은 현실에 존재할 수 있다는 점이 다르다.[10] 그러므로 헤겔은, 철학은
사람들이 단순히 개념이라고 부르는 것에 관계하는 것이 아니라, 개념
의 일면성 혹은 비진리를 지양하여 개념과 실재가 통일된 이념을 다룬
다고 말하는 것이다.[11] 그리하여 우리는, 이러한 특징을 지니는 헤겔의

---

10 그러므로 헤겔은, "철학은 단지 이념과만 관계한다. 이념은 오직 당위로만 존재하
고 현실적[wirklich]이지 않을 정도로 무력하지 않다"(TW 8, 49)고 말하는 것이다. 플
라톤은 이데아를 이상적인 것, 가능태로 생각하여 실현 불가능한 것으로 간주했지만 아
리스토텔레스는 그것을 "현실태[energeia]로서, 즉, 단적으로 외부로 나온 내적인 것으
로서, 따라서 내적인 것과 외적인 것의 통일로서"(TW 8, 281) 파악하고 있다는 점이
다른데, 헤겔은 이념, 이성, 진정성의 문제에 있어서 아리스토텔레스의 입장을 따르고
있다.
11 TW 7, 29 §1 참조. 헤겔은 이념을, "현존재[Dasein]와 개념의 통일" 혹은 "몸과
마음의 통일"(TW 7, 30 §1. Zus.)이라고도 표현한다. 그리고 이러한 통일은 단지 조
화를 이루는 것이 아니라, 완전한 침투 또는 융합(같은 곳 참조)이라고 말한다. 헤겔은
여기서 이념을 하나의 생명체로, 그리고 개념을 (인간의) 영혼으로, 그리고 현존 또는
실재를 몸으로 각각 비유하여 이들의 상호관계를 설명하고 있다. 이러한 설명은 아리스
토텔레스의 질료형상론에 대응한다. 즉 헤겔이 말하는 이념은 아리스토텔레스의 제1실
체[he prote ousia]에 해당한다. 그리고 현실개체로서의 우시아는 질료와 형상으로 구
성되는데, 이 경우 질료에 해당하는 것이 현존재 또는 실재라는 표현으로 나타나고, 형
상에 해당하는 것은 바로 개념으로 표현되고 있음을 알 수 있다. 그리고 헤겔이 "진정
한 것은 내적인 것과 외적인 것의 통일일 뿐이다(Wirklichkeit ist nur die Einheit des

사상을 '이념주의' 라고 부를 수 있는 것이다.

1.3. 칸트는 관념론자인가?

칸트는 자신의 철학적 입장을 무어라고 부르고 있는가? 사실, 그는
자신의 철학적 입장을 "정험적 관념론"[transzendentaler Idealismus][12]
이라고 부르고 있다. 그러나 그는 『프로레고메나』[13]에서 자기의 입장을
관념론과 구별하면서 관념론에 대해 다음과 같이 설명하고 있다: "관념
론의 본질은, 사유하는 존재자 이외에는 아무것도 존재하지 않으며, 우
리가 직관에서 지각한다고 믿는 모든 물(物)은 사유하는 것의 내부의
표상일 뿐이고, 실제로 사유하는 것의 밖에 있는 대상은 전혀 대응하지
않는다고 주장하는 데 있다. 이에 반하여 나는 다음의 것을 주장한다.
우리의 밖에 있는 대상으로서의 물은 우리의 감관에 주어져 있다. 다만
우리는 그 물이 그 자체에 있어서 어떠한 것인지는 전혀 알 수 없으며
단지 그 물의 현상, 즉 그 물이 우리의 감관을 촉발함으로써 우리의 내
부에 생기는 표상에 관해서만 알 수 있을 뿐이다. 그러므로 우리의 밖
에 있는 물체가 그 자체에 있어서 어떠한 것인지는 우리가 전혀 알 수

Inneren und Äusseren) (…)" (TW 7, 30 §1 Zus. vom 30. 10. 1822)라고 말할 때의
내적인 것은 영혼[개념]을 말하고, 외적인 것은 몸[현존]을 말한다.

12 Kant, *Kritik der reinen Vernunft*, hg. v. Raymund Schmidt (KrV로 줄임),
Hamburg, 1956, A 368 f, B 518 f.

13 이 저서의 원제목은 『학으로서 등장할 수 있는 장래의 모든 형이상학을 위한 서론』
(*Prolegomena zu einem jeden künftigen Metaphysik, die als Wissenschaft wird auftre-
ten können,* 1783)인데, 1781년에 『순수이성 비판』이 출간된 후, 사람들로부터 이 책의
내용을 이해하기 어렵다는 평을 듣고, 『순수이성 비판』의 내용을 알기 쉽게 풀어서 쓴
책이다. 그리고 학생이 아닌 장래의 교사를 위해 쓰였다는 점이 서문에 명기되어 있다.

없지만, 우리의 감성에 대한 그 영향에 의해 만들어지는 표상을 통해서
알 수가 있는 그것, 즉, 우리가 물체라는 명칭을 부여하는 물이 존재한
다는 것을 나는 물론 승인한다. 그러기에 물체는 우리에게 알려지지 않
으나, 그럼에도 물체라는 그 말은 현실적인 대상의 현상을 의미하는 것
이다. 이 주장을 관념론이라고 부를 수 있을 것인가? 그것은 곧 관념론
의 정반대인 것이다. (…)"[14] 이 주장에 의하면 칸트는 실재론자다. 즉,
칸트에 의하면, 우리가 인식하는 것은 물 자체가 우리에게 나타난 현상
에 불과하다. 그런데 그는 이와 동시에, 우리의 인식의 범위를 벗어나
있는 어떤 존재자, 물의 존재를 부인하지 않고, 우리의 인식으로부터
독립하여 존재하는 물, 즉 물 자체의 존재를 인정한다. 그러므로 그의
입장은 실재론인 것이다. 그렇기 때문에 그는 자신의 입장이 관념론으
로 오인받는 것을 해명하기 위하여, 『순수이성 비판』의 초판에서는 '네
번째의 오류추리: 관념성' [Der vierte Paralogism (혹은 Paralogismus)
der Idealität]이라는 절에서, 그리고 재판에서는 '관념론 논박' [Wider-
legung des Idealismus]이라는 절에서 이 문제를 다루고 있다. 예를 들
면 그는 '관념론 논박'에서 다음처럼 말한다. "관념론 — 내가 이해하
는 것은 물질적[질료적] 관념론이다 — 은 우리 외부의 공간 속의 대상
의 현존재를 의심하여 증명할 수 없다고 선언하거나, 혹은 허위요 불가
능하다고 선언하는 이론이다. 전자는, '나는 존재한다'는 오직 하나의
경험적 주장만을 의심할 수 없는 것이라고 선언하는 데카르트의 개연
적 관념론이고, 후자는 공간과 이 공간이 불가분적인 조건으로 속하는
모든 물(物)을 그 자체가 불가능한 것이라고 선언하며, 그러므로 공간
속의 물도 단순한 허구라고 선언하는 버클리(George Berkeley, 1685-

14 Kant, *Prolegomena*, Hamburg, 1969, §13, Anm. II, 41 f.

1753)의 독단적 관념론이다."[15]

그러나 우리는, 관념론이 경험적 관념론과 물질적 관념론으로 나누어질 수 있다는 칸트의 주장을 받아들이기는 어렵다. 칸트는 사실상, 버클리의 관념론을 오해하고 있다. 즉, 버클리는 칸트가 주장하는 것처럼 외계의 물의 존재를 의심스럽다고 생각하거나 그러한 주장을 하는 것을 오류라고 생각하지 않았다. 버클리의 관념론의 주장은 다음과 같다. 즉, 우리가 알 수 있는 것은 오직 우리에게 관념으로서 주어진 한에서의 대상이며, 우리의 외계에 존재하는 대상은 바로 이 관념에 상응 또는 대응하는 한에서의 대상이라고 주장한다. 그는 결코 외계의 대상이 존재하지 않는다고 주장하지 않았다. 자신의 주장을 이렇게 오해하는 사람들 때문에 그는 『인간 지식의 원리론』(A Treatise concerning the Principles of Human Knowledge, 1710)에서 특히 이 점을 강조하여 설명하고 있다. 많은 사람들의 오해를 해소하기 위하여 버클리의 저술을 직접 검토해 보기로 하자.

34. (…) 첫째, 위의 원리들에 의해, 자연에 현존하는 실체적인 것 모두가(all that is real and substantial in Nature) 세상에서 사라져 버리고, 그 대신에 관념의 공상적인 틀이 발생하는 것이 아니냐는 반론이 제기될 것이다. 존재

---

15 "Der Idealismus (Ich verstehe den *materialen*) ist die Theorie, welche das Dasein der Gegenstände im Raum ausser uns entweder bloss für zweifelhaft und *unerweislich*, oder für falsch und *unmöglich* erklärt; *der erstere* ist der *problematische* des *Cartesius*, der nur Eine empirische Behauptung (assertio), nämlich: *Ich bin*, für ungezweifelt erklärt; der *zweite* ist der *dogmatische* des *Berkeley*, der den Raum, mit allen den Dingen, welchen er als unabtrennlliche Bedingung anhängt, für etwas, was an sich selbst unmöglich sei, und darum auch die Dinge im Raum für bloss Einbildungen erklärt." Kant, KrV, B 274.

하는 모든 것은 마음속에만 존재한다. 즉 그것들은 순전히 개념적이다. 그러면 해, 달, 별은 다 어떻게 되는 것일까? 집, 강, 산, 나무, 돌, 아니 우리 자신의 몸에 관해서 우리는 어떻게 생각해야 하는 것일까? 이 모두가 공상에 의해 생긴 그렇게 많은 공상물이나 착각에 지나지 않는 것일까? 그러나 이런 반론 또는 이와 비슷한 모든 반론에 대하여, 전제된 원리들로 말미암아 우리는 자연에서 어느 하나도 빼앗기지 않는다고 나는 대답한다. 우리가 보고 느끼고 듣거나, 어떤 식으로든 지각하고 이해하는 것은 전처럼 안전하게 남아 있으며, 전처럼 현존한다(as real as ever). 물(物)들의 자연(自然)[*a rerum natura*]이 존재한다. (⋯)

35. 나는, 우리가 감각이나 반성(反省)에 의해 파악할 수 있는 그 어떤 물의 실존에 대해서도 반대하는 논증을 제기하지 않는다. 내 눈으로 보고 내 손으로 만지는 물(物)들이 존재하고 있으며, 현실적으로 존재한다(exist, really exist)는 점에는 조금도 의문을 품지 않는다. 우리가 그것의 존재를 부정하는 유일한 것은 철학자들이 물질[Matter] 혹은 물체적 실체[corpoearl Substance]라고 부르는 것이다. 이런 것을 부정할 때에, 인류의 나머지 인간들은 아무런 손해도 입지 않으며, 감히 말하건대, 그것을 섭섭하게 생각하지도 않는다. (⋯)[16]

지면 관계상 여기에 인용되지는 않았지만, 버클리는 34절부터 39절에 이르기까지, 자기는 외계의 물체의 존재를 부정하지 않는다는 점을 자세히 설명하고 있다. 요컨대 그는, 일상인이 생각하는 외계의 물체를

---

16 George Berkeley, "The Principles of Human Knowledge," 74, in: *Berkeley's Philosophical Writings*, edited with an introduction by David M. Armstrong, NY/London, 1974, 41–128.

부정한 것이 아니라, 단지 철학자들이 물질이니 물체적 실체니 하는 이름으로 부르는 것을 부정하는 것이라고 말한다(35절). 예컨대 로크(John Locke, 1632-1704)가 생각하는 물체, 즉 어떤 성질들의 밑에서 그 성질들을 떠받치고 있다고 생각되는 기체(基體, substratum), 실체(實體, substance), 혹은 지지체(支持體, support)로서의 물체만을 부정한다고 말한다. 예를 들면 우리는 사과를 통해, 둥글다, 붉다, 달다 등의 관념을 갖게 되는데, 이때에 버클리는 이러한 관념이 바로 사과라는 물이라고 말하는 것이 아니라, 이러한 관념은 외계에 있는 사과가 우리에게 존재하는 방식이라는 것("Their esse is percipi")을 말하는 한편, 외계의 사과는 이러한 관념을 우리에게 제공할 수 있는 어떤 성질을 — 우리가 지각하는 것과 동일한 성질이 아니라 — 지니고 있는 물체임에 틀림없고, 이것 외에 별도로 그것(우리에게 이러한 관념을 일으킬 수 있는 요소)을 지탱하고 있는, 아무런 속성도 지니지 않은 입자로서의 물체의 존재는 부정한 것이다.

버클리는 1713년에 『하일라스와 휠로누스의 세 대화』(Three Dialogues between Hylas and Philonous)를 출간한다. 이 책에서 그는, 휠로누스(정신을 사랑하는 사람)가 논증에서 승리하여, 물질주의자인 하일라스(물질)를 자신의 견해로 전향시킨다는 이야기를 통하여 자신의 견해를 더욱 대중적으로 전개한다. 여기서 휠로누스는 다음과 같이 말한다: "물질적 실체라는 말이 단지 지각 가능한 물체를 의미하는 것이라면 (…) 나는 당신이나 어떤 다른 철학자가 확신한다고 자부하는 것보다도 더 물질의 존재를 확신하고 있다."[17]

---

17 "But if by material substance is meant only sensible body, (…) then I am more certain of matter's existence than you or any other philosopher pretend to be." "Three Dialogues between Hylas and Philonous," 200, in: *Berkeley's Philosophical*

여기서도 마찬가지로 버클리가 부정한 것은, 아무런 성질도 지니고 있지 않고 파악할 수도 없는, 기체 또는 실체로서의 물체[즉 미립자론 (微粒子論) 철학자들이 말하는 물(物)]이지, 우리가 일상적으로 말하는 물체가 아니다. 다시 말하면 우리는, 관념으로서의 예배당에서 예배를 드릴 수 없으며, 관념으로서의 사과와 빵을 먹을 수도 또 그것으로 배부를 수도 없다. 단지 버클리가 부정한 것은, 당시의 미립자론 철학자들이 주장하는 실체로서의 물이었다는 점을 명심해야 한다. 예를 들면 로크가 물(物)을 이야기하면서, "내가 무엇인지 알지 못하는 어떤 것" ("something I know not what")이라고 표현한 것, 우리의 인식의 배후에 있으면서 도저히 인식되지 않는 어떤 실체로서의 물의 존재를 부정한 것이다. 이러한 버클리의 관념론을 오해해서는 안 된다.

칸트는, 우리의 인식의 배후에 있으면서 우리에게 알려지지 않는 어떤 것, 즉 물 자체가 존재한다고 주장하는 점에서, 로크의 주장과 유사한 주장을 하고 있다. 단지 칸트의 주장이 로크의 주장과 다른 점이 있다면, 첫째로 로크가 말한, "내가 무엇인지 알지 못하는 어떤 것"은 물리적인 시공간 속에 존재하는 것인 데 반하여, 칸트가 말하는 물 자체는 물리적인 시공간을 벗어나 있다고 주장하는 점에 있다. 그리고 칸트에 있어서 인식은 대상에 의해서만 성립되는 것이 아니라 인식주관의 선험적인 개념 혹은 기능이 존재하고, 이 양자의 상호작용에 의해 인식이 성립한다고 주장하고 있는 점, 인식의 선험성을 주장하는 점에 있는 것이다. 그러나, 그렇다고 해서 '경험적 관념론'이라는 표현이 성립할 수 있는 것은 아니다. 실재론에 경험적이라는 수식어가 붙을 필요도 없을 뿐만 아니라, 관념론에서 '선험적'이라는 것은, 대상을 인식하는 우

Writings, edited with an introduction by David M. Armstrong, NY/London, 1974, 129–225.

리의 인식주관의 기능 또는 개념의 발생에 관련된 표현이고, 관념론이라는 것은, 인식주관으로부터의 인식대상의 독립성 여부에 관한 표현이다. 그러므로 이 두 표현을 섞어서 혼동하여 사용하는 것은 잘못이다. 칸트의 실재론이, 칸트의 인식론이 지니고 있는 선험적 성격 때문에 관념론으로 바뀌는 것은 아니다. '경험적 실재론'이란 또 무엇인가? 실재론이 선험적 실재론과 경험적 실재론으로 나뉘는 것이란 말인가? 여기에 수식어로 붙은 '경험적'이라는 용어도, 실재론이라는 표현과 함께 사용할 수 없는 표현이다. 그러면 칸트의 주장이 과연 어떤 문제점을 지니고 있는지 살펴보자. 칸트는 『순수이성 비판』에서 "우리 외부에 있는 물(物)들"(A 373)이라는 표현을 사용하고 있다. 그러나 이 표현은 다의적이어서, 경우에 따라서는 애매한 표현이 된다는 것을 칸트 자신도 알고 있었다. 즉 이것은 첫째로, 시공의 제약을 받고 있는 '물리적인 물'을 가리킬 수도 있고, 두 번째로는, 시공의 제약을 벗어나 있는 '물자체'를 뜻할 수도 있다. 이 점과 관련하여 우리의 근본물음인 관념론인가 실재론인가 하는 물음으로 되돌아가 보자. 인식론적 실재론의 입장은, 대상에 대한 우리의 관념과는 독립적으로 대상이 우리의 외부에 존재한다는 주장이었다. 그런데, 여기서 '실재한다[real]'라는 규정을 어떤 의미를 지닌 것으로 해석하느냐에 따라 실재론이 구분될 수도 있다는 생각을 해 본다. 즉, real이라는 용어는 '현실적'이라는 의미, 즉 '물리적인 시공간의 제약을 받고 있다'라는 의미로 사용되기도 하지만, 이와 동시에, '진정한'이라는 의미도 지니고 있다. 그런데, 진정하다는 것은 '독립적'임을 뜻한다. 그것이 물리적인 시공간의 제약을 받고 있는가 아닌가 하는 것은 이 경우에 문제가 되지 않는다. 이러한 내용을 염두에 두면서 칸트의 인식론을 평가해 보자. 칸트는 자기의 입장이 일반적인 관념론과는 다르다는 점을 강조하면서, 그렇다고 해서 자기를

'실재론자'라고 부르기보다는 '정험적 관념론'이라는 명칭을 사용하여
자신의 철학의 특징을 나타낸다. 그렇다면 우리는 여기서 의문을 갖게
된다. 즉, 칸트가 데카르트나 버클리와 같은 관념론의 입장을 부정한다
면, 그는 실재론을 주장하는 것이지, 어떻게 전자도 후자도 아닌 제3의
입장이 가능할 수 있는가 하는 것이다. 여기서 문제의 관건이 되는 것
이 바로 '물 자체'의 문제다. 우리는 이렇게 물을 수 있다. 칸트는 과연
우리 인식주관으로부터 독립적으로 존재하는, 인식주관 외부의 물(物)
을 인정하고 있는가? 라고. 이에 대한 답은 두 가지다. 이것은 '외부의'
라는 의미를 어떻게 해석하느냐에 달려 있다. 칸트에 의하면 인식주관
의 외부에 물(物) 또는 대상이 존재한다. 그러나 그것은 현상으로서의
물(物)이지 결코 물 자체가 아니다. 왜냐하면, '외부에'라는 것은 공간
규정이며, 공간규정은 시간규정과 마찬가지로 인식주관의 선험적인 직
관형식으로부터 나온 것이기 때문이다. 그러므로 인식주관의 외부에
존재하는 물(物)은 현상으로서의 물(物)이다. 따라서 인식주관으로부터
독립적으로 존재하는 외부의 물(物)은 없는 셈이다. 그러한 물은 모두
인식주관에 의존해 있는 물(物)이다. 그러나 그럼에도 물 자체가 존재
하지 않느냐고 되물을 수 있다. 그러나 칸트에 의하면 물 자체는 시공
의 제약을 벗어난 존재자다. 그러므로 그것이 공간적으로 인식주관의
외부에 존재한다고 할 수 없다는 것이다.

　그러나 '외부'라는 것이 이러한 물리적인 외부공간이라는 의미 외에
다른 의미도 지닐 수 있다. 즉, 그것은 '외부에'라는 말이 '독립적'이라
는 의미로 사용되는 경우다. realism의 'real'이 이런 의미로 사용되었
다고 보면, 칸트는 분명 실재론자다. 다만 물이, 인식주관의 외부인 물
리적 공간에 존재하는 것이 아니라, 인식주관으로부터 독립하여 그 어
딘가에 존재한다고 주장하고 있는 것이다. 문제는 그러면 그러한 물 자

체가 존재하는 영역은 과연 어디인가라는 것이다. 버클리의 주장에 의하면, 여기 내가 손에 들고 먹고 있는 사과는, 나라는 주체가 느끼는 맛, 색, 향, 경도(硬度) 등의 복합체다. 그것을 떠나 독립적으로 존재하는, 그리고 그 성질을 도무지 알 수 없는 그 무엇으로서 사과가 존재하는 것은 아니다. 사과는 내가 지각하고 경험하는 한에서의 사과일 뿐이다. 나는 그런 한에서 사과를 맛있게 먹고 또 그것으로 말미암아 포만감을 느낄 수도 있다. 그렇다면, 이 예를 칸트에 적용하면 어떤 사태가 벌어질까? 칸트에 의하면, 나는 단지 현상으로서의 사과를 먹는다. 그러면 내가 사과를 다 먹고 나면 사과는 어떻게 될까? 현상으로서의 사과는 없어지겠지만, 그럼에도 물 자체로서의 사과, 즉 그 사과 자체는 어디엔가, 즉 그의 주장대로라면 초월계, 예지계에 존재해야 하지 않겠는가? 이렇듯, 칸트는 실재론자이지만, 그 자신이 설정한 물 자체라는 문제 때문에 자기의 실재론을 정합적으로 주장하지 못하게 되었다고 생각된다. 그리하여 야코비(Friedrich Heinrich Jacobi, 1743-1819)는 거듭 인용되는 다음과 같은 자신의 결론에 이르게 된다: "나는 다음과 같은 사실을 고백해야만 하겠다. 즉, 이 어려움은 나를 칸트철학의 무대에서 조금도 머무르게 하지 않았다. 그리하여 나는 수년간을 잇달아 『순수이성 비판』을 거듭하여 처음부터 시작해야만 했다. 왜냐하면 나는 끊임없이 다음과 같은 점을 혼동하게 되었기 때문이다. 즉, 나는 저 전제 없이는 그 체계 속으로 들어갈 수가 없고, 저 전제를 가지고서는 그 체계 속에 머물러 있을 수가 없었다."[18] 칸트철학의 핵심문제인 이 물

---

18 "Ich muß gestehen, dass dieser Anstand mich bei dem Studio der Kantischen Philosophie nicht wenig aufgehalten hat, so dass ich verschiedene Jahre hinterein-ander die *Kritik der reinen Vernunft* immer wieder von vorne anfangen mußte, weil ich unaufhörlich darüber irre wurde, daß ich ohne jene Voraussetzung in das System nicht hineinkommen, und mit jener Voraussetzung darin nicht bleiben

자체의 문제를, 바로 그의 뒤를 이은 철학자들이 집요하게 물고 늘어지는 것은 바로 이러한 이유 때문이다.

konnte." (Jacobi, *Werke*, hg. v. F. Roth und F. Köppen, 2. Bd., Leipzig, 1815, 304).

2 *A Study on the Theories of Self-consciousness in Kant and German Idealism*
자아의식에 대한 일반적 고찰: 대상의식, 자기감정, 자아의식

대상의식은 대상에 대한 의식, 즉 의식하는 주관이 아닌 객관에 대한 의식, 자아가 아닌 모든 타자에 대한 의식이다. 우리는 우리 자신을 의식하기 전에 먼저 대상을 의식한다. 사실 이것은 자연스러운 일인데, 우리의 시선은 우리의 내부보다는 외부로 먼저 향하기 때문이다. 우리의 어린 시절을 생각해 보면 이런 사실을 잘 알 수 있다. 어린아이들은 계속해서 묻는다. 어린아이들은 자기 주변에 있는 물건들을 가리키면서 "이건 뭐야? 그리고 저건 또 뭐야?"라고 계속해서 묻는다. 물음을 던질 뿐만 아니라, "이건 ~야" 등의 진술도 한다. 그런데 이런 모든 물음과 진술은 대상의식에 관계된 것이다. 그런가 하면 이와는 달리, "엄마, 나는 누구야? 나는 어떻게 해서 태어났어?"라는 물음을 던지기도 하며, "나는 ~다"라고 말하기도 하는데, 자아 또는 자아의식에 관계된 이런 물음과 진술은 대상의식에 관계된 물음과 진술이 이루어진 뒤에야 비로소 발생한다.

그런데 여기서 다음과 같음 물음이 제기될 수 있다. 즉, 아직 말할 줄 모르는 어린아이[영아(嬰兒)]는 외계의 대상에 대해 묻거나 인식하기 전에 이미 배고픔이나 추위를 느끼고, 누가 자기에게 먹을 것을 주고 따뜻하게 자기를 감싸 주기를 바라고, 바로 그때 자기 자신을 의식하고 있는 것이 아닌가 하는 점이다. 그러나 이런 작용이나 의식은 반성적 사유[das reflektive Denken, Reflektion] 없이 자극에 의해 저절로 일어나는 본능적인 작용 또는 반응이다. 어린아이가 이때 자기 자신에 대해 갖는 관계를 우리는 자아의식과 구별하여 '자기감정'[Selbstgefühl]이라고 부를 수 있다.[19]

자기를 의식하는 자로서의 인간은 외계와 자기 자신을 구별한다.[20] 즉, 인간은 먼저 대상에 대한 의식을 갖게 되지만, 거기에 그치는 것이 아니고 이렇게 대상에 대한 의식 자체를 다시 의식할 수 있다. 전자를 대상 지향적 의식, 타자 지향적 의식이라고 한다면, 후자는 자기 복귀적 의식, 반성적 의식이라고 할 수 있다. 그런데 우리는 이렇게 대상 또는 대상의식에 매개된 자아의식 혹은 자기의 타자로부터의 자기 내 복귀운동으로서의 자아의식을 문제 삼기에 앞서, 그 근거를 이루고 있는

---

19 백훈승, 「헤에겔 〈정신현상학〉을 중심으로 한 욕구의 의미·발생·구조의 분석」, 『五鳳 宋玄洲 교수 停年紀念論文集』, 1994, 525 참조. 예컨대 헤겔은 자아의식과 자기감정을 다음과 같이 구별한다. "자기감정은, 우리가 그것으로부터 거리를 둘 수 없고, 따라서 그로부터 해방될 수 없는 고정관념에 의해 지배되는 다소 꿈 같은 상태다"(Enz. III, 408, M. J. Inwood, *Hegel*, London, Boston, Melbourne and Henley, 1983, 44 참조). "타자에게 무관심하고 타자로부터 독립해 있는 자기규정은 자기감정에 불과하다."(Robert Pippin, *Hegel's Idealism. The Satisfaction of Self-Consciousness*, NY. u.a., 1989, 160).

20 "그의 자연적 존재로부터의 인간의 이탈은 자기를 의식하는 그 자신을 외계와 구별하는 것이다."("Das Heraustreten des Menschen aus seinem natürlichen Sein ist die Unterscheidung desselben als eines selbstbewußten von einer äußerlichen Welt")(Enz. §24 Zus. 3 그리고 Enz. §425 그리고 PG. 133 ff., 175 ff. 참조); 이러한 '구별작용'으로서의 자아의식을 헤겔은 일찍이 1807년의 『정신현상학』에서, "타재로부터의 복귀[Rückkehr aus dem Anderssein]", "운동[Bewegung]"으로 표현했다.

자아의식을 살펴볼 필요가 있다. 이러한 자아의식을 우리는 선험적 자아의식, 순수한 자아의식, 절대적 자아의식 등으로 부를 수 있다. 이러한 선험적 자아의식이 존재하지 않는다면 자아에게는 외계에 대한 의식은 성립할 수 없을 뿐만 아니라, 외계에 대한 이러한 의식으로부터의 의식 자신으로의 복귀인 경험적 자아의식은 성립할 수 없다. 이러한 근원적 자아의식은 '사유의 사유[noēsis noēseos]' 또는 '의식의 의식[bewußtsein des bewußtseins]' 이라고 말할 수 있으며, 이것은 바로 '순수 사유' 다.[21]

정확히 살펴보면, 모든 의식은 이미 자아의식이기도 하다는 점을 인정해야만 한다. 즉, 나의 의식 속에서 어떤 것이 나타날 때, 바로 이 어떤 것이 주어져 있다는 점이 의식될 뿐만 아니라, 나에게 '어떤 것에 관한 이러한 지(知)' 가 주어져 있다는 점이 늘 함께 의식되기도 한다. '어떤 것에 관한 의식' 이 지니고 있는 의미는, 내가 어떤 것을 내 앞에 가지고 있다는 것을 내가 알고 있다는 것이다. 그러므로 지(知)에 대한 자기 자신의 이러한 지(知)와 더불어, 나 자신에 대한 의식의 반성이 늘 함께 수행된다. 그러므로 '자아의식' 이라는 말 역시 종종 '의식' 과 같은 의미로 사용되는 것이다.[22]

---

21 예컨대 헤겔은 의식(이때의 '의식' 은 '대상의식' 과 '자아의식' 을 포함하는 넓은 의미의 의식이다)을, "어떤 대상에 관한 지(das Wissen von einem Gegenstande)" [*Bewußtseinslehre für die Mittelklasse* (1808/09) (Bewußtseinslehre 1로 줄임)] 중 Dritter Ansatz §3 그리고 *Bewußtseinslehre für die Mittelklasse* (1809 ff.) §6 (Bewußtseinslehre 2로 줄임)로 규정하며, 이때의 대상을 "외적 또는 내적"("ein äusserer oder innerer" ebd.) 대상으로 나누는데, 이때의 외적 대상이란, 의식이 아닌 존재자로서의 대상을 지시하는 것으로서, 이 경우의 의식은 대상의식이며, 내적 대상이란 바로 의식 자신이 자기 자신의 대상이 되는 경우로서, 이때의 의식은 자아의식이다.
22 Klaus Wellner, *Das bewußtsein. Beschreibung und Kritik der Transzendentalphilosophie bei Kant, Fichte und Schelling*, Ffm. u.a., 1990, 84 참조.

또한 우리가 놓치지 않아야 할 점은, 자아의식을 뜻하는 독일어 'Selbstbewußtsein'과 영어 'self-consciousness'가 지니고 있는 의미의 이동성(異同性)이다. 독일어에서는 어떤 사람이 긍정적인 자기감정을 갖고 있고, 그 결과 어떤 확실한 태도나 행동을 갖고 있을 때, 그 사람은 'selbst-bewußt' 하다고 말한다. 독일어 'Selbstbewußtsein'은 '자기지(自己知), 자기인식'이라는 뜻만이 아니라, '자부심을 가짐, 자신 있음, 자기를 주장함'이라는 뜻을 — 이것은 영어 self-consciousness가 지니고 있는 일상적인 의미와는 거의 반대된다. 즉, 만약에 어떤 사람이 다른 사람에 대해 행동할 때 자기행동을 몹시 돌이켜 봄으로써 자기행동이 저지되고 불안하게 행동할 때, 그 사람은 'self-conscious'한 것이다 — 지니고 있다.[23] 요컨대 이러한 언어용법에서는 '의식'이라는 단어가 지니고 있는 단순한 의미를 분명히 넘어서 있다. 즉 이 경우에는 단순히 자기 자신을 인식하면서 자기에 관계하는 것이 아니라 오히려 자기를 평가하는 것이다. 독일어 'Selbstbewußtsein'은 우리 자신의 성취와 우수성을 강조하는 경향을 나타내기 위해 사용되기도 하지만, 영어 'Self-consciousness'는 이런 함의를 지니고 있지 않다. 영어의 self-

---

23 M. J. Inwood, ebd., 528 f.; Klaus Wellner, ebd.; I. Soll, *An Introduction to Hegel's Metaphysics*, Chicago, 1969, 7 ff. 참조. Selbstbewußtsein과 self-consciousness가 지니고 있는 같은 뜻과 다른 뜻이 있다. 같은 뜻은, 양자가 1차적으로는, 어떤 사람이 자기 자신을 의식하고 있는 상태를 지시한다는 점이다. 차이점은, 영어로 'being self-consciousness'라고 하면 '타인으로부터 주목받는 것을 지나치게 의식함 (자기 자신을 확신하지 못하고 당황함)'을 뜻하는 반면, 독일어 Selbstbewußtsein은 '자기를 확신함, 자부심을 가짐'(Selbstgewiß-sein, Stolz-sein)을 뜻한다는 사실이다 [Wissenschaftl. Rat u. d. Mitarb. d. Dudenred. unter leitung v. Günther Drosdowski (hg. u. bearb.), *Duden*, 1978, 2374; Walter Kaufmann, *Hegel. A Reinterpretation*, Notre Dame, 1978, 136 f.; Ernst Tugendhat, *Selbstbewußtsein und Selbstbestimmung: Sprachanalytische Interpretationen*, Ffm. 1979, 12 참조. 또한 Wellner, ebd.도 참조].

conscious에 정확히 대응하는 단어가 독일어에는 없다. 이런 점에서는 'Self-assuredness'가 'Selbstbewußtsein'에 더 가깝다. 그러므로 두 언어에서는, 타인에 대한 자기행동에 있어서 정반대되는 형태의 '자기 자신에 대한 관계'가 문제되는 것이다.[24]

---

24 Dieter Henrich, "Subjectivity as philosophical Principle," tr. by Dieter Freundlieb, in: *Critical Horizons* 4: 1 (7-27), Leiden, 2003, 8 그리고 27 참조. 헨리히의 이 글은 1997년 11월 13일에 행한 베를린 훔볼트 대학 명예교수 취임강연 내용이며 *Deutsche Zeitschrift für Philosophie* 46 (1998) I, 31-44에 최초로 수록되었다. Schnädelbach는 'self-consciousness'가 전문가들 사이에서는 Selbstbewußtheit라는 의미를 지닌 Selbstbewußtsein이라는 독일어에 대응하지만, 일상어에서는 주저함(Befangenheit)이나 소심함(수줍음, Schüchternheit)을 뜻한다고 말한다(Herbert Schnädelbach, *Was Philosophen wissen und was man von ihnen lernen kann*, München, 2012, 110 참조).

II

칸트의 자아의식 이론

『순수이성 비판』의 의도와 방법

1.1. 『순수이성 비판』의 의도: 수학과 자연과학의 정초 및 새로운 형이상학의 수립

칸트가 순수이성 비판을 시도하려는 결정적인 동기는 형이상학이 논리학, 수학, 자연과학과는 달리 이미 오랫동안 아무런 발전 없이 수행되고 있다는 사실이었다.[1] 인간의 이성은 자기의 능력을 넘어서는 물음들에 대해 대답해야 한다는 부담을 지고 있다는 것은 분명한 사실이다. 먼저 이성은 경험의 과정에서 피할 수 없는 원칙들을 가지고 시작한다. 그러나 그리고 나서는 훨씬 더 멀리 떨어진 조건들로 상승할 때에는 대립이나 모순에 빠지게 된다. 모든 경험의 한계를 넘어서 있는 대립·모순이 싸우는 이 전장(戰場)이 바로 형이상학이다.[2] 유혹하는 커다란 힘은 분명히 수학의 예로부터 시작되었다. 경험에 의존하지 않는 수학의 발전은, 인간이 감각계로부터 전적으로 독립하여 이성을 가지고 발전

---

1 KrV, Vorrede zur 2. Auflage 참조.

2 KrV, Vorrede zur 1. Ausgabe. A VII/VIII 참조.

할 수 있다는 믿음을 갖게 해 주었다. 그러나 이때 간과된 것은, 수학은 직관에 나타나는 인식대상들을 다룬다는 사실이다. 따라서, 단지 개념들로만 구성된 인식은 정당화되지 않는다.[3] 그런데 사변적 인식으로서의 형이상학은 전적으로 선험적으로, 그리고 순전한 개념들로부터 종합적인 원칙들에 도달하려는 궁극적인 의도를 가지게 된다.[4] 칸트는 형이상학이 왜 이러한 노력을 하면서 여태까지 실패했는지, 그리고 위에서 말한 개별과학들이 왜 형이상학과는 달리 지속적으로 발전하고 있는지를 알려고 하기 때문에, 그는 개별과학들이 근거하고 있는 각각의 고유한 근거를 발견해야만 했던 것이다.[5]

그리하여 그는 한편으로는 수학과 자연과학의 기초를 놓는 동시에, 다른 한편으로는 독단적 형이상학[dogmatische Metaphysik]을 폐기하는 새로운 형이상학의 수립을 자신의 철학의 목표로 삼는다. 다시 말하면, 일단 수학과 자연과학적 인식이 확실성을 지닐 수 있는 근거를 탐구함으로써 수학과 자연과학적 인식을 정초하면서, 그것을 본받아 새로운 형이상학을 수립하고자 한다. 그리하여 칸트는 철학을 "학문의 확실한[안전한] 길[den sicheren Weg der Wissenschaft, B IX]" 위로 인도하고자 한다.

1.2. 『순수이성 비판』의 방법

칸트는 초기에, 당시에 독일에서 영향력을 발휘했던 볼프학파의 이

---

3 KrV, Einleitung nach Ausgabe A, 4 f. 참조.
4 KrV, Einleitung nach Ausgabe A, 9 f. 참조.
5 Klaus Wellner, ebd., 121 f. 참조.

성주의[Rationalismus]의 입장에 서 있었기에, 학으로서의 형이상학의 성립가능성을 의심하지 않았다. 그런데 그가 이성주의의 입장을 버리고 독자적인 비판철학의 길을 개척해 낸 것은, 흄(David Hume, 1711-1776)의 경험주의[Empirismus]의 저술을 통하여 "독단적인 선잠으로부터 깨어나게"[6] 되었기 때문이다. 그러나 그렇다고 하여 칸트가 흄의 입장을 그대로 수용한 것은 결코 아니다. 왜냐하면 모든 형이상학을 전적으로 불가능한 것으로 폐기하는 것은 그로서는 도저히 받아들일 수 없는 것이었기 때문일 뿐만 아니라, 흄처럼 자연과학적 인식의 확실성을 의심한다는 것은 너무나도 비상식적이라고 생각했기 때문이다.[7]

그렇다면 칸트가, 수학이나 자연과학을 성공하도록 만들었다고 생각했고 따라서 형이상학에도 도입하려고 한 방법은 과연 무엇이었을까? 칸트는 이 방법과 관련하여 다음과 같이 말한다: "(…) 우리가 사유방식의 변화된 방법이라고 생각하는 것은, 우리 자신이 사물 속에 투입한 것만을 우리는 사물에 관하여 선험적으로 인식한다는 사실이다."[8] 따라서, "자연 탐구자를 모방한 이 방법은, 순수이성의 제 요소를 실험을 통해 확증되거나 반박되는 것 속에서 구하는 것"[9]이다. 자연과학에 적용된 이 사고법을 칸트 자신은 "실험적 방법[Experimentalmethode]"이라

---

6 "Ich gestehe frei: die Erinnerung des David Hume war eben dasjenige, was mir vor vielen Jahren zuerst den dogmatischen Schlummer unterbrach und meinen Untersuchungen im Felde der (…)" (Kant, *Prolegomena*, Vorrede, 6 f.).

7 한단석, 『칸트철학사상의 이해』, 양영각, 1983, 11 f. 참조.

8 "(…) was wir als die veränderte Methode der Denkungsart annehmen, dass wir nämlich von dem Dingen nur das a priori erkennen, was wir selbst in sie legen." (B X VIII).

9 "Diese dem Naturforscher nachgeahmte Methode besteht also darin: die Elemente der reinen Vernunft in dem zu suchen, ẘs sich durch ein Experiment bestätigen oder widerlegen lässt." (B X IX Anm.).

고 부른다(B X III, Anm). 그러므로 우리는 이 방법을 "실험적 방법"이라고 부를 수 있다.

그런데 과연 흄은 어떻게 하여 회의주의에 도달한 것일까? 흄도 로크와 마찬가지로 우리의 관념들의 세밀한 검토로부터 시작한다. 우선, 감각을 통하여 얻었건 감정에서 자극되었건, 혹은 우리의 사고 또는 반성을 구사하여 얻었건 간에 우리의 정신에 나타나는 것을 총칭하여 '지각(知覺, perception)'이라고 부른다.[10] 그리고 지각은 '인상(印象, impression)'[11]과 '관념(觀念, idea)'으로 분류된다. 인상은 "우리가 듣거나 보거나 만져 보거나(외적 지각), 사랑하거나 미워하거나 혹은 의욕할(내적 지각) 때에, 더욱 생생하게 느껴지는 모든 지각을 의미한다." 다시 말하면, 외적인 감각이나 우리의 내면적 감정에 최초로 나타난 것을 말한다. 관념은 간접적이고도 약한, 인상의 모사(模寫, copies)다. 관념은 기억이나 상상력에 의해 마음속에 재현된 것이다. 인상은 생생하고 강한 지각이며, 관념은 비교적 희미하고 약한 지각이다. 따라서 모든 관념은 인상에서 나오는 것이며, 또한 우리가 밖에서 무엇을 보거나, 혹은 정신의 내부에서 무엇을 느끼는 것이 없어서는 아무것도 생각할 수 없는 것이다. 인상과 관념은 그 강도와 생생함[force and liveliness]에서 서로 다를 뿐이며, 모든 단순관념은 그에 선행하는 단순인상의 모사다. 따라서 신 관념도 지성이, '경험된' 지혜와 선이라는 인간적 성질을 무한으로 고양시킴으로써 얻어진다.[12] 이것은 인식론적으로는,

---

10 이에 비해, 로크와 버클리에 있어서 의식의 전체내용은 '관념[ideas]'이다.

11 인상(印象): 영어) impression 〈 im (속으로) + press (누르다, 찍다); 독어) Eindruck 〈 ein (속으로) + drucken (누르다, 찍다).

12 이런 생각은 Xenophanes와 Feuerbach의 주장을 생각나게 한다: "소가 만일 신을 그린다면 소의 모습으로 그릴 것이다"(Xenophanes); "인간이 자기의 형상대로 신을 만들었다"(Ludwig Feuerbach).

모든 관념은 인상으로 되돌아갈 경우에만 정당성을 갖게 된다는 것을 뜻한다.

이처럼, 모든 관념이 인상의 재현이라고 한다면, 모든 관념은 확실한 것이어야 할 텐데, 실제로는 인상이 관념으로 바뀌는 경우 그릇된 관념이 나타날 가능성이 있다. 그것은, 기억(記憶, memory)이 원래의 인상에 구속되어 있고 변형시킬 힘이 거의 없는 데 반하여(그러나 기억도 오류를 범할 수 있다), 구상력(構想力)[상상력(想像力, imagination)]은 원래의 인상이 가지고 있는 순서와 형태에 전혀 구속되어 있지 않기 때문이다. 흄은, 이 인상들의 궁극적 원인이 무엇인지 우리가 알 수는 없다고 말한다. 그래서 우리는 인상과 관념 이외의 어떤 것도 정당하게 인정할 수 없다는 것이다.[13]

흄은 『인간지성의 탐구』[14] 제4장: 「지성의 작용에 관한 회의적 의심에 대하여」에서, 인간의 사고 및 학문의 대상을 두 가지 종류로 나눈다. 하나는 관념 상호 간의 관계[relations of ideas] — 이것은 곧 언어 상호 간의 관계라고도 할 수 있다. 왜냐하면, 관념이 언표된 것이 언어이기 때문이다 — 를 따지는 것이고, 둘째는 사실[matters of fact]을 다루는 것이다. 첫째 부류에 속하는 것은 수학이다. 수학의 명제는 어떤 객관적 사실에 관계하는 것이 아니라 관념 상호 간의 관계만을 다루기 때문에 그 명제는 모두 직각적(直覺的)[직관적(直觀的)]으로 확실하거나[공리(公理)] 논증적으로 확실하다[정리(定理), 계(系) (…)]. 원이나 삼각

---

13 흄은 『인간본성론』(*A Treatise of Human Nature*) 제1부 〈관념들과 그것들의 기원, 합성, 연관, 추상에 관하여〉 제1절〈관념들의 기원에 관하여〉에서 단순인상과 복합인상, 그것들의 표상인 단순관념과 복합관념을 구별하고 있는데, 이에 관한 논의는 여기서 생략하기로 한다.

14 *An Enquiry concerning human understanding*, Oxford, 1902, 김혜숙 역, 『인간오성의 탐구』, 고려원, 1996 참조.

형 개념에 합치하는 대상이 현존하느냐 않느냐 하는 것은 여기에서 전혀 문제가 안 된다. 이런 지식은 절대적 필연성을 갖는다. 이에 반하여, 사실에 관한 인식은 사정이 다르다. 이것은 관념에만 의존하지 않고 사실의 경험에 의존하고, 개념 자체가 경험에 의하여 수정될 가능성이 항상 존재하기 때문에, 그러한 것에 관한 인식의 확실성은 수학의 경우처럼 절대적일 수 없다. 그런데 사실의 인식에는, 사실에 관한 감각적 경험을 그대로 서술하는 경우와, 우리의 감각이나 기억을 넘어서 다른 사실로 추리해 가는 경우의 두 가지가 있다. 이 가운데, 감각에 직접적으로 나타난 것 이상으로 넘어가는 추리는 '인과관계(因果關係)[relation of cause and effect / causation / causality]'를 토대로 한다. 그는 특히 이런 인과적 지식의 확실성을 세밀하게 음미한다.

흄은 『인간지성의 탐구』 제4장에서 8장까지에서(5장: '4장의 의심에 대한 회의적 해결에 대하여' / 6장: '개연성에 대하여' / 7장: '필연적 연관성이라는 관념에 대하여' / 8장: '자유와 필연성에 대하여') 인과적 지식에 관하여 논하고 있다. 다음의 예를 통하여 그의 주장을 살펴보자. 뜰에 있는 나무에 불이 붙고 있는 것을 보고 두 사람이 각각 다음과 같이 주장한다고 하자:

1) 불이 붙고, 연기가 난다.
2) 불이 붙으면 연기가 난다.

이 두 주장은 아주 비슷하게 보이나, 내용은 본질적으로 다르다. 즉 1)은 '불이 붙는다'와 '연기가 난다'는 두 사실이 시간·공간적으로 잇달아 일어나는 것을 경험되는 그대로 서술한 것이다[즉, A와 B가 '연접(連接)되어[conjoined]' 있다는 것, 연접[conjunction]·계기(繼起)[succession]만을 주장한다]. 그러나 2)는 불이 붙으면 '반드시' 연기가 난다는 뜻이다. 즉, 불이 붙는 것이 원인이고 연기가 나는 것이 결과로서, 불과 연기의 필연적인 인과관계를 주장하고 있다. 즉, A와 B가 결합되어 있다[connected]는 것·결합[connexion]을 주장한다. 이것이 인과적 지식이다. 그런데 우리는 인과관계에 있어서 우리의 감각을 넘어서, 보지도 못한 사상(事象)을 추정한다. 이러한 인과관계 속에 있는 두 대상 사이에는 '연접[conjunction]'과 시간적 '계기[succession]'의 관계가 있다는 것을 우리는 인정하고 있다. 그러나 두 대상 사이에 접근과 계기의 관계가 있다고 해서 바로 그들이 인과관계 속에 있다고 말할 수는 없다. 왜냐하면 인과관계란, 이 두 가지 관계 외에 '필연적 결합'[necessary connection or connexion]이라는 관계를 포함하고 있기 때문이다. 이에 관해 흄은 다음과 같이 말한다: "그렇다면 우리는 인과관계의 완전한 관념을 제공하는 것으로서 근접성과 계기라는 이 두 가지 관계들에 만족한 채로 있겠는가? 결코 그렇지 않다. 하나의 대상은 다른 대상의 원인으로 간주되지 않고서도 그것에 근접해 있고 선행할 수도 있다. 고려되어야 할 것은 필연적 결합이다. 그리고 그 관계가 위에서 언급한 다른 두 가지 중의 어떤 것보다 훨씬 더 중요한 것이다."[15]

그런데 우리는 "돌에 햇빛이 비추면 돌이 따뜻해진다"와 같은 '초경험적인 인과적 주장'을 일상생활에서나 학문적 활동에서 많이 하고 있

---

15 "Shall we the rest contented with these tow relations of contiguity and succession, as affording a complete idea of causation? By no means. An object may be contiguous and prior to antoher, without being considered as its cause. There is a *necessary connexion* to be taken into consideration; and that relation is of much greater importance, than any of the other two above-mentioned."[David Hume, *A Treatise of Human Nature*, ed. L. A. Selby-Bigge, Oxford, 1951 (reprint of 1888 edition), I, 3, 2, 77].

다. 그러나 우리가 감각경험에만 의존한다면 어떻게 이런 초경험적인
주장을 할 수 있는가? 우리가 감각경험을 통하여 관찰할 수 있는 현상
은 "돌에 햇빛이 비치고 있다"는 것과 "돌이 따뜻해진다"라는 것밖에
없다. "~라면 ~이다"라는 것은 결코 감각경험 속에서 발견되지 않는
다. 그럼에도 우리는 어떻게 인과적 주장을 할 수 있는 것인가? 이것은
경험주의자에게는 중대한 문제다.

　흄은 이 문제에 답하기 위하여 경험주의의 입장을 벗어나지 않는다.
그는, 인과적 지식은 〈인접의 연합법칙〉에서 나온 것이라고 한다. 즉,
우리가 계기하는 두 가지 사건의 인상을 반복하여 받을 때, 우리는 인
접의 원리에 의하여 한쪽으로부터 다른 쪽으로의 '이행(移行)[transi-
tion]'이라는 인상을 받게 된다. 그리고 이 이행의 인상이 인과성의 관
념에 대응하는 인상이라는 것이다. 즉 내가 이제까지 불과 연기가 잇달
아 일어나는 것을 몇 번이나 되풀이하여 경험한 결과, 내 마음속에서
그 두 관념이 결합되어 나중에는 불의 관념을 가지면 자연히 연기의 관
념을 연상하게 되고, 연기의 관념을 가지면 불의 관념을 연상하는 '습
관[custom or habit]'이 생기고, 이러한 습관이 결국 주관적인 '신념
[belief]'으로 변한다. 그러면 우리는 지금 불이 붙고 연기가 나는 것을
보고서도 서슴지 않고 "불이 붙으면 연기가 난다"는 인과적 주장을 할
수 있게 된다. 이와 같이 인과의 지식은 흄에 의하면, 원인과 결과 사이
의 필연적 관계가 경험 속에 직접 주어지는 것이 아니라 두 개의 관념
이 시간·공간적으로 인접해서 되풀이하여 나타남으로써 생긴 마음의
습관을 토대로, 미래에 있어서도 그럴 것을 기대하고 예상하는 경험적
신념이다.

　이러한 흄의 경험주의적 해결이 옳다면, 인과성은 필연적이 아닌 개
연적인 관념에 불과하다. 즉, 자연적 사실에 관한 인과적 지식은 필연

적이고 보편타당한 지식이 아니다. 그리하여 그는 인과율은 주관적 신념에 불과하다고 단정함으로써 종래의 자연과학 및 형이상학의 학으로서의 가능성을 부정하는 회의주의에 빠지고 말았다. 그러나 이러한 그의 회의주의는 칸트를 "독단의 선잠으로부터[aus dogmatischem Schlummer]" 각성시켜 새로운 형이상학의 길을 터 주었다.

그러나 칸트는 흄의 입장에 전적으로 동의하지는 않고, 그의 입장을 부분적으로 받아들였다. 즉, 칸트의 생각으로는, 우리의 인식은 경험과 더불어[mit der Erfahrung] 시작하지만, 반드시 경험으로부터[aus der Erfahrung] 발생하는 것은 아니다.[16] 그는 인식이 성립하기 위해서는 감각경험뿐만 아니라 지성(의 작용)도 필요하다고 생각했다. 다시 말하면 "철학은, 모든 인식은 경험과 더불어 시작하며 경험적으로[empirisch] 확인할 수 있는 경험조건들에 결합되어 있다는 사실로부터 출발해야 한다"[17]고 칸트는 생각한다.

칸트는, 인식이 필연성[Notwendigkeit]과 보편타당성[Allgemeingültigkeit]을 지녀야 한다고 생각한다. 그런데 종래의 경험주의자들에 있어서의 인식은 경험적 실재성은 지니고 있으나 필연성과 보편타당성은 확보될 수 없는 것으로 칸트에게 보였다. 이에 반해 이성주의자들에 있어서 인식이란, 필연성과 보편타당성은 가지고 있지만, 경험적 실재성의 확보가 문제가 되었다. 그런데 진정한 인식이 성립하기 위해서는 이 양자의 요소를 모두 갖추어야 한다는 것이 칸트의 생각이다. 그러므로

---

16 "우리의 모든 인식이 경험과 더불어 시작하기는 하지만, 그렇다고 해서 모든 인식이 경험으로부터 발생하는 것은 아니다."("Wenn aber gleich alle unsere Erkenntnis mit der Erfahrung anhebt, so entspringt sie darum doch nicht eben alle *aus der* Erfahrung." KrV B 1).

17 Wilhelm Teichner, *Kants Transzendentalphilosophie*, Freiburg/München, 1978, 27 참조.

인식은 한편으로는 경험적 실재성을 지녀야 하므로 우리의 인식을 확장시켜 주는 '종합판단[synthetisches Urteil]'이 되어야 하고, 또 다른 한편으로는 필연성과 보편타당성을 지녀야 하므로 '선험적 판단[Urteil a priori]'이어야 한다고 칸트는 생각했다. 따라서 결국 칸트에 있어서 인식론의 핵심물음은 "선험적 종합판단은 어떻게 가능한가?(Wie sind synthetische Urteile a priori möglich?)"가 된다.

『순수이성 비판』에서 칸트는 먼저, "선험적 종합판단은 어떻게 가능한가?"라는 물음을 제기한다. 칸트에 의하면, 모든 판단은 분석판단과 종합판단[18]의 두 종류로 분류된다(KrV B 10 f.).

a) 분석판단[analytisches Urteil]: 술어 개념이 이미 주어 개념 속에 포함되어 있는 판단. 칸트는 그 예로서 "물체는 모두 연장(延長)을 가진다"라는 판단을 들고 있다. 그에 의하면 물체라는 개념은 원래, 연장을 가진다는 의미를 가지며, 술어는 다만 주어 개념 속에 이미 포함되어 있는 규정을 이끌어내 온 것에 지나지 않는 것이다. 따라서 우리가 분석판단을 만들기 위해서는 경험의 도움을 빌릴 필요가 전혀 없으며, 따라서 분석판단은 선험적으로 이루어질 수 있다. 그렇지만 분석판단으로는 우리의 인식이 조금도 확장되지 않는다. 그래서 이 판단을 해명판단[Erläuterungsurteil]이라고도 한다.

b) 종합판단[synthetisches Urteil]: 술어 개념이 주어 속에 포함되어

---

18 일반적으로는 개념(概念)[concept, Begriff]이 언표된 것이 명사(名辭)[term, Terminus]이고, 판단(判斷)[judgment, Urteil]이 언표된 것이 진술(陳述)[statement, Satz]이며, 추론(推論)[inference, reasoning, Schluß]이 언표되면 논증(論證)[argument, Argument]이 된다. 그러나 칸트는 여기서 판단과 진술을 구별하여 사용하고 있지 않다.

있지 않은 판단이며, 이 판단이야말로 우리의 지식을 확장하는 것이다[확장판단, Erweiterungsurteil]. 경험적 판단은 모두 종합판단인데, 경험적 판단은 필연성과 보편성을 가질 수 없다. 따라서, 종합판단이면서도 또한 필연성을 가진 판단이란, '선험적 종합판단' 이어야 한다고 칸트는 생각한다.

그러나 칸트가 범한 잘못은, 필연성[Notwendigkeit]과 선험성[Apriori]을 혼동한 것이다. 필연성이나 우연성과 같은 개념은 존재론에 관계된 개념이고, 선험성이나 경험성과 같은 개념은 인식론에 관계된 개념이다. 즉, 어떤 진술이 '필연적으로 참' 이라고 해서, 그 진술이 참이라는 것을 반드시 '선험적으로' 알아야 하는 것은 아니다.[19] 그렇다면 칸트의 인식론에 결정적인 결함이 존재하는 것이 아닌가? 어쨌든 이 문제는 일단 그대로 놓아두고 그의 사유를 계속 좇아가 보도록 하자.

칸트는 계속하여, 선험적 종합판단이 과연 성립하는지를 검토한다. 그에 의하면 선험적 종합판단은 우선 수학이나 기하학에서 발견된다. 예컨대 "7+5=12"라는 판단이나 "직선은 두 점 간의 최단선(最短線)이다"라는 판단은 모두 필연적으로 옳으며, 따라서 선험적인 것이라고 생각하지 않으면 안 된다고 한다. 그러나 위의 두 경우에, 술어 개념은 주어 개념 속에 포함되어 있지 않으므로 종합판단이라고 하지 않을 수 없다. 그뿐만 아니라 자연과학의 경우에도, "물체계의 모든 변화에 있어서 물질의 양은 불변한 것으로 존속한다"라든가, "운동의 모든 전달에 있어서 작용과 반작용은 항상 서로 동일해야 한다"[20]라는 원리는 선험

19 이 점에 관해서는 C. D. Broad, *Kant. An Introduction*, ed. by C. Lewy, Cambridge Univ. Pr., 1978, Ch. 1 General Introduction의 2 'Kant's notion of the a priori' 를 참조할 것.
20 여기에 든 예들은 KrV B 15-17에 있다.

적 종합판단이라고 하지 않을 수 없다는 것이다.[21]

이처럼 칸트는 수학과 자연과학에서 선험적 종합판단이 존재한다는 것을 인정하고, 그 까닭을 묻고자 한다. 이 문제에 대해 그가 제시한 해답은 말할 것도 없이, 우리의 지성 속에 '선험적인 인식형식'이 존재한다는 것이었다. 칸트에 의하면 인식이 성립하기 위해서는 우선 감성에 의하여 대상이 직관으로서 주어지고, 지성이 그것을 사유하는 일이 필요하다. 감성에 의한 직관이 없다면 인식이 성립하지 않는 것은 당연하지만, 그렇다고 해서 순전히 직관만으로는 인식이 성립하지 않는다. 직관에 의해 주어진 대상을 지성이 개념적으로 사유함으로써 비로소 인식이 성립된다. 이러한 사태를 칸트는 다음과 같이 표현한다: "(…) 인간의 인식의 두 줄기[幹], — 그것은 아마 하나의 공통적인, 그러나 우리에게는 알려지지 않는 뿌리로부터 생겼을 것인데 — 즉 감성(感性)과 지성(知性)이 있다. 전자에 의해 대상이 우리에게 주어지고, 후자에 의해 그것이 사유된다."[22] 또는 "감성 없이는 우리에게 어떠한 대상도 주어지지 않을 것이며, 지성 없이는 어떠한 대상도 사유되지 않을 것이다. 내용 없는 사유는 공허하며, 개념 없는 직관은 맹목이다"(B 75).[23] 이처럼 칸트는 인식이 성립하기 위해서는 감성과 지성 양자(兩者)의 작용이 필요하다고 주장한다. 그리고 선험적 종합판단이 성립하기 위해서는 감

---

21 그러나 이들을 '선험적 종합판단'이라고 할 수 있을까? 칸트는 필연적 종합판단이라고 해야 할 것을 선험적 종합판단이라고 잘못 생각한 것 같다.

22 "(…) dass es zwei Stämme der menschlichen Erkenntnis gebe, die vielleicht aus einer gemeinschaftlichen, aber uns unbekannten Wurzel entspringen, nämlich Sinnlichkeit und Verstand, durch deren ersteren uns Gegenstände gegeben, durch der zweiten aber gedacht werden."(A 15, B 29).

23 "Ohne Sinnlichkeit würde uns kein Gegenstand gegeben, und ohne Verstand keiner gedacht werden. Gedanken ohne Inhalt sind leer, Anschauungen ohne Begriffe sind blind."(A 51, B 75).

성과 지성 모두에 각각 선험적인 형식이 존재해야 한다고 생각하게 된다. 만약 감성적 직관 속에 선험적 형식이 존재하지 않아서 모든 직관이 경험적인 것이라고 한다면, 우리의 종합판단은 경험적 종합판단이 될 것이고, 지성 속에 선험적 형식이 존재하지 않아도 사정은 마찬가지일 것이다. 칸트는 감성의 선험적 형식을 직관형식이라고 부르고, 여기에 〈시간〉과 〈공간〉이라는 두 개의 직관형식을 배정했으며, 지성의 선험적인 인식형식 또는 개념을 범주[Kategorein]라 부르고, 여기에 열두 개의 개념을 배정했다.

감성의 순수형식들과 순수지성 개념들

2.1. 감성과 지성(직관형식과 범주)

앞서 말한 것처럼, "선험적 종합판단은 어떻게 가능한가?" 하는 것이 칸트 『순수이성 비판』의 근본문제였는데, 칸트는 이 문제를 해결하기 위해서 인간의 주관 속에 선험적인 인식형식이 있다고 생각하게 되었다. 칸트에 의하면 인간에 있어서는 직관의 능력인 감성(感性)[Sinn-lichkeit]과 사유의 능력인 지성(知性)[Verstand]의 협동작업에 의하여 인식이 이루어진다. 칸트는 「정험적 원리론」[Elementarlehre]에서 정험적 감성의 원리들에 관한 학으로서의 '정험적 감성론'을 다루었다. 정험적 감성론에서는 지성이 자기의 개념들을 통해 사유하는 모든 것들이 우리의 표상들로부터 이끌어져 나온다.

감성은 "대상에 의하여 촉발되는 방식에 의해 표상을 받아들이는 능력(수용성)"(A 19, B 33)이다.[24] 인간의 지성은 사유의 대상을 스스로

---

24 또한 감각은 "우리가 대상으로부터 촉발되는 한, 대상이 표상능력에 미치는 결과"(A 19, B 34)다.

만들어 내지 못하기 때문에, 사유해야 할 소재(素材)가 지성의 외부로
부터 주어져야 한다. 그런데 칸트는 이러한 소재가 감성적 직관에 주어
지는 형식에는 시간과 공간이라는 두 가지가 있다고 한다. "시간은 내
감(內感)의 형식, 즉 우리 자신과 우리의 내적 상태를 직관하는 형식 이
외의 다른 것이 아니다."[25] 그리고 "공간은 외감(外感)의 모든 현상의 형
식, 즉 감성의 주관적 제약 이외의 다른 것이 아니다. 우리에게 외적 직
관은 오로지 이 제약하에서만 가능하다."[26] 따라서 순수직관으로서의
시간과 공간은 선험적인 현상으로서의 대상이 가능할 수 있는 조건을
포함하고 있다. 그것들 속에서 이루어지는 종합은 객관적 타당성을 지
니고 있다. 모든 대상이 현상으로서 고찰되는 한에서, 시간과 공간의
입증된 선험적 관념성은 동시에, 시간과 공간의 실재성을, 즉 모든 대
상에 대한 객관적 타당성을 정초한다. 따라서 인간의 모든 직관은 물
자체의 표상이 아니라 현상의 표상이다. 우리의 감성의 수용성으로부
터 분리된 물 자체는 전적으로 알려지지 않은 채로 존재한다.[27]

칸트는 「정험적 감성론」에서 공간과 시간이 직관(의 형식)이라는 점
을 소위 형이상학적 구명(究明)과 선험적 구명을 통해 제시하는데, 이
에 관한 서술 및 그러한 구명이 지니고 있는 문제점에 대한 논의는 여
기서 생략하기로 한다. 그런데 선험적 종합판단이 성립하기 위해서는
감성 속에 선험적 직관형식이 존재하는 것으로 충분하지 않고, 지성 속
에도 선험적인 개념, 즉 범주가 존재해야만 한다고 생각했다. 이 범주

25 "Die Zeit ist nichts anderes, als die Form des inneren Sinnes, d.i. des An-
schauens unserer selbst und unseres inneren Zustandes." (A 33, B 49).
26 "Der Raum ist nichts anderes, als nur die Form aller Erscheinungen äusserer
Sinne, d.i. die subjektive Bedingung der Sinnlichkeit, unter der allein uns äussere
Anschauung möglich ist." (A 26, B 42).
27 Klaus Wellner, ebd., 124 f. 그리고 한단석, ebd., 94 f. 참조.

에 관해서 논하는 것이 「정험적 논리학」의 한 부분을 차지하는 「정험적 분석론」이다.[28] 칸트에 의하면, "우리의 인식은 마음의 두 원천으로부터 우러나온다. 그 첫째 원천은 표상을 받아들이는 능력[인상(印象)의 수용성(受容性)]이며, 둘째 원천은 이들 표상을 통해서 대상을 인식하는 능력[개념(概念)의 자발성(自發性)]이다. 전자에 의하여 우리에게 대상이 주어지고, 후자에 의하여 이 대상이 (마음의 순전한 규정으로서의) 표상과의 관계에 있어서 사유된다. 그러기에 직관과 개념은 우리의 모든 인식의 요소를 구성하는 것이며, 어떤 방식으로든 대응하는 직관을 갖지 않는 개념도, 개념을 갖지 않는 직관도 다 같이 인식으로 될 수는 없다"(A 50, B 74). 따라서, 이와 같이 사유하는 능력, 즉 개념의 능력이 지성이라 불리는 것이므로, 인식은 감성과 지성의 공동작업에 의하여 비로소 성립되는 것이며, 선험적 종합판단이 성립하기 위해서는 감성 속에 선험적 직관형식이 있을 뿐만이 아니라, 지성 속에도 선험적인 개념이 없어서는 안 된다고 생각했던 것이다.[29] 그러므로 칸트가 흄의

---

28 인간의 인식은 수용성 외에도, 마음의 제2의 근거원천[Grundquelle], 즉 대상을 인식할 수 있는 능력을 가지고 있다. 여기서 문제가 되는 것은 개념의 자발성이다. 〈정험적 논리학〉은 순수사유의 행위로서의 개념들을 탐구함으로써, 대상을 인식하는 능력을 다룬다. 요컨대, 정험적 논리학은 근원의 인식을 다룬다. 즉, 그로 말미암아 대상이 전적으로 선험적으로 사유되는 그러한 순수한 인식의 범위 및 객관적 타당성을 다룬다. 그것 없이는 대상이 도무지 사유될 수 없는 순수 지성의 요소들 및 원리들을 다루는 〈정험적 논리학〉의 부분은 칸트에 있어서 〈정험적 분석론〉이라 불린다. 그것은 진리의 논리학인 데 반하여, 〈정험적 변증론〉인 제2부는 지성 및 이성의 비판을 그것들의 초자연적 사용을 고려하여 수행해야 한다는 과제를 가지고 있다. 그러므로 이 부분은 〈가상(假象)의 논리〉를 탐구한다(Klaus Wellner, ebd., 125 참조).

29 "(⋯) 그런데 우리는 지성의 모든 활동을 판단으로 환원할 수 있기 때문에 지성 일반을 판단하는 능력[판단력]이라고 생각할 수 있다. 왜냐하면 지성은 위에서 말한 바에 따르면, 사유하는 능력이기 때문이다. 사유는 개념을 통한 인식이다."["(⋯) Wir können aber alle Handlungen des Verstandes auf Urteile zurückführen, so dass der *Verstand* überhaupt als ein *Vermögen zu urteilen* vorgestellt werden kann. Denn er

생각에 반대하여 인과율 개념을 정초하고, 자연과학적 인식에 대한 흄
의 회의주의를 부정하려는 이상, 그는 인과율이라는 개념이 지성 속에
선험적 개념으로서 존재하고, 이 선험적 지성 개념에 의하여 객관적인
선험적 종합판단이 성립한다고 생각하지 않으면 안 되었을 것이다.[30]

그러므로 범주는 경험적 인식의 필요조건이다. 이러한 경험적 인식
[empirische Erkenntnis]을 칸트는 경험[Erfahrung]이라고 부른다.[31] 범
주는 경험의 필요조건이다. 개념적으로 파악되고 이해되는 모든 것은
결국 범주를 통해서 그렇게 된다. 자연이 선험적 법칙을 따르는 이유
는, 자연은 범주를 통해서만 개념적으로 파악될 수 있기 때문이다. 물
론 범주는 선험적인 법칙들, 즉 자연 자체(자연 일반)에 대해 효력이 있
는 법칙들만을 규정한다. 자연의 특수한 경험법칙들은 범주에 의해 규
정될 수도 없고 범주로부터 나올 수도 없다. 그것들은 경험적으로 규정
되어야만 한다. 그러나 그것들이 범주로부터 나올 수 없다고 하더라도,
그것들은 반드시 범주와 일치해야만 한다.[32]

---

ist nach dem obigen ein Vermögen zu denken. Denken ist das Erkenntnis durch Begriffe." KrV A 69, B 94].

30 한단석, ebd., 109 ff. 참조.

31 "그러므로 범주는 경험적 직관에 적용되는 것이 가능하지 않은 한, 직관을 통하여 물(物)의 인식을 우리에게 제공하지 못한다. 다시 말하면 범주는 경험적 인식의 가능성을 위해서만 사용된다. 그리고 이 경험적 인식을 경험이라고 부른다. 그러므로 범주는 물이 가능한 경험의 대상으로 인정되는 경우 이외에 물의 인식을 위하여 달리 사용될 수 없다." ("Folglich liefern uns die Kategorien vermittelst der Anschauung auch keine Erkenntnis von Dingen, als nur durch ihre mögliche Anwendung auf *empirische Anschauung*, d.i. sie dienen nur zur Möglichkeit *empirischer Erkenntnis*. Diese aber heisst *Erfahrung*. Folglich haben die Kategorien keinen anderen Gebrauch zum Erkenntnisse der Dinge, als nur sofern diese als Gegenstände möglicher Erfahrung angenommen werden." KrV B 147 f.).

32 Justus Hartnack, (tr.) M. Holmes Hartshorne, *Kant's Theory of Knowledge*, London u.a., 1968, 58 참조. "그러나 자연 일반이, 시간과 공간 속의 현상들의 합법칙

정험적 분석론은 이제, 그것들이 선험적인 동시에 객관적인 의미를 지니고 있다는 점이 그것들로부터 인정되는 그러한 지성의 순수한 기초 개념들의 완전한 체계를 입증해야 한다. 다른 한편으로 정험적 분석론은, 선험적인 규칙으로서 현상에 그것들이 적용될 때 지성 개념들로부터 발생하는 원칙들을 도출해 내야 한다. 추구되는 지성의 기초 개념들은, 그것들이 모든 경험으로부터 독립한 것이어야 한다면, 자신들의 근원을 순수하게 지성 속에서 가져야만 한다.[33]

2.2. 범주의 연역

칸트는 형이상학적 연역과 정험적 연역이라는 두 가지의 연역을 제시하고 있다. 범주의 형이상학적 연역은 칸트가 종래의 논리학의 판단표(인식의 영역)를 손잡이로 하여 범주(일반 형이상학, 즉 존재론의 영

성으로서 의존하는 것으로서의 다수의 법칙에 대해서는 지성의 순수한 능력도 단순한 범주를 통해서 현상에 선험적인 법칙을 규정하기에는 불충분하다. 특수법칙은 모두 범주에 속하는 것이기는 하지만 경험적으로 규정된 현상에 관한 것이기 때문에, 범주에서 완전히 도출될 수는 없다. 특수법칙 일반을 알려면 경험이 이에 가해져야 된다. 그러나 저 선험적 법칙들만이, 경험의 대상으로 인식될 수 있는 것에게 경험 일반에 관해 가르쳐 준다." ("Auf mehrere Gesetze aber, als die, auf denen eine *Natur überhaupt*, als Gesetzmässigkeit der Erscheinungen in Raum und Zeit, beruht, reicht auch das reine Verstandesvermögen nicht zu, durch blosse Kategorien der Erscheinungen a priori Gesetze vorzuschreiben. Besondere Gesetze, weil sie empirisch bestimmte Erscheinungen betreffen, können davon *nicht vollständig abgeleitet* werden, ob sie gleich alle insgesamt unter jenen stehen. Es muss Erfahrung dazu kommen, um die letzteren *überhaupt* kennen zu lernen; von Erfahrung aber überhaupt, und dem, was als ein Gegenstand derselben erkannt werden kann, geben allein jene Gesetze a priori die Belehrung." KrV B 165).

33 Klaus Wellner, ebd., 124 f. 참조.

역)를 도출해 낸 것으로서, 칸트 자신이 보여 주었다고 생각한 것은 단지 〈사실의 문제[quid facti]〉일 뿐이었다. 그런데 이 형이상학적 연역은 칸트에 있어서 자아의식의 발견 또는 자아의식의 발생 문제와는 밀접한 관계가 없으므로 여기서는 다루지 않는다. 우리에게 문제가 되는 것은 바로, 범주의 정험적 연역[34]이다. 이것은 사실의 문제가 아니라 〈권리문제[quid juris]〉에 관계된다. 다시 말하면, 정험적 연역은 우리가 실제로 범주들을 얼마나 광범하게 사용하는가에 관한 문제를 다루는 것이 아니라, 우리의 범주사용의 정당성 문제를 다룬다. 범주들의 사용이 지식의 필요조건인가? 대답이 긍정적이면 범주사용은 정당화되고, 부정적이면 정당화되지 않는다.

정험적 연역을 관통하는 그 어려운 길 위에 있는 첫 번째 요점은 칸트가 '표상의 다양'이라고 부르는 것이다. 감각경험은 여러 감각인상들이 다양하게 모여 있는 것이다. 흄이 주장했듯이 이러한 상이한 감각인상들은 결합되어 있지 않다. 그리고 그것들을 하나로 결합하는 어떤 것에 대한 어떤 특별한 감각경험도 존재하지 않는다. 감각경험들을 하나로 결합하는 것은 그러므로 지성의 작용, 즉 종합이다.[35]

---

34 정험적 연역의 주요한 논증은 초판에서의 연역 전체에 흩어져 있고, 재판에서는 11쪽에 연속되어 모아져 있다.

35 Justus Hartnack, ebd., 47 참조. 칸트는 '종합[synthesis]'이라는 용어를 다음의 두 가지 의미로 사용하는데, 여기서는 1)의 의미다: 1) 종합하는 작용[synthesizing act], 2) 종합작용의 결과로서의 통일 혹은 종합된 상태[unity or state of togetherness] (Jonathan Bennett, *Kant's Analytic*, London, 1966, 107 참조).

2.2.1. 범주의 정험적 연역

2.2.1.1. 초판의 정험적 연역

칸트는 순수지성 개념의 연역이라는 제목을 지니고 있는 부분에 자신의 대부분의 노력을 기울였다.[36] 직관의 대상이 성립할 때 이미 지성의 작용이 들어 있다고 할지라도, 실제로 지성이 어떤 방식으로 작용하는가, 그리고 지성의 선험적 개념은 그때 어떤 역할을 하는가는 구체적으로 밝혀져 있지 않으므로, 이러한 문제를 탐구하는 것을 칸트는 주관적 연역이라 불렀으며, 초판의 연역에서 칸트는 이 주관적 연역의 부분을 상세히 서술함으로써 객관적 연역의 부분을 구체적으로 납득시키려 한다. 주관적 연역은 "심리학적으로 정향(定向)된 설명"[37]인데, 그는 여기서 '포착[이해, 파악, Apprehension]'의 종합, '재생(再生)[재산출, Reproduktion]'의 종합, '재인(식)[再認(識), Rekognition]'의 종합을 구별하여 제시하고 있다.

1) 직관에 있어서의 포착(捕捉)의 종합[Synthesis der Apprehension in der Anschauung]

직관에 의해 다양이 주어진다. 그러나 "이 다양으로부터 직관의 통일이 생기려면, (예컨대 공간표상에 있어서처럼) 먼저 다양이 개관(槪觀)되고, 다음에 이 다양이 총괄되는 일이 필요하다. 나는 이 행위를 포착의 종합이라고 부른다. 왜냐하면 이 행위는 바로 직관을 향해 있기 때문이다. 직관은 물론 다양성을 띠는 것이지만, 여기서 등장하는 종합이 없으면 그것이 결코 다양으로서, 그리고 하나의 표상 속에 포함된 것으

---

36 Vorrede zur 1. Ausgabe der KrV. A X VI 참조.

37 Justus Hartnack, ebd., 47.

로서 일어날 수 없다."[38] 왜냐하면, 직관에 의해 다양이 주어질지라도,
어떠한 표상도 순간적인 것으로 생각하면 어느 것이건 모두 단일적인
것이어서, 그 다양은 결코 다양으로서 표상되는 일이 없기 때문이다.
직관에 의해 주어지는 다양이 곧 표상에 있어서의 다양으로서 의식되
어지려면, 계기하는 직관의 다양을 마음속에 통일하는 것이 필요하다.
즉, 다양을 개관하고 결합하는 일이 이루어져야만 한다. 이렇게 함으로
써 비로소 이른바 직관의 대상이 성립하는 것이다. 이와 같은 종합작용
을 칸트는 포착의 종합이라고 부른다.

　모든 직관은 시간 속에서 발생한다. 왜냐하면 시간은 모든 직관의 선
험적 조건이기 때문이다.[39] 우리는 주어진 어떤 시간 동안 동일한 것을

---

38 "Damit nun aus diesem Mannigfaltigen Einheit der Anschauung werde, (wie
etwa in der Vorstellung des Raumes) so ist erstlich das Durchlaufen der Mannig-
faltigkeit und dann die Zusammennehmung desselben notwendig, welche Hand-
lung ich die *Synthesis der Apprehension* nenne, weil sie geradezu auf die Anschau-
ung gerichtet ist, die zwar ein Mannigfaltiges darbietet, dieses aber als ein solches,
und zwar *in einer Vorstellung* enthalten, niemals ohne eine dabei vorkommende
Synthesis bewirken kann."(A 99).

39 "우리의 표상은 그것이 외물(外物)의 영향을 통해서든지 혹은 내부의 원인을 통해
서든지, 또 그것이 선험적으로든지 혹은 경험적 현상으로든지, 즉 어디서 어떻게 발생
하든지 그것은 심성의 변용으로서 내감(內感)에 속한다. 그리고 그렇기 때문에 우리의
모든 인식은 결국 내감의 형식적 제약인 시간에 종속된다. 즉, 시간 중에서 모두 정돈
되고 결합하고 서로 관계할 수밖에 없다. 이 점이 이후 어디까지나 기초가 되어야 할
일반적인 주의사항이다."("Unsere Vorstellungen mögen entspringen, woher sie wol-
len, ob sie durch den Einfluss äusserer Dinge, oder durch innere Ursachen gewirkt
seien, sie mögen a priori, oder empirisch als Erscheinungen entstanden sein; so
gehören sie doch als Modifikationen des Gemüts zum inneren Sinn, und als solche
sind alle unsere Erkenntnisse zuletzt doch der formalen Bedingung des inneren
Sinnes, nämlich der Zeit unterworfen, als in welcher sie insgesamt geordnet,
verknüpft und in Verhältnisse gebracht werden müssen. Dieses ist eine allgemeine
Anmerkung, die man bei dem Folgenden durchaus zum Grunde legen muss." KrV

바라볼 수 있다고 말한다. 계기하는 여러 순간들을 통해 보이는 것은 하나이며 동일한 것으로 보인다. 그러나 이 각각의 순간들에 우리는 하나의 감각인상을 갖는다. 우리가 T_1에서 T_5까지 어떤 것을 바라본다고 하자. T_1에서 우리는 감각인상 S_1을 가진다. T_2에서 감각인상 S_2를 가진다. 그리고 T_3에서 감각인상 S_3를, T_4에서 감각인상 S_4를 가지며 마침내 T_5에서 우리는 감각인상 S_5를 가진다. 이러한 감각인상들($S_1 \sim S_5$)은 5개의 상이한 감각인상들이다. 이것들이 상이하다는 것은, 예컨대 머리에 가해진 5번의 계기하는 가격(加擊)들이 상이하다는 의미에서 그러하다. 그러나 우리는 T_1에서 T_5에 이르는 시간 속에서 5개의 계기하는 감각인상들을 가졌다고 결코 말하지 않을 것이다. 우리가 말하는 것은, 경과한 시간 동안 우리는 하나의 동일한 것을 보았다는(직관했다는) 것이다. 달리 말하면, 우리는 통일체[하나]가 아닌 것으로부터 통일체를 창조한 것이다. 다양체는 파악작용에 의하여 통일체로 종합된다.

2) 구상력에 의한 재생의 종합[Synthesis der Reproduktion in der Einbildung]

포착의 종합이란, 계시(繼時)적인 인상을 개관하여 이것을 결합하는 작용이었다. 그런데 이와 같은 종합이 가능하려면 계시적인 인상을 잊지 않고 마음속에 보지(保持)하고, 인상 그 자체는 다음에 오는 것으로 계속 옮아가 사라져 감에도 불구하고, 그것을 마음속에서 재생하는 작용이 있어야만 한다. 이 재생의 작용이 이루어지지 않으면, 계속 주어지는 인상은 또 계속 사라져 가서 거기에는 아무런 통일적 표상도 생길 수 없기 때문이다. 상이한 감각인상들이 결합되지 않으면, 하나이며 동

A 98 f.).

일한 대상에 관해서 말할 수 있는 조건은 존재하지 않을 것이다. 그 대신, 우리는 단지 계기하는 상이한 감각인상들에 관해서만 말할 수 있을 것이다. 그런데 이 재생의 작용이란 말할 것도 없이 구상력[Einbildungskraft]의 작용이다.

3) 개념에 의한 재인(식)의 종합[Synthesis der Rekognition im Begriff]

그러면 구상력에 의한 재생의 종합은 어떻게 하여 가능한 것인가? 칸트는 여기서 구상력의 재현의 종합을 가능케 하는 것으로서, 개념에 의한 재인식의 종합이 있어야만 한다는 것을 찾아낸다:

"우리가 지금 사유하고 있는 것이 일순간 이전에 우리가 사유한 것과 전적으로 동일하다는 의식이 없으면, 표상의 계열에 있어서 재생이라는 것은 모두 무의미하게 될 것이다. 왜냐하면, 그 경우에 우리가 지금 사유하고 있는 것은 현재의 상태에 있어서의 새로운 표상이며, 그 표상을 순차적으로 만들어 냈을 작용에는 전혀 속하지 않는 것으로 되어 버려서 표상의 다양은 언제나 전체를 구성하지 않을 것이기 때문이다. 왜냐하면, 거기에는 동일성의 의식만이 줄 수 있는 통일이 없기 때문이다. 가령 내가 계산을 할 때 지금 내 마음에 떠오른 여러 단위가 순차적으로 나에 의하여 상호 부가되어진 것이라는 것을 망각해 버린다면, 나는 단위를 하나씩 순차적으로 더하여 감으로써 다수(多數)가 나온다는 것을, 따라서 또 수를 인식한다는 것을 알지 못할 것이다. 왜냐하면, 수 개념은 이와 같은 종합과 통일의 의식에 있어서만 성립하기 때문이다."(A 103)

즉, 재생의 종합이란, 이미 사라진 인상을 마음속에서 재생하는 작용인데, 이 경우에 재생된 표상이 이전의 표상과 동일하다는 것을 재인식하는 작용이 없어서는 안 된다. 그리고 이 재인식의 작용에 의하여 처음으로 재생된 것이 현재의 표상과 결합되어 하나의 직관적 표상으로 통일되는 것이다.[40]

그런데 종합을 — 첫 번째 위상(位相)이 '포착'이고, 그다음 위상이 '재생'이며, 마지막 위상이 '재인'인 — 세 단계로 발생하는 과정으로 보아서는 안 된다. 이들은 하나의 동일한 과정의 세 국면들 — 대상의 직관이, 계기(繼起)하는 감각인상들을 수용하는 일이라면 필연적으로 존재해야 하는 국면들 — 일 뿐이다. 대상의 직관은 그러한 계기를 수용하는 것이라는 사실, 그러므로 다양을 결합하는 일이라는 사실을 칸트는 필연적인 것으로 생각한다. 왜냐하면 직관은 시간 속에서 발생할 수밖에 없기 때문이다. 그러므로 대상의 직관은 결합된 감각인상들의 다양의 직관이라는 사실은 경험의 문제가 아니다. 그것은 선험적인 주장이다. 종합(작용)은 경험적인 것이 아니라 선험적인 것이다. 그것은 의식의 통일을 표현하는 종합작용이다. 종합작용의 세 위상인 '포착', '재생', '재인'은 대상을 인식하기 위한 필요조건이다. 이것들은 의식을 전제하고 있는 개념들이다. 의식은 통일체이어야 한다. 그리고 의식은 하나이며 동일한 의식이어야 한다. 왜냐하면 재인(식)이란, 바로 의식의 통일을 구성하는 것이기 때문이다.

재인 같은 것은 없다고 생각해 보자. 그렇다면 각각의 감각인상은 단지 순간적으로만 지속할 것이다. 감각인상이 사라진 후 곧바로 다른 감각인상이 뒤따라올 것이다. 각각의 감각인상이 사라질 때, 의식은 그 감각인상에 관해 아무것도 기억할 수 없을 것이다. 그리고 어떤 감각인

---

40 한단석, ebd., 121 ff. 참조.

상이 재산출될 수 있다고 할지라도, 그것은 재산출된 감각인상으로 지각되지 않을 것이다. 즉, 그것은 이전에 발생했던 감각인상으로 지각되는 것이 아니라, 이전에 결코 존재하지 않았던 감각인상으로 지각될 것이다. 그런 상황에서는 '동일한 의식'이라는 개념을 사용할 수 있는 필요충분조건은 존재하지 않을 것이다. 왜냐하면 '동일하다'는 개념은, 이 상황에서는, '이전과 동일한'이라는 개념일 수밖에 없기 때문이다. 또한 '의식'이라는 개념을 사용할 수 있는 조건도 존재하지 않을 것이다. 동일한 의식으로서의 의식에 관해 논리적으로 말할 수 없는 곳에서는 의식에 관해서 전혀 말할 수 없는 것이다.

직관은 시간 속에서 이루어진다. 왜냐하면 시간은 선험적인 직관형식이기 때문이다. 그런데 이 말은, 다양의 종합으로서의 직관을 즉, 포착, 재생, 재인에 의해 구성된 종합으로서의 직관을 함의하고 있다. 이러한 종합이 없다면 자아의식은(혹은 심지어 의식도) 없다. 그리고 이러한 종합이 없으면 대상도 — 시간 속에 있는 여러 감각인상들의 다양의 종합으로서의 대상도 — 없다. 종합, 대상에 관한 지, 그리고 의식의 통일(자아의식)이라는 이 세 개념은 논리적으로 서로 의존하고 있다. 종합이 없다면 다른 두 개의 가능성도 존재하지 않는다. 그리고 만약 다른 둘 중 하나를 가지고 있다면 우리는 나머지 두 개도 또한 반드시 가지고 있는 것이다.

칸트는 다음과 같은 방식으로 정험적 통각(定驗的 統覺)[41]에 도달한

---

41 '통각[Apperzeption]'이라는 용어는 라이프니쯔로부터 빌려온 것이다. 그에게 있어서 지각[Perzeptionen]은 "외계의 사물을 나타내는 단자의 내적 상태"이고, 통각은 "자아의식 혹은 이 내적 상태의 반성적 인식[connaissance reflexive]"(Gottfried Wilhelm Leibniz, *Vernunftprinzipien der Natur und der Gnade*, Hamburg, 2002, §4)인데, 칸트는 그의 용어를 받아들여 지각을 표상[Vorstellungen, repraesentatio]이라고 부르고 있다(Schnädelbach, ebd., 112 참조).

다. '결합'이라는 개념은 '다양'이라는 개념을 전제하고 있다. 그로부터 종합을 만드는 다양이 존재하지 않는다면 '종합'이나 '결합'이라는 개념은 의미가 없을 것이다. 그러나 '결합'이라는 개념은 '통일'개념이 이미 존재하고 있다는 것을 전제로 했을 때에만 의미가 있다. 그러나 칸트는 통일 개념에 관해서만 말하지 않고 의식의 통일에 관해서도 말한다. [재판(再版)에서의] 논증은 다음과 같다. 모든 사유, 모든 표상은 어떤 사람에게 속해 있는 사유나 표상일 수밖에 없다. 즉, 이 사유 혹은 이 표상이 자기 것이라고 말할 수 있는 사람이 언제나 존재해야만 한다. 모든 사유·판단·진술에 관해서, 그것이 누구의 사유이고, 누가 판단한 것이고, 누가 진술했는지를 물을 수 있어야 한다는 것은 논리적인 필연이다. 어떤 사람이 무엇을 생각하고 직관하든지 간에 그것은 언제나 그의 생각이나 직관일 수밖에 없다.[42] 그리고 이것은 보편적으로 옳은 것으로 인정된다. '나는 생각한다'는 각 사람의 사유, 직관 혹은 표상을 동반한다.

그러나 이 재인식의 종합이 성립하기 위해서는 의식의 동일성이 없어서는 안 된다는 것은 너무나도 당연한 것이다. 만일 의식이 순간순간 전적으로 다른 것이어서 동일성이 없다면, 재현된 표상이 이미 사라진 표상과 동일하다는 것은 재인식될 수 없기 때문이다: "하나의 의식이란, 다양 즉 순차적으로 직관된 것과 다음에 또 재현된 것을 하나의 표상으로 결합한 것이다"(Ebd.). 이 의식의 동일성이 전제되지 않으면 대상의 인식은 전적으로 불가능하다. 물론 이것은 우리가 경험적으로 이 의식의 동일성을 의식하고 있는가의 여부와는 관계없다. "이 의식은 때때로 극히 미약한 것일 수도 있다"(Ebd.). 그렇지만, 이 의식의 동일성

---

42 Justus Hartnack, ebd., 47 ff. 참조.

은 경험의 모든 대상이 성립하기 위한 선험적 이유로서 존재하지 않으면 안 되는 것이다. 칸트는 이 "근원적인 선험적 제약"(A 106)을 "정험적 통각"(A 107) 또는 "순수통각"(A 117)이라고 명명했다:

"그런데 어떠한 인식도, 그리고 그 상호의 결합이나 통일도, 이 의식의 통일 없이는 우리 속에 발생할 수 없는 것이며, 이 의식의 통일은 직관의 모든 소여에 선행하면서 그것과 관계함으로써만 대상의 모든 표상이 가능케 되는 것이다. 이 순수하고 근원적이며 불변하는 의식을 이제 나는 정험적 통각이라고 부르려 한다. 그것이 이 이름에 합당하다는 것은 가장 순수한 객관적 통일, 즉 선험적 개념(공간 및 시간)의 통일일지라도 오로지 직관이 이 의식의 통일과 관계함으로써만 가능케 된다는 데에서 이미 분명하다."[43]

칸트에 의하면 순수통각 혹은 정험적 통각은 "모든 경험에 선행하면서 경험을 가능케 하는 조건"이고, "직관의 모든 소여에 선행하면서 그것과 관계함으로써만 대상의 모든 표상이 가능한 의식의 통일"이며, "순수하고 근원적이며 불변하는 의식"이다.

흄이 만든 자료감각주의적인 모델과는 달리, 칸트의 통각이론은 상이한 사유작용들이 교체되는 가운데서도 동일하게 존속하는 자로 이해

---

43 "Nun können keine Erkenntnisse in uns stattfinden, keine Verknüpfung und Einheit derselben untereinander, ohne diejenige Einheit des Bewußtseins, welche vo allen Datis der Anschauungen vorhergeht, und, worauf in Beziehung, alle Vorstellung von Gegenständen allein möglich ist. Dieses reine ursprüngliche, unwandelbare Bewußtsein will ich nun die *transzendentale Apperzeption* nennen. Daß sie diesen Namen verdiene, erhellt schon daraus: daß selbst die reinste objektive Einheit, nämlich die der Begriffe a priori (Raum und Zeit) nur durch Beziehung der Anschauungen auf sie möglich sein." (KrV A 107).

되는 주관에 대한 의식을 함의하고 있다.[44] 그리하여 칸트는 다음과 같
이 말할 수 있게 된다: "그러므로 나의 인식 속에서 모든 의식은 (나 자
신에 관한) 하나의 의식에 속한다는 것은 전적으로 필연적이다. (…)
상이한 모든 경험적 의식이 유일한 자아의식 속에서 결합되어야만 한다
는 종합진술은 우리 사유 일반의 전적으로 첫 번째이며 종합적인 원칙이
다."[45]

그런데 이 정험적 통각이야말로 바로 지성 이외의 다른 것이 아니다.
직관의 다양을 종합·통일하는 자발성의 작용이 결국 정험적 통각에 근
거하고 있는 이상, 그것은 곧 자발성의 능력으로서의 지성 그 자체이어
야만 할 것이다. 범주란, 지성 속에 있는 선험적 개념이었다. 따라서 정
험적 통각의 규칙에 따른 종합·통일의 작용은 범주에 의해 이루어지는
것은 말할 것도 없다. 지성의 선험적 개념인 범주는 이렇게 지성의 대
상에 대하여 객관적 타당성을 갖는 것이다. 이른바 직관의 대상은 범주
에 의한 구상력의 작용에 의하여 비로소 성립하는 것이다.[46]

2.2.1.2. 재판의 정험적 연역

칸트는 초판의 〈정험적 연역〉의 내용의 "불명료함을 제거"(KrV B X
X X VIII)하기 위하여 재판에서 내용을 새롭게 서술한다. 초판과 재판

44 Katja Crone, "Vorbegriffliches Selbstbewußtsein bei Kant?," in: *Kant in der Gegenwart*, hg. v. Jürgen Stolzenberg, Berlin/NY., 2007 (149-166), 153.

45 "Es ist also schlechthin notwendig, dass in meinem Erkenntnisse alles bewußtsein zu einem bewußtsein (meiner selbst) gehöre. (…) Der synthetische Satz: dass alles verschiedene *empirische bewußtsein* in einem einzigen Selbstbewußtsein verbunden sein müsse, ist der *schlechthin* erste und synthetische Grundsatz unseres Denkens überhaupt." (KrV A 117 Anm.).

46 한단석, ebd., 130 참조.

은 우선, 서술방식에서부터 차이점을 보이고 있다. 즉, 초판은 포착의 종합에서 출발하여 재생의 종합, 그리고 재인식의 종합으로 점차 대상이 성립하기 위한 조건을 찾아가서 마침내 정험적 통각에 도달한 데 비하여, 재판에서는 반대로 정험적 통각에서 출발하여 점차 구체적인 직관적 형상의 성립에 이르는 방식을 취하고 있다. 즉, 초판에서는 감성적인 것으로부터 지성적인 것으로의 방향을 취한 데 비하여, 재판에서는 지성으로부터 감성적인 것으로 이르는 방향을 취하고 있다.[47]

재판에서 칸트는 먼저 정험적 통각 — 이것을 칸트는 재판에서 순수 통각[reine Apperzeption] 또는 근원적 통각[ursprüngliche Apperzeption]이라고 부른다(KrV B 132 참조) — 이 모든 인식의 근저(根底)에 존재해야 한다는 데에서 출발한다. 정험적 통각이란, '나는 생각한다[ich denke]'라는 표상을 낳게 하는 자아의식[Selbstbewußtsein]인데, 이 "'나는 생각한다'는 것은 나의 모든 표상에 동반되지 않으면 안 된다. 왜냐하면 만일 그렇지 않으면 전혀 생각될 수 없는 그 무엇이 나에게서 표상되겠기 때문이다. 그것은 표상이 불가능하거나, 또는 적어도 나에게는 아무것도 아니라는 말과 같은 것이다."[48] 즉, "어떤 직관에 주어지는 다양한 표상은, 만일 그것이 모두 하나의 자아의식에 속하지 않는다면 그것은 모두 나의 표상일 수 없기 때문이다."[49] 이처럼, "'나는 생각

---

47 한단석, ebd., 131 f. 참조.

48 "Das: *Ich denke*, muss alle meine Vorstellungen begleiten können; denn sonst würde etwas in mir vorgestellt werden, was garnicht gedacht werden könnte, welches ebensoviel heisst, als die Vorstellung würde entweder unmöglich, oder wenigstens für mich nichts sein." (KrV B 132).

49 "Denn die mannigfaltigen Vorstellungen, die in einer gewissen Anschauung gegeben werden, würden nicht insgesamt *meine* Vorstellungen sein, wenn sie nicht insgesamt zu einem Selbstbewußtsein gehörten, (⋯)" (KrV B 132).

한다' 라는 개념 또는 판단은 모든 개념 일반을 운반하는 도구"[50]이어서, "경험 일반의 가능조건들은 동시에 경험대상들의 가능조건들이기도 하며, 바로 이 때문에 그 조건들은 선험적 종합판단에 있어서 객관적 타당성을 갖는다." 칸트는, "우리는 (경험적인 의미에서) 자연을, 필연적 규칙들, 즉 법칙들에 따른 실재적인 현상들의 연관으로 이해한다. 그러므로 어떤 법칙들, 그것도 선험적인 법칙들이 비로소 자연을 가능케 한다"고 말함으로써 대상인식[대상의식]의 비밀은 바로 자기인식[자아의식] 속에 있다는 것을 밝히고 있다.

　이때의 '나' 는 정험적인 '나' 다. 그리고 내가 그 순간에 가지고 있는 의식내용을 소유하고 있는 이 정험적인 '나' 는 어제 나의 의식내용을 소유했던 그 정험적인 '나' 와 동일하다. 이 정험적인 '나' 는 모든 사유, 모든 판단, 모든 주장, 모든 관념의 — 그리고 그러므로 또한 의식 자체의 — 필요조건이다. 이 '나' 가 바로 칸트가 (초판에서처럼) '정험적 통각' 혹은 '근원적 통각' 혹은 '순수통각' 이라고 부르는 것이다. 모든 지식의 토대가 되는 조건은 바로 이 정험적 통각이다.[51] 즉, '나는 생각한

---

50 "Der Begriff oder das Urteil: Ich denke ist das Vehikel aller Begriffe über-haupt." (KrV A 341, B 399).

51 Justus Hartnack, ebd., 54 참조. "'나는 생각한다' 는 것은 나의 모든 표상에 동반되지 않으면 안 된다. 왜냐하면 만일 그렇지 않으면 전혀 생각될 수 없는 그 무엇이 나에게서 표상되겠기 때문이다. 그것은 표상이 불가능하거나, 또는 적어도 나에게는 아무 것도 아니라는 말과 같은 것이다. 모든 사유에 앞서서 주어질 수 있는 이 표상이 직관이다. 따라서 모든 다양한 직관은 '나는 생각한다' 와 필연적 관계를 가지며, 이 주체에게서 다양이 발견되는 것이다. 그런데 이러한 표상은 자발성의 작용이다. 다시 말하면 감성에 속하는 것이라고 볼 수 없는 것이다. 나는 이것을 순수통각이라고 불러서 경험적 통각과 구별하며, 또는 이것을 근원적 통각이라고도 부른다. 왜냐하면 그것은 '내가 생각한다' 는, 즉 다른 모든 표상에 동반될 수 있어야 하며, 그리고 모든 의식에 있어서 유일하고 동일한 표상을 산출함으로써 어떠한 다른 표상에서도 유도될 수 없는 자아의식이기 때문이다. 나는 또 이 표상의 통일을 이 통일에서 선험적 인식이 가능하다는 것을

다'는 표상을 산출하는 것은 바로 자아의식인데, 이 표상은 다른 모든
표상에 동반될 수 있어야만 하고, 모든 의식 속에서 동일한 자아이며 다
른 어떤 추가적인 표상이 그것에 동반될 수는 없다고 칸트는 말한다
(KrV B 132 ; A 116-7도 참조).[52]

그런데 "감성과의 관계에서 모든 직관의 가능성의 최상의 원칙은, 정
험적 감성론에 의하면 직관의 모든 다양이 시간과 공간이라는 형식적

표시하기 위해서 자아의식의 정험적 통일이라고 부른다. 왜냐하면 어떤 직관에 주어지
는 다양한 표상은, 만일 그것이 모두 하나의 자아의식에 속하지 않는다면 그것은 모두
나의 표상일 수 없기 때문이다."("Das : Ich denke, muss alle meine Vorstellungen
begleiten können ; denn sonst würde etwas in mir vorgestellt werden, was garnicht
gedacht werden könnte, welches ebensoviel heisst, als die Vorstellung würde ent-
weder unmöglich, oder wenigstens für mich nichts sein. Diejenige Vorstellung, die
vor allem Denken gegeben sein kann, heisst Anschauung. Also hat alles Mannig-
faltige der Anschauung eine notwendige Beziehung auf das : Ich denke, in demsel-
ben Subjekt, darin dieses Mannigfaltige angetroffen wird. Diese Vorstellung aber
ist ein Aktus der Spontaneität, d.i. sie kann nicht als zur Sinnlichkeit gehörig ange-
sehen werden. Ich nenne sie die reine Apperzeption, um sie von der empirischen zu
unterscheiden, oder auch die ursprüngliche Apperzeption, weil sie dasjenige Selbst-
bewußtsein ist, was, indem es die Vorstellung Ich denke hervorbringt, die alle
anderen muss begleiten können, und in alem bewußtsein ein und dasselbe ist, von
keiner weiter begleitet werden kann. Ich nenne auch die Einheit derselben die
transzendentale Einheit des Selbstbewußtseins, um die Möglichkeit der Erkenntnis
a priori aus ihr zu bezeichnen. Denn die mannigfaltigen Vorstellungen, die in ein-
er gewissen Anschauung gegeben werden, würden nicht insgesamt meine Vorstel-
lungen sein, wenn sie nicht insgesamt zu einem Selbstbewußtsein gehörten, (⋯)"
KrV B 132).
52 그런데 여기서 칸트가 말하고자 하는 진정한 요점은 '나는 생각한다'에 그 이상의
어떤 표상이 동반될 수 없다는 것이 아니라, '나는 생각한다'는, 그 이상의 어떤 표상으
로부터 도출될 수 없다는 것, 혹은 다른 어떤 표상에 의하여 주장될 수 없다는 점이다.
'동반되다[begleitet]'라는 표현 대신 '도출되다[abgeleitet]'라는 표현으로 대치하자는
제안이 Goldschmidt에 의해 이루어졌다(KrV, B 132 Fussnote 2). (Jonathan Ben-
nett, ebd., 109 참조).

제약하에 있다는 것이었다. 그러나 지성과의 관계에서는 모든 직관의
가능성의 최상의 원칙은, 직관의 모든 다양이 통각의 근원적 · 종합적
통일의 제약하에 있다는 것이다. 직관의 모든 다양한 표상은 그것이 우
리에게 주어지는 한에서는 앞의 원칙에 따른다. 그러나 그것이 하나의
의식에서 결합될 수 있어야만 하는 한에서는 두 번째 원칙에 따른다. 왜
냐하면 의식에서 결합되지 않고서는 그 표상들에 의하여 아무것도 사
유되지 못하고 인식되지 못하기 때문이다. 그 까닭은, 주어진 표상들은
'나는 생각한다'는 통각의 작용을 공유하지 못하고, 따라서 그로 말미
암아 하나의 자아의식 속에 총괄되지 못하는 점에 있는 것이다."[53] 따라
서 칸트에 의하면 직관이 가능하기 위해서는 지성의 최상의 원칙이 필
요하므로, 직관은 지성의 순수 개념인 범주에 따라야만 한다. 왜냐하면
범주란 지성이 그것을 통해 판단을 이루어 내는 틀이며, 판단은 "(…)
주어진 인식을 통각의 객관적 통일로 가져오는 방식 이외의 다른 것이
아니기"[54] 때문이다.

---

53 "Der oberste Grundsatz der Möglichkeit aller Anschauung in Beziehung auf
die Sinnlichkeit war laut der transz. Ästhetik: dass alles Mannigfaltige derselben
unter den formalen Bedingungen des Raumes und der Zeit stehen. Der oberste
Grundsatz eben derselben in Beziehung auf den Verstand ist: dass alles Mannig-
faltige der Anschauung unter Bedingungen der ursprünglich-synthetischen Einheit
der Apperzeption stehe. Unter dem ersteren stehen alle mannigfaltigen Vorstellun-
gen der Anschauung, sofern sie uns *gegeben* werden, unter dem zweiten sofern sie
in einem bewußtsein müssen *verbunden* werden können: denn ohne das kann
nichts dadurch gedacht oder erkannt werden, weil die gegebene Vorstellungen den
Aktus der Apperzeption, *Ich* denke, nicht gemein haben, und dadurch nicht in
einem Selbstbewußtsein zusammengefasst sein würden." (KrV B 136 f.).
54 "(…) dass ein Urteil nichts anderes sei, als die Art, gegebene Erkenntnisse zur
objektiven Einheit de Apperzeption zu bringen." (KrV B 141). 그리고 KrV B 143도
참조.

이같이 하여 칸트는, 직관의 다양이 통각의 종합에 따르며, 통각의 종합은 범주에 따라 이루어지기 때문에 직관의 다양은 결국 범주에 따른다는 점을 밝혔다고 생각한다.[55] 그리하여 범주는 직관의 대상에 대해 타당한 것으로 입증되었다고 생각한다. 그렇다면 칸트에 있어서 통각, 자아의식에 대해 좀 더 살펴보기로 하자.

---

55 KrV B 143 참조.

3

정험적 통각[die transzendentale Apperzeption]과 자아의식

칸트는 통상적인 의미의 경험적인 자아의식을 순수한 혹은 정험적인 자아의식과 구별하는데, 그는 이러한 순수한 자아의식 혹은 정험적인 자아의식을 또한 다음과 같이 설명한다:

> "나는 그것을 순수통각이라고 부름으로써 그것을 경험적 통각과 구별한다. 혹은 그것을 근원적 통각이라고도 부른다. 왜냐하면 그것은 다른 모든 표상에 동반될 수 있고 모든 의식 속에서 동일하여 다른 어떤 것에 의해서도 동반될 수 없는 '나는 생각한다' 라는 표상을 산출하는 그런 자아의식이기 때문이다." (Krv, B 132. 그리고 B 152-156 참조)

이러한 통각은 순전히 논리적인 의식이며, "사유하는 주관의 자립성에 관한 지성적 표상에 불과하다"(B 278). 또한 이러한 통각은 직관의 다양을 통일하는 결합작용으로서의 형식적인 자기지시(自己指示)의 인식론적 원리이지, 의식이론적인 의미에서의 자기에 관한 앎[자기지(自己知)]이 아니다. 그러므로 이러한 통각으로부터는, 자아의식에 대한 주

관이론적인 해석이나 실체존재론적인 해석을 위한 인식이 도출될 수
없다. 따라서 칸트는 경험적·회의적 전통에 반대하는 날카로운 전환을
수행한다. 자아의식의 정험적 통일이 없다면 — 흄이 우선적으로 주장
하듯이 — 통일원리 없는 인상(印象)들의 흐름만이 존재하고, 따라서
경험을 설명할 수 없을 것이다.[56]

　　그런데 정험적 통각, 즉 정험적 '자아' 그 자체는 의식의 작용이 아니
다. 그것이 만약 의식의 작용이라면, 나는 또다시 나의 것인 이 의식의
작용에 관해서 말해야만 할 것이다. (나는 '나는 생각한다'를 주장해야
만 할 것이다.) 혹은 더 정확히 말하면, 그것이 의식의 작용이라면 그것
은 개념적으로 구성될 수 있어서, 판단 — 즉, (판단이 관계하는) 주어
를 가질 하나의 판단일 뿐만 아니라, 그 판단을 출발시킨 '나'를 전제한
판단 — 을 위한 대상으로 될 수 있을 것이다. 의식의 작용의 최종적인
논리적 전제 자체는 의식의 작용일 수 없다. 그러므로 흄이 그러한 '자
아'에 대한 감각인상이 존재하지 않는다는 것을 보임으로써 '자아'가
존재하지 않는다는 점을 보여 줄 수 있다고 생각한 것은 논리적인 오해
였다. 왜냐하면 그러한 감각인상이 존재했다면, 그것은 이 감각인상을
가졌던 다른 하나의 '자아'를 전제했을 것이기 때문이다.[57] 이 '자아'에
관해서(그리고 그러므로 정험적 통각에 관해서) 말해질 수 있는 모든
것은 단지, 그것이 의식의 필연적 통일의 표현이라는 사실일 뿐이다.
즉 말해지고 사유되고 표상되는 모든 것은 언제나 '나'와 결합될 수 있
어야만 한다는 사실 속에서 드러나는 통일의 표현이라는 사실뿐이다.
순수통각이나 순수자아에 관해서 말하는 것은 어떤 작용(행위), 과정

---

56 Joachim Ritter und Karlfried Gründer (hg.), *Historisches Wörterbuch der Philosophie*, Basel, 1995, Bd. 9, 357 참조.
57 Justus Hartnack, ebd., 54 f. 참조.

혹은 어떤 사물에 관해서 말하는 것이 아니라, 판단, 주장, 의식 등의 개념들을 가질 수 있는 기본적이며 논리적인 조건에 관해서 말하는 것이다.

우리는 다음과 같이 요약할 수 있다: 지식은 객관적 판단 속에서만 발견될 수 있다. 직관된 것은 이러한 판단 속에서만 파악되고 이해된다. 직관된 것은 판단 속에서만 사유될 수 있고, 따라서 인식될 수 있다(개념 없는 직관은 맹목이다). 객관적 판단은(그리고 이와 더불어 지식은) 순수통각에 의존해 있다. 칸트는 형이상학적 연역에서 자기가 모든 형태의 판단을 확립했고 이 판단들을 가능케 하는 개념들을 발견했다고 생각한다. 그러므로 우리는 이 판단들이 지식의 필요조건이라는 것을 안다. 그리고 만약 이 판단들이 지식의 필요조건이라면, 이 판단들 속에서 표현을 발견하고 이 판단들을 제약하는 개념들(범주들) 역시 지식의 필요조건임에 틀림없다.[58]

3.1. 정험적 통각과 의식의 통일, 그리고 경험적 통각

통각의 종합적 통일은 "표상이 대상에 관계할" 수 있는 유일한 근거다. 왜냐하면, 표상의 통일은 의식의 통일 없이는 생각할 수 없기 때문이다(KrV, B 137 f.). 이러한 기능 때문에 통각의 정험적 통일은 "객관적"이라고도 불릴 수 있으며(B 139), 우리가 "판단"이라고 부르는 것은 "주어진 인식을 통각의 객관적 통일로 이끄는 방식"(B 141) 외에 다른 것이 아니다. 이러한 숙고들로부터 연역의 §20은 첫 번째 결과를 이끌

---

58 Justus Hartnack, ebd., 55 f. 참조.

어 낸다. 즉, 직관의 통일을 가능케 하는 것은 통각의 근원적·종합적 통일이다. 주어진 다양한 표상들은 판단을 통해 통각 아래로 놓여진다 (B 143). 그러므로 한편으로 "판단 속에서 다양한 표상들에 통일을 부여하고" 다른 한편으로는 "직관 속에서 다양한 표상들의 단순한 종합에" 통일을 부여하는 것은 동일한 기능이다(A 79). 이로써, "주어진 직관 속의 다양한 것들은 필연적으로 범주들 아래에" 존재한다. 왜냐하면 저 기능이 범주이기 때문이다(B 143). 연역의 뒤따라오는 부분(§22-27)의 과제는, 감성의 모든 다양한 것들이 범주 아래에 속한다는 것을 입증하는 일이다.[59]

칸트는 표상들이 '통각의 통일' 혹은 '의식의 통일'에 종속되어야 한다고 주장한다: "그러므로 의식의 종합적 통일은 모든 인식의 객관적 제약이다. 그것은 내가 객관을 인식하기 위해서 필요한 제약일 뿐만 아니라, 나에 대하여 객관이 되기 위해서 모든 직관이 받아야만 하는 제약이기도 하다. 왜냐하면 다른 방법으로는, 그리고 이 종합 없이는 다양한 것이 의식에서 통일되지 않을 것이기 때문이다."[60] 이 절(節)은 계속해서, 이 마지막 진술은 분석적이라고 말한다. 왜냐하면 그것은, 오직 나의 모든 표상들은 그것 아래에서만 내가 그것들을 나의 표상들로서 동일한 자아에 귀속시킬 수 있는 그런 조건들에 종속되어야 한다는 점만을 말하고 있기 때문이다. 이것이 제시하고 있는 바는, 의식의 통일에

59 Eberhard Winterhager, *Selbstbewußtsein. Eine Theorie zwischen Kant und Hegel*, Bonn, 1979, 34 참조.

60 "Die synthetische Einheit des bewußtseins ist also eine objektive Bedingung aller Erkenntnis, nicht deren ich bloss selbst bedarf, um ein Objekt zu erkennen, sondern unter der jede Anschauung stehen muss, *um für mich Objekt zu werden*, weil auf andere Art, und ohne diese Synthesis, das Mannigfaltige sich *nicht* in einem bewußtsein vereinigen würde."(KrV B 138).

관한 칸트의 견해는, 내 것은 내 것이라는 진술의 귀결에 불과하다는 점이다. 그러나 사실, 칸트는 나의 모든 표상이 나의 것이라는 점만을 말하고 싶은 것이 아니라 모든 표상은 어떤 사람의 것이라는 점도 말하고 싶은 것이다.[61]

자아의식 혹은 통각, 그리고 자아동일성 개념은 칸트의 비판철학에서 결정적이고도 체계적인 역할을 하고 있다. 앞서 보았듯이 이 개념들은 『순수이성 비판』의 핵심인 〈범주의 정험적 연역〉에서 소개되며, 선험적 변증론의 첫 부분의 이성적 심리학에 대한 그의 비판의 중심을 이루고 있기도 하다. 칸트는 경험적인 자아의식이나 인격의 경험적인 동일성에 관심을 갖고 있지 않았기 때문에, 그 자신의 접근은 그러한 문제들에 대한 이전의 탐구와는 종류가 다르다. 그는 몇몇 곳에서 이러한 경험적인 문제들을 언급하고 있지만, 그가 그렇게 하는 것은, 그가 '순수한' 혹은 '정험적인' 자아의식이나 통각이라고 부르는 것과 경험적인 자아의식이나 통각을 중요하게 구별하는 견지에서이다. 칸트는 경험적인 통각에 관해서, 그것은 "상이한 표상들을 동반하며" "그 자체로 분산되어 주체의 동일성과 관계하지 않는다"(B 133)고 말한다. 경험적 의식은 특수한 정신 상태에 관한 명백한 자각이다. 그러므로 그것은 상이한 시점에서 정확하게 동일할 수 없다: "내적 지각 속에서의 우리의 상태에 대한 규정들과 일치하는 우리 자신에 대한 의식은 경험적인 것일 뿐이어서 계속해서 변한다. 즉, 그것은 내적인 현상들의 이 흐름 속에서 영속적이거나 지속적인 자아를 제공하지 못하기 때문에 내감 혹은 경험적 통각이라고 보통 불린다."[62]

---

61 Jonathan Bennett, ebd., 103 참조.
62 KrV A 107. 또한 Kant, *Anthropologie in pragmatischer Hinsicht*, Ak 7 (117–333), 134 참조.

칸트는 순수통각이라는 개념은 "나는 생각한다"라는 명제로 표현될 수 있다고 제시한다. 그는 다음과 같이 쓰고 있다: "'나는 생각한다'라는 것은 나의 모든 표상에 동반될 수 있어야만 한다. (…)"(B 131-2). 이 "나는 생각한다"라는 것은 나의 사유의 내용에 관해서 어떤 것도 진술하지 않고, 내가 그것을 의식하고 있다는 사실만을 진술한다(B 400). "나는 생각한다"는 명제 속의 '나'는 '사유 일반'에 속하기 때문에 '순전히 지성적이다'(B 423). 경험적 통각과는 달리 순수통각은 아무런 내용이 없고 그 자체로 '주체의 동일성에' 관계되어 있다. 즉, "나는 생각한다"는 모든 특수한 사유들에 관련해서 동일한 것이다(B 133). 이것이 바로 통각의 동일성 혹은 '통각의 분석적 통일'(B 133)이라고 칸트가 언급하는 바이다. 그는 통각의 동일성은 '나의 모든 규정적인 사유작용에 선험적으로 앞서기'(B 134) 때문에 '근원적'이라고 주장한다.[63]

주관의 다양한 표상들 가운데서 연관성을 확립하는 종합활동으로부터 초래되는, 자신의 표상들의 다양 속에서 통일하는 의식인 "나는 생각한다" 혹은 '정험적 자아'(KrV B 131-1 참조)는, 그것에 관해서는, 그것 없이는 외계에 관한 지식이나 학문적 이해가 불가능할 그런 만족하지 못할 존재자로 남았다. 정험적 자아는 자신이 존재한다는 것을 알지만, 자기가 무엇인지, 그리고 어떤 방식으로 존재하는지는 알지 못한다(KrV B 420 참조).[64]

칸트는 본래, 자아의식 이론을 제시하려고 자기의 철학을 시작한 것은 아니다. 또한 칸트의 출발은 "나는 생각한다"와 연관된 많은 난점을

---

63 Udo Thiel, ebd., 308 참조.
64 Gunnar Beck, "From Kant to Hegel — Johann Gottlieb Fichte's Theory of Self-consciousness," in: *History of European Ideas*, Vol. 22, No. 4, 1996 (275-294), 276 참조.

드러내기는 하지만, 그 난점을 포괄적으로 해소하려는 시도는 하지 않
는다.[65] 더 나아가, 중요한 사실은, 칸트는 "나는 생각한다"로부터 모든
것을 연역할 수 있다고 결코 믿지 않았다는 점이다.[66]

---

65 이 점에 관해서는 Pothast, *Über einige Fragen der Selbstbeziehung*, Ffm., 1971,
9-17, 20을 참조할 것.

66 Eberhard Winterhager, ebd., 34 참조.

III

피히테의 자아의식 이론

칸트의 비판철학은 철학의 가능성에 대한 탐구를 통하여 철학을 계속 발전하게 한 큰 공로를 세웠다. 칸트의 철학이 비판철학이라고 불리는 이유는 이성비판을 통하여, 회의주의나 독단적 철학이 할 수 없는 인식의 정당화 작업에 성공했기 때문이다. 칸트는 자신의 철학을 한편으로는 자기가 독단주의라고 불렀던 볼프의 철학에 대립시켰고, 다른 한편으로는 자기가 회의주의라고 불렀던 흄의 철학에 대립시켰다. 따라서 철학은 그에 있어서 개념상 비판철학이다. 즉, 그것으로 말미암아 인식의 확실성과 진리가 명백하게 표현되는 철학함의 방식인 것이다. 칸트가 이 점을 인식했다는 사실 속에 바로 그의 철학의 획기적인 의미가 존재한다.

그러나 칸트의 철학에서는 인식하는 주관과 인식되어야 할 실재세계 사이의 2원론(二元論)과 대립이 전개되었다. 따라서 칸트 이후의 철학은 이러한 2원론과 대립을 제거해야만 했는데, 왜냐하면 영원한 진리를 인식하려고 하는 철학의 추구 속에 존재하는 것은 바로, 사유와 대상의 동일성이라는 전제이기 때문이다. 그리하여 칸트 이후의 철학은 이러한 동일성을 부정하는 그러한 2원론을 제거하고자 한다. 따라서 칸트 이후의 철학은 철학의 형태나 학문이 "하나로 이루어진 체계이어야만 할 것을"요구하였다.[1] 피히테는 칸트가 애써 얻어 낸 내용을 자신의 철학의 출발점에 놓음으로써 칸트철학을 칸트철학에 적합한 형태로 만들려는 시도를 하고, 그 결과 피히테는 자신의 철학이 칸트의 이론을 단지 더 잘 서술한 것일 뿐이라고 생각한다. 그리하여 피히테가, 의식의 내용들이 의식 저편의 사물의 세계를 향하지 않는다는 사실로부터 출

---

1 Salomon Gewürze, *Studien zur Entwicklungsgeschichte der Schelling'schen Philosophie unter besonderer Berücksichtigung seiner Beziehungen zu Fichte*. Inaugural-Dissertation, Bern, 1909, 1 f. 참조.

발할 때에 그는 정험적인 근본사상을 취하고 있는 것이다. 의식은 늘 자기 자신의 내용들만을 포착할 수 있기 때문에, 의식은 오로지 자기 자신과만 관계한다. 그러나 학문론[Wissenschaftslehre]에서 지(知)[2] 혹은 의식이 자기 자신만을 만나는 경우, 객관적 실재성이 문제로 된다.

1794/95년의 『전 학문론의 기초』(Grundlage der gesamten Wissenschaftslehre[3])에서 피히테는 칸트와 마찬가지로 경험적인 것에 대해서도 몰두하긴 하지만, 정험철학에서 진행하는 절차에 대한 자신의 방법적인 새로운 규정에 적합하도록 최상의 경험적 소여, 의식의 최고의 사실을 찾는다. 이것이 뜻하는 바는, 피히테는 모든 인간지식의 절대적이고 최초인, 전적(全的)으로 무제약적인 원칙에 대해 묻는다는 것이다.[4]

---

2 'Wissen'의 번역어다. 이것은 '어떤 대상을 아는 행위 또는 작용', 혹은 '그러한 행위를 통해서 얻어진 내용', 즉 '지식'을 뜻한다. 'Wissen'을 '지식'이라고 옮기면 전자의 의미는 살리지 못하기 때문에, 양자의 의미를 모두 지니고 있는 용어인 '지(知)'로 옮긴다. 그러나 후자의 의미로 사용되는 경우에는 '지식'이라고도 표현한다.

3 J. G. Fichte, Gesamtausgabe der Bayerischen Akademie der Wissenschaften, hg. v. R. Lauth, H. Jacob u.a., Stuttgart-Bad Cannstatt, 1962 ff. in vier Reihen: I (Werke), II (Nachgelassene Schriften), III (Briefe), IV (Kollegnachschriften)로 구성되어 있다(GA로 줄임). GA I/2, 249-451. 그리고 Grundlage der gesamten Wissenschaftslehre는 GdgWL로 줄인다; 이와 더불어 앞으로 경우에 따라서는 다른 전집도 병기한다. 그것은 피히테의 아들이 편집한 다음의 전집이다: Fichtes Werke, hg. v. I. H. Fichte, 11 Bde., Berlin, 1971. Nachdruck der Sämtlichen Werke, Berlin, 1845/1846(I-VIII) und der nachgelassenen Werke, Bonn 1834/35 (SW로 줄임). 위에 언급한 『전 학문론의 기초』는 SW I, 83-328에도 수록되어 있다.

4 Klaus Wellner, ebd., 165 f. 참조. 헤겔도, 피히테의 관념론하에서 의식의 내용은 체계의 제1원리의 근거가 아니라 결과라는 점을 유사하게 인정한다: "피히테철학은, 철학은 그로부터 모든 규정들이 필연적으로 연역되는 하나의 최고원칙으로부터 존재해야만 한다는 사실을 개진했다는 큰 장점과 중요성을 지니고 있다. 중요한 점은 원리의 통일이며, 또한 이 원리로부터 의식의 전 내용을 학문적으로 정합적으로 전개하려는 시도 혹은, 이미 말한 것처럼, 전 세계를 구축하려는 시도다."(Vorlesungen über die Geschichte der Philosophie III, TW 20, 390).

그러나 피히테의 등장과 더불어 다른 방법이 또한 요구되었다. 왜냐하면 여기서는 지(知) 자체에 관한 또 다른 근본적인 견해가 또한 전개되었기 때문이다. 예나의 일반문예신문(*Allgemeine Literaturzeitung*)에 발표된 『애네시데무스[5] 논평』(*Aenesidemus-Rezension*)에서 피히테는 라인홀트(Karl Leonhard Reinhold, 1757-1823)와 슐쩨(Gottlob Ernst Schulze, 1761-1833)와 더불어, 철학의 모든 이론은 하나의 근본명제[=원칙, Grundsatz]로부터 도출되어야 한다는 점을 인정하고 있다. 그러나 피히테는 이러한 목적을 이루기 위해서는 라인홀트의 의식의 명제, 즉 "의식 속에서 표상은 주체로 말미암아 주체와 객체로 구별되고 양자에 관련된다"[6]는 명제는 불충분하다고 생각한다. 왜냐하면 이 명제

---

5 '애네시데무스'는 포르타 학교[Schulpforta] 시절 피히테의 동학이었던 슐쩨의 가명인데, 그는 1792년에 이 가명으로, 칸트와 라인홀트가 회의주의를 극복한 것처럼 주장하는 데에 반대하여 회의주의를 옹호하는 글을 발표했다. 즉, 슐쩨는 『애네시데무스, 혹은 예나의 라인홀트 교수에 의해 전해진 기초철학의 기초들에 대하여. 이성비판의 월권에 반대하여 회의주의를 옹호하면서』(*Aenesidemus oder über die Fundamente der von dem Herrn Professor Reinhold in Jena gelieferten Elementar-Philosophie. Nebst einer Verteidigung des Skeptizismus gegen die Anmaßungen der Vernunftkritik*, 1792, Neudruck Berlin, 1911)라는 제목으로, 라인홀트의 기초철학[Elementar-Philosophie]에 회의적으로 이의를 제기함으로써 애네시데무스를 상기시켰다. 슐쩨의 이 비판에 대한 피히테의 논평은 1793년에 작성되고 1794년에 예나의 『일반 문예신문』에 발표되었는데, 이 논평은 『전 학문론의 기초』의 직접적인 전(前) 단계라 할 수 있다(백훈승, 『피히테의 자아론』, 99 및 Martin Oesch (hg. u. eingeleitet), *Aus der Frühzeit des deutschen Idealismus. Texte zur Wissenschaftslehre Fichtes 1794-1804*, Würzburg, 1987, 13 참조). 슐쩨는 기원전 1세기의 신퓌론주의의 회의주의자인, 크레타의 철학자 애네시데무스로부터 이름을 취했다.

6 "Im Bewußtsein wird die Vorstellung durch das Subjekt vom Subjekt und Objekt unterschieden und auf beide bezogen."[Reinhold, "III. Neue Darstellung der Hauptmomente der Elementarphilosophie," in: *Beiträge zur Berichtigung bisheriger Missverständlisse der Philosophen. Erster Band. das Fundament der Elementarphilosophie betreffend* (Beiträge I로 줄임), Jena, 1790 (165-254), 167].

는 단지 이론철학만을 정초할 수 있으며 전체의 철학을 위해서는 그것보다 고차적인 원칙이 존재해야 하기 때문이다.[7]

『학문론이라는 혹은 소위 철학이라는 개념에 대하여』(*Über den Begriff der Wissenschaftslehre oder der sogenannten Philosophie*,[8] 1794)라는 글의 서문의 도입부에서 피히테는, 새로운 회의주의자 특히 애네시데무스를 읽음으로써, 그리고 마이몬(Salomon Maimon, 1753-1800)의 탁월한 저술들을 읽음으로써 다음과 같은 점을 전적으로 확신하게 되었다고 선언하고 있다. 즉, 철학 곧 비판철학은 명민한 사람들의 최근의 노력을 통해서조차도 아직 명증적(明證的)인 학문의 반열에 오르지 못했다는 점이다. 특히 마이몬이 이런 점에서 피히테에게 결정적인 영향을 미쳤는데, 마이몬은 말하자면 칸트와 피히테 사이에 다리를 놓아 준 사람이다. 왜냐하면 마이몬은 칸트의 비판적 체계를 무엇보다도 특히 다음과 같은 이유 때문에 결점이 있는 것으로 생각하고 있기 때문이다. 즉, 칸트의 체계는 우리가 어떤 권리로[quid juris] 그가 말하는 선험적 개념들과 판단들을 경험적 객관에 관해서 사용할 수 있는지, 우리는 어느 정도까지 그것들을 경험이 가능하기 위한 조건들로서 사용해야 하는지를 보여 주기는 하지만, 사실의 문제[quid facti], 즉 우리가 선험적인 개념들과 명제들을 실제로 경험적 객관에 관해서 사용하고 있는지 아닌지는 논구하지 않은 채 남겨 놓고 있다. 피히테가 칸트의 비판주의와 구별하여 자기의 비판주의의 고유성을 정립하고 있는 그런 체계는 이성비판에 대해 마이몬이 비난한 결점을 충족시킨 것으로 간주될 수 있다.[9]

---

7 Salomon Gewürze, ebd., 2 참조.
8 GA I/2, 91-172에 수록되어 있다.
9 Kuhn, *Jacobi und die Philosophie seiner Zeit*, Mainz, 1834, 495 f. 참조.

　피히테의 학문론은 처음 등장했을 때, 칸트철학에 대립된 새로운 철학으로 보이지 않고, 이미 로크와 흄에 의해 고무되고 칸트가 더욱 상세히 예비한, 의식에 대한 물음에 대한 갱신되고 더욱 엄밀하게 규정된 탐구로 보인다. 야코비에게 보내는 편지에서 피히테는 다음과 같이 말한다: "나는 정험적 관념론자인데, 칸트가 그랬던 것보다 더 엄격한 관념주의자다. 왜냐하면 칸트에 있어서는 경험의 다양한 것들이 — 신(神)은 그것들이 어떻게 어디로부터 존재하게 된 것인지 알겠지만, — 주어져 있지만, 나는 간략하게 말해서, 이 다양한 것들조차도 우리의 창조적인 능력을 통해 산출된다고 주장하기 때문이다."[10]

---

10 "Ich bin transzendentaler Idealist, härter als Kant es war; denn bei ihm ist doch ein Mannigfaltiges der Erfahrung, zwar mag Gott wissen, wie und woher, gegeben, ich aber behaupte mit dürren Worten, daß selbst dieses von uns durch ein schöpferisches Vermögen produziert werde." [I. H. Fichte (hg.), *J. G. Fichtes Leben und liter. Briefwechsel. 2. Teil*, Leipzig, 1862, 181].

1

A Study on the Theories of Self-consciousness in Kant and German Idealism

피히테철학의 출발: 칸트철학과 라인홀트철학의 수용 및 비판

헨리히(Dieter Henrich)는 "자아의식의 구조가 피히테철학의 중심문제"[11]라고 주장하며, 그와 그의 제자인 폿하스트(Ulrich Pothast)는 자아의식에 대한 헤겔 이후의, 그리고 현대의 분석은 피히테에 의해 성취된 수준을 넘어서지 못한 것으로 간주하고 있는데,[12] 이 문제와 관련해서는 물론 이론(異論)이 있을 수 있다. 그리고 피히테로부터 헤겔 및 쇼펜하우어(Arthur Schopenhauer, 1788-1860)에까지 이르는 후속시기의 자아의식 이론은 칸트를 뒤따르고 있는데, 특히 칸트가 이뤄 놓은 '순수한 자아의식'[13]과 '경험적 자아의식'의 구별을 뒤따르고 있다. 피

---

11 Dieter Henrich, *Fichtes ursprüngliche Einsicht*, Ffm., 1967, 7.

12 Dieter Henrich, "Selbstbewußtsein. Kritische Einleitung in eine Theorie," ebd., 257; Ders., *Fichtes ursprüngliche Einsicht*, Ffm., 1967, 50 f.; Ulrich Pothast, *Über einige Fragen der Selbstbeziehung*, Ffm., 1971 (이상, Stanley Rosen, "Self-Consciousness and Self-Knowledge in Plato and Hegel," in: *Hegel-Studien* Bd. 9 (1974), 111에서 재인용).

13 칸트의 순수한 자아의식 이론, 즉 통각이론은 모든 경험의 필요조건이라는 통각의 기능 때문에 관념론자인 피히테에 있어서 지레받침이 된다(Pippin, ebd., 46 참조).

히테는 비아(非我)의 추상을 통한 모든 객관의 지양을 설명하기 위한
목적으로만 자아의식을 도입한다:

"모든 객체적인 것이 지양된다 하더라도 적어도 자기 자신을 규정하는 자, 그
리고 자기 자신을 통해 규정되는 자, 즉 자아 혹은 주체는 남아 있다. 주체와
객체는 하나가 다른 하나에 의해 단적으로 배제되도록 서로에 의해 규정된
다. 자아가 자기 자신만을 규정한다면 그것은 자신 이외의 아무것도 규정하
지 않으며, 자아가 자신 이외의 어떤 것을 규정한다면 그것은 자기 자신만을
규정하는 것이 아니다. 그런데 이제 자아는 절대적인 추상능력에 의해 모든
객체가 지양된 이후에 남아 있는 것으로서 규정되었다. 따라서 이제 우리는
객체와 주체 사이의 확고한 구분점을 갖게 되었다.

[이것은 실제로 확실한 것이며 또 그 의미에 있어 더 이상 간과되어서는 안
되는 모든 자아의식의 원천이다. (…) 규정된 개인이 자신으로부터 더 많은
것을 추상하면 할수록, 그의 경험적 자아의식은 순수한 자아의식에 더 가까
이 접근한다. 이것은 처음으로 자신의 요람을 떠나면서 그 요람과 자기 자신
을 구분하는 법을 배우는 어린아이에서부터, 아직도 물질적인 관념상(觀念
像)을 가정하고 영혼의 자리가 어디인지를 묻는 통속철학자에 이르기까지,
그리고 또 적어도 순수자아를 사유하는 규칙을 생각하고 그것을 증명하는
정험철학자에 이르기까지 그러하다.]"[14]

---

14 "Wenn alles objektive aufgehoben wird, bleibt wenigstens das sich *selbst
bestimmende*, und durch *sich selbst bestimmte*, das Ich, oder das Subjekt übrig.
Subjekt und Objekt werden so durcheinander bestimmt, daß eins durch das andre
schlechthin ausgeschlossen wird. Bestimmt das Ich nur sich selbst, so bestimmt es
nichts außer sich; und bestimmt es etwas außer sich, so bestimmt es nicht bloß
sich selbst. Das Ich aber ist jetzt als dasjenige bestimmt, welches nach Aufhebung
alles Objektes durch das absolute Abstraktionsvermögen, übrig bleibt; und das

1.1. 칸트철학의 수용 및 비판

주지하듯이 칸트 이후의 철학에 최초로 강령(綱領)을 만든 사람은 피히테였다. 칸트철학과 초기관념론에 대한 관계는 그로부터 규정될 수 있다. 이 관계는 극도로 복합적인 토론상황을 개관함으로써 재구성될 수 있다. 이미 피히테는, 무엇보다도 라인홀트, 슐쩨, 마이몬, 그리고 야코비를 통해 규정된, 칸트철학과의 대결에 자신이 관련되어 있다는 것을 알게 되었다. 그리고 이러한 대결은 피히테의 초기 학문론의 형성을 규정하였다. 무엇보다도 문제로 나타난 것은, 칸트가 자기의 비판철학에 제공한 건축술과 체계형식, 그리고 그것들로부터 칸트가 이 건축술을 정초한 원리들의 정합성 및 내적 연관성이었다. 예나에서 피히테는 다른 진전된 논의에 직면하게 되었다. 그 논의는, 최고의 원칙으로부터 철학을 구축하려는 라인홀트의 계획에서 점화되었는데, 피히테 자신은 비록 그것을 비판적으로 능가하긴 했지만 그 계획을 옹호하였다. 그러나 이의제기는 피히테가 말하는 순수자아 개념 및 철학의 최고 원리라는 순수자아의 기능의 이해가능성에 대해서도 제기되었다. 이러

Nicht-Ich als dasjenige, von welchem durch jenes Abstraktionsvermögen abstrahiert werden kann: und wir haben demnach jetzt einen festen Unterscheidungspunkt zwischen dem Objekte, und Subjekte.

[Dies ist denn auch wirklich die augenscheinliche, und nach ihrer Andeutung gar nicht mehr zu verkennende Quelle alles *Selbstbewußtseins* (…) Je mehreres ein bestimmtes Individuum sich wegdenken kann, desto mehr nähert sein empirisches Selbstbewußtsein sich dem reinen; — von dem Kinde an, das zum ersten Male seine Wiege verläßt, und sie dadurch von sich selbst unterscheiden lernt, bis zum popularen Philosophieen, der noch materielle Ideen-Bilder annimmt, und nach dem Sitze der Seele fragt, und bis zum transzendentalen Philosophen, der wenigstens die Regel, ein reines Ich zu denken, sich denkt, und sie erweist.]" (GA I/2, 382 f.). [Joachim Ritter und Karlfried Gründer (hg.), ebd., 358 참조.]

한 논쟁들에 대해서 피히테는 자신의 학문론을 새롭게 서술함으로써
곧바로 반응을 보였다. 피히테의 철학은 또한, 쉘링, 헤겔 그리고 야코
비가 칸트 이후에 철학체계의 정초가능성(定礎可能性)에 관하여 해명된
관계 속에서 마련하려 했던 정향점(定向點)이기도 하다. 이때에 플라톤
의 철학, 스피노자의 윤리학 그리고 라이프니쯔의 형이상학 같은 다른
원천들과 증거들이 영향을 미쳤다는 사실은 잘 알려져 있다. 그러나 이
것들이 칸트 이후의 철학의 형성에 대해 정확히 얼마만큼의 영향을 미
쳤는가 하는 점은 잘 알려져 있지 않다. 피히테가 우선 계획한 것은 칸
트 이후에 체계적으로 수행된 주체[Subjektkvität]이론에 대한 것이다.
이론철학과 실천철학의 관계, 그리고 거기에 종속된 미학, 윤리학, 법
철학, 종교철학이라는 분야들이 그들의 새롭고 충분한 정초를 얻는 것
은 바로 이 주체이론의 토대 위에서다. 새롭게 구상된 철학체계의 토대
는 바로 자아의식이라는 원리다. 자아의식이라는 원리는 의식주체의
현실에 관한 의혹 없는 확실성에 대한 최종심급 및 보증으로서, 주체이
론의 최고원리의 자격을 갖는다.[15]

칸트와 헤겔이 그랬듯이 피히테 역시 대학에 자리를 잡기 전에 가정
교사 생활을 하게 되었다. 피히테는 한때, 라이프찌히(Leipzig)에서 저
술가로 지내려는 계획을 가졌지만 뜻을 이루지 못하였다. 그러나 가정
교사로서 학생을 가르치기 위해 칸트철학을 공부하게 된 것이 그로 하
여금 본격적으로 칸트철학을 연구하게 된 계기가 되었다. 이때가 바로,
그가 28세가 되던 해인 1790년이었다. 칸트철학과의 만남은 실로 그에

---

15 Jürgen Stolzenberg, "Kant und der Frühidealismus," in: *SYSTEM DER VER-NUNFT. KANT UND DER DEUTSCHE IDEALISMUS*, (hg. v. Wilhelm G. Jacobs, Hans-Dieter Klein, Jürgen Stolzenberg), Band 2, Hamburg (1-14), 2007, 1 f. 참조.

게 있어서 "혁명"[16]이었다. 우리는 피히테철학의 출발점이 칸트라고 의심 없이 말할 수 있다. 심지어 그는 이 점에 관해서, 자기는 "이미 칸트가 직·간접적으로, 명석하거나 모호하게 지시하지 않은 것은 결코 말할 수 없을 것"[17]이라고까지 말하고 있다. 그렇지만 피히테는 칸트철학을 무조건적으로 수용하지 않고, 자기 자신의 이념에 따라 변형했다. 이로써, 엄밀한 의미에서의 독일관념론이 시작하게 되었다. 칸트의 철학은 그로 하여금 철학의 기초를 다지게 한 철학적 계몽이었을 뿐만 아니라, 그것으로부터 자기 자신의 철학체계를 구축하게 만든 전환점이 되었다.[18]

피히테의 프로그램은 칸트의 체계와 연결되어 있다. 피히테는 자아의식을 — 칸트처럼 — 모든 지(知)의 토대로 고수하고자 한다. "그러나 분석될 수 없는 전제로서가 아니라 철학에 의해 구성되어야 할 최초의 사실로서"[19] 고수하고자 한다. 이와 동시에 그는, 이미 그의 최초의 체계초안에서 소위 물 자체의 독단적인 유물(遺物)을 칸트철학으로부터 제거하고자 한다. 피히테는『애네시데무스 논평』에서 다음과 같이 말함으로써, 다양을 종합하는 기능에 대한 칸트의 생각에 반대한다: "마음

16 아켈리스(Henrich Nikolaus Achelis, 1764-1831)에게 보낸 편지(1790년 11월), in: GA III/1, 193-4 참조: "Der Einfluß, den diese Philosophie, besonders der Moralische Theil derselben, der aber ohne Studium der Kr.d.r.Vft. nicht verständlich ist, auf das ganze Denksystem eines Menschen hat, die Revolution, die durch sie besonders in meiner ganzen Denkungsart entstanden ist, ist unbegreiflich."

17 "daß er (Verfasser, 즉 Fichte 자신을 가리킴: 필자 주) nie etwas wird sagen können, worauf nicht schon *Kant*, unmittelbar oder mittelbar, deutlicher oder dunkler, gedeutet habe", Über den Begriff der Wissenschaftslehre (ÜBWL로 줄임), in: GA I/2, 110; SW I, 30.

18 Nicolai Hartmann, *Die Philosophie des deutschen Idealismus*, Berlin/NY., 1974, 42 참조. 백훈승,『피히테의 자아론: 피히테철학 입문』, 46 f. 참조.

19 Pothast, ebd., 16.

의 모든 행위를 하나의 결합으로 환원하는 일이 어떻게 가능한가? 정립
과 반정립을 전제하지 않고서 어떻게 종합을 생각할 수 있는가?"[20] 그런
데 피히테에 있어서 정립된 것과 반정립된 것은 무엇인가? "근원적인
대상은 결코 지각되지 않고 지각될 수도 없다. 요컨대 다른 모든 지각
에 앞서서, 직관은 주관에 근원적으로 반정립된 객관인 비아에 관계할
수 있다. 그런데 이러한 비아는 결코 지각되지 않고 근원적으로 정립된
다."[21] 주관과 객관, 자아와 비아는 대립된 것들이며, 이것들이 없다면
종합은 생각할 수 없다: "절대적 주관인 자아는 경험적 직관을 통해 주
어지는 것이 아니라 지적 직관(知的 直觀)을 통해 정립된다. 그리고 절
대적 객관인 비아는 절대적 주관인 자아에 반정립된 것이다."[22]

『애네시데무스 논평』에서 개척된 사유는 — 확실히 변화하기는 했지
만 — 1794년의 『전 학문론의 기초』에서 관철된다. 여기서 자기 자신을
단적으로 정립하는 자는 자아다. 자아는 행위하는 자요, 행위 속에서
자기를 산출하는 자이며 '실행' [Tathandlung][23]의 표현으로서의 자아다
(SW I, 94 ff. 참조). 그런데 자기를 단적으로 정립하는 이 자아는 자기
자신을 의식하는 주관과 동일시되어서는 안 된다. 이 점은 『전 학문론

---

20 "Wie ist es doch möglich, alle Handlungen des Gemüts auf ein Zusammenset-
zen zurückzuführen? Wie ist *Synthesis* denkbar ohne vorausgesetzte *Thesis* und
Antithesis?" (SW I, 7).

21 "Das ursprüngliche Objekt wird überhaupt nicht wahrgenommen, und kann
nicht wahrgenommen werden. Vor aller andern Wahrnehmung vorher also kann
die Anschauung auf ein, ursprünglich dem Subjekte entgegengesetztes Objekt, das
Nicht-Ich, bezogen werden; welches Nicht-Ich überhaupt nicht *wahrgenommen*,
sondern ursprünglich *gesetzt* wird." (SW I, 9).

22 "Das absolute Subjekt, das Ich, wird nicht durch emprirische Anschauung
gegeben, sondern durch intellektuelle gesetzt; und das absolute Objekt, das Nicht-
Ich, ist das ihm entgegengesetzte." (SW I, 10).

23 이 용어의 의미와 번역문제에 대해서는 뒤에서 언급한다.

의 기초』의 시작으로부터 알아차리기 힘들지만 절대적으로 고수되고 있다. "나는 나다"라고 표현할 수 있는 이 첫 번째의 단적으로 무제약적인 원칙에 대립되는 것은, 자기의 내용에 따라 제약된 두 번째의 원칙이다. 즉, 비아는 자아가 아니다. 혹은 자아에는 비아가 단적으로 반정립된다(SW I, 104 참조). 이 원칙은 자기의 내용에 따라서만 제1원칙을 통해 제약되며, 자기의 형식에 따라서는, 즉 반정립된 것으로서는 무제약적이다. 이 두 원칙으로부터 피히테는 계속해서 의식, 범주들, 감성의 다양한 것들 등을 도출한다. 자아를 통한 대상[객관]의 산출을 통해, 이제부터 자아는 "자기 자신을 정립하는 자로서 자기를 정립하는(setzt, als sich selbst setzend)" (SW I, 218, 221 ff.) 일이 마침내 가능하게 되는데, 이는 성취된 자아의식으로서 시작된다.[24]

1.2. 실재론과 관념론: 칸트의 실재론의 극복과 피히테의 관념론의 시작

많은 이성주의 철학자들에게 있어서와 마찬가지로 피히테에게 있어서도 자신의 철학체계를 수립함에 있어서 가장 중심적인 문제는 제1원리[근본명제]의 발견이다. 그런데 이 제1원리 또는 근본명제는 그 자체로 전적인 명증성 및 확실성을 지니고 있어서, 그것으로부터 전 체계가 구성되어야 한다. 이 원리는 증명될 수 없고 그 자체로 정당화되어야 한다(SW I, 38-42). 만약 그것이 다른 것에 의해 증명된다면, 그것을 통해서 그 원리가 증명되는 그것, 즉 증명의 전제가 바로 제1원리가 될

---

24 Eberhard Winterhager, ebd., 36 f. 참조.

것이다. 그런데 피히테에 의하면, 우리의 경험을 설명하는 철학적 기획을 시작할 수 있는 오직 두 가지의 출발점이 있다. 하나는 순수자아로부터 출발하는 것과, 또 하나는 물(物) 혹은 물 자체로부터 출발하는 것이다. 전자의 입장이 바로 관념론이고 후자의 입장이 독단론 혹은 실재론이다(1797년의 *Einleitung in die Wissenschaftslehre* 참조). 그러나 독단론은 우리의 일상적인 의식을 선험적으로 연역해 낼 수 없다. 왜냐하면 그것은 물(物)의 영역으로부터 정신적 사건이나 표상들로 도약할 수 없기 때문이다. 이에 반해, 비판적 관념론은 〈의식의 정험적 연역〉이라는 철학의 책무를 완수할 수 있다.[25]

피히테는 『전 학문론의 기초』§3에서 자기의 절차를 "비판철학(*kritischen* Philosophie)"이라고 스스로 명명한 동시에 독단적 철학과 경계 지었다. 이에 따르면 비판철학의 본질은 다음과 같은 점에 있다: "절대 자아가 단적으로 무제약적인 것으로서 그리고 그 어떤 고차적인 것을 통해서도 규정될 수 없는 것으로 제시된다는 사실, 그리고 이러한 철학이 이 원칙으로부터 일관적으로 따라 나오면 학문론이 된다는 사실이다."[26] 수행된 탐구는 다음과 같은 점을 보여 주었다. 즉 저 절대자아는 아직 전혀 얻어지지 않았다. 피히테는 다음과 같은 점을 통해 자기의 철학을 독단론과 경계 짓는다. 즉, 독단적 철학은 즉자적 자아에 대해 어떤 것을 동일한 것으로 정립하며, 동시에 이와 맞서서 그리고 더욱 고차적으로 존재해야 하는 존재자라는 개념들 속에서 그렇게 한다.[27]

---

25 http://plato.stanford.edu/entries/johann-fichte/#4.3 참조.

26 "(…) daß ein absolutes Ich als schlechthin unbedingt und durch nichts höheres bestimmbar aufgestellt werde, und wenn diese Philosophie aus diesem Grundsatze konsequent folgert, so wird sie Wissenschatslehre." (GdgWL, in: GA I/2, 279; SW I, 119).

27 Klaus Wellner, ebd., 170 f. 참조.

"비판적 체계에서 사물은 자아 속에 정립된 것이다; 그러나 독단적 체계에서 사물은 그 속에서 자아 자신이 정립된 그런 것이다. 그러므로 비판주의는 내재적이다. 왜냐하면 비판주의는 모든 것을 자아 속으로 정립하기 때문이다. 그러나 독단주의는 아직도 자아를 넘어서므로 초월적이다."[28]

　피히테는 프랑스혁명이 자기의 철학에서 갖는 의미에 대하여 다음과 같이 말하고 있다: "나의 체계는 최초의 자유의 체계다. 저 나라가 인간을 외적 사슬로부터 해방시키는 것처럼, 나의 체계는 (…) 물 자체 및 물 자체의 영향의 속박으로부터 인간을 해방시킨다."[29] 피히테뿐만이 아니라 칸트 이후의 독일관념론 철학자들, 예컨대 라인홀트, 벡(Jacob Sigismund Beck, 1761-1840),[30] 쉘링, 그리고 헤겔 등도 칸트의 물 자

---

28 "Im Gegentheil ist diejenige Philosophie *dogmatisch*, die dem Ich an sich etwas gleich-und entgegesetzt: und dieses geschiet in dem höher seyn-sollenden Begriffe des Dinges (Ens), der zugleich völlig willkürlich als der schlechthin höchst aufgestellt wird. Im kritischen Systeme ist das Ding das in Ich gesetzte: im dogmatischen dasjenige, worin das Ich selbst gesetzt ist: der Kriticism ist darum *immanent*, weil er alles in das Ich setzt: der Dogmatism *transcendent*, weil er noch über das Ich hinausgeht."(GdgWL, in: GA I/2, 279 f.: SW I, 119 f.). GA에서는 'worin'이 아니라 'worinne'로, 'transcendent'가 아니라 'transscendent'로 되어 있다.

29 "Mein System ist das *erste System der Freiheit*. Wie jene Nation die politischen Fesseln der Menschen zerbrochen hat, so reißt das meinige in der Theorie den Menschen los von den Ketten der Dinge an sich und ihres Einflusses, (…)"[Fichte an (Jens Immanuel Baggesen?). 2. Briefentwurf (1975 April/Mai), in: GA III/2, 300].

30 칸트 밑에서 공부하고 그의 자극을 받아, 칸트의 중요한 비판적 저술들을 해명하는 발췌문을 출간했다. 처음에 출간된 두 권은 『칸트 교수의 권고에 따라, 그의 비판적 저술들을 해명하는 발췌문』(*Erläuternder Auszug aus den kritischen Schriften des Herrn Professor Kant, auf Anrathen desselben*)이라는 제목으로 1793년과 1794년에 출간되었다. 그러나, 『그로부터 비판철학이 판단되어야 하는 유일하게 가능한 관점』(*Einzig*

체를 제거함으로써 그들의 관념론을 철저화한다. 이제 더 이상, 외계를
의식하는 자아를 떠나서 독립적으로 존재하는 물, 즉 물 자체는 존재하
지 않는다. 이들은 모두 자아를 철학의 원리로 삼아서 세계 전체를 구
성하려고 하며, 바로 이러한 체계를 구성하는 것을 철학의 과제로 생각
했다.[31] 피히테에 의하면, 칸트에 있어서 "물 자체는 완전한 괴물이 된
다. 즉 우리가 왜 그러한 것을 가정해야만 하는가 하는 이유가 더 이상
전혀 드러나지 않으며, 물 자체와 더불어 독단주의의 건물 전체는 붕괴
하고 만다."[32] 헤겔도 물 자체를, "비판철학에 의해서도 여전히 남겨진
물 자체의 유령, 그리고 아무런 내용이 없는 이 추상적인 그림자의 유
령"[33]이라고 혹평하고 있다.

피히테는 당대의 철학자들 가운데서 벡을 제외한 모든 칸트주의자들
이 칸트의 입장을 다음과 같이 이해했다고 주장한다. 즉 그들은 칸트에
있어서 경험[Erfahrung]이 그 경험적 내용에 따라 볼 때[ihrem em-
pirischen Inhalte nach],[34] 자아와는 상이한 어떤 것을 통해 정초된다고

möglicher Standpunkt, aus welchem die kritische Philosophie beurteilt werden muß)
이라는 부제를 달고 1796년에 출간된 제3권에서 벡은 칸트사상에 대한 단순한 설명을
넘어선다. 그리고 그의 계속되는 변화는 물 자체의 지위에 관계되는 것이다. 거의 모든
칸트 해석가들처럼, 벡도 칸트에 있어서의 촉발[Affektion] 문제에 대한 서술에 만족하
지 못하고 마침내는, 우리를 촉발하는 물(物)은 현상들의 물 외에 다른 물이 아니라는
점을 강조한다(예를 들면 칸트에게 보내는 1797년 6월 20일자의 편지를 참조할 것)
[http://www.idealismus.de/zeitgenossen.html 참조]. 벡은 할레(Halle) 대학의 원외
철학교수(a. o. Professor)를 지냈다.

31 특히 피히테, 쉘링, 헤겔에 있어서 체계로서의 철학의 문제를 상론하고 있는 책으
로는 Adolf Schurr, *Philosophie als System bei Fichte, Schelling und Hegel* (Stuttgart-
Bad Cannstatt, 1974)을 참조할 것.

32 "Das Ding an sich wird zur völligen Chimäre; es zeigt sich gar kein Grund
mehr, warum man eins annehmen sollte; und mit ihm fällt das ganze dogmatische
Gebäude zusammen." (*Erste Einleitung in die Wissenschaftslehre*, in: SW I, 431).

33 Hegel, *Wissenschaft der Logik I*, TW 5, 41.

이해했다. 그리고 심지어는, 칸트에 의해 그의 해석자로 확증받은 슐쯔 (Johann Schulz 혹은 Schultz, 1739–1805)[35]조차도 칸트를 이렇게 이해하고 있다고 피히테는 비판한다.[36] 칸트는 분명히 물 자체를 말하고 있다. 그런데 이러한 물이란 도대체 무엇이란 말인가? 그것은 우리가 칸트의 저술들의 여러 곳에서 발견할 수 있는 가상적(可想的)인 것 [Noumen, 예지적(叡智的)인 것]이다.

피히테는 칸트의 '실천이성의 우위' [Primat der praktischen Ver-

---

34 칸트는 경험에 대하여 Erfahrung과 Empirie라는 두 가지 용어를 써서 그 의미를 구별하고 있다. 이와 관련하여 말하고 있는 대목을 살펴보자: "경험적인 판단이 객관적인 타당성을 갖는 한에서는 경험판단이다. 그러나 그것이 주관적으로만 타당한 한에서는, 나는 그것을 단순한 지각판단이라고 부른다. 후자의 판단은 순수지성 개념을 필요로 하지 않으며, 사유하는 주관에 의한 지각의 논리적 결합만을 필요로 한다. 그러나 전자의 판단은 언제나 감성적 직관의 표상들을 넘어서, 지성 속에서 근원적으로 산출된 특수한 개념들을 요구한다. 이 개념들이 바로, 경험판단을 객관적으로 타당한 것으로 만든다."("Empirische Urteile, sofern sie objektive Gültigkeit haben, sind Erfahrungsurteile; die aber, so nur subjektiv gültig sind, nenne ich bloße Wahrnehmungsurteile. Die letzteren bedürfen keines reinen Verstandesbegriffs, sondern nur der logischen Verknüpfung der Wahrnehmung in einem denkenden Subjekt. Die ersteren aber erfordern jederzeit über die Vorstellungen der sinnlichen Anschauung noch besondere, im Verstande ursprünglich erzeugte Begriffe, welche es eben machen, daß das Erfahrungsurteil objektiv gültig ist." Kant, *Prolegomena*, 53. §18).

35 칸트는 1797년 6월 14일 수요일 자의 『일반 문예신문』(*Allgemeine Literatur-Zeitung*)의 No. 74에서 다음과 같이 설명하고 있다: "(…) 논쟁자들 가운데서 나의 저술들을, 적어도 나의 저술들의 핵심을 진정으로 이해하고 있는 사람은 (…) 위엄 있는 궁정 설교가이자 바로 여기에서 수학 정교수로 있는 슐쯔 씨다."[여기서는 Fichte, ZEWL, 234, in: GA I/4, (209–269)에서 인용함]. 예를 들면 슐쯔는 자신의 저작인 『순수이성 비판의 음미』(*Prüfung der Kantischen Critik der reinen Vernunft*)에서 에버하아트 (Johann August Eberhard, 1739–1809; 1778년 이래 할레(Halle) 대학의 철학교수였음)에게 다음과 같이 고백하고 있다: "현상들의 객관적 근거는 물 자체 속에 있다"(제2부 99쪽).

36 Fichte, ZEWL, 234 참조.

nunft] 사상을 계승하는 데 그치지 않고 이를 철저히 밀고 나감으로써 칸트의 2원론을 극복하려고 하였다. 그러기 위해서는 순수한 관념론을 관철해 나가야 한다고 그는 생각한다. 즉, 칸트는 그의 인식론에서, 우리가 사고할 수는 있으나[denkbar] 인식할 수는 없는[unerkennbar] 물 자체의 문제를 남겼으나, 이러한 물 자체는 피히테의 활동적 자아에 의해 완전히 부정된다. 이리하여 그는, 객관적 세계는 자아가 정립한 것에 불과하다는 주관적 관념론 혹은 자아철학을 수립한다.[37] 즉, 그는 칸트에 의해 초래된, 분열을 인식하는 우리의 정신(이론이성)과 실천하는 우리의 정신(실천이성)을 통일함으로써 칸트의 문제점을 해결하려고 했다. 이렇게 통일된 것을 그는 '자아' 라고 불렀다. 따라서 인식하는 자아와 실천하는 자아는 동일한 것으로 나타난다. 주관적 관념론에서 보면 외계의 대상들은 자아가 지니는 표상[38]에 대응하는 한에서 존재하는 것이지, 결코 자아로부터 독립적으로 존재하는 것이 아니다. 그러므로 철학의 과제는, 객관적 세계를 정립하는 자아의 활동을 올바로 파악하는 것이라고 피히테는 생각한다.[39]

---

37 최재희, 『서양철학사상』, 박영사, 1989, 193 참조.
38 표상(表象)에 해당하는 독일어는 Vorstellung이고 영어는 representation이다. 양자 모두, 글자 그대로의 의미는 무엇을 '앞에 놓는다' 는 것이다. '관념(觀念)'에 해당하는 독일어의 Idee나 영어의 idea라는 용어가 있기는 하지만, Vorstellung은 사실 관념과 동일한 의미를 지니고 있다. 그러므로 표상이라는 용어는 관념과 같은 의미로 이해하면 된다.
39 백훈승, 『피히테의 자아론: 피히테철학 입문』, 55 ff. 참조.

1.3. 라인홀트철학의 수용 및 비판

칸트에 의하면 『순수이성 비판』은 "이성의 모든 순수한 선험적 인식과 관련한 이성의 능력을 탐구하는 예비학"이지, 그것은 "순수이성의 체계를, 즉 순수이성으로부터 발생하는 철학적 인식의 전체를 체계적인 연관 속에서 드러내는 학문을" 성취하지는 않는다(A 841/B 869). 그리하여 현상(계)과 물 자체[예지계, 가상계], 이론이성과 실천이성의 분열을 통일하는 하나의 체계를 구축해야 하는 과제가 칸트 이후의 철학자들에게 부여되었다. 이 과제를 처음으로 수행한 사람이 바로 라인홀트다.[40] 라인홀트에 의하면 철학이 이러한 분열을 극복하여 완성된 체계를 구축하기 위해서는 자명한 제1원리를 발견하여, 그것으로부터 자신의 모든 원리를 연역해 내야 한다.[41] 라인홀트의 매개작업 없이 칸트의 『순수이성 비판』의 영향은 생각할 수 없다. 피히테는 심지어 다음과 같이 쓰고 있다: "칸트의 천재적인 정신 뒤에 철학에 주어질 수 있었던 최고의 선물은 바로 라인홀트의 체계적인 정신이다."[42] 피히테는, 라인홀트가 없었으면 "나 자신은 칸트를 통해서 아무것도 되지 못했을 것이다"라고 바게젠(Jens Immanuel Baggesen, 1764-1826)에게 쓰고 있

---

40 피히테가 라인홀트에게 진 빚에 대해선 Breazeale, "Between Kant and Fichte: Karl Leonhard Reinhold's Elementarphilosophie," in: *The Review of Metaphysics* 35. No.4 (June 1982), 785-821 참조. 그리고 Karl Ameriks, "The Practical Foundation of Philosophy in Kant, Fichte and After," in: *The Reception of Kant's Critical Philosophy: Fichte, Schelling and Hegel*, ed. S. Sedgwick, Cambridge Univ. Pr., 2000, 110 f.도 참조.

41 Reinhold, "II. Über das Bedürfnis, die Möglichkeit und die Eigenschaften eines allgemeingeltenden ersten Grundsatzes der Philosophie," in: Beiträge I, Jena, 1790 (91-164) 참조.

42 *Über den Begriff der Wissenschaftslehre*, in: SW I(27-82), 31.

다. 라인홀트가 없었다면, 약간의 확실성을 지닌 칸트의 기획은 수수께끼 같고 비의적(秘義的)인 저작으로 남아서 소수의 전문학자들 사이에서만 보존되었을 것이다. 라인홀트의 『칸트철학에 대한 서한들』(*Briefen über die kantische Philosophie*)과 더불어 상황은 근본적으로 변했다. 이와 동시에 라인홀트로 말미암은 칸트의 놀랄 만한 성공과 더불어, 외부로부터 체계로 다가오지 않는 최초의 비판이 성립한다.[43]

피히테는 자신의 정험철학을 독립적으로 발전시켰다. 그러나 그것은 칸트의 비판적 저술들, 그리고 칸트의 비판철학을 둘러싼 논의와 분명히 관계되어 있었다. 피히테의 체계에서 선험적 자아의식은 모든 철학의 최고원리다. 그는 라인홀트에 반대하여 표상 혹은 표상적 의식은 철학의 최고원리가 될 수 없다고 주장한다. 칸트에 있어서와 마찬가지로 피히테에 있어서도 표상 혹은 대상의식은 자아의식을 포함하고 있거나 전제하고 있는 것이다.[44] 이런 관점에서 라인홀트의 입장을 간략하게 살펴보기로 하자.

전체의 정험철학을 하나의 최고원칙으로 환원하는 사상은 라인홀트로부터 유래한다. 그는 칸트철학이 순수이성과 실천이성을 통일하는 원리를 발견하지 못했다는 문제점을 통찰하고, 철학은 순수이성과 실천이성 간의 분열을 극복하여 통일된 지(知)로부터 전개되어 나가야 한다고 요구한다. 그러기 위해서 철학은, 그것으로부터 다른 모든 명제들이 연역적으로 도출될 수 있는 하나의 원칙 속에서 이러한 통일원리를 제시해야만 한다고 생각한다.[45] 그리하여 그는, 더 이상 분석될 수 없고

43 Martin Oesch (hg. u. eingeleitet), *Aus der Frühzeit des deutschen Idealismus. Texte zur Wissenschaftslehre Fichtes 1794-1804*, Würzburg, 1987, 11 참조.

44 Udo Thiel, ebd., 311 참조.

45 Joachim Widmann, *Johann Gottlieb Fichte. Einführung in seine Philosophie*, Berlin/NY., 1982, 46 참조.

최종적이며 자기 자신으로부터 이해되는 "의식" 개념의 의미계기들을 진술함으로써 이 토대로부터 종합적으로 이론철학 및 실천철학의 근본 개념들의 체계를 구축하고자 하였다. 그런데 이 체계는 어떤 애매성도 없고 그 자체로 정합적(整合的)이며 전체적으로 칸트철학의 근본규정들 및 그 성과들과 일치해야만 했다.[46] 「철학의 보편타당한 최초의 원칙의 필요, 가능성 및 속성들에 대하여」[47]라는 논문에서 라인홀트는 철학의 최고원칙이 충족시켜야 하는 조건들을 일반적인 논의에 따라 총괄하고 있다. 그는 최고원칙이 전체의 철학을 정초해야만 하는 한, 최고원칙 자체는 증명될 수 없는 것이 분명하다는 결론에 이른다. 그러한 원칙은 반성 속에서 직접적으로 명백한 의식의 사실[Faktum des Bewußtseins] 만을 표현할 수 있을 것이다. 그러므로 철학의 최고원칙은 다음과 같 다: "표상은 의식 속에서 표상된 것과 표상하는 자로 구별되며 양자(兩 者)에 관련된다."[48] 「기초철학의 주요 계기들의 새로운 서술」[49]은 §I에 서 이 명제를 "의식의 명제"로 반복한다: "의식 속에서 표상은 주관으 로 말미암아 주관 및 객관과 구별되며 양자에 관련된다." 피히테는 자 신의 논평에서 「기초철학의 주요 계기들의 새로운 서술」의 이 문단 및 추가적인 문단과 관련된 애네시데무스의 비판을 음미한다. 의식의 명

---

46 Jürgen Stolzenberg, "'Geschichte des Selbstbewußtseins' Reinhold-Fichte-Schelling," in: Karl Ameriks und Jürgen Stolzenberg (hg.) *Internationales Jahrbuch des Deutschen Idealismus 1 · 2003, Konzepte der Rationalität* (93-114), Berlin/NY., 2003, 94 참조.

47 *Über das Bedürfniß, die Möglichkeit und die Eigenschaften eines allgemeingelten-den ersten Grundsatz der Philosophie*, in: Beiträge I, Jena, 1790, 91-164.

48 "Die Vorstellung wird im Bewußtsein vom Vorgestellten und Vorstellenden unterschieden und auf beide bezongen." (Beiträge I, 144).

49 *Neue Darstellung der Hauptmomente der Elementarphilosophie*, in: Beiträge I, 165-254. 애네시데무스-슐쩨는 이 저술에 관계된다. 우리도 이 저술에 관계할 것이다.

제는 주관, 표상, 객관이라는 세 개념을 통해 의식을 규정하며, 이 세 개념 서로를 통하여 이 개념들을 규정한다. 즉, 주관과 객관 각각은 표상과 구별되는 동시에 표상은 이 양자에 관련된다.

　이와는 반대로 애네시데무스의 비판은, 의식의 명제는 최고원칙 자체가 충족시켜야 하는 조건들을 만족시키지 못한다는 점을 보이고자 한다. 이 반론의 내용은 다음과 같다:

1) 의식의 명제는 최초의 명제가 아니다. 왜냐하면 그것은 명제와 판단으로서, 모든 판단의 최고규칙인 모순율에 종속되기 때문이다 (Fichte, SW I, 5 참조).
2) 의식의 명제는 철저하게 자기 자신으로 말미암아 규정된 명제가 아니다. 왜냐하면 이 명제는 자기가 그것들의 의미를 전제해야만 하는 "구별함[Unterscheiden]"이나 "관계함[Beziehen]"이라는 개념들을 사용하고 있기 때문이다(Fichte, SW I, 6 참조).

애네시데무스는 그 명제가 무엇이 아닌지를 확언한 다음, 이 명제가 실로 무엇인지에 대하여 다음과 같은 두 가지 주장을 제기한다:

3) 의식의 명제는 라인홀트가 주장하는 분석명제가 아니라 종합명제다. 왜냐하면 그 명제의 주제인 의식은, 의식 속에 있지 않고 경험으로부터 유래하는 술어들을 통해 규정되기 때문이다(Fichte, SW I, 6 참조).
4) 의식의 명제는 라인홀트가 부정하는 추상[Abstraktion]에 근거하고 있다(Fichte, SW I, 7 참조).

이제 우리는 궁극적으로 어떤 변양(變樣)[Modifikation]을 가지고, 피히테가 어떤 이의(異議)들을 타당한 것으로 만들고 있으며 어떤 이의들을 거부하고 있는지를 살펴보아야 한다. 이로 말미암아 1794/95년의 학문론의 특수한 단초가 명확히 드러나는 것만이 아니라, ─ 이것이 결정적인 것인데 ─ 이 학문론에서 궁극적으로 수정된 의식의 명제에 어떤 의미와 지위와 기능이 귀속되는가 하는 점도 명확히 드러난다.

1)에 대해서 피히테는, 우리가 라인홀트(그리고 칸트)와 더불어 모순율에 형식적이고 논리적인 타당성만을 부여한다면, 이 이의가 유지되지 못한다는 것을 보여 준다. 그렇다면 우리는 사유의 법칙들에 대해서 이 법칙들에 따르지 않고 달리 사유할 수 있다고 말해야만 한다(Fichte, SW I, 5 참조. 그리고 I, 92도 참조). 그러나 모순율에 "이 법칙의 형식적 타당성 외에 실질적 타당성도"(Fichte, SW I, 5) 부여된다는 전제하에서는 이 이의는 정당한 것이다.

2)에 대해서 말하면, 의식의 명제는 자기 자신을 통해서는 정의되지 않은 개념들, 그리고 또한 그렇지 않으면 정확히 규정되지 않는 "구별함"이나 "관계함"이라는 개념들을 사용하고 있다는 이의는 정당하다.

3)과 관련해서 말하면, 세 번째 반론에서 애네시데무스는 의식의 명제가 분석명제라는 라인홀트의 견해에 반대하여, 그 명제는 종합명제라는 주장을 제시한다. 피히테는 이 이의를 음미하면서, 사실의 표현으로서의 의식의 명제와 표현된 사실 자체를 구별한다(Fichte, SW I, 7 참조). 사실의 표현으로서의 의식의 명제가 분석명제라는 점에서는 라인홀트가 올바르게 말했다고 할 수 있다: "즉, 저 세 요소들 없이는 어떤 의식도 생각될 수 없다면, 그것들은 물론 의식 개념 속에 존재한다. 그리고 그것들을 제시하는 명제는 반성명제로서, 그 논리적 타당성에 따라서 볼 때, 물론 분석명제다."[50] 그리고 이제 피히테는 애네시데무스의

이의에 대해 하나의 결정적인 전환을 부여하고 그럼으로써 의식의 명제가 최고원칙일 수 없다는 추가적인 논증을 획득한다. 피히테는 다음과 같이 묻는다: 라인홀트에 의하면 "의식 자체 속에"(Beiträge I, 144) 존립하는 사실은 도대체 어떤 구조를 갖고 있는가? 의식의 명제가 말하고 있는 의식은 어떤 구조를 가지고 있는가? 이에 대하여 그는 의식은 종합이라고 대답한다: "그런데 표상작용이라는 행위 자체, 의식의 작용은 분명히 종합이다. 왜냐하면 의식의 작용은 이때에 구별되면서 관련되기 때문이다. 그리고 더욱이 종합이며, 모든 가능한 다른 것들의 근거다."[51] 그리고 피히테는 또한 다음과 같이 물음을 제기한다: "정립과 반정립을 전제하지 않고서 어떻게 종합을 생각할 수 있는가?"[52] 종합의 성격은, 의식 속에서는 세 개의 서로 구별되는 요소들이 서로 관련되며 더욱이 그것들은 서로에 대한 관련성 속에서 의식의 통일적인 구조를 형성한다는 점에서 드러난다. 의식의 사실은 — 의식 속에서는 구별작용과 관계작용이 등장하기 때문에 — 종합의 성격을 지니고 있다. 그런데 종합은 테제와 안티테제를 전제하고 있는 것이다.

이로써 학문론의 과제는, 하나의 최고원칙으로부터 의식의 저 명제를 선험적으로 연역하는 것이다.[53] 연역되어야 할 것으로서의 의식의

---

50 "Nämlich, wenn kein Bewußtsein ohne jene drei Stücke denkbar ist: so liegen sie allerdings im Begriffe des Bewußtseins; und der Satz, der sie aufstellt, ist als Reflexions-Satz, seiner logischen Gültigkeit nach, allerdings ein analytischer Satz." (Fichte, SW I, 7).

51 "Aber die Handlung des Vorstellens selbst, der Akt des Bewußtseins, ist doch offenbar eine Synthesis, da dabei unterschieden, und bezogen wird; und zwar die höchste Synthesis, und der Grund aller möglichen übrigen." (Fichte, SW I, 7).

52 "Wie ist *Synthesis* denkbar ohne vorausgesetzte *Thesis* und *Antithesis*?" (SW I, 7).

53 피히테는 Hufeland 교수에게 보내는 편지에서, 자기가 "철학 개념을 전적으로 새

명제는 종합을 표현하고 있기 때문에, 저 최고원칙은 이 종합에 필연적
으로 전제되어야 할 테제(그리고 안티테제)를 표현해야만 한다. 이로써
다음과 같은 점이 분명해진다. 즉, 피히테는 라인홀트로부터, 최고원칙
을 철학의 출발점에 두어야 한다는 그 요구만이 아니라 그의 의식 개념
도, 물론 수정하기는 하지만 인수한다는 사실이다. 그런데 피히테는 이
로써 무엇을 인수했는가? 의식의 명제는 표상능력인 의식에 관한 이론
의 최초의 명제일 뿐이다. 우리는 라인홀트로 되돌아가서 그의 의식 개
념을 전개함으로써『애네시데무스 논평』의 추가적인 진행으로부터, 위
에 언급한 수정을 이끌어 내야 한다.[54]

　　피히테는『애네시데무스 논평』에서 다음과 같이 말한다: "칸트를 따
라서 라인홀트는 철학하는 이성에게 다음과 같은 점을 환기시키는 불멸
의 공헌을 세웠다. 즉, 전체의 철학은 유일한 원칙으로 환원되어야 하
며, 우리가 인간정신의 완료[종석(宗石)]를 발견할 때까지 우리는 인간
정신의 지속적인 행위방식의 체계를 발견할 수 없을 것이라는 사실이
다."[55]

로운 방식으로 제시할 것이고, 철학의 원칙들을, 그것의 증명을 새로운 철학이 제시할,
의식에 관한 라인홀트의 명제에 이르기까지 전개할 것" ("den *Begriff* der Philosophie
auf eine ganz neue Art aufstellen; und die Grundsätze derselben bis zum Rein-
holdschen Satze des Bewußtseins, dessen Beweis sie geben wird, entwickeln;")이라
고 쓰고 있다(*Fichtes Brief an Hufeland vom 8. Maerz* 1794. 여기서는 GA I/2, 100에
서 인용).
54 U. Claesges, *Geschichte des Selbstbewußtseins. Der Ursprung des spekulativen
Problems in Fichtes Wissenschaftslehre von 1794-95*, Den Haag, 1974, 17 ff. 참조.
55 "Nach Kant machte *Reinhold* sich das unsterbliche Verdienst, die philosophie-
rende Vernunft (…) daruf aufmerksam zu machen, daß die gesamte Philosophie
auf einen einzigen Grundsatz zurück geführt werden müsse, und daß man das Sys-
tem der dauernden Handlungsweise des menschlichen Geistes nicht eher auffinden
werde, bis man den Schlußstein desselben aufgefunden habe." (SW I, 20; GA I/2,

피히테는 철학을 하나의 최고원칙으로 환원해야 한다는 요구를 받아
들인다. 그러나 의식의 명제는 이 최고원칙이 될 수 없다. 의식의 명제
는 오히려, 아직도 발견되어야 할 원칙으로부터 도출되어야 한다. 저
최고원칙은 어떻게 발견될 수 있는가? 최고원칙을 발견하기 위하여 제
공되는 것은 바로, 라인홀트가 이미 취했던 조처다(Beiträge I, 142 ff.
참조).

『학문론이라는 혹은 소위 철학이라는 개념에 대하여』에서 피히테는
우선, 모든 학문 자체는 하나의 최고원칙 위에 근거해야 하며, 이 최고
원칙은 학문에서 그것으로부터 따라 나오는 것에 대해 직접적으로 확
실한 것이어야 한다고 확언한다(GA I/2, 131 ff.; SW I, 38 ff. 참조).
그런데 이러한 원칙과 관련하여 두 가지 물음이 곧바로 생긴다: 첫 번
째 물음은 원칙의 확실성 자체에 관한 것이다. 하나의 원칙은 언제 확
실한 것인가, 그리고 그 확실성은 어디로부터 오는 것인가? 두 번째 물
음은 학문구성에 필수적인, 원칙으로부터 다른 명제들로의 이행에 관
한 것인데, 다른 원칙들은 이로 말미암아 원칙으로부터 자신의 확실성
을 얻는다. 피히테는 다음과 같이 쓰고 있다: "요컨대, 원칙 자체의 확
실성은 어떻게 정초되는가? 원칙으로부터 다른 명제들의 확실성을 이
끌어 내는 특정한 방식에 대한 자격(권능)은 어떻게 정초되는가?"[56]

지금까지는 학문 일반의 원칙에 관해 이야기했다. 학문의 가능성은
위에 제기한 두 물음에 대한 답변에 달려 있다. 이제 피히테는 저 물음
에 대한 대답을 소개함으로써, 그리고 이와 더불어 학문의 가능성에 대

62).

56 "Kurz, wie läßt sich die Gewißheit des Grundsatzes an sich; wie läßt sich die
Befugniß auf eine bestimmte Art aus ihm die Gewißheit anderer Sätze zu folgern,
begründen?"(GA I/2, 116; SW I, 16).

한, 그리고 그것과 더불어 동시에 학문론 개념이 정의되는 하나의 특수한 학문의 가능성에 대한 물음에 대한 대답을 소개함으로써 물음의 차원을 옮긴다. 그것은 "학문 일반에 관한 학문"[57]이다. 그런데 학문론 역시 학문이기 때문에, 학문론에 대해서도 동일한 의미에서, 지금까지 원칙의 본질에 대해 말한 내용이 유효하다. 학문론도, 학문론에 앞서서 확실해야만 하고 학문론의 명제들에게 확실성과 체계적 형식을 부여해야 하는 하나의 원칙을 가져야만 한다. 학문론의 정의로부터 뒤따라 나오는 결론은, 학문론보다 더 고차적인 학문은 생각할 수 없기 때문에 학문론의 최고원칙은 정초될 수 없다는 사실이다.[58] 이로써, 이제 학문론의 원칙이어야만 하는 최고원칙의 확실성에 대한 물음은 엄밀하게 되었다. 학문론의 원칙은 모든 지(知)의 근거로서, 자기 자신으로 말미암아 그리고 자기 자신으로부터 확실해야만 한다.[59]

피히테는 명제의 본질에 대한 형식적인 반성을 근거로 하여, 하나의 명제가 저 직접적 확실성을 가질 수 있는, 즉 최고원칙이 될 수 있는 조건들을 진술한다. 하나의 명제는 명제의 형식이 자기의 내용에만 들어맞고 자기의 내용이 자기의 형식에만 들어맞는 경우에 직접적으로 그리고 자기 자신으로 말미암아 확실하다. 즉 최고원칙이 된다.[60] 하나의 명제가 최고원칙이 될 수 있는 조건들을 피히테는 원칙의 내적 조건들이라고 부른다. 이 조건들은 언제 하나의 명제가 직접적으로 그리고 자

---

57 "die Wissenschaft von einer Wissenschaft überhaupt" (GA I/2, 118; SW I, 18).
58 이와는 반대로, 학문들의 원칙들은 학문론을 통해 정초될 수 있다.
59 GA I/2, 122; SW I, 23 참조.
60 GA I/2, 122 ff.; SW I, 24 ff. 참조. 게다가 이 탐구가 밝혀 주는 사실은, 하나의 절대적으로 최초인 원칙 외에도 두 개의 추가적인 원칙들이 존재할 수 있으며, 이 원칙들은 부분적으로만 절대적이고 부분적으로는 최초인 원칙으로 말미암아 제약된다는 점이다.

기 자신으로 말미암아 확실한가에 대한 형식적 기준을 형성한다.

그러나 원칙이 충족시켜야만 하는 조건들이 이로써 남김 없이 드러
난 것은 아직 아니다. 피히테는 내적 조건들과 외적 조건들을 구별한
다.[61] 외적 조건들은, 모든 지(知)는 저 원칙으로 환원될 수 있어야 한다
는 것, 요컨대 원칙으로부터 출발할 때 지(知)의 학[Wissenschaft des
Wissens]의 체계가 수립될 수 있다는 것이다. 이와 더불어 두 번째 물음
이 생긴다. 즉, 최고원칙은 자신의 확실성을 어떻게 다른 명제들에게
전달할 수 있고 작용하게 할 수 있는가 하는 물음이 생긴다. 최고원칙
의 내적 조건과 외적 조건을 이렇게 구별하는 일은 정험철학에 있어서
큰 의미를 갖는다. 단지 외적 조건들에만 상응하는 원칙은 하나의 체계
의 수립을 허용하기는 할 것이지만, 이러한 체계는 지(知)의 성격, 학문
의 성격을 필연적으로 갖지는 않을 것이다. 단지 내적 조건들에만 상응
하는 원칙은 무제약적 지(知)라는 성격을 갖기는 하겠지만, 하나의 체
계의 수립을 필연적으로 보증하지는 못할 것이다. 하나의 무제약적으
로 확실한 명제가 체계의 원칙이기 위해서는, 그 명제를 (체계를 향하
여) 넘어서는 지시(指示)가 자기 자신 속에 존재해야만 하며, 그러한 넘
어섬의 방식이 자신 속에 그리고 자신으로 말미암아 필연적으로 주어
져 있어야만 할 것이다.[62] 피히테는 지(知)의 체계가 완전히 제시되었다
는 것에 대한 기준을 추구함으로써, 외적 조건들을 엄밀하게 규정한다.
그는 다음과 같이 말한다: "추가적으로 어떤 명제도 뒤따라 나올 수 없
는 경우에 학문은 하나의 체계다 혹은 학문은 완성된 것이다. 그리고 이

---

61 GA I/2, 126; SW I, 29 f. 참조.
62 Fichte, SW I, 115 참조.『전 학문론의 기초』에 대한 이 선취가 보여 주듯이, 이러
한 지시는 다음과 같은 점에서 발생한다. 즉, 절대적으로 최초인 원칙 외에, 이 최초의
원칙과 모순되는(대립하는, widerspricht) 두 번째의 원칙이 가정되어야만 한다는 점이
다. 요컨대 이 지시는 원칙들 자체의 결합 속에 정착(定着)해 있는 모순 속에 존재한다.

런 사실은, 어떤 명제도 그 체계 속으로 충분치 않게 받아들여지지 않았다는 긍정적인 증명을 제공한다."[63] 그리고 어떤 명제도 추가적으로 뒤따라 나올 수 없다는 증명은, "우리가 그것으로부터 출발한 원칙 자체는 동시에 최종적인 결과이기도 하다"[64]는 사실에 존재할 것이다.

지(知)의 학의 최고원칙, 즉 철학의 최고원칙은 자기 자신으로 말미암아 직접적으로 확실한 명제이어야 하는데, 이 명제는 자기 자신으로 말미암아 진행의 가능성 및 방법을 제공하며, 더욱이 그리하여 자기 자신으로 말미암아 주어진 방법에 적합하게 성취된 진행은 자기 자신에게로 되돌아온다. 이러한 진행 자체로 말미암아 이루어진 원(圓)[순환]을 우리는 선험적 원이라고 부른다. 이러한 선험적 원은 외적 조건들의 의미로 볼 때, 원칙 및 체계 자체가 올바르다는 것을 입증하는 것이다.

이러한 선험적 원 외에도 학문론에는 두 번째의, 방법적 원이라는 또 하나의 원이 있다. 이 또 하나의 원은, 원칙 자체 속에 존재하는 지시가 충분하지 않기 때문에 체계의 수립은, 그 체계 속에서 가장 먼저 자신의 정당화를 경험하는 "반성법칙들"을 사용해야만 한다는 사실에 존재한다.[65] 이 두 원은 밀접한 관계를 가지고 있지만, 혼동되어서는 안 된다. 그러나 이러한 방법적 숙고를 통하여 원칙 자체가 아직 발견된 것은 아니다. 피히테는 이 원칙 자체를 오히려 라인홀트와 대결함으로써 얻었다.

지금까지의 우리의 숙고로부터 이제 학문론의 단초를 이해할 수 있

---

63 "Die Wissenschaft ist ein *System*, oder sie ist vollendet, wenn weiter kein Satz gefolgert werden kann: und dies gibt den positiven Beweis, daß kein Satz zu wenig in das System aufgenommen worden." (GA I/2, 131; SW I, 36).

64 "daß der Grundsatz selbst, von welchem wir ausgeganen wären, zugleich auch das letzte Resultat sei." (GA I/2, 131; SW I, 36).

65 GA I/2, 144; SW I, 55 참조.

게 되었다. 학문론의 최고원칙과 관련하여 우리는 다음과 같은 사항을
확립할 수 있다:

1) 형식적으로 보면 원칙은 세 가지 조건을 충족시켜야 한다.
   ① 원칙은 자기 자신으로 말미암아 확실한 명제이어야 한다. 즉,
   원칙에 있어서 형식과 내용은 서로를 요구해야 한다. 이것이
   내적 조건이다.
   ② 원칙은 하나의 체계의 수립을 가능케 해야 한다. 이 외적 조건
   은 두 가지 요구를 함축하고 있다:
   ㉠ 원칙은 자신을 넘어서 체계로 나아가는 원리(原理)를 제공
   해야 한다. 원리는 진행의 가능성·방향·방법을 사용할 수
   있도록 제시해야 한다.
   ㉡ 원칙은 체계의 완결성을 보증해야 한다. 즉, ㉠에 따라 이루
   어진 진행은 필연적으로 원칙으로 되돌아오는 그런 종류의
   원칙이어야 한다.

2) 이와는 반대로 질료적으로는, 최고원칙은 "우리에 대하여 최초인
   것"으로서 자신을 통해서 설명되어야 하는 것, 즉 의식의 기본구
   조, 그리고 그와 더불어 지의 기본구조 또는 학문 일반의 기본구
   조로부터 규정된다.[66]

지금까지 말한 내용을 다시 한 번 정리해 보면 다음과 같다. 피히테
는 라인홀트가 비판철학을 하나의 제1원리 아래로 통일할 필요성을 환

---

66 Claesges, ebd., 39 ff. 참조.

기시킨 점을 칭찬한다(SW I, 20). 그러나 피히테는 구상력의 자발성과 순수실천이성의 효력을 이론적 의식의 사실적인 규정 속에서 정초하려는 라인홀트의 시도의 궁극성을 비판한다(Beiträge I, 167. 그리고 Be-iträge I, 144 참조).[67] 오히려 이론이성과 실천이성은, 비판적 관념론을 어떤 총체 속으로 통일시켜서 그로부터 의식의 명제 자체가 도출되는 고차적인 제1원리 속에 정초된다. 이 점에 관하여 피히테는 자신의 예나(Jena) 대학 전임자였던 라인홀트에게 다음과 같은 편지를 보낸다: "칸트는 도무지 인간 속에 있는 저 세 가지 능력(즉, 감정, 욕구능력, 인식능력: 필자 주)을 하나의 고차적인 원리에 종속시키려고 하지 않고 단지 병렬시켜 놓고 있습니다. 나는 이 능력들이 어떤 고차적인 원리에 종속되어야 한다는 당신의 주장에 전적으로 동의합니다. 그러나 이론적 능력의 원리가 이 고차적인 원리일 수 있다는 주장에는 동의하지 않습니다. 이 점에 관해서 저는 칸트와 의견을 같이합니다. 그러나 저 능력들이 (어떤 고차적인 원리에: 필자 주) 도무지 종속되어서는 안 된다는 그의 주장에 동의하지는 않습니다. 저는 이 능력들을 주체 일반이라는 원리에 종속시킵니다."[68] 이 고차적인 제1원리는 이론이성 및 실천이성 모두의 토대가 되는 주체로서의 절대적 주체다. 이로써 피히테는 이론적 의식의 알려진 사실[Tatsache]로서의 라인홀트의 표상하는 주체를, 자신을 자아로 규정하는 자아의 실행[Tathandlung]으로 대체한다.[69] 『애네시데무스 논평』에서 피히테는 라인홀트의 독단적인 철학 개

---

67 Matthew Christopher Altman, *The Unquiet Spirit of Idealism: Fichte's Drive to Freedom and the Paradoxes of Finite Subjectivity* (The University of Chicago Diss.), Chicago, 2001, 57 참조.

68 "1795 April 28. Jena. Fichte an Karl Leonhard Reinhold in Kiel. Brief," in: GA III/2, 314 f.

69 피히테는 그의 체계적인 철학기의 최초의 공적인 기록으로 일반적으로 간주되는

념을, 피히테가 나중에 "비판"이라고 부르는 것의 수준에서 타파한다. 그는 이론지의 대상들(객체들)을 가능케 하는 선험적 조건들을 — 특히, 사실의 토대로서의 활동을 — 탐구한다. 그리하여 그는 경험적 의식의 모든 사실은 자아의식의 전적으로 무제약적인 행위의 산물이어야만 한다는 것을 발견한다.[70] 그리하여 자아의 자유로부터 모든 본질적인 규정들이 이렇게 도출됨으로써 철학은 "학문론"이라는 명칭을 비로소 얻게 된다.[71]

1794년의 『애네시데무스 논평』에서 처음으로 이 용어를 사용한다(SW I, 8).

70 Altman, ebd., 58 참조. 피히테는 *Über den Begriff der Wissenschaftslehre* (1798) 의 제2판의 새로운 서문에서 비판과 형이상학을 구별한다. 여기서 그는 다음과 같이 쓰고 있다: "우리는 형이상학 자체에 관해서 철학할 수 있다[그런데 이것은 소위 물 자체에 관한 이론이어야 할 필요는 없지만, 우리가 우리의 의식 속에서 발견한 것을 유적(類的)으로 연역한 것(a generic deduction)일 수는 있다]. 우리는 그러한 학을 지배하는 규칙, 가능성, 진정한 의미 등에 대한 탐구에 착수할 수 있다. 그리고 이것이 바로 형이상학이라는 학문 자체의 도야(陶冶)를 위해서 이로운 것이다. 이런 종류의 탐구의 체계를 부르는 철학적인 이름이 '비판'이다. 어쨌든 이것은 그 이름으로 불려야만 하는 모든 것이다. 비판 자체는 형이상학이 아니고 형이상학을 넘어서 있다. 비판이 형이상학과 관계하는 것은 바로, 형이상학이 자연적 이해[지성]의 일상적인 관점과 관계하는 것과 똑같은 방식으로다. 형이상학은 일상적인 관점을 설명하고, 형이상학 자체는 비판에 의해 설명된다."(SW I, 32-33). 피히테의 비판 개념 및 형이상학 개념에 대한 논의를 위해선 Peter Baumanns, *Fichtes Wissenschaftslehre. Probleme ihres Anfangs mit einnem Kommentar zu §1 der "Grundlage der gesamten Wissenschaftslehre"*, Bonn, 1974, 101-4; Kurt Röttgers, *Kritik und Praxis. Zur Geschichte des Kritikbegriffs von Kant bis Marx*, Berlin, 1975, 89-104; Daniel Breazeale, "How to Make an Idealist: Fichtes Refutation of Dogmatism and the Problem of the Starting Point of the Wissenschaftslehre," in: *The Philosophical Forum* 19, nos. 2/3 (winter 1987/spring 1988): 114-5 n8; and Daniel Breazeale, *editors introduction to Introductions to the Wissenschaftslehre and Other Writings (1797-1800)*, by J. G. Fichte, ed. and trans. Daniel Breazeale, Indianapolis, 1994, xx-xxi 참조.

71 Rainer Schäfer, *Johann Gottlieb Fichtes ›Grundlage der gesamten Wissenschafts-lehre‹ von 1794*, Darmstadt, 2006, 9 참조. 또한 Altman, ebd., 58 참조.

이제 피히테가 자신의 자아의식 이론을 어떻게 전개하고 있는지를 그의 중요한 텍스트인 『전 학문론의 기초』(*Grundlage der gesamten Wissenschaftslehre*)와 『자연법의 기초』(*Grundlage des Naturrechts nach Prinzipien der Wissenschaftslehre*), 그리고 『윤리학의 체계』(*System der Sittenlehre*)를 통해서 알아보기로 하자.

『전 학문론의 기초』의 자아의식 이론

2.1. 학문론의 세 원칙[72]

2.1.1. 제1원칙: 정립

"자아는 근원적이고 전적으로 자기 자신의 존재를 정립한다.(Das Ich setzt ursprünglich schlechthin sein eingenes Seyn.)"[73]

우선, 제1원칙인 이 첫 번째 단계는 직접성의 단계로서, 자아는 규정 속에서 아직 완전히 공허한 상태로 있으며[74] 즉자적으로는 최초로 충만

---

72 〈2.1. 학문론의 세 원칙〉 부분의 서술은 백훈승, 『피히테의 자아론. 피히테철학 입문』, 109 ff.를 참조하여 정리하였다.

73 GdgWL, in: GA I/2, 261; SW I, 98.

74 GdgWL, in: GA I/2, 270 f. 276 f. 참조; SW I, 109, 116 참조. 사변이라는 고차적인 입장에서 피히테는 이러한 자아의식을 주관-객관으로 규정한다: "요컨대 자아의식은 직접적이다; 자아의식 속에서 주관적인 것과 객관적인 것은 분리될 수 없도록 통일되어 있으며 전적으로 하나다."("Also das Selbstbewußtsein ist unmittelbar; in

함을 나타낸다. 그러므로 그것은 우리에 대해서는 그 규정성에 있어서 아직 추상적인 상태에 머물러 있어서, 구체성 속에서 자신을 드러내야 한다. 피히테는 학문론을 바로, 자아의 이러한 자기회복의 도정으로 이 해한다. 이때 자아는 자신을 절대자로 입증해야 한다.[75]

피히테는 이 제1원칙이 칸트에 있어서 지성 사용의 최상의 원리로서 의 '통각의 종합적 통일의 원칙'에 연관됨을 알고 있었다.[76] 그러나 칸 트가 이 원칙을 선험적 원칙들의 체계 또는 범주들 ─ 이것에 의해 소 여가 정돈되어 경험이 산출된다 ─ 의 체계의 정점에 두었던 것에 비하 여, 피히테는 자아로부터 독립된 소여가 전제됨을 거부했고, 그리하여 경험의 내용적 측면 또한 자아로부터, 주관의 순수한 활동으로부터 도 출되지 않으면 안 된다고 했다.[77]

여기에 나타난, "자아는 자아다"라는 원리에서, 주어의 자아는 활동 적 자아요, 술어의 자아는 발견[자각]된 자아다. 이것은 추상적인 자아 의식의 원리이며, 논리적으로는 동일률(同一律)[A＝A]을 나타내고 있 다. 이때의 자아는 사물처럼 그저 존재하는 것이 아니라, 자기를 정립 하려고 활동함으로써 비로소 자아로서 존재하는 것이다. 따라서 자아 에 있어서는 정립하는 행위[Handlung]와 정립행위의 성과[Tat]는 동일 한 것이다. 그리하여 그는 이것을 '실행'(實行, Tathandlung)이라고 불

ihm ist Subjektives und Objektives unzertrennlich vereinigt und absolut Eins.")
[*Versuch einer neuen Darstellung der Wissenschaftslehre* (VnDWL로 줄임), in: SW
I(519-534), 528].

75 Klaus Bort, *Personalität und Selbstbewußtsein. Grundlagen einer Phänomenolo-
gie der Bezogenheit*, Tübingen, 1993, 180 참조.

76 GdgWL, in: GA I/2, 261 f.; SW I, 99 참조.

77 W. Röd, *Dialektische Philosophie der Neuzeit I. Von Kant bis Hegel*, München,
1974, 89 참조.

렀다. 이러한 선험적 자아, 절대적 자아의 실행은 "우리의 의식의 경험적 규정하에 출현하거나, 출현할 수 있는 것이 아니라 오히려 모든 의식의 근저에 있어 그것을 가능케 하는 것"[78]으로서, 이러한 실행을 우리는 절대적 자아의식, 선험적 자아의식, 추상적 자아의식이라 부를 수 있을 것이며 또한 이러한 자아는 무제약자라고 할 수 있다. 칸트철학은 제한된 것(물 자체로부터 촉발되는 감성적 질료를 인식하는 주관)에서 출발하여, 이 제한된 것이 어떻게 무제약적인 것과 관계할 수 있는가를 밝히려는 철학적 입장이었으나, 피히테는 우리의 자아가 최초부터 이 무제약적인 것을 나타낼 수 있다는 주장으로부터 자신의 철학을 전개해 나간 것이다. "나는 나다"라는 절대적 자아의식을 전제하고 나서야, 자아에 의한 비아의 [반(反)]정립도 가능하다: "따라서 절대적 자아는, 그것이 모든 표상의 최종근거이고 비아가 그런 한에서 절대적 자아에 의해 야기된 것인 한, 비아의 원인이어야 한다."[79] 다시 말하면, 절대적 자아는 경험적 자아, 즉 비아에 매개된 자아를 가능케 하는 원인이다.

두 번째, "나는 나다"라는 것은 절대적 자아의식의 표현이다. "나는 나다"라는 것은 대자존재 혹은 자아의식을 나타낸다. 그런데 이것은 절대적인 자아의식이다. 왜 절대적이냐 하면, 이 경우 나 혹은 자아 외에는 아무것도 존재하지 않기 때문이다. 즉 여기에는 나만 있고 나의 타자는 존재하지 않는다. 그러므로 자아에 대립해 있는 것이 없으므로 이

---

78 "(…); die unter den empirischen Bestimmungen unseres Bewusstseyns nicht vorkommt, noch vorkommen kann, sondern vielmehr allem Bewusstseyn zum Grunde liegt, und allein es möglich macht." GdgWL, in: GA I/2, 255; SW I, 91. SW에는 "die unter"가 아니라 "welche unter"로 되어 있다.

79 "Das absolute Ich soll demnach *Ursache* vom Nicht-Ich seyn, insofern dasselbe der letzte Grund aller Vorstellung ist, und dieses insofern sein *bewirktes*." (GdgWL, in: GA I/2, 388; SW I, 250).

자아는 대립이 없는[절대(絶對): 대립이 끊어진, 대립으로부터 해방된] 자아요, 따라서 이때의 자아의식은 절대적인 자아의식이다. 자아의식은 반성적인 성격 또는 구조를 가지고 있다. 아니 자아의식은 반성적인 활동이다. 그러므로 그것은 주관과 객관이라는 구조를 가질 수밖에 없다. 그렇다면 자아의식은 이미 상대적인 의식이 아닌가? 즉, 자아의식은 주관 혹은 주체로서의 나와 객관 혹은 객체로서의 나라는 두 개의 나로 분리되지 않는가? 그러나 그렇지 않다. 이것은 형식적으로만 그렇게 구분될 뿐, 주관으로서의 '나'와 객관으로서의 '나'는 동일한 '나'인 것이다. 그러므로 제1원칙에 등장하는 정립하는 자아와 정립된 자아는 동일한 자아이고, 이러한 자아의식은 절대적 자아의식이다.

셋째로, "나는 나다"라는 것은 자유의 표현이다. 제1원칙은 자유의 요구와 지(知)의 진리의 확보의 요구라는 두 요구를 충족시키는 주체[Subjektivität] 개념을 기획하라는 요구를 한다. 실행 속에서의 '자기 자신의 정립[Sich-selbst-Setzen]'과 '존재[Sein]'의 일치는 우선, 자아 속에서는 추구되는 존재와 자기[Sein und Selbst]의 범주적 동일성의 기초적인 형태가 발견될 수 있다는 것을 뜻한다. 피히테의 '자아'는 이제 바로 자유라는 이 범주적 형태 속에서 이해된다. 철학적 독단론과는 반대로, 존재와 자기의 통일은 '반성에 앞서서 물(物)로부터 열리는 것이 아니라, 그것의 행위를 통해 물로서의 물이 비로소 이해될 수 있는 자유로운 자기활동으로부터 열린다.[80] 이 점과 관련하여 피히테는 다음과 같이 말한다: "그런데 자기의 외부에 존재하는 모든 것으로부터의 자신의 자립성 및 독립성을 의식하게 되는 자 ― 그리고 우리는 자기를 모든 것으로부터 독립적인 자로 만들고, 자기 자신을 통해 자기를 어떤

---

80 Gerhard Gamm, *Der Deutsche Idealismus. Eine Einführung in die Philosophie von Fichte, Hegel und Schelling*, Stuttgart, 1997, ebd., 50 f. 참조.

것으로 만듦으로써만 이렇게 된다 — 는 자기 자신을 지탱하기 위해 물을 필요로 하지 않고 그것을 필요로 할 수도 없다. 왜냐하면 그것은 저 자립성을 폐기하고, 공허한 가상(假象)으로 변화시키기 때문이다."[81]

2.1.2. 제2원칙: 반정립

"(…) 자아에 대하여 비아가 전적으로 반정립된다.[(…) wird dem Ich schlechthin entgegengesetzt ein Nicht-Ich.]"[82]

"나는 나다"라고 표현할 수 있는 이 첫 번째의 단적으로 무제약적인 원칙에 대립되는 것은, 자기의 내용에 따라 제약된 두 번째의 원칙이다. 즉, 비아는 자아가 아니다. 혹은 자아에는 비아가 단적으로 반정립된다. 이 원칙은 자기의 내용에 따라서만 제1원칙을 통해 제약되며, 자기의 형식에 따라서는, 즉 반정립된 것으로서는 무제약적이다. 이 두 원칙으로부터 피히테는 계속해서 의식, 범주들, 감성의 다양한 것들 등을 도출한다. 자아를 통한 대상[객관]의 산출을 통해, 이제부터 자아는 "자기 자신을 정립하는 자로서 자기를 정립하는"(SW 1, 218, 221 ff.) 일이 마침내 가능하게 되는데, 이는 성취된 자아의식으로서 시작된다.[83]

---

81 "Wer aber seiner Selbstständigkeit und Unabhängigkeit von allem, was außer ihm ist, sich bewußt wird, — und man wird dies nur dadurch, daß man sich, unabhängig von allem, durch sich selbst zu etwas macht, — der bedarf der Dinge nicht zur Stütze seines Selbst, und kann sie nicht brauchen, weil sie jene Selbstständigkeit aufheben, und in leeren Schein verwandeln." (EEWL. GA I/4, 194: SW I, 433 f).

82 GdgWL, in: GA I/2, 266, SW I, 104.

83 Eberhard Winterhager, ebd., 37 참조.

이 두 번째의 단계는 매개 혹은 부정의 단계로서, 논리적으로는 무모 순율(無矛盾律)을 포함하고 있다. 이것은, 자아가 비아를 자신에 맞세워 정립한다는 것을 뜻한다. 모든 비아는 자아에 대해서만 존재하는 것이다. 비아는 자아의 활동에 의해서만 존재하므로, 자아가 없는 비아는 없다. 비아는 독립해 있는 것이 아니라 자아에 의해 정립된 것이요, 그런 한에서 자아[주관] 속에 있는 것이다.

피히테는 자아의 이러한 외부관계 혹은 존재관계가 두 번째의 근본적인 활동 속에서, 즉 '반정립' 속에서 보증되는 것을 본다. 따라서 자아는 자신에게 비아를 필연적으로 반정립한다. 자아는 자기를 자기 자신으로부터 구별하고, 그럼으로써 대상세계가 열리고 주제화되는 공간을 연다. 이와는 반대로 자아는 비아로부터의 이러한 구별 속에서 비로소 자기[Selbst]로서의 자신에 관계할 수 있다. 모든 자아의식은, 자아가 자기의 외부에 있어서, 자기를 의식하게 되는 것과 대립되어 있고 그것과 구별되는 것으로 확인하는 자아와는 다른 어떤 것에 관한 의식을 전제하고 있다.[84] 따라서 두 번째 원칙은, 서로 함축하고 전제하는, 주체의 자기연관과 타자연관의 내적 관계를 지시한다. 즉, 자기 없이는 세계가 없고 세계 없이는 자기도 없다.[85] 혹은, 자아의식이 대상의식 없이는 생각될 수 없듯이, 대상의식도 자아의식 없이는 성립할 수 없다. 피히테는, 제2원칙은 "형식적으로는 전적으로 무제약적"[86]이지만, 내용상으로는 제약되어 있다고 쓰고 있다.

---

84 Gunnar Beck, ebd., 275 참조.
85 Gerhard Gamm, ebd., 52 참조.
86 GdgWL, in: GA I/2, 266; SW I, 104.

2.1.2.1. 자아와 비아

선험적 관점에서 보면 다음과 같이 말할 수 있다: "비아는 (…) 자아의 다른 모습에 불과하다."[87] 즉, 정지(停止), 저지(沮止)됨이라는 성격을 띤 자아의 다른 모습에 불과하다. 피히테에 있어서는 여기에, 존재를 도출할 논리적인 장소가 있다:[88] "존재[Sein]는 직접적인 개념이 아니라, (…) 활동이 최초의 것이고 직접적인 것이다. 이것(활동: 필자주)은 설명될 수 없다; 이에 반해서 존재는 도출해 낼 수 있다."[89]

그런데 여기서 피히테가 말하는 '존재[Sein]'는 과연 무엇인가? 앞에서도 말했듯이 Sein이라는 용어는 다양한 의미로 사용된다. 그런데 여기에서는 '활동[Tätigkeit]'[90]이라는 용어와 대비되어 사용되고 있다. 활동이란 물론 자아의 활동을 뜻한다. 그러면 존재란 무엇이겠는가? 그것은 바로 대상의 존재, 비아의 존재를 말한다. 독일철학에서 흔히 '사유와 존재[Denken und Sein]', 이렇게 말할 때의 존재가 바로 여기에 해당된다. 이것을 '주관과 객관', '주체와 객체', '사유와 대상', 혹은 '자아와 타자', 혹은 피히테처럼 '자아와 비아'로 표현해도 마찬가지다. 위의 문장은, 자아에 의한 자아의 정립이 1차적·근원적이고, 자아에 의한 비아의 정립 또는 반정립은 이에 비해 볼 때 2차적이라는 사실을 말하고 있다. 그러므로 비아는 직접적인 개념이 아닌 것이다. 피히

---

87 WLnm, in: GA IV/2, 40 참조.

88 Alois K. Soller, *Trieb und Reflexion in Fichtes Jenaer Philosophie*, Würzburg, 1984, 42 참조.

89 "Sein ist kein unmittelbarer Begriff (…), sondern Tätigkeit is das erste und unmittelbare, diese kann nicht erklärt werden; Sein hingegen kann man ableiten." WLnm, in: GA IV/2, 38; Vorlesung über Logik und (…), in: GA IV/1, 203 참조.

90 'Tätigkeit'와 'Aktivität'은 '활동'으로, 'Handlung'은 '행위'로, 그리고 'Tun'은 행동으로 각각 옮겼다.

테는 그러므로 다음과 같이 말한다: "존재는 그러므로 비아의 성격이
며," 하나의 "부정적인 개념이다."[91] 그렇다. 존재는 자아의 성격이 아
닌 비아의 성격이다. 자아는 그저 존재하는 것이 아니라 부단한 활동으
로서만 존재한다. 그러므로 피히테는 자아가 활동 혹은 행위[Hand-
lung]라는 것을 강조해서 말한다. 또한 존재는 긍정적인 개념이 아니라
부정적인 개념이다. 즉 비아라는 표현은 '자아가 아닌 것'이라는 부정
적인 형태의 표현이다. 자아가 있고 나서 비아가 있는 것이지 비아가
있고 난 후에 자아가 있는 것이 아니다. 여기서 '존재'로 표현되고 있는
비아는, 자아의 절대적인 활동과 관련해서만 생각될 수 있다. 이러한
자아의 절대적인 활동과 비아의 관계를 피히테는 다음과 같이 표현하
고 있다: "비아가 자아에 작용하는 것이 아니라 (⋯), 그 반대다. 비아
가 자아에 침투하는 것이 아니라 자아가 밖으로 나와 비아로 들어간다.
(⋯) 비아가 우리를 포착하는 것이 아니라 우리가 비아를 포착한다."[92]

존재자 전체는 학문론에 있어서, 유한한 인간적 의식에 대해 대상적
인 것 일반이다. 이러한 대상적인 것은 자기의 존재를 저 의식에 대한
자기의 대상성 속에서 갖는다. 존재자 일반은, 원리적으로 볼 때 의식
과 관계함으로써만 존재할 수 있는 것이다: "의식에 매개되지 않고는
어떤 존재도 있을 수 없다."[93] 이런 의미에서 우리는 피히테의 학문론
을, 정험철학의 형태를 지닌 형이상학이라고 부를 수 있었던 것이다.

---

91 WLnm, in: GA IV/2, 39. 그리고 *Brief von Fichte an Schiller v. 27.06.1795*, in:
GA III/2, 338 참조.

92 "Nicht das Nicht-Ich wirkt ein auf das Ich, (⋯), sondern umgekehrt. Nicht
das Nicht-Ich dringt ein in das Ich, sondern das Ich geht heraus in das Nicht-Ich
(⋯). Es greift nicht uns an, sondern wir greifen es an."[*Das System der Sittenlehre*
(1798) (SSL로 줄임), in: GA I/5, 95].

93 "Es gibt kein Sein, außer vermittelst des Bewußtseins, (⋯)" (SSL, SW IV, 5).

왜냐하면 학문론은 "(…) 우리의 의식 속에 나타나는 것의 발생적 도출"[94]이어야만 하기 때문이다.[95]

2.1.2.2. 의식의 진리로서의 자아의식

피히테 있어서 비아는 전적으로 자아에 의해서만 존립할 수 있다. 비아는 자아에 대한 존재자(대타적 존재자)이지, 그것 자체로 존재하는 즉자적 존재자가 아니다. 그리고 비아가 자아에 의해서, 자아 속에서만 존재할 수 있다는 말의 구체적인 내용은, 비아가 자아에 의해 표상됨으로써만 존재할 수 있다는 말이다. 이에 대해 피히테는 다음과 같이 말한다: "관념론은 도대체 어떤 비아도 갖고 있지 않고, 그의 비아는 그의 자아의 특수한 양상으로 간주되어야 한다."[96]

그러면 "우리의 의식에 나타나는 것(was in unserem Bewußtsein vorkommt)"은 무엇인가? 그것은 앞서 말한 것처럼 비아 혹은 대상이다. 그러나 이것은 즉자적인 대상, 즉자적인 비아가 아니라 우리의 의식 속에 있는 대상이요 비아인 것이다. 이러한 대상은 우리의 의식의 내용으로서의 대상이요, 그런 한에서 그것 또한 우리의 의식이다. 그러므로 우리가 우리의 의식의 대상 혹은 비아를 알기 위해서는 우리의 의식을 분석해야만 한다. 존재자 전체를 탐구하기 위해서 학문론은 존재자 전체를 가능하게 하는 의식 자체로 방향을 돌려야만 한다. 그리하여 존재자 일반에 관한 이론으로서의 형이상학은 필연적으로, 이 존재자

---

94 "eine genetische Ableitung dessen, was in unserem Bewußtseyn vorkommt"(ÜBWL. GA I/2, 159; SW I, 32).

95 Herbert Edelmann, ebd., 3 참조.

96 "Der Idealismus hat eigentlich kein N. I., sondern sein N. I. ist nur eine besondere Weise sein Ich anzusehen."[여기서 N. I.는 Nicht−Ich의 준말임. WLnm, in: GA IV/2, 40; GdgWL, in: GA I/2, 411 f. 참조].

를 인식하는 지(知)에 관한 이론일 수밖에 없으므로, 그것은 "경험적 형이상학"이며 "철학 일반"[97]이기도 한 것이다.

2.1.3. 제3원칙: 종합

"나는 내 속에, 가분적 자아에 대립해서 가분적 비아(非我)를 정립한다. *(Ich setze im Ich dem teilbaren Ich ein teilbares Nicht-Ich entgegen.)*"[98]

첫째 원칙과 둘째 원칙은 서로 대립한다. 즉 자아와 비아는 서로 대립한다. 이 셋째 원칙은 두 원칙의 종합이다. 세 번째의 원칙은 자아와 비아, 자기와 대상의 종합을, 그리고 관계의 상관자들로부터 분석적으로 도출될 수 없는 통일을 떠맡아야 하는 논리적 형태를 규정한다. 피히테는 '제한적[limitativ]'이라는, 양 범주(量 範疇)들 가운데 하나의 범주를 다시 수용하면서 이 형태를 규정한다. 즉, 자아와 비아는 가분적이고 상호 제한하는, 관계연속체의 계기들로서 정립된다. 그는 자아의 전개된 구조계기들을, 완결시키는 하나의 상위(上位)의 원칙 속에서 총괄하는데, 이 상위의 원칙 속에서는 "무제약적이고 전적으로 확실한 것의 양"이 충분히 논구되어야 한다.[99] 그는 이렇게 말하고 있다: "나는 내 속에, 가분적 자아에 대립해서 가분적 비아를 정립한다. 이 인식을 어떤 철학도 넘어서지 못한다. 그런데 모든 철저한 철학은 이러한 인식에까지 되돌아가야 한다. 그리고 모든 철저한 철학이 그렇게 하는 대로, 그것은

---

97 Herbert Edelmann, ebd., 5.
98 GdgWL, in: GA I/2, 272; SW I, 110.
99 Gerhard Gamm, ebd., 52 참조.

학문론으로 된다. 지금부터 인간정신의 체계 속에 등장해야 하는 모든 것은, 제시된 내용으로부터 도출되어야 한다."[100] 이렇듯 "나는 나다"라는 명제는, 자신 속에 비아(非我)를 포함하고 있는 자아에 관한 명제라는 것을 알 수 있는데, 이러한 사정은 헤겔에 있어서도 마찬가지다.

헤겔은 이렇게 말한다: "여기서 취해지는 이러한 변증법적인 것 속에, 그리고 대립자를 그 통일성 속에서 파악하는 데에 혹은 긍정적인 것을 부정적인 것 속에서 파악하는 데에 사변적인 것이 존립한다. 이것은 가장 중요한, 그러나 능숙하지 못하고 부자유로운 사유력에게는 가장 어려운 측면이다."[101] 이 진술이 뜻하는 바를, 다음과 같은 예를 통해 살펴보자. 헤겔에 있어서 동일성의 명제는 두 가지로 나누어진다. 즉 첫째로, 추상적[知性의] 동일성(=형식적 동일성=무구별적 동일성), 그리고 둘째로, 구체적[理性의] 동일성[=실질적 동일성=구별[타자, 부정]이 매개된 동일성=사변적 동일성]이 그것이다. 추상적인, 지성의 동일성은 반성(反省)의 동일성이다. 이러한 동일성은 사변적 동일성이나 이성 개념으로서의 절대적 동일성과는 근본적으로 다르다.[102] 예를

---

100 "*Ich setze im Ich dem theilbaren Ich ein theilbares Nicht-Ich entgegen. Über diese Erkenntniss hinaus geht keine Philosophie; aber bis zu ihr zurückgehen soll jede gründliche Philosophie; und so wie sie es thut, wird sie Wissenschaftslehre. Alles was von nun an im Systeme des menschlichen Geistes vorkommen soll, muss sich aus dem Aufgestellten ableiten lassen.*" (GdgWL, in: GA I/2, 272; SW I, 110).
101 TW 5, 52. 그리고 TW 5, 168도 참조.
102 쉘링은 이에 대해, 잠정적인 동일성(die vorläufige Identität)은 "헤겔이 아주 잘 표현한 것처럼, 추상적인, 지성의 동일성이다(eine abstracte Verstandes-Identität, wie sich Hegel sehr gut ausgedrückt hat)"라고 말한다[Schelling, *Über das absolute Identitäts-System und sein Verhältniß zu dem neuesten (Reinholdischen) Dualismus*, in: Hegel, *Gesammelte Werke*, in Verbindung mit der Deutschen Forschungsgemeinschaft, hg. v. der Rheinisch-Westfälischen Akademie der Wissenschaften, Hamburg, 1968 ff. (GW로 줄임), Bd. 4. *Jenaer Kritische Schriften* (129-173), 147].

들면, "나는 나다"라는 진술 또는 판단의 경우, "대립자를 그 통일성 속
에서 파악하는" 것이란, '나'에 '나의 타자인 대립자'가 매개되어 있는
것으로 생각하고 이 양자를 통일적으로 파악하는 것을 의미하며, 그리
고 "긍정적인 것을 부정적인 것 속에서 파악하는" 것이란 마찬가지로,
'나'를 '나의 부정태로서의 나의 타자' 속에서 파악하는 것을 의미한
다. 이렇게 함으로써 비로소 구체적 동일성이 파악되며, 이것이 바로
사변적 사유의 작용이다. 또한, "애들은 애들이다(Kids are kids)"라는
진술을 생각해 보자. 이것을 헤겔이 말한 논리적인 것의 3단계에 적용
시켜 보면, 제1단계: 추상적 지성적 측면 — "애들은 애들이다." 이 단
계는, 애들의 타자가 매개되어 있지 않고 단지 추상적 동일성만을 언급
하는 단계다. 제2단계: 변증법적 혹은 부정적 이성적 측면 — "애들은
어른이 아니다." 이 단계는, 제1단계의 추상성을 부정하는 단계다. 제3
단계: 사변적 혹은 긍정적 이성적 측면 — "애들은 (어른이 아닌) 애들
이다." 이 단계는 제1단계와 제2단계를 종합한 단계다. 이러한 사변적
단계 혹은 사변적인 것은 "지성이 머물러 있는 저 대립을(그러므로 따
라서 주관적인 것과 객관적인 것의 대립도) 지양하여 자신 속에 포함하
고, 바로 그럼으로써 구체적인 것, 그리고 총체임이 입증되는 것이다."

이렇게, 유한한 자아와 유한한 비아는 상호 제한하며 규정한다. 즉
피히테에 의하면, 자아에 의한 비아의 반정립을 통해 성립된 가분적 자
아와 가분적 비아가 상호 관계하는 두 가지 방식이 있는데, 그 하나는,
"(…) 자아는 자기 자신을, 비아에 의해 제한된 것으로 정립한다"[103]고

---

103 "(…) *das Ich setzt sich selbst, als beschränkt durch das Nicht-Ich*." GdgWL, in:
GA I/2, 285; SW I, 126. 피히테는 이것을 또한 "자아는 자신을 비아를 통해 규정된 자
로 정립한다."("*Das Ich setzt sich, als bestimmt durch das Nicht-Ich*." GdgWL, in:
GA I/2, 287과 385; SW I, 127과 246)라고도 표현한다.

하는 이론적 방식이고(이 명제는 이론적 학문론의 기초를 이룬다. 그리고 초기 학문론의 제2부 전체는, '이론지의 기초' 라는 제목으로 이 분석에 바쳐진다), 다른 하나는, "자아는 비아를, 자아에 의해 제한된 것으로 정립한다"[104]고 하는 실천적 방식이다(이 명제는 실천적 학문론의 기초를 이룬다). 전자의 경우는 자아가 비아에 의해서 수동적으로 활동하는 인식의 측면이요, 둘째는 자아가 비아에 대해서 능동적으로 활동하는 실천의 측면이다. 여기에, 전자를 다루는 이론적 학문론과, 후자를 다루는 실천적 학문론의 구별이 생긴다. 이론적인 부분에서는 자아가 어떻게 자신의 표상들에 이르는지가 설명되어야 한다. 우리가 자아를, 비아로 말미암아 규정되는 것으로 생각하면, 자아는 수동적으로 무엇을 수용하면서 존재하며, 비아는 능동적인 것으로 생각된다. 이것이 소위 실재론의 입장이다. 이와는 반대로 비판적 관념론은 다음과 같은 것을 타당하게 만든다. 즉, 자아는 비아에 의해 제한된 것으로서 자기 자신을 정립하며, 그러므로 자아는 자기제한 속에서 활동하는 부분이다. 자아가 자기를 비아에 의해 제한하면서, 그를 통해 자아에 표상들이 발생하게 하는 활동을 피히테는 구상력[Einbildungskraft]이라고 부른다. 실천적인 부분은, 절대적 자아의 무한한 활동과 비아에 의해 제한된 유한한 자아 사이에 존재하는 대립으로부터 출발한다. 『전 학문론의 기초』의 제3부는 실천적 자아의 근본계기들, 즉 추구(追求)[Streben][105]와 감정[Gefühl]을 설명한다. 이들은 연역의 순서에 있어서는 마지막에 있지만, 정초이론적인 지위로 볼 때에는 절대적인 우위를

---

104 "*Das Ich setzt das Nicht-Ich, als beschränkt durch das Ich.*" (ebd.). 피히테는 이것을 또한, "(…) 자아는 비아를 규정하는 자로 자신을 정립한다."["(…) *das Ich setzt sich als bestimmend das Nicht-Ich.*" GdgWL, in: GA I/2, 385, 386; SW I, 246, 247, 248]라고도 표현하고 있다.

105 노력(勞力)이나 분투(奮鬪)로 번역될 수도 있다.

점하고 있다. 즉, 이들이 없으면 이론이성의 수행들이 가능하지도 않을 것이고 이해될 수도 없을 것이다.[106]

피히테에 의하면, 추구의 필연성이 정초되는 것은, 자아의 정립활동은 저지를 기초로 하여 필연적으로 자신 속으로 되돌아오는 역방향의 상보적 활동이어야 한다는 사실로부터다.[107] 대상세계는, 자아-활동이 거듭 극복하려고 노력하는 저항들을 만나는 곳에서만 일관적으로 생각될 수 있다. "무한히 뻗어 나가는 이 무한한 추구는, 모든 객관이 가능하기 위한 조건이다. 즉 추구가 없다면 객관도 없다"[108]고까지 피히테는 말한다. 세계는 우리에게 늘 실천적인 관점 및 관계지평하에서만 열린다. 이와 동시에, 추구의 무한성은 그것이 실현될 수 있는 유한한 조건들을 통해서 필연적으로 방해되는 것으로 발견된다. 무한한 과제와 유한한 조건 사이의 이러한 차이로부터, 행위를 법적 및 도덕적으로 규제해야 할 필요성이 발생하는 것이다.[109]

자아는 무엇 때문에 제한되는가? 이에 대한 대답은, 무한한 추구로서의 절대적 자아라는 규정 속에 들어 있다. 이것은, 모든 현실이 자아로 말미암아 전적으로 정립되어야 한다는 요구를 포함하고 있다. 객관(대상) 없이는 추구도 없으므로, 자아가 비아를 극복하면서 실천적으로 되기 위해서는 비아의 저항을 필요로 한다. 이와 동시에, 유한한 자아

106 Gerhard Gamm, ebd., 53; Peter Kunzmann u.a., *dtv-Atlas zur Philosophie*, München, 1991, 147 참조.
107 '추구'와 '저지' [Anstoß]의 문제에 관해서는 〈3.1. 저지와 추구〉에서 상론할 것이다.
108 "Dieses unendliche Streben ist ins Unendliche hinaus *die Bedingung der Möglichkeit alles Objekts*: kein Streben, kein Objekt." GdgWL, in: GA I/2, 397; SW I, 261 f.
109 Gerhard Gamm, ebd., 54 참조.

는 자신 속에서 모든 현실을 진정으로 파악하고 있는지를 반성해야만한다. 객관의 저지(沮止)[Anstoß][110]는, 추구가 반성되고 자아가 자기자신을 알고 자신을 그렇게 규정할 수 있는 조건이다.

학문론은 유한한 자아의 의식으로부터 독립한 힘(비아)의 현존을 확립한다. 그러나 이러한 힘은 그저 느껴질 수 있을 뿐, 인식될 수는 없다. 이러한 비아의 가능한 모든 규정들은 자아의 규정능력으로부터 도출된다. 그러므로 피히테는 학문론을 스스로 실재·관념론[Real-Idealismus]이라고 부른다.[111] 나는 나를 제한된 것으로서 정립한다. 그리고나의 자기정립의 직관의 결과, 나는 유한하다.[112]

제3원칙, 즉 통일시키는 내면화의 단계에서는 자아와 비아의 차이가지양되면, 자아의 충족운동이 완성되지만, 피히테 자신은 이 충족운동은 궁극적으로 종료되지 않고 단지 "무한으로의 접근(Annäherung zum Unendlichen)"[113]만이 가능할 뿐이라고 말한다. 헤겔의 비판은 바로, 피히테의 학문론의 종결되지 않는 동경(憧憬)[Sehnsucht]에 대해 주로 이루어지고 있다. 피히테와는 달리 헤겔에 있어서 주관과 객관의 통일은 하나의 이상[Ideal]에 불과한 것이 아니라 실현될 수 있는 것이다. 그러나 다른 한편으로 헤겔은 절대정신의 자기회복 사상에 있어서 피히테의 3중 구조운동, 즉 추상적 동일성, 차이의 매개적 부정, 그리고동일과 차이의 구체적이며 대자적인 동일성 속에서의 이 부정을 지양하는 부정이라는 운동에 빚지고 있다.[114]

---

110 충돌(衝突), 장애(障碍)로 번역될 수도 있다.
111 Peter Kunzmann u.a., ebd. 참조.
112 VnDWL. GA I/4, 242 참조.
113 GdgWL, in: GA I/2, 276, 278; SW I, 115, 117.
114 Bort, ebd., 180 참조.

2.2. 실행[Tathandlung]¹¹⁵과 자아의식

2.2.1. Tathandlung의 의미와 적절한 번역어

2.2.1.1. Tathandlung의 의미[116]

피히테는『전 학문론의 기초』에서 Tathandlung에 관하여 자세히 언급하고 있다:

"따라서 절대적으로 정립되고 자기 자신에 근거한 것은, 어떤 확실한(그리고 전 학문론을 통해 발생하게 될 모든) 인간정신의 행위의 근거이며, 따라서 인간정신의 순수한 성격이다. 즉 그것은 활동의 특수한 경험적 조건들과는 관계없는, 활동 자체의 순수한 성격이다. 요컨대 자기 자신을 통한 자아의 정립은 자아의 순수한 활동이다. 자아는 자기 자신을 정립한다. 그리고 자아는 자기 자신을 통한 이러한 단순한 정립으로 말미암아 존재한다. 그리고 그 반대도 마찬가지다. 즉 자아는 존재한다. 그리고 자아는 자기의 단순한 존재로 말미암아 자기의 존재를 정립한다. 자아는 행위하는 자인 동시에 행위의 산물이기도 하다. 즉, 활동하는 자아이며, 활동에 의해 산출되는 자다. 다시 말하면 행위와 행위의 성과는 하나이며 전적으로 동일하다. 그러므로 나는 존재한다라는 것은 실행의 표현이다. 그리고 전 학문론으로부터 발생해야만 하는, 유일하게 가능한 실행의 표현이다." (GdgW, in: GA I/2, 258 f.; SW I, 95 f.)[117]

---

115 'Tathandlung'을 '실행(實行)'으로 번역하는 이유에 대해서는 뒤에서 상론할 것이다.

116 이 항목의 서술은 주로, 백훈승, 「피히테와 Tathandlung」,『철학연구』제124집 (103-134), 2012, 110 ff.에서 가져왔다.

117 "Demnach ist das *schlechthin gesezte*, und *auf sich selbst gegründete* — Grund

이 인용문으로 볼 때, "나는 존재한다"라는 명제, 혹은 『전 학문론의 기초』에서 피히테가 제시하는 세 개의 원칙들 또는 테제들 가운데 첫 번째 원칙[118]이 의식의 실행[Tanthandlung]을 표현한다고 말할 수 있다. 의식의 가능한 모든 인식운동들은 자신들의 근원을 이 실행 속에서 가지고 있다. 실행으로서의 자아의식의 현상 속에서 의식이 의식 자신의 인식대상이라면, 의식은 철저하고 체계적이고 엄밀하게 수행되는 학문적 탐구의 대상일 수 있다는 것이 분명하다. 자아의식에 있어서 야기된 것은 의식 자신의 인식활동의 결과다. 즉, 의식은 자신의 힘으로 자신에 관한 의식을 창조한다. 그리하여 피히테는 그로 말미암아 의식이 자기 자신을 의식하는 근원적인 실행을 '제1원칙'으로 진술한다.[119] 이 순수한 활동 그 자체는, 표상된 모든 존재의 근원적인 토대요, 요컨대 또한 모든 의식의 토대이며, 자기 자신을 정립한다. 이 행위[Handlung]의 산물을 부르는 이름이 성과[Tat]이며, 경험적 의식에 있어서는 — 예컨대, '나는 푸른 하늘을 생각(표상)한다'라는 진술에서 — 성과는 행위

---

eines gewissen (durch die ganze Wissenschaftslehre wird sich ergeben, *alles*) Handelns des menschlichen Geistes, mithin sein reiner Charakter ; der reine Charakter der Thätigkeit an sich : abgesehen von den besondern empirischen Bedingungen derselben. Also das Setzen des Ich durch sich selbst ist reine Thätigkeit desselben. — Das Ich *sezt sich selbst*, und es ist, vemöge dieses bloßen Setzens durch sich selbst ; und umgekehrt : Das Ich *ist*, und es *sezt* sein Seyn, vermöge seines bloßen Seyns. — Es ist zugleich das Handelnde, und das Produkt der Handlung ; das Thätige, und das, was durch die Thätigkeit hervorgebracht wird ; Handlung, und That sind Eins und eben dasselbe ; und daher ist das : *Ich bin*, Ausdruk einer Thathandlung ; aber auch der einzigen möglichen, wie sich aus der ganzen Wissenschaftslehre ergeben muß." (GdgW, in : GA I/2, 258 f. ; SW I, 95 f.).

118 즉, "자아는 근원적 · 단적으로 자기 자신의 존재를 정립한다.(Das Ich setzt ursprünglich schlechthin sein eigenes Sein.)" (SW I, 98).

119 Joachim Widmann, ebd., 47 f. 참조.

자체와 구별된다. 이와는 반대로, 자아의식으로서의 순수자아 — '나는 나 자신을 존재하는 자로 생각(표상)한다 — 에 있어서, 즉, '자기 자신을 정립함'에 있어서 성과와 행위는 동일하여 실행이 이루어진다. 이러한 자아의식에 있어서 실행으로서의 자아는 자기 외부의 대상으로 뻗어 나가는 것이 아니라 자신 속으로 복귀한다. '나는 존재한다'라는 것은, 의식의 내용이라는 의미의 경험적 사실이 아니라 선험적 원리로서의 순수한 실행의 표현이다.[120]

양케(Wolfgang Janke)가 말하듯이, "실행 속에서 자아는 단지 무한한 자기연관 속에서만 존재한다. 그것은 '절대적인 주체'다. 즉, 타자와의 모든 관계로부터 벗어난다. 순수활동은 수동(受動), 저지, 제한과는 관계없다."[121] 피히테가 제시하는 "제1원칙의 절대자아는 어떤 것[et-was]이 아니다; (그것은 술어를 갖고 있지 않으며 또 가질 수도 없다)."[122] 즉, "자기 자신을 정립하는 것과 존재는, 자아에 관해 사용되는 경우에는 전적으로 동일하다."[123] 이 원칙 속에서 피히테는 "실행"에 대한 표현을 보고 있는데, 실행은 의식의 경험적 규정들에게는 더 이상 등장하지 않고 또 등장할 수도 없으며, 오히려 모든 의식의 근저에 존재하면서 모든 의식을 가능케 한다.[124] 실행이란, 경험적 의식을 산출하는 자인 동시에 저 절대적인 제1원칙의 산출자이기도 하다. 따라서, 실

---

120 Nicole Stratmann, *Leiden : im Lichte einer existenzialontologischen Kategorialanalyse*, Amsterdam/Atlanta, 1994, 37 f. 참조.

121 Wolfgang Janke, *Fichte. Sein und Reflexion. Grundlagen der kritischen Vernunft*, Berlin, 1970, 73.

122 "GdgWL," in: GA I/2, 271; SW I, 109.

123 "*Sich sibst setzen*, und *Seyn*, sind, vom Ich gebraucht, völlig gleich." (GdgWL, in: GA I/2, 260; SW I, 98).

124 "GdgWL," in: GA I/2, 255; SW I, 91 참조.

행은 근원적인 의식이나 순수의식이라고 할 수 있으며, 이러한 의식은 "자아"라는 표현을 갖는 절대적인 주체다. 실행은 순수한 '자기-자신을-산출하는 행위'일 뿐만 아니라 경험적 의식의 근거이기도 하기 때문에 자기정립[Sichsetzen]은 반정립[Entgegensetzen]을 또한 포괄해야 한다. 단순한 경험적 의식으로서의 반정립은 오로지 의식의 사실들을 포함하고 있기 때문에, 모든 필연성은 우리에게 알려진 의식의 피안에 있는 실행에 오로지 근거해 있다. 실행만이 필연적 존재이며 필연적 형식이다. 그 밖의 모든 것들은 — 그리고 경험적 의식 자체도 — 단순한 사실에 불과하다.[125] 그러나 실행은 사실이 아니다. 왜냐하면 실행은 사실들을 궁극적으로 정립하거나 구성한다는 점에서, 모든 사실에 논리적으로 그리고 존재론적으로 앞서기 때문이다.[126]

피히테는 자아가 실체가 아닌 활동으로 존재한다는 점을 강조한다. "자아의 본질은 그것의 활동에 있다"[127]고 그는 말한다. 또는 이를 더 자세히 표현하고 있기도 하다: "관념론에 있어서 지성은 하나의 **행동**이며, 그 이상의 것이 전혀 아니다. 그리고 우리는 지성을 **활동하는** 자라고 불러서도 결코 안 된다. 왜냐하면 이러한 표현을 통하여, 그러한 활동이 머물러 있는 어떤 지속적인 존재자가 지시될 수 있기 때문이다."[128]

---

125 Klaus Wellner, ebd., 166 f. 참조.

126 Rolf-Peter Horstmann, "The early Philosophy of Fichte and Schelling," in: *The Cambridge Companion to German Idealism* (117-140), Karl Ameriks (ed.), Cambridge, 2000, 123 참조.

127 "Das Wesesn des Ich besteht in seiner Thätigkeit; (⋯)" ("GdgWL," in: GA I/2, 405; SW I, 272).

128 "Die Intelligenz ist dem Idealismus ein *Thun* und absolut nichts weiter; nicht einmal *Thätiges* soll man sie nennen, weil durch diesen Ausdruck auf etwas bestehendes gedeutet wird, welchem die Thätigkeit beiwohne." ("Erste Einleitung in die Wissenschaftslehre," in: SW I, 440).

그러므로 실행은 행위함의 배후에서 실체처럼 활동하는 자가 남아 있는 것을 뜻하지 않는다. 실행에서는, 예컨대 실체가 우유(偶有)에 혹은 원인이 결과에 관계하는 것처럼, 활동하는 자가 행위에 관계하는 것이 아니다.[129] 실행의 이런 측면은 다음과 같이 표현되기도 한다: "나는 나인 바로 단적으로 존재한다."[130] 이러한 실행은 지적 직관행위다. 피히테는 지적 직관으로서의 자아가, 학문론이 출발하는 곳이라고 말했다.[131] 그러므로 우리는 자아의 절대적인 자기정립 행위인 실행이 바로 지적 직관행위라는 것을 알 수 있다. 그러므로 피히테는 현상과 물 자체에 대한 칸트의 구별뿐만 아니라 우리의 모든 직관은 감성적이라는 칸트의 주장도 부정하고 있는 것이다.[132] 피히테가 『윤리학의 체계』(*Das System der Sittenlehre nach den Principien der Wissenschaftslehre*, 1798)에서 서술하고 있듯이, 지적 직관은 자아 자신의 활동에 대한 직접적인 직관이다.[133] 이 근원적인 행위 그 자체는 표상될 수 없다. 그것은 표상이 아니다. 그것은 드러내지거나 기술될 수 있을 뿐이다.[134]

129 Toshio Honda, "Vom »Tun« zum »Sehen«," in: *Die Spätphilosophie J. G. Fichtes*, Wolfgang H. Schrader (hg). *Fichte-Studien* Bd.17 (69-82), Amsterdam/Atlanta, 2000, 70 참조.

130 "Ich bin schlechthin, was ich bin." (SW I, 98).

131 "Es ist die des Ich, als intellektueller Anschauung, von welchem die Wissenschaftslehre ausgeht, (⋯)" (SW I, 515).

132 Daniel Breazeale, "Fichte's *Aenesidemus* Review and the Transformation of German Idealism," in: *Review of Metaphysics* 34 (March 1981) (545-568), 563 참조.

133 SW IV, 86, GA I/5, 91 참조.

134 George J. Seidel, *Fichte's Wissenschaftslehre of 1794. A Commentary on Part I*, Purdue Univ., 1993, 19 참조.

2.2.1.2. Tathandlung의 적절한 번역어[135]

국내 학계에서는 지금까지 피히테의 이 전문용어를 대부분 '사행'(事行)이라고 번역해 왔고, 그 밖에 '실행행위(實行行爲)', '활행(活行)', '사행(使行)' 등의 번역어도 사용되고 있다.[136] 사행이라는 번역어는 '사실행위'(事實行爲)의 준말이다. 이렇게 번역한 이유는 다음과 같이 추론할 수 있다. 의식은 정립하는 행위로서만 존재한다. 따라서 의식의 경우에는 자아가 자아 및 비아를 정립한다는 사실[Tat]과 정립의 행위[Handlung]는 동일한 것이다. 그러므로 이 양자를 결합하여 피히테가 Tathandlung이라는 용어를 사용했다고 주장하면서 이것을 사행(事行)이라고 번역한 것으로 생각된다. 그러나 이것은 잘못된 번역이다. 왜냐하면 피히테는 Tathandlung을 이런 의미로 사용하고 있지 않기 때문이다. 피히테에 있어서 중요한 것 그리고 그가 강조하는 것은, 무제한적으로 확장하고 제한 또는 비아마저도 정립하는 힘으로서의 자아 혹은 의식이다. 피히테가 말하는 Tathandlung은, 자아는 자아의 정립작용, 정립행위[Handlung]인 동시에 이 정립행위의 결과(성과, 산물, Tat)이기도 하다는 것이다. 이것은 바로 자아의식의 구조이며, 우리가 소위 신에게서 그 전형(典型)을 발견할 수 있는 '사유의 사유(νόησις νοήσεως)'이며, 자기가 자기의 원인이자 결과인 '스스로의 원인(causa sui)'이라는 사태를 표현하고 있다. 이 번역의 오류는 독일어 Tat이 지니고 있는 여러 의미를 정확히 파악하지 못한 데에 원인이 있다. 즉, 독일어 Tat은 첫째로, 사실(事實, fact)이라는 의미를 지니고 있다. 예를

---

135 이 부분의 서술은 거의 백훈승, 『피히테의 자아론: 피히테철학 입문』, 129 f.에서 가져왔다.

136 다양한 우리말 번역어 및 그 문제점에 대해서는 백훈승, 「피히테와 Tathandlung」, 121 ff.를 참조할 것.

들면 'in der Tat'이라고 말하면, '실로 혹은 사실'이라는 뜻이다. 그러므로 이때의 Tat은 Tatsache와 같은 뜻이다. 두 번째로 Tat은 행위, 활동이라는 뜻을 지니고 있다. 주지하듯이 괴테(Johann Wolfgang von Goethe, 1749-1832)가 자기의 작품 『파우스트』(Faust)에서, 요한복음 제1장 제1절의 "태초에 로고스가 있었는데, 이 로고스는 하느님 곁에 있었고 하느님은 로고스였다("Εν ἀρχῇ ἦν ὁ λόγος, καὶ ὁ λόγος ἦν πρὸς τὸν θεόν, καὶ θεὸς ἦν ὁ λόγος)"라는 첫 부분을 "태초에 행동이 있었다(Am Anfang war die Tat)"라는 표현으로 변형했는데, 이때의 Tat는 행동, 행위라는 뜻이다. 그리고 세 번째로는 어떤 행위의 결과, 성과, 업적이라는 뜻이다. 그런데 피히테의 Tathandlung에서 사용된 Tat의 의미는 바로 이 세 번째에 해당한다. 즉, 그것은 Handlung의 성과, 결과, 산물이라는 뜻이다.

앞의 인용문(Gdgw, in: GA I/2, 258 f.)에서 피히테는 "자아는 행위하는 자인 동시에 행위의 산물이기도 하다. 즉, 활동하는 자이며, 활동에 의해 산출되는 자다. 다시 말하면 행위와 행위의 성과는 하나이며 전적으로 동일하다"라고 분명히 말하고 있다. 여기서 '행위하는 자'(das Handelnde)와 '활동하는 자'(das Thätige)는 동일한 내용을 가리키고 있고, '행위의 산물'(das Produkt der Handlung)과 '활동을 통해 산출되는 것'(das, was durch die Thätigkeit hervorgebracht wird)도 동일한 내용을 가리키고 있다. 그러므로 피히테가 말한 Tathandlung의 'Tat'은 '행위의 산물', '활동을 통해 산출되는 것'을 말한다는 것이 분명하다. 이렇게 볼 때, 이때의 Tat이 '사실'이나 '활동'을 뜻하는 것으로 해석해서는 안 될 것이다. 그리하여 필자는 이 용어를 행위와 그 결과를 뜻하는 '실행'(實行: 실제로 행한다는 의미의 '실행'이 아님)으로 부르고자 한다.

2.2.2. 실행과 절대자아

절대자아는 실행이라고 규정될 수 있다. 즉, 절대자아의 본질은 행위라는 순수한 성격과 동일하다. 자아는 무제약적 행위, 순수행위다. 자아는 행위인 동시에 행위의 산물이기도 하며, 이 외에 다른 어떤 것도 아니다. 행위와 행위의 산물이라고 하는 이 양자는 절대자아 속에서 일치하며, 절대자아의 본질을 이룬다. 혹은 "나는 나다"라고 하는 자아의식의 통일은 모든 판단의 무제약적 기초다. 무제약적인 자기정립은, 판단을 내리는 모든 정립의 기초 혹은 그것의 "순수한 성격"이다. 정립은 행위이며, 무제약적인 자기정립은 무제약적인 행위다. 이러한 행위는 자기 자신에 대해 행위하며, 혹은 자기 자신을 산출한다. 따라서 이러한 행위 속에서는 행위와 행위의 산물이 동일하다. 절대자아는 "실행"이다. 실행은 이론적 자아 및 실천적 자아의 근본성격이다.[137] 그러나 슈라더(Wolfgang H. Schrader, 1942-2000)에 의하면, "실행으로서의 (…) 자아는 절대적인(순수한 민첩성인) 동시에 유한하며[저지(沮止)로 말미암아 제지(制止)된다], 순수한 의식이기도 하고 경험적인 의식이기도 하다."[138] 이것은 순수하게 활동적인 것으로서의 "절대자아"의 성격과 대립된다. "왜냐하면 저지로 말미암아, 순수활동이라는 그것의 성격에 있어서가 아니라 그것의 방향에 있어서 자아의 활동이 변화되기 때문이다."[139] 슈라더에 의하면, 『전 학문론의 기초』의 §1의 규정 속에는 다음과 같은 "두 가지 사항이 존재한다: 첫째, 자아는 전적으로 자기의

---

137 Baumanns, ebd., 174 참조.
138 Wolfgang H. Schrader, *Empirisches Ich und absolutes Ich*, Stuttgart-Bad Cannstatt, 1972, 58.
139 Schrader, ebd.

존재를 정립한다. 그리고 그런 한에서 자아는 성과[Tat], 사실[Faktum]
이다; 둘째, 자아는 자아를 대자적으로 정립한다. 그리고 자아가 자기
를 자아로 정립하는 한에서 자아는 자기를 행위하는 자로 정립한다."[140]
피히테는 자아의 이 두 행위양식의 관계를『전 학문론의 기초』§5에서
상술하고 있다.[141]

피히테는 모든 인간지식의 절대적이고 최초인, 전적으로 무제약적인
원칙에 대해 묻는데, 이 원칙 속에서 그는 "실행"에 대한 표현을 보고
있다. 실행은 의식의 경험적 규정들에게는 더 이상 등장하지 않고 또
등장할 수도 없으며, 오히려 모든 의식의 근저에 존재하면서 모든 의식
을 가능케 하는 것이다. 경험적 의식의 저편에 있는 실행으로의 추론이
이루어짐으로써, 실행이란 경험적 의식을 산출하는 자인 동시에 저 절
대적인 제1원칙의 산출자이기도 하다고 생각된다. 그러나 칸트의 정험
철학적 모범에 따라 피히테는, 이상적인 형성물의 원리들은 선험적 주
관의 기능들의 성과라는 점으로부터 출발한다. 그런데 이 선험적 주관
은, 해명된 실행이 거기로 집중되는 유일한 기능으로 된다. 실행은 통
상적인 의식의 절대적인 근원이자 통상적인 의식의 전체 사실의 형식
적인 상태의 절대적인 근원이기 때문에 근원적인 의식이나 순수의식으
로 되는데, 바로 이러한 의식은 "자아"라는 표현을 갖는 절대적인 주체
다.

실행은 순수한 '자기-자신을-산출함'일 뿐만 아니라 경험적 의식의
근거이기도 하기 때문에 자기정립[Sichsetzen]은 반정립[Entgegenset-
zen]을 또한 포괄해야 한다. 단순한 경험적 의식으로서의 반정립은 오
로지 의식의 사실들을 포함하고 있기 때문에, 모든 필연성은 우리에게

Schrader, ebd., 56.
141 백훈승,『피히테의 자아론: 피히테철학 입문』, 130 ff. 참조.

알려진 의식의 피안(彼岸)에 있는 실행에 오로지 근거해 있다. 실행만
이 필연적 존재자이며 필연적 형식이다. 따라서 필연적인 의식형식은
오로지 실행에 함축될 수 있다. 그 밖의 모든 것들은 — 그리고 경험적
의식 자체도 — 단순한 사실[Tatsache]에 불과하다. 피히테가 선택한 시
원(始原)으로부터 발생하는 사실은, 의식의 현상으로 되돌아가는 탐구
하는 새로운 회귀는 불필요하다는 것이다. 최고의 의식의 사실과 산출
하는 실행 간의 관계는 의식을 해명하기 위한 유일한 일회적인 기초다.
이와 더불어 유일무이하게 확립된 결과는, 보통 우리에게 알려지고 피
히테가 "경험적"이라고 부르는 의식은 필연적인 형식[형태]을 가질 수
없다는 사실이다. 모든 필연성은 순수의식 또는 순수자아 속으로 놓인
다. 경험적 의식의 사실성(事實性)이 필연성의 인상을 매개하는 한, 이
것은 경험적으로는 결코 주어지지 않는 실행의 유일하게 필연적인 것에
근거하고 있어서 그것은 단지 그것의 "표현"일 뿐이다. 실행[Tathand-
lung]과 사실[Tatsache] 간의, 그리고 순수의식과 경험적 의식 간의 해
소될 수 없는 관계는 오로지 철학적 반성에 대해서만 강제적으로 주어
진다. 직접적으로 파악하는 의식에 대해서 순수자아는 항상 "피안에"
있다. "우리는 인간의 모든 지(知)의 절대적 · 제1의, 단적으로 무제약
적인 원칙을 찾아야만 한다. 이 원칙이 절대적 · 제1의 원칙이어야 한다
면 그것은 증명되거나 규정될 수 없다. 그 원칙은 우리의 의식의 경험적
규정들하에서는 나타나지 않고 또 나타날 수도 없으며 오히려 모든 의
식의 근저에 놓여 있어서 그것을 오로지 가능케 하는 실행을 표현해야
만 한다."[142] 피히테는 이 시원 속에서 의심할 수 없는 필연성을 보고 있
다. 의심할 여지없이 경험적 의식은 자신이 그 내용들인 의식의 사실들

---

142 GA I/2, 255; SW I, 91.

과 더불어 주어져 있다. 또한 의식의 모든 내용들은 절대적으로 최초인
원칙에 의존해 있다는 점이 사실로 주어져 있다. 이러한 의심할 수 없
는 소여성(所與性)에 대해 논리적인 규칙들에 따라 실행이 덧붙여 생각
되어야 한다.

그러나 피히테는 자기의 진행에 대한 자기 자신의 판단에 대립하여,
직접적으로 정당화되지 않은 결정들을 내렸다. 그리하여 첫 번째로 설
명되지 않은 것은, 왜 단지 하나의 최고원칙이 존재해야 하며, 오히려
같은 권리를 가진 다수의 원칙들이 제시될 수 없는가 하는 점이다. 두
번째로, 불가피한 것으로 고려되어야 할 점은, 이 최고원칙은 의식초월
적인 "실행"의 표현으로서만 이해될 수 있다는 사실이다. 세 번째로 제
시되는 점은, 의식 또한 그 형식 및 현존에 있어서 그런 종류의 실행을
통해서 산출된다는 점이다. 네 번째로 주장되는 것은, 의식과 최고원칙
은 유일한 실행으로 직접적으로 소급된다는 점이다.[143]

피히테는 1797년의 서론들[144]에서 지적 직관이라는 개념을 통하여 실
행을 상보적(相補的)으로 특징지으려는 시도를 하고 있다. 또한 그는
『전 학문론의 기초』에서 절대자아가 지니고 있는 대자존재의 국면을 전
면에 내세운다. 좀 길기는 하지만 그의 말을 들어 보자.

"7) 이제, '나는 나다' 라는 명제를 한 번 더 고찰해 보자. (…) A＝A라는 명
제 속에서 첫 번째의 A는 자아 속에서 자아 자신처럼 절대적으로 혹은, 규정
된 모든 비아(非我)처럼 어떤 하나의 근거로부터 정립되는 그런 것이다. 이
런 일 속에서 자아는 절대적인 주체로서 관계한다. 그러므로 우리는 첫 번째

143 Wellner, ebd., 165 ff. 참조.
144 『학문론의 제1서론』(Erste Einleitung in die Wissenschaftslehre)과 『학문론의 제2
서론』(Zweite Einleitung in die Wissenschaftslehre)을 가리킨다.

의 A를 주어라고 부른다. 두 번째의 A를 통하여 표현되는 것은, 자기 자신을 반성의 대상으로 만드는 자아를 자신 속에 정립된 것으로서 발견하는 그런 A다. 왜냐하면 그것은 동일한 것을 자신 속에 비로소 정립했기 때문이다. (…) 우리는 자기 자신을 의식하는 자기의 자아를 덧붙여 생각하지 않고서는 아무것도 사유할 수 없다. 우리는 자기의 자아의식으로부터 결코 추상될 수(떨어져 나올 수) 없다.

8) 자아가 자기를 정립하는 한에서만 존재한다면, 또한 자아는 정립하는 자아에 대해서만 존재한다. — 자아는 자아에 대해서 존재한다 — (…)

9) 자기 자신을 정립하는 것과 존재는, 자아에 관해서 사용되면 전적으로 동일하다. 내가 나 자신을 정립했기 때문에 내가 존재한다라는 명제는 따라서, 내가 존재하기 때문에 내가 절대적으로 존재한다라고도 표현될 수 있다. 더 나아가서, 자기를 정립하는 자아와 존재하는 자아는 전적으로 동일하다. (…)"[145]

---

[145] "7) Wir betrachten jezt noch einmal den Saz: Ich bin Ich. (…) In dem Satze A=A ist das erste A dasjenige, welches im Ich, entweder schlechthin, wie das Ich selbst, oder aus irgend einem Grunde, wie jedes bestimmte Nicht-Ich gesezt wird. In diesem Geschäfte verhält sich das Ich als absolutes Subjekt; und man nennt daher das erste A. das Subjekt. Durch das zweite A wird dasjenige bezeichnet, welches das sich selbst zum Objecte der Reflexion machende Ich, als in sich gesezt, vorfindet, weil es dasselbe erst in sich gesezt hat. (…) Man kann gar nichts denken, ohne sein Ich, als sich seiner selbst bewußt, mit hinzu zu denken; man kann von seinem Selbstbewußtseyn nie abstrahiren: (…)

8) Ist das Ich nur insofern es sich sezt, so ist es auch nur für das setzende, und sezt nur für das seyende. — Das Ich ist für das Ich — (…)

9) Sich sibst setzen, und Seyn, sind, vom Ich gebraucht, völlig gleich. Der saz: Ich bin, weil ich mich selbst gesezt habe, kann demnach auch so ausgedrückt werden: Ich bin schlechthin, weil ich bin. Ferner, das sich setzende Ich, und das seyende Ich sind völlig gleich, Ein und eben dasselbe. Das Ich ist dasjenige, als was es sich sezt; und es sezt sich als dasjenige, was es ist. Also: Ich bin schlech-

자아의식은, 그것이 모든 의식의 자기 근원적 기초이어야 한다는 실
행의 기능을 충족시켜야 한다. 자아의식은 실행이라는 이름으로 찾아
진 '절대적인 주어'일 것이다. 그리고 모든 경험적 내용들은 단지 술어
로서만 이것에 관계할 것이다.[146] 근원적이고 직접적인, 자아의 대자존
재는 자아의 자기 내 복귀이자 지적 직관이며, 이것이 곧 절대적인 제1
원칙에서 제시된 "실행"이다.[147] 이러한 절대적인 제1원칙은 인간을 자
립적 존재자로 제시한다.[148]

---

thin, was ich bin." (GdgWL, in: GA I/2, 259 f.; SW I, 96 ff.).
146 Peter Baumanns, ebd., 177 f. 참조.
147 GA I/4, 265 참조.
148 GA III/2, 298 참조.

『자연법의 기초』와 『윤리학의 체계』의 자아의식 이론

자아의식과 인간의 이성을, 주체라는 하나의 통일된 개념 속에 있는 그들의 실천적 및 이론적 능력 속에 정초하려는 피히테의 철저한 시도는, 궁극적으로 그로 하여금 개인적 자아의 불충분함을 인정하게 하고, 모든 개인적 의식·이성·지식은 불가피하게 제약되어 있고 집단주의적·역사주의적 기원을 지니고 있다는 것을 인정하게 하였다.[149] 이제, 자아가 다른 하나의 자아[인간]로서의 비아를 만나게 되는 경우에 자아의식에 어떠한 일이 일어나는지 고찰해 보자.

3.1. 저지[Anstoß]와 추구[Streben]

만약에 자아만 존재하고 비아는 존재하지 않는다면, 혹은 주관만 존재하고 주관에 대립해 있는 자[Gegen-stand], 즉 대상은 존재하지 않

---

149 Gunnar Beck, ebd., 275 참조.

는다면, 자아나 주관은 전적으로 자유로운 자, 절대적 자아, 절대적 주관으로 존재할 것이다. 이러한 자아는 자신의 무제한적 힘을 행사할 수 있을 것이다. 그러나 현실 속에서 이러한 일은 일어나지 않는다. 현실 속에는 자아만이 아니라 비아도 존재하기 때문이다. 비아는 자아의 활동에 대한 제한으로서 작용한다. 바로 이러한 제한을 피히테는 '저지' 라고 부른다. 혹은, 실천적 자아의 활동은 '추구'인데, 이러한 추구는 추구할 대상을 지향한다고 말할 수도 있다. 다시 말하면, 마치 의식이 '어떤 것에 대한 의식' 또는 '어떤 것—의식'이듯이,[150] 추구도 '어떤 것'에 대한 추구다. 아무런 대상 없는 추구는 있을 수 없다. 따라서, 자아의 추구작용은 비아를 전제하며, 비아는 자아의 추구작용에 대해 '반대추구[Gegenstreben]' 또는 저지로서 작용한다. 또는 이렇게도 말할 수 있다. 무한한 추구로서의 절대자아는 극복(克服)이라는 작용을 포함하고 있으며, 이러한 극복작용은 극복해야 할 장애나 저항을 필요로 한다고. 그러므로 대립, 저항, 저지, 장애는 실천적 자아가 활동하기 위한 조건이다.[151] 자유는 자기로부터 유래하는 행위를 할 수 있는 능력이지만, 자기를 발생시키는 능력은 아니다. 학문론에 의하면 자아는 자유로

---

150 훗설의 현상학에서는 우리의 의식의 본질이 '지향성(志向性)[Intentionalität]'이어서, 아무런 대상도 갖고 있지 않은 의식은 존재할 수 없다고 말한다. 따라서 예를 들면 우리는 '어떤 꽃에 관한 의식[Bewußtsein von einer Blume]', 혹은 더 정확하게는 '어떤 꽃의식[Blume-Bewußtsein]'을 갖는다고 말한다.

151 Hartmann, ebd., 64; Frederick Copleston, S. J., *A History of Philosophy*. Vol. VII. Fichte to Nietzsche, London, 1965, 54 참조. 피히테에 있어서 추구, 충동 [Trieb]은 절대자아(무한한 자아)와 경험적(유한한) 자아의 분열을 극복하고 양자를 통일하려는 의식의 운동이라고 할 수 있다. 절대자아와 경험적 자아의 이러한 활동방향은 각각 "구심적[zentripetale]" 활동과 "원심적[zentrifugale]" 활동이다. 실천적 자아의 활동, 즉 충동은 비아 또는 외계의 저항[Widerstand]이 존재함으로써 가능하다. 즉 그것들은 실천적 활동의 조건이다.

운 행위에 대한 자극으로서 외부에 존재하는 어떤 것으로부터 오는 충
격 혹은 반발인 저지에 의존해 있다. 이때의 대립, 저항, 장애, 저지로
서의 비아는 자아에 의해 극복되고 부정되어야 할 대상이다. 그러나 자
아에 의한 비아의 이러한 극복은 완전히 성취될 수는 없다. 자아는 단
지 비아를 극복하기 위하여 노력할 뿐이다. 자아가 완전히 비아를 극복
하여 자아가 단지 자기 자신과만의 통일을 이루는 것은 현실에서는 불
가능한 하나의 이상[Ideal]이다. 사르뜨르(J. P. Sartre, 1905-1980)를
인용해 말하면, 늘 즉자(卽者)로 존재하고자 하나, 대타(對他)로 머물
수밖에 없는 것, 이것이 바로 자아의 본질이다. 사르뜨르는 이것을 무
익(無益)한 정열(情熱), 혹은 시지프스의 노동이라고 말했다. 다시 말하
면, 유한한 자아가 무한성을 얻으려는 추구에 있어서는 단지 부분적이
고 일시적인 충족만이 가능하다. 즉, 자아의 독립성과 의존성 사이에
존재하는 "대립은 결코 지양되어서는 안 되고 무한히 감소되어야 한
다."[152] 의존적인 동시에 독립적이라는, 우리의 본성 자체에 속하는 이
러한 대립적 성격은 필연적이며 지속적으로 존재하는 성격이다. 그런
데 인간의 인간됨은, 자기의 의존성을 자기의 독립성에 동화시키려고
끝없이 노력하는 데에서 발견된다. 그리고 이러한 노력은 분열된 그의
모습에 통일을 가져다줄 수 있다. 동일과 비동일의 이러한 역동적인 동
일화 속에 바로 인간의 미래성(未來性)이 근거해 있다. 피히테는 추구의
궁극목표를, "저 통일: 자기의 자기규정을 통해 동시에 모든 비아도 규
정하는 자아[신성(神性)의 이념]"[153]로 보고 있다.[154]

---

152 "Der Widerspruch soll nie gehoben; aber er soll unendlich klein gemacht wer-
den." GA II/3, 184. 여기서 피히테는 'Widerspruch'(모순)이라는 용어를 사용하고
있지만, 필자는 이 표현이 적절치 않다고 생각하여 '대립'이라고 옮겼다.
153 "Jene Vereinigung: ein Ich, das durch seine Selbstbestimmung zugleich alles

3.2. 저지와 촉구[Aufforderung[155]]

『자연법의 기초』에서의 촉구 혹은 명령에 대한 피히테의 분석은, 학문론에서의 저지 개념과 병렬되며 서로 관계되어 있다. 우선 유사성을 주목해 보자. 공통적인 가정은 주체의 유한성인데, 이것은 행위에 대한 어떤 종류의 외부의 자극을 촉구한다. 1794/95년의 학문론에서 피히테는 저지를, 자아를 행위하도록 움직이는 "그러한 제1원동자(第一原動者)"[156]라고 언급한다. 더욱이, "(⋯) 자아는 자기의 외부에 있는 그러한 제1원동자 없이는 결코 행위하지 못했을 것이다. 그리고 그것의 존재는 전적으로 행위 속에 있기 때문에, 자아는 결코 존재할 수도 없었을 것이다"[157]라고까지 말한다. 그런데 학문론에서 나타나는 비아의 저지는

Nicht-Ich bestimme (die Idee der Gottheit), (⋯)" Rezension Aenesidemus. GA I/2, 65.

154 Baumanns, ebd., 78 f. 및 90 f. 참조.

155 'Aufforderung'은 번역하기 어려운 용어다. 이것은 요구, 촉구, 부름, 소환, 명령 등으로 번역된다. 피히테가 말하는 요점은, 타인은 자기 자신의 존재에 의해서 나의 자유에 대하여 주장을 함으로써, 나로 하여금 자유로운 행위, 책임 있는 행위 등을 하도록 요청하거나 명령한다는 것이다. 이것은 만약에 '양심'(conscience, Gewissen)이 '상호주관적인 앎'이라는 어원적인 의미로 이해된다면, "양심의 요구[부름]"(call of conscience)라는 개념과 멀리 떨어진 것이 아니다(Robert R. Williams, *Recognition. Fichte and Hegel on the Other*, Albany, 1992, 67 참조). 앞으로 다른 언급이 없을 경우에 '촉구'는 Aufforderung을 가리킨다. 필자는 처음에는 '요구'로 번역했으나, '요구'라는 용어는 Forderung과 구별되지 않고, '촉구'가 우리에게 주는 뉘앙스를 고려할 때, 김준수의 번역에 따라 '촉구'를 채택하였다(김준수, 「피히테의 승인이론의 구조」, 『헤겔연구』 제21권, 한국헤겔학회, 2007 (265-301), 281 ff.).

156 "ein solches erstes bewegendes" GdgWL, in: GA I/2, 411; SW I, 279.

157 "(⋯) ohne ein solches erstes bewegendes außer ihm würde es nie gehandelt, und, da seine Existenz bloß im Handeln besteht, auch nicht existiert haben." Gdg-WL, in: GA I/2, 411; SW I, 279. 이 용어는 제1원동자 혹은 부동의 원동자에 관한 아리스토텔레스의 논의를 상기시킨다. 이것은 '저지'에 대한 실재론적 독해를 제시한

자아가 부정하거나 극복해야 할 어떤 것이지만, 이제 이 비아가 사물이 아닌 다른 하나의 인간으로서의 비아, 즉 타인으로 등장하는 경우에 비아에 의한 자아의 저지는 자아에게 하나의 촉구로 나타난다는 점이 다르다. 이러한 타인으로서의 비아는 자아에 의해 부정되어야 할 대상이 아니라 승인되어야 할 존재자다. 다시 말하면, 공존재자(共存在者)로서의 인간, 타인과 함께 존재하는 인간은, 인간의 외부에 존재하는 자연처럼, 자아의 활동에 의해 극복되고 부정되어야 할 저항이나 저지가 아니라, 윤리적인 향상을 위한 반려자(伴侶者)요 조력자(助力者)다. 각자가 각자에게 도덕적인 과제를 완수할 수 있는 가능성을 허용해 주고, 실로 그렇게 할 수 있도록 서로를 도와줌으로써, '나'는 '너'를 거쳐서 '나 자신'의 완성에 이를 수 있는 것이다.[158]

『자연법의 기초』에서도 피히테는 '저지'를 취한다. 그러나 약간 다른 문맥에서 취한다. 즉, 자아는 얼마나 많이 자기를 객관으로 발견하여 자기의 자유를 의식하게 되는가 하는 물음과 관련하여 그렇게 한다.[159] 여기서 저지는, 자유롭고 책임 있는 행위에 대한 촉구라고 해석된다.[160] 인간의 자유는 타인에 의한 촉구를 통해서 독자적인 객관으로 된다.

여기서『학문론』과『자연법』사이의 관계에 관한 모든 문제는 다음과 같은 물음으로 되돌아간다: 촉구는『학문론』의 저지의 심화된 변형인

다. 저지는 단순한 물 자체 이상인 것이 분명하다. 왜냐하면 저지는 물 자체와는 달리, 행위하는 것으로 묘사되기 때문이다. 그러나 피히테는, 저지에 관해서는 아무것도 알려지지 않고 또 알려질 수도 없다고 주장한다. 왜냐하면 그것은 느껴질 뿐이기 때문이다 (Williams, ebd., 67 그리고 57 참조).

158 Johannes Hirschberger, *Geschichte der Philosophie. II. Teil. Neuzeit und Gegenwart.* Zweite Auflage, Freiburg, 1955, 340 참조.

159 GN. GA I/3, 342 f.; SW III, 33 참조.

160 Williams, ebd., 56 참조.

가? 아니면 그것은 저지의 특수한 예나 적용인가? 라웃(Reinhard Lauth), 양케(Wolfgang Janke), 그리고 바우만스(Peter Baumanns) 등은 전자의 해석을 따른다. 피히테의 논제는, 자아의식과 자유는 상호주관적으로 매개되어 있다는 것이다. 자유에 대한 명백한 자아의식은 자아가 자기에게 줄 수 있는 어떤 것이 아니라, 나에 대한 타인의 주장(＝ 촉구)으로부터 발생한다. 이러한 분석은, 촉구가 저지와 선명하게 구별되어야 한다는 것을 뜻하는가? 이 문제는 저지와 촉구의 관계, 그리고 학문론과 자연법의 관계문제다. 그러나 학문론에서조차도 저지는 행위의 동기나 자극이며, 자유로운 자기활동의 조건이고, 그래서 자유와 양립할 수 있는 것으로 생각된다는 사실을 기억해야 한다. 바이쉐델(Wilhelm Weischedel)이 강조하는, 저지와 촉구의 구별을 인정한다면 물음은, 『자연법』은 학문론의 기초존재론에 근거한 영역존재론이라고 그가 일관되게 주장하고 있는가 하는 것이다.[161] 뒤징(Edith Düsing)은 그렇게 생각한다. 그래서 그녀는 학문론의 순수자아와, 그녀가 자연법의 주제라고 주장하는 경험적 인간 자아의 존재론적 분리에 자기의 견해의 기초를 두고 있다. "(학문론의) 선험적 설명양식과는 분명히 구별되게, 자연법 속의 저지는 시공 속의 경험적 사건을 나타낸다. 이러한 저지를 통하여 구체적인 주체는 자기가 자기의 외부의 실재에 의해 규정됨을 발견한다."[162] 그러나 필자의 견해에 의하면, 학문론에서의 저지도 이미 경험적 자아에 관련된 것으로서, 물리적인 시공간 속에서 이루어지는 것이므로, 뒤징의 이러한 구별은 오류라고 하겠다. 다른 한편, 바이쉐

---

161 Williams, ebd., 68 참조.

162 Edith Düsing, *Intersubjektivität und Selbstbewußtsein. Behavioristische, phänomenologische und idealistische Begründungstheorien bei Mead, Schütz, Fichte und Hegel*, Köln, 1986, 251.

델은, 촉구는 물리적 인과성이나 신체에 대한 영향을 포함하지 않는다
고 주장한다.[163] 이는, 학문론이 자연법의 기초라고 보는 것이다. 그러
나 윌리암스(Robert Williams)는 『학문론』이 불완전하며, 『자연법의
기초』는 피히테의 사상을 더 발전시킨 것이라고 생각한다.

그러나 피히테 자신은 저지와 촉구를 분명하게 구별하지 않는다. 즉,
그는 『자연법의 기초』에서, 전자에서 후자로 쉽게 미끄러져 간다. 피히
테는 적어도 1794/95년의 학문론에서는 선험적 자아와 경험적 자아를
존재론적으로 분리한다. 그러나 저지의 경우에 있어서, 타인은 주어진
객관이 아니라 오히려 비객관적인 것이다. 그것은 단지 느껴질 뿐이고,
알려지지는 않는다. 자아와 저지 사이에 상호관계가 있는지 혹은 있을
수 있는지는 명확하지 않다. 이와는 대조적으로, 나를 자유 및 책임으
로 부르는 타인은 그에 대한 나의 승인을 불러일으킨다. 그러므로 상호
성은 필요하고 또 가능한 것으로 보인다. 상호주관적인 인간의 타인이
그 문제를 다 해결하지는 않지만, 타인이 지니는 상호주관적인 성격은
피히테의 사상에서 타인의 문제 속에 포함되어 있는 본질적인 요소
다.[164]

타인의 촉구는 물리적인 힘이나 강제가 아니며, 복종해야 할 명령도
아니다. 촉구를 받는 사람은 "마치 인과 개념에서 결과가 원인을 통해
발생하듯이, 결코 촉구로 말미암아 행위하도록 규정되거나 강요되어서
는 안 된다."[165] 촉구는 오히려 결단하기 위한 하나의 계기다. 즉, 자아

---

163 Weischedel, *Der Aufbruch der Freiheit zur Gemeinschaft. Studien zur Philoso-
phie des jungen Fichte*, Leipzig, 1939, 121 참조.
164 Williams, ebd., 58 참조.
165 "(⋯) soll durch die Aufforderung keinesweges bestimmt, necessitiert werden,
wie es im Begriffe der Kausalität das Bewirkte durch die Ursache wird, zu han-
deln; (⋯)"(GN. GA I/3, 345; SW III, 36).

는 촉구에 동의할 수도 있고 그것을 부인하거나 무시할 수도 있다. 타인의 촉구는, 타인이 향하고 있는 어떤 사람 속에 있는 자유의 능력을 전제하고 있고, 또 그 자유의 의식을 매개한다. 그런데 타인에 의해 외적으로 매개된 것은 자유 자체가 아니라 자유의 의식이라는 점을 주목해야 한다. 자유는 자아가 자유로 촉구를 받기까지는 단순한 잠재력이나 가능성으로 남는다 하더라도, 존재론적으로 인간의 본성에 속해 있다. 상호주관적인 매개를, 즉 피히테가 표현하는 "자기규정에의 규정"을 촉구하는 것은 자유에 대한 존재론적 능력이나 잠재력이 아니라 자유의 의식이다. 촉구는 단순한 저지가 아니라 지성적인 의사소통을 포함한다. 이 의사소통은 단순히 정보의 전달이 아니라 어떤 목적을 지향한다. 이것은 지성적인 존재자로부터 나온다: "(촉구의: 필자 첨가) 원인은 그러므로 이성 및 자유 개념을 필연적으로 가져야 한다. 요컨대 그것 자체가 개념적 사유의 능력이 있는 존재자, 즉 지성이어야만 한다. 그리고 이러한 일은 바로 입증된 것처럼, 자유 없이는 불가능하기 때문에, 그것은 또한 자유로운 존재자이어야 한다. (⋯)"[166] 촉구는, 다른 이성적 존재자를 향한 어떤 이성적 존재자의 지성적 의사소통이다. 촉구와 의사소통의 차이점은, 촉구하는 자는 촉구받은 자를 위하여 자기의 자유를 제한한다는 점이다. 이런 이유 때문에 피히테는 촉구를 교육[Erziehung]과 동일시한다.[167]

촉구는 윤리적인 의미를 지닌다. 촉구의 목적은 타인의 주장을 인정

---

166 "Diese Ursache muß daher nothwendig den Begriff von Vernunft und Freiheit ha ben; also selbst ein der Begriffe fähiges Wesen, eine Intelligenz, und, da eben erwiesenermaßen dies nicht möglich ist ohne Freiheit, auch ein freies, (⋯)"(GN. GA I/3, 345; SW III, 36).

167 GN. GA I/3, 347 f.; SW III, 39 참조.

하는 것이고, 책임 있는 자유로 촉구하는 것이다. "인간(모든 유한자 일반도 그러한데)은 오직 인간들 사이에서만 인간으로 된다; 그리고 인간은 인간 이외의 그 어떤 것이 될 수도 없고 전혀 그렇게 되지도 않을 것이기 때문에, 만약에 어쨌든 인간이 존재해야 한다면, 다수의 인간이 존재해야만 한다."[168] 이렇듯, 인간을 유적 존재자(類的 存在者)[Gattungswesen]로 파악하는 피히테의 사유는 헤겔, 그리고 그 이후의 유물론자인 포이어바흐(Ludwig Feuerbach, 1804-1872), 맑스(Karl Marx, 1818-1883)에게서도 공통적으로 발견된다. 인간의 실존은 단순한 실존과는 달리, 상호주관적으로 매개된 사회적 실재로서만 가능하다. 그리고 실존을 뚜렷이 인간의 실존으로 만드는 것은, 책임 있는 자유로의 상호주관적인 촉구에 의해 초래되는 윤리적인 문화의 성과다.

또한 결정적으로 중요한 것은, 촉구는 그것이 향하고 있는 사람에 의해 인정(인지)되어야 한다는 사실이다. 즉, 촉구는 그를 향해 촉구가 표현되는 사람에 의해 수용되고 이해되어야만 한다: "주체의 외부에 정립된 촉구의 원인은 적어도, 촉구받은 자가 그것을 이해하고 파악할 수 있는 가능성을 전제하고 있다. 그렇지 않으면 그의 촉구는 아무런 목적도 갖지 못한다."[169] 한편으로 이것은, 촉구하는 자는 촉구받은 자가 촉구를 이해할 수 있고 또 그것을 자유롭게 받아들이거나 거부할 수 있다

---

[168] "Der Mensch (so alle endliche Wesen überhaupt) wird nur unter Menschen ein Mensch; und da er nichts Anderes sein kann, denn ein Mensch, und gar nicht sein würde, wenn er dies nicht wäre — *sollen überhaupt Menschen sein, so müssen mehrere sein.*" (GN. GA I/3, 347; SW III, 39).

[169] "Die gesetzte Ursache der Aufforderung außer dem Subjekte muß demnach wenigstens die Möglichkeit voraussetzen, daß das letztere verstehen und begreifen könne, ausserdem hat seine Aufforderung gar keine Zweck." (GN. GA I/3, 345; SW III, 36).

는 것을 전제한다는 것을 뜻한다. 다른 한편으로는, 촉구받는 자는 촉
구가 다른 지성적 존재자, 즉 하나의 자아로부터 유래한다는 것을 승인
해야 한다.[170] 피히테는 다음과 같이 말한다: "나는 나의 외부에 있는 현
실적인 존재자에게 자기활동을 귀속시키지 않고서는 자기활동에의 이
러한 촉구를 이해할 수 없다. 그런데 나의 외부에 존재하는 이러한 현
실적인 존재자는, 촉구된 행위 개념을 나에게 전달하고자 하며, 결국은
개념을 개념적으로 파악할 수 있다. 그런데 그러한 존재자는 이성적 존
재자이며, 자기 자신을 자아로 정립하는 존재자, 즉 자아다."[171] 이것의
배경이 되는 것은, 도덕교육의 비유다: "모든 개인은 교육되어서 인간
이 되어야 한다; 그렇지 않으면 그들은 인간이 될 수 없을 것이다."[172]

3.3. 승인[Anerkennung]과 자아의식

3.3.1. 승인과 촉구

촉구와 승인 개념은 칸트의 도덕철학 — 자유의 의식, 정언명법, 목
적들의 왕국 — 을 구체화하여 그것을 사회철학으로 변형시킨다.[173] 법

---

170 Williams, ebd., 59 참조.

171 "Ich kann diese Aufforderung zur Selbstthätigkeit nicht begreifen, ohne sie
einem wirklichen Wesen außer mir zuzuschreiben, das mir einen Begriff, eben von
der geforderten Handlung, mittheilen wollte, das sonach des Begriffs vom Begriff
fähig ist; ein solches aber ist ein vernünftiges, ein sich selbst als Ich setzendes
Wesen, also ein Ich." (SSL. SW IV, 220 f.).

172 "Alle Individuen müssen zu Menschen erzogen werden, außerdem würden sie
nicht Menschen." (GN. GA I/3, 347; SW III, 39).

173 Williams, ebd., 50 참조.

철학(Rechtsphilosophie)[174]을 포함하고 있는 칸트의 『도덕 형이상학』
(*Die Metaphysik der Sitten*, 1797)이 출간되기 전에 이미 몇몇 저자들
은 칸트의 도덕철학을 기초로 하여 법철학을 새롭게 정초하려고 시도
했다. 다시 말하면 소위 정언명법(定言命法)[175]으로부터 하나의 새로운
자연법을 구축하려고 시도했다. 이 영역에 있어서도 곧, 하나의 집약적
이고 생산적이며 광범위한 분야에 걸친, 칸트사상에 대한 토론이 일어
났다. 칸트의 『도덕 형이상학』에 앞서서 출간된 피히테의 광범위한 저
술인 『자연법의 기초』(*Grundlage des Naturrechts nach Prinzipien der
Wissenschaftslehre*, 1796/97)[176]도 역시 이러한 작업의 맥락에 속하고,
이 틀 속에서 살펴보아야 한다.

　이 저작은, 자유로운 개인은 개별자로서는 존재할 수 없고, 자기 외
에 다른 자유로운 개인들을 가져야만 한다는 지적과 더불어 시작한다:
"유한한 이성적 존재자는 자유로운 활동력을 다른 유한한 이성적 존재
자들에게도 귀속시키지 않고서는, 즉 자기의 외부에 그들을 또한 가정

---

174 독일어 Recht는 법이라는 뜻 이외에도 권리라는 의미를 지니고 있다. 따라서
Rechtsphilosophie는 법철학, 혹은 권리(의) 철학이라고도 번역할 수 있다.
175 Kategorischer Imperativ. 이것은 명령인 동시에 법칙이기도 하므로 '정언명법'으
로 옮겼다.
176 그러나 상황은 복잡하다. 『자연법의 기초』의 제1부(1796년)는 『도덕 형이상학』의
전체보다는 앞서 출간되었지만, 『도덕 형이상학』의 제1부인 "권리의 이론"(Doctrine
of Right)은 1797년 1월에 나왔기 때문에, 같은 해(1797년) 가을에 이루어진 『자연법
의 기초』의 제2부의 출간에 앞서 나온 것이다. 이로 말미암아 피히테는 제2부(§20. Ⅴ)
에서, 『도덕 형이상학』의 제1부에서 한 칸트의 몇몇 주장들을 언급할 수 있었다.
Immanuel Kant, *Die Metaphysik der Sitten in zwei Teilen* (Königsberg: Friedrich
Nicolovius, 1797): 2nd edition: 1798. [Ak. 6: 205-355, 373-493] "The Metaphy-
sics of Morals." Translated by Mary J. Gregor in: *Immanuel Kant, Practical Philos-
ophy*, edited by Mary J. Gregor (Cambridge: Cambridge University Press, 1996),
365-603.

하지 않고서는 감각계에서의 자유로운 활동력을 자기 자신에게 귀속시킬 수 없다."[177] 이것은 바로, 개인 혼자서는 아무런 목적도 가질 수 없다는 생각, 즉 개인이 목적을 가지기 위해서는 다른 자유로운 존재자에 의한 촉구가 필요하다는 생각이다.[178] 피히테는 자유롭게 자기를 규정하는 자로서의 자신을 경험하는 자기 자신에 대한 의식은 단지 '촉구'라는 개념으로 되돌아감으로써만 분명하게 드러난다는 사실로부터 출발한다. 나에게 일어나는, 행위에 대한 촉구는 자유롭게 자기를 규정할 수 있는 가능성을 함축하고 있다. 즉, 나는 이 촉구를 객관적인 혹은 대상적으로 규정된 관념으로서 경험한다. 그러나 그 촉구는 대상을 통한 영향이라는 방식으로 설명될 수는 없다. 즉, 촉구가 무엇인지를 내가 이해하고자 한다면, 나는 다음과 같은 점을 가정해야만 한다. 곧, 나에 대해 촉구를 하는 사람은 자기 자신을, 기꺼이 자신에 대한 자기제한을 취하는 하나의 이성적 존재자로 간주할 뿐만이 아니라, 또한 나를 하나의 촉구에 부응할 수 있거나 그것을 거부할 수 있는 이성적 존재자로 평가한다는 점이다. 왜냐하면 타인에 대해 촉구한다는 것은 행위영역을 고려하는 것을 뜻하거나 혹은, 단순히 객관적으로 규정된 반응들과 의식된 결단력을 뜻하기 때문이다. 달리 말하면, 촉구라는 개념 속에서 표현된 의미는 상호 제약하는 기대(期待)들의 체계를 넘어선다. 왜냐하면 촉구 속에서는 항상, 자신들을 자유로운 자로서 이해하고 서로를 자유롭게 승인하는 개인들로 승인하는 다수의 개인들이 생각되기 때문이다. 우리는 타인들을 또한 자유로운 자로 경험하지 않고서는, 그리고

---

[177] "Das endliche Vernunftwesen kann eine freie Wirksamkeit in der Sinnenwelt sich selbst nicht zuschreiben, ohne sie auch anderen zuzuschreiben, mithin auch andere endliche Vernunftwesen außer sich anzunehmen." (GN. GA I/3, 340; SW III, 30).

[178] Peter Rohs, *Johann Gottlieb Fichte*, München, 1991, 86 참조.

동시에 타인을 자유로운 자로 대하지 않고서는 우리 자신을 자유로운
자로 경험할 수 없다. 촉구 자체가 이미, 타인에 대한 행위이기도 한 것
이다. 피히테에 의하면, 그가 인간의 본질로 설명하는 자유로운 자기존
재[Selbstsein]는, 오직 사회 속에서만 가능하다. 이것은 그런데 자기와
같은 존재자들에 의한 승인을 전제로 하는 것이다. 그는 이러한 사상을
다음과 같은 식으로 요약하고 있다:[179]

"그러므로 자유로운 자들의 상호관계는 지성과 자유를 통해 상호작용하는
관계다. 서로가 서로를 승인하지 않는다면 아무도 다른 존재자를 승인할 수
없다. 그리고 서로가 서로를 그렇게 대하지 않는다면 아무도 다른 존재자를
자유로운 존재자로 대할 수 없다. 제시된 이 개념은 우리의 기획에 대해 극
도로 중요하다. 왜냐하면 바로 이 개념에 우리의 법이론 전체가 (…) 근거해
있기 때문이다. 나는 나 자신이 어떤 특정한 존재자를 이성적 존재자로 대하는 한
에서만, 나를 이성적 존재자로 승인해 줄 것을 그에게 촉구할 수 있다."[180]

피히테가 말하는 것처럼, 이러한 사태 위에 전체의 법이론이 기초해
있다. "보편적이고 일반적인 촉구[기대, Anmutung]"가, "자아의식이
가능하기 위한 조건"임이 입증되어야 한다: "그러나 나는 나의 외부에

179 Gamm, ebd., 57 참조.
180 "Das Verhältnis freier Wesen zueinander ist daher das Verhältnis einer Wech-
selwirkung durch Intelligenz und Freiheit. Keines kann das andere anerkennen,
wenn nicht beide sich gegenseitig anerkennen; und keines kann das andere behan-
deln als ein freies Wesen, wenn nicht beide sich gegenseitig so behandeln. Der
aufgestellte Begriff ist höchst wichtig für unser Vorhaben, denn auf demselben
beruht unsere ganze Theorie des Rechts (…). *Ich kann einem bestimmten Vernunft-
wesen nur insofern anmuthen, mich für ein vernünftiges Wesen anzuerkennen,
inwiefern ich selbst es als ein solches behandele.*" (GN. GA I/3, 351; SW III, 44).

있는 모든 이성적 존재자들에게, 나를 이성적 존재자로 승인할 것을 모든 경우에 있어서 촉구[기대]해야 한다."[181] 이로부터 마침내 기초적인 "법의 명제"가 발생한다: "나는 모든 경우에 나의 외부의 자유로운 존재자를 자유로운 존재자로 승인해야 한다. 즉, 나는 나의 자유를 나의 외부의 자유로운 존재자의 자유의 가능성이라는 개념을 통해 제한해야 한다."[182] 또는 이렇게도 말한다: "(…) 너 이외의 다른 모든 사람들도 자유로울 수 있도록 너의 자유를 제한하라."[183] 그러므로, 권리관계는 자유의 영역들을 상호 대칭적으로 제한하는 데에 존립한다.

서로를 자유로운 자로 승인하는 다수의 개인들이 자아의식의 가능조건을 이룬다. 그것 아래에서만, 유한한 이성적 존재자가 그와 같은 종류의 타인과 더불어 생각될 수 있는 관계가 법관계(Rechtsverhältnis)다. 이 관계로부터 피히테는 법 개념의 체계적인 적용들과 신체의 의미를 연역한다. 비판적인 독자는 다음과 같이 자문할 것이다. 여기서 사실 — "자아의식이 가능하기 위한 조건"을 이루는 그 무엇은 사실임에 틀림없다 — 로부터 규범적 명제들로의 이행이 어떻게 일어나야 하는가 하고 말이다. 피히테는 이 문제들을 철저히 의식하고 있다. 그래서 그는, 타인에 대한 요구[Forderung]는, 자기를 개인으로 이해하는 일 속에 포함되어 있다는 것을 보여 주고자 한다. 그리하여 그는 권리관계

---

181 "Aber ich muß allen vernünftigen Wesen außer mir, in allen möglichen Fällen anmuten, mich für ein vernünftiges Wesen anzuerkennen."(GA I/3, 353 ; SW III, 46).
182 "Ich muß das freie Wesen außer mir in allen Fällen anerkennen as ein solches, d. h. meine Freiheit durch den Begriff der Möglichkeit seiner Freiheit beschränken." (GN. GA I/3, 358 ; SW III, 52).
183 "(…) beschränke deine Freiheit so, daß der Andere neben dir auch frei sein könne."(GN. GA I/3, 387 ; SW III, 89).

를 개인 개념으로부터 연역할 것을 촉구한다.[184]

3.3.2. 자아의식의 성립조건으로서의 승인

『자연법의 기초』의 촉구이론의 결과는, 유한한 개인은 자기 이외의 자기와 같은 이성적 존재자를 가정할 때에만 자기 자신에 대한 의식에 이를 수 있다는 것이었다. 피히테는 이제, 다른 인격적 존재자들을 가정하는 일로부터 그들에 대한 승인으로의 이행이, 철학자에 의해 탐구된 주체의 필수적이고 실천적인 작용이라는 것을 입증하고자 한다. 자기 자신만의 추상적인 자유를 고집하는 일면적인 관계는 온전한 자아의식이 성립되기 위해 불충분하다. 여기에 덧붙여져야 하는 것은, 그것의 성립이, 촉구에 대한 특수한 방식의 응답을 통하여 본질적으로 제약되는, 교호적(交互的)인 상호개인적 관계의 구성이다.

피히테에 있어서 인간의 '개인성'은 개인적인 완전태의 표상이 아닌 것이 분명하며, 자기의 표상들 및 변할 수 없이 각인(刻印)된 성격 속에서의 자기 자신으로부터의 개별자의 모나드적인 자기발전의 표상이 아닌 것도 분명하다. 피히테에 있어서 인간의 개인성은, 다른 인간 개인들 일반에 대한 대립을 통하여 비로소 획득되는 관계 개념이며 교호적인 표상이다. 이러한 표상은 나와 너 사이의 행위 속에서 점차로 형성된다. 나는 나의 특수한 '개인적인' 존재를, 나의 인격과 타인의 인격의 대립을 통하여, 그리고 단지 나만이 지배하는 나의 자유의 영역을 타인의 자유의 영역으로부터 한정함으로써 얻는다. 개인적 자아는 자기가 영속적으로 구체적인 행위를 자유롭게 수행하는 영역을 통해서 구성된

---

[184] Gamm, ebd., 58 그리고 Rohs, ebd., 87 참조.

다. 또한 자기가, 다른 영역에서 자유롭게 움직이는 다른 개인을 자기
에게 동시에 반정립함으로써 구성된다. 동일하고 분할되지 않은 반성
의 계기 속에서, 대립된 개인들은 "동시에 정립되고, 서로 관계하며 서
로 비교된다."[185]

　자유로운 자기규정을 하도록 하는, 나에 대한 타인의 촉구는 하나의
행위였기 때문에 이 촉구에는 타인에 의해 기획된 목적 개념이 그 기초
에 놓여 있다. 내가 촉구를 이해한다면, 나는 나 자신의 자유의 의식의
형성을 지향하는 이 목적 개념도 이해하는 것이다. "그러므로 자유로운
자들의 상호관계는 지성과 자유를 통해 상호작용하는 관계다. 서로가 서로
를 승인하지 않는다면 아무도 다른 존재자를 승인할 수 없다. 그리고
서로가 서로를 그렇게 대하지 않는다면 아무도 다른 존재자를 자유로운
존재자로 대할 수 없다."[186] 이러한 승인 개념 위에 피히테는 법이론을
기초한다. 승인은 상호승인으로서만 구성될 수 있다는 필연성을 피히
테는 법의 상호개인적인 기초라고 설명한다.[187]

　승인이 상호성에 근거하지 않는다면, 어떤 사람도 타인을 승인할 수
없다는 사실은, 승인이 지니고 있는 특수하게 법적인 의미만을 특징짓
기도 한다. 그러나 윤리에서는 일방적인 승인관계도 생각할 수 있다.
즉, 타인이 나를 자기 이익의 노리갯감으로 강등시키려고 해도, 나는

---

185 "auch gleichgesetzt, aufeinander bezogen, miteinander verglichen." (GA I/3, 350).

186 "*Das Verhältniss freier Wesen zueinander ist daher das Verhältniss einer Wechselwirkung durch Intelligenz und Freiheit. Keines kann* das andere anerkennen, wenn nicht beide sich gegenseitig anerkennen: und keines kann das andere behandeln als ein freies Wesen, wenn nicht beide sich gegenseitig so behandeln." (GN. GA I/3, 351; SW III, 44).

187 Düsing, ebd., 272 ff. 참조.

타인을 자기목적 및 자유로운 존재자로 존중하고 그에 상응하게 대접할 수도 있고 또 그래야 한다고 생각할 수 있다. 법에서는 개인 자신만이 내성적으로 접근할 수 있는 내적 행위가 중요한 것이 될 수는 없다. 요컨대 내가 타인을 내적으로 긍정하거나 감정적으로 그에게 존경심을 나타내는 것이 중요한 것이 될 수는 없다. 내가 감각세계에서 실제로 행위하는, 상호주관적으로 지각할 수 있는 방식만이 중요하다.

나는 촉구를 받은 자로서 특히, 타인과의 실제의 상호작용에 개입하여 나에 대한 그의 기대에 부응해야 한다. 그렇지 않으면 우리는, 타인은 내가 그에 대해서 어떻게 생각하고 있는지 알 수 없기 때문에, "분리되고" "서로에게 아무것도 아니게" 될 것이다. 또한 타인이 나를 이성적인 존재자로 평가할 수 있어야만 한다면, 촉구에 대해 무관심으로 혹은 타인에 대한 공격으로 대답하는 것 역시 말도 되지 않는 일일 것이다. 촉구는 나의 합리성 및 자유에 대한 시험이다. 그래서 나는, 타인이 자기의 의심스러운 대립자인 나에 대한 확신을 얻을 수 있게 하기 위하여, 그 촉구에 대하여 나 자신의 긍정적(적극적)인 표현으로 대답해야 한다.[188]

3.3.3. 승인과 상호주관성[Intersubjektivität]

초기의 피히테는 1794년에서 1800년 사이에 관념론적 자아의식의 역사에 대한 자신의 구상(構想)의 틀 속에서, 개인성[Personalität]과 상호주관성의 발생의 관계연관과 상호성에 관한 이론을 전개했다. 피히테가 원래 서술했고 헤겔에 의해 계속 진행된, 그리고 초기의 피히테에

---

[188] Düsing, ebd., 275 ff. 참조.

있어서만 체계적으로 전개된 촉구이론과 승인이론은, 주관성의 발생조
건들에 관한 이론 및 상호개인론[Interpersonallehre]의 결정적인 문제
들에 대한 특수한 해결책이라는 사실이 입증되어야 한다. 이 이론 속에
서, 촉구 및 승인이라는 사회적 작용은 개인적인 자아의식의 형성을 위
한 필수적인 전제와 구성근거라는 점이 입증된다.

절대적인 순수자아라는 이념으로부터 원리론적으로 시작하는 피히
테의 관념론적 주관성 이론은 결코, 관념론에 때때로 경솔하게 전가(轉
嫁)되듯이, 개인적 자아의 자족적(自足的)이고 고독한 자기구성을 주장
하지 않는다. 여기서 오히려 보여야 할 것은, 피히테에 있어서는 어떤
체계적 근거들로부터 구체적인 인간주체의 전개 및 발전이 절대적인
순수자아에만이 아니라, 외타적인 자유로 말미암아 현실적으로 자기가
촉구됨을 발견하는 데에도 의존해 있는가 하는 점이다. 라웃(Reinhard
Lauth)이 강조하듯이[189] 피히테는 상호개인성에 대한 최초의 이론가로
간주될 수 있다. 『전 학문론의 기초』(1794/95)가 그 기초를 이루고 있
는 체계의 완성은 피히테로 하여금 현실적이고 구체적인 자아의식 개
념으로 나아가게 했으며, 그것도 1796년과 1798년의 법이론과 윤리학
의 형성과 더불어 그렇게 한 것인데, 이들 법이론과 윤리학은 개인적
자아의 발생조건들을 보여 준다. 이때에, 물질적 외계와 전적으로 다른
존재방식을 가지고 있지만, 그럼에도 서로 다른 다수의 정신적 존재자
들의 실재성이라는 새로운 문제가 일관성 있게 발생한다.

슐쯔(Walter Schulz)는 피히테의 상호개인론에 대한 이러한 평가 —
즉, 피히테는 나-너 관계 자체를 주제화했을 뿐만이 아니라, 이 문제를

---

189 Reinhard Lauth, "Le problème de l'interpersonalité chez J. G. Fichte," in:
Archives de Philosophie, 25 (1962), 325–344 참조.

현대적으로 파악할 수 있는 단초도 숙고했다는 평가 — 를 무엇보다도 1800년의 『인간의 사명』(*Die Bestimmung des Menschen*)의 관점에서 전개하고 있다. 거기에서는 나와 너의 관계규정이 이미 전적으로, 도덕적인 세계질서 속에서의 예지적인 존재자들의 공동체에 관한, 실천적-독단적으로 정초된 형이상학으로부터 특징지어지고 있다. 슐쯔는 다음과 같이 상술한다: "나와 너 양자는 우리와의 변증적인 관계 속에 존재한다. 그런데 이러한 우리는, 나와 너를 통일시키는 신적인 것의 도덕적 이성적 질서다."[190]

상호주관성에 관한 피히테의 논의는 그의 법이론과 윤리이론 내에서, 즉 『자연법의 기초』에 관한 그의 설명과 그의 『윤리학의 체계』 내에서 발생한다. 자연법의 §3에서의 촉구에 관한 논의에서 피히테는 상호주관성을 확립한다. 즉 자유 및 책임에의 촉구는 본성상 윤리적이어서 그것의 원천으로서의 다른 지성적 자아를 필요로 한다는 사실을 확립한다. 일단 다수의 인간이 확립되기만 하면, 다음 걸음은 그들 간의 관계를 규정하는 것이다. 피히테는 다음과 같이 말한다: "유한한 이성적 존재자는, 우리가 권리관계로 부르는 특정한 관계 속에서 유한한 다른 이성적 존재자와 함께 있는 자로서 자기를 정립하지 않고서는, 자기 외의 또 다른 유한한 이성적 존재자를 가정할 수 없다."[191]

권리 개념은 윤리적이고 사회적인 인간실존의 존재론 속에서 표현된다. 이것은 한편으로는 대조와 대립을 포함하고 다른 한편으로는 상호

---

190 Walter Schulz, *Johann Gottlieb Fichte. Vernunft und Freiheit*, Pfullingen, 1962, 21.

191 *"Das endliche Vernunftwesen kann nicht noch andere endliche Vernunftwesen außer sich annehmen, ohne sich zu setzen, als stehend mit denselben in einem bestimmten Verhältnisse, welches man das Rechtsverhältniß nennt."* (GN. GA I/3, 349; SW III, 41).

성을 포함하는 구체적인 존재론이다. 이 구체적인 존재론이 지니고 있
는 지도적(指導的)이며 통일시키는 개념이 승인이다. 승인은 구체적이
다. 이것은 여러 의미를 함축하고 있다. 첫째로, 개인들 간에는 특별한
상호작용이 있다: "다른 개인에 의한 어떤 개인에 대한 인식은, 타인이
그 개인을 자유로운 자로 대한다는 사실에 의해, 즉 타인이 한 개인의
자유 개념을 통하여 자기의 자유를 제한한다는 사실에 의해 제약된
다."[192]

두 번째로, 촉구가 비대칭적인 곳에서 승인은 상호성을 포함한다. 일
자에 의한 행위는 불충분하다. 왜냐하면 승인은 상호적이어야 하기 때
문이다. 타인이 나의 행위에 대해 우위(우선권)를 가지는 촉구와는 대
조적으로, 승인의 경우에는 나는 타인의 자유를 먼저 승인하고 존중함
으로써, 타인이 나에게 허용하는 승인에 영향을 미칠 수 있다.[193] 이런
구성적인 상호성을 인정하면, 타인에 대한 일자의 절대적 우위(우선권)
는 존재할 수 없음이 분명하다. 피히테는 비상호적(非相互的)·일방적
(一方的) 승인의 물음을 다루지 않는다. 그는 승인의 한 형태로서의 권
리 개념을 상술하고 있기 때문에, 타인이 이미 나를 불러서 나를 승인
했기 때문에 나는 나 자신의 자유를 깨달을 수 있다는 요점에 자기의
분석을 제한한다.[194]

---

192 "Die Erkenntniß des Einen Individuums vom andern ist bedingt dadurch, daß
das andere es als ein freies behandle(d.i. seine Freiheit beschränke durch den Beg-
riff der Freiheit des ersten)." (GN. GA I/3, 351; SW III, 44).
193 GN. GA I/3, 351f.; SW III, 44 f. 참조. 이 쟁점에 관한 논의에 대해서는, Siep,
ebd., 30 f. 참조.
194 Williams, ebd., 69 f. 참조. 일방적이고 불평등한 승인에 관하여 헤겔은『정신현상
학』에서 언급하고 있는데, 그도 피히테와 마찬가지로 일방적인 승인은 무의미한 것이
며 승인은 오로지 상호승인으로서만 의미 있는 것이라고 주장한다. 그리하여 승인을 위
한 생사를 건 투쟁(Kampf um Anerkennung auf Leben und Tod)의 결과로 발생한

셋째로, 승인은 단지 지식의 문제에 불과한 것이 아니라 자유의 문제
이기도 하다. 이성적 존재자는 자유의 제한을 통하여, 타인과 대조되는
동시에 상호 의존하는 개인이 된다. 자유의 상호제한은 권리 개념을 확
립할 뿐만 아니라, 상호적인 개념으로서의 개인도 확립한다. 이러한 개
인은 다른 개인들과의 관계 속에서만 인지된다.

마지막으로, 승인의 구체성은, 이 용어가 개념만이 아니라 행위도 지
시한다는 사실 속에서 가장 명백해진다. 승인은 개념적인 문제나 추론
에 불과한 것이 아니라, 오히려 행위다. 피히테는 다음과 같이 설명한
다: "기술된, 개념들의 온전한 통일은 행위 속에서 그리고 행위를 통해
서만 가능했다. (…) 여기서 진정 문제가 되는 것은 개념 대신에 행위
다. 그리고 여기서는 행위에 상응하지 않는 단순한 개념에 대해서는 언
급되지 않는다. 왜냐하면 엄격하게 말해서, 그런 것에 관해서는 전혀
말할 수 없기 때문이다."[195] 이 점이 피히테의 상호주관성 이론에서 결
정적으로 중요하다. 상호주관성은 근본적으로, 이론적인 문제나 개념
적인 문제가 아니라, 윤리적인 행위의 문제다. 타인의 문제를 이렇게
인식론으로부터 행위로 옮기는 것이 아마도 피히테의 가장 독창적인
기여일 것이다: "내가 타인을 이성적 존재자로(이것은 그와 나에게 타
당하다) 승인한 것이 조건이었다. 즉, 내가 그를 이성적 존재자로 대한
것이었다. 왜냐하면, 행위만이 그러한 상호 타당한 승인이기 때문이다."[196] 그

주인과 노예 사이에서 이루어지는, 노예에 의한 주인의 일방적인 승인은 진정한 의미의
승인이 아니라는 점을 밝히고 있다.

195 "Die ganze beschriebene Vereinigung der Begriffe war nur möglich in und
durch Handlungen.(…) Die Handlungen gelten hier statt der Begriffe: und von
Begriffen an sich, ohne Handlungen, ist nicht die Rede, weil von ihnen nicht die
Rede seyn kann." (GN. GA I/3, 355; SW III, 48).

196 "Die bedingung war, daß ich den andern als vernünftiges Wesen(für *ihn* und

리고 여기에서, 나는 어떻게 나 이외의 이성적 존재자가 존재한다는 사실을 알게 되는가? 라는 물음에 대한 대답이 있다: 나는 타인을 승인함으로써, 그리고 그들을 그들의 자유 때문에 존경심을 가지고 대함으로써, 즉 그들의 자유가 나 자신의 자유를 제한하는 것으로 인정함으로써, 그들을 알게 된다고 피히테는 대답한다. 그러나 앞에서도 말했듯이, 피히테에 있어서 타인의 존재는 전제된 것이다.

상호승인을 통하여 인간은 근본적으로 사회적인 존재자로 실현된다. 승인은 사회적 현실의 구체적인 실존적 발생이며, 개인주의와 유아론을 극복할 수 있는 수단이다. 유아론을 극복하는 것은 단순히 논증이나 추론이 아니라 오히려, 상호승인의 행위와 (혹은) 실천이다: "(…) 그 속에서 우리는 우리의 실존으로 말미암아 서로에게 구속되어 있기도 하고 서로에게 결합되어 있기도 하다."[197] 사회적으로 결합시키는 승인의 실천이 지니고 있는 유리한 점으로부터, 피히테는 개인성 개념을 다시 해석한다:

"개인성이라는 개념은 지금까지 밝혀진 것처럼, 상호적인 개념이다. 즉, 이 개념은 다른 사유와의 관계 속에서만 사유될 수 있는 (…) 그러한 개념이다. (…) 개인성이라는 개념은 그것이 다른 이성적 존재자로 말미암은 것으로서 완성되고 정립되는 한에서만, 모든 이성적 존재자 속에서 가능한 것이다. 따라서 이 개념은 결코 '나의 것'이 아니며, 나 자신의 고백에 따른 그리고 타인의 고백에 따른 것으로서, 나의 것인 동시에 그의 것이고, 그의 것인 동시

---

mich gültig) anerkennte, d.i. daß ich ihn als ein solches *behandelte* — *denn nur Handeln ist ein solches gemeingültiges Anerkennen.*" (GN. GA I/3, 353; SW III, 47).
197 "(…) wir sind beide durch unsere Existenz aneinander *gebunden*, und einander *verbunden.*" (GN. GA I/3, 354; SW III, 48).

에 나의 것이다. 요컨대, 이것은 두 의식이 하나로 통합되는 하나의 사회적인 개념인 것이다. (…) 이렇게 주어진 개념을 통하여 하나의 공동체가 규정되며, 그 이상의 결과들은 나에게만이 아니라 이로 말미암아 나와 더불어 공동체 속으로 들어온 사람들에게도 의존해 있다."[198]

그러므로 개인성은 상호승인을 사회적으로 실천함으로써 발생하는, 사회적으로 제약되고 매개된 개념이다. 추상적이고 실재 이전에 존재하는 개인성과는 대조적으로, 진정한 개인성은 상호승인에 의존해 있고 상호승인 속에서 존재한다. 사회 속에서의 존재는 자유의 제한을 반드시 포함한다. 공동체는 실로, 그 구성원들이 자신들의 자유를 제한하는 정도로만 가능하다. 이것은 타인을, 자유의 고양이나 윤리적인 향상으로서가 아니라 자유의 제한으로 해석하는 부정적(소극적)인 상호주관성 혹은 공동체 개념이라고 할 수 있다.[199]

---

198 "Der Begriff der Individualität ist aufgezeigter Maßen ein Wechselbegriff, d.i. ein solcher, der nur in Beziehung auf ein anderes Denken gedacht werden kann. (…) Er ist in jedem Vernunftwesen nur insofern möglich, inwiefern er als durch ein anderes vollendet, gesezt wird. Er ist demnach nie mein; sondern meinem eignen Geständniß, und dem Geständniß des andern nach, mein und sein; sein und mein; ein gemeinschaftlicher Begriff, in welchem zwei Bewußtseyn vereinigt werden in Eins. (…) Durch den gegebenen Begriff ist eine Gemeinschaft bestimmt, und die weitern Folgerungen hängen nicht blos von mir, sondern auch von dem ab, der mit mir dadurch in Gemeinschaft getreten ist." (GN. GA I/3, 354; SW III, 47 f.).
199 Williams, ebd., 61 ff. 참조.

3.3.4. 승인과 권리[법, Recht]

칸트에 앞서 이미 피히테는 법이론을 승인의 상호규정 위에 기초했다. 피히테는 이렇게 말한다: "나의 법이론은 칸트의 것보다 앞서 있는 것이었다."[200] 자의적(恣意的)인 자연력들의 대립은 상호승인이라는 조건하에서만 법주체들 간의 법관계 속으로 해소된다. 칸트의 『도덕 형이상학』(*Metaphysik der Sitten*, 1797)에 앞서서 초기의 『자연법의 기초』(1796/97)에는, 앞서 인용한 것처럼 다음과 같이 쓰여 있다: "서로가 서로를 승인하지 않는다면 아무도 다른 존재자를 승인할 수 없다. (…) 제시된 이 개념은 우리의 기획에 대해 극도로 중요하다. 왜냐하면 바로 이 개념에 우리의 법이론 전체가 (…) 근거해 있기 때문이다." 그리고 피히테의 법이론과 국가이론이 변화되고 근본적으로 변혁되어 1800년 이후의 학문론이 심화되면서도 이 점은 그대로 유지되고 있다.[201]

인간들의 관계를 다루는 법이론 및 정치이론은 다수의 자아를 전제하고 있다. 그러므로 우선 이런 다수성을 피히테가 어떻게 연역해 내고 있는지를 살펴보자. 자아의식이 발생할 수 있으려면, 절대자아는 유한한 자아의 형태로 자기를 제한해야만 한다. "그러므로 어떤 자유로운 존재자도, 자기와 같은 다른 존재자를 동시에 의식하지 않고서는 자기 자신을 의식할 수 없다."[202] 나 자신을 내가 이성적이고 자유로운 자로 승인하는 다른 존재자와 구별함으로써만, 나는 나 자신을 특정한 자유

---

200 "Meine Rechtslehre war früher denn die Kantische." (*Rechtslehre*. Vorgetragen von Ostern bis Michaelis 1812. hg. v. Richard Schottky. Hamburg, 1980, 4).

201 Janke, ebd., 95 f. 참조.

202 "Kein freies Wesen daher kommt zum Bewußtsein seiner selbst, ohne zugleich zum Bewußtsein anderer Wesen seines Gleichen zu kommen." (*Darstellung der Wissenschaftslehre a. d. J. 1801*, in: SW II, 143).

로운 개인으로 의식하게 될 수 있다. 상호주관성은 자아의식의 조건이다. 그러므로 자아의식이 발생할 수 있으려면 자아들의 공동체가 촉구된다. 실존하는 지성은 하나가 아니라 다양하다. 그것은 "다양한 것, 그러나 동시에 완결된 것이고, 이성적인 존재자들의 체계다."[203] 왜냐하면 그들은 하나의 절대자아의, 유일하고 무한한 활동의 모든 제한들이기 때문이다.

어떤 한 사람을 이성적 존재자들의 공동체 혹은 체계의 구성원으로 승인하기 위해서는, 그 예비조건인 감각세계를 필요로 한다. 왜냐하면 나는 나의 자유를, 타인의 행위와 결합된 행위 속에서 드러나는 것으로서 지각하기 때문이다. 그리고 그러한 행위체계가 가능하기 위해서는, 구별된 이성적 존재자들이 자신들을 표현할 수 있는 공통적인 감각세계가 존재해야만 한다. 만약에 내가 나 자신을 자유로운 이성적 존재자들의 공동체의 성원으로 간주하지 않고서는 나 자신을 자유로운 자로 인식하게 될 수 없다면, 나는 무한한 자유의 총체를 나 자신에게만 귀속시킬 수는 없다는 결론이 나온다. "나는 또한 타인을 위해서도 자유를 남겨 놓음으로써, 내가 자유를 소유함에 있어서 나 자신을 제한한다."[204] 이와 동시에 나는 공동체의 각 성원들을, 다른 모든 성원들이 자신들의 자유를 표현할 수 있도록 자기의 자유의 외적인 표현을 제한하는 자들로 인식해야만 한다. 그런데, 다른 모든 성원들도 자기들의 자유를 표현할 수 있도록 이성적 존재자들의 공동체의 각 성원들이 자기의 자유의 표현을 제한한다는 이러한 생각이 바로 권리 개념이다.

---

203 "(⋯) ein Mannigfaltiges, aber zugleich ein Geschlossenes, ein *System* von Vernunftwesen." (ebd.).
204 "Ich beschränke mich selbst in meiner Zueignung der Freiheit dadurch, daß ich auch für Andere, Freiheit übrig lasse." (GN. GA I/3, 319; SW III, 8).

그리고 피히테에 의해, 권리의 원리 혹은 권리의 규칙[Rechtregel]은 이런 식으로 표현된다: "네가 관계를 맺는 다른 모든 사람들의 자유 개념을 통해 너의 자유를 제한하라."[205] 피히테에 있어서 권리 개념은 본질적으로 사회적 개념이다. 그러나 피히테에 의하면, 내가 다른 모든 이성적 존재자를 잊어버린다면, 내가 자유롭게 말할 권리를 가지고 있다고 말하는 것은 불합리하다. 왜냐하면, 내가 나의 생각을 자유롭게 말할 능력을 행사하는 것에 간섭할 수 있는 다른 존재자들의 존재를 인식하지 않는다면, 이 개념은 아무런 의미가 없기 때문이다. 이와 유사하게, 사회적인 맥락을 제외한 곳에서 사유재산권에 관해 말하는 것도 아무런 의미가 없다. 엄밀한 의미의 사유재산권 개념은, 내가 유사한 권리들을 귀속시켜야 할 다른 인간들을 인식할 때에만 발생한다.

자유로운 자아들의 공동체의 존재가, 각각의 구성원들은 권리의 규칙을 자기 행위의 작용원리로 간주해야만 한다는 사실을 촉구하기는 하지만, 어떤 개인적 의지도 권리의 규칙에 의해 필연적으로 지배되는 것은 아니다. 그러나 피히테는, 많은 의지들이 하나의 의지로 연합하면, 항상 규칙에 의해 지도되는 하나의 의지가 산출될 수 있다고 논증한다:

"백만 명의 사람이 모여 있을 때, 각 개인은 가능한 한 많은 자유를 독자적으로 원할 수 있을 것이다. 그러나 만약 우리가 모든 사람의 의지를 하나의 의지인 하나의 개념 속으로 통합한다면, 모든 사람의 의지는 가능한 자유의 총화(總和)를 동등한 부분들로 분할할 것이다. 그것은, 모든 사람이 함께 자유

---

205 "Beschränke deine Freiheit durch den Begriff von der Freiheit aller übrigen Personen, mit denen du in Verbindung kommst, (…)" (GN. GA I/3, 320; SW III, 10).

롭게 되는 것, 그리하여 각 개인의 자유가 나머지 모든 사람들의 자유에 의
해 제한되는 것을 목표로 한다."[206]

이러한 연합은 권리들의 상호승인 속에서 표현된다. 그리고 어떤 사
물의 독점적인 소유권으로 간주되는 사유재산권을 발생시키는 것은 바
로 이러한 상호승인이다. 피히테에 있어서 어떤 사물의 정당한 소유권
은 실로, 그것에 관련해서 어떤 행위를 수행할 수 있는 독점적 권리다.
예를 들면 경작지와 관련된 어떤 농부의 재산권은, 씨를 뿌리고 경작지
를 갈고, 그 위에서 가축을 방목하는 등의 일을 할 수 있는 독점적인 권
리다: "(…) 독점적인 소유권은 상호승인을 통해 완성되고 상호승인을
통해 제약된다. 그리고 독점적인 소유권은 이런 제약 없이는 발생하지
않는다. 모든 소유권은 다수의 의지가 하나의 의지로 통합되는 데에 근
거하고 있다"[207]고 피히테는 말하고 있다.[208]

---

[206] "Wenn eine Million Menschen beisammen sind, so mag wohl jeder Einzelne
für sich selbst so viel Freiheit wollen, als nur immer möglich ist. Aber man verei-
nige den Willen aller, in Einen Begriff, als Einen Willen, so theilt derselbe die
Summe der möglichen Freiheit zu gleichen Theilen; er geht darauf, daß alle mit
einander frei seyen, daß daher die Freiheit eines Jeden Beschränkt sey durch die
Freiheit aller Übrigen." (GN. GA I/3, 400; SW III, 106).

[207] "(…) das Recht des ausschliessenden Besitzes wird vollendet *durch die gegen-
seitige Anerkennung*, ist durch sie bedingt, und findet ohne diese Bedingung nicht
statt. Alles Eigenthum gründet sich auf die Vereinigung des Willens mehrerer zu
Einem Willen." (GN. GA I/3, 417; SW III, 129). 소유권은 보통 Eigentum 혹은 Ei-
gentumsrecht라 표현하고, 점유권은 Besitzrecht라 표현한다. 그러나 피히테가 이 용어
를 이런 식으로 구분하여 사용하고 있는 것으로 보이지는 않는다.

[208] Copleston, S. J., ebd., 69 ff. 참조.

3.3.5. 법[권리] 개념의 적용

피히테가 근원권(根源權)으로 들고 있는 것은 신체의 불가침성, 소유권, 그리고 자기보존이다. 강제법[Zwangsrecht] 혹은 형법[Strafrecht]은 나의 근원권을 존중하지 않는 자들에 대해서 사용되어야 한다. 피히테에 의하면, 인간의 사회성 속에 정초된 자연법은 도덕법칙 혹은 도덕과 엄격하게 분리된다. 법은 정당한 촉구들과 감각적 소망들을 지니고 있는 다양한 개인들의 의지력들이 서로 대립되는 (자유로운 심정의) 영역과 관계된다. 이에 반하여 도덕은, 다양한 자아의식들의 초개인적인 (정신적인) 통일을 추구한다. 도덕적 심정의 모든 자국은 법의 영역에서는 지워져야 한다. 이에 상응하여, 정언명법 역시 법의 타당성의 기초를 형성하지 않는다. 법은 오히려 계약과 힘[권력, Macht]에 근거해 있다. 계약과 힘[권력]은 법의 타당성을 결정한다. 왜냐하면 마침내, 칸트가 이미 쓴 것처럼, 법은 악마의 국민들에게도 국가를 세우는 것을 가능하게 만들었기 때문이다.[209]

피히테의 견해에 의하면, 권리의 이론과 정치사회의 이론은 도덕의 원리들의 연역으로부터 독립적으로 연역될 수 있고 또 그래야만 한다. 그러나 이것은, 피히테가 서로 전혀 관계없는 철학의 두 분야를 생각했다는 것을 뜻하지는 않는다. 한편으로는, 두 연역은 추구 및 자유로운 활동으로서의 자아라는 개념 속에 공통적인 뿌리를 가지고 있다. 다른 한편으로는, 권리의 체계와 정치사회의 체계는 도덕법칙을 위해 적용될 영역을 제공한다. 우리는 국가를 향한 도덕적 의무들을 가질 수 있고, 국가는 도덕적 생활이 발전할 수 있는 조건들을 만들어야 한다. 그

---

209 Gamm, ebd., 58 ff. 참조.

러나 국가 자체는, 권리들의 체계를 보호하기 위해 가언적으로 필요한 장치나 수단으로서 연역된다. 만약에 인간의 도덕적 본성이 충분히 발전된다면 국가는 시들어 버릴 것이다. 다시 말하면, 사적 소유권은 피히테가 말하는 더 나아간 비준(批准)을 윤리학으로부터 얻지만, 그것의 최초의 연역은 윤리학으로부터 독립적인 것으로 생각된다.

　피히테가 한편에서는 권리론과 정치이론을, 그리고 다른 한편에서는 윤리학을 구별한 하나의 주된 이유는, 그가 윤리학을 양심 및 형식적인 도덕성의 원리를 지닌, 내적인 도덕성과 관련된 것으로 간주한 반면에, 권리론과 정치사회론은 인간 사이의 외적인 관계에 관련된 것으로 간주하고 있기 때문이다. 더 나아가서, 권리이론이 도덕법칙의 응용으로서 연역될 수 있다는 의미에서, 응용윤리로 간주될 수 있다고 해석된다면, 피히테는 이러한 주장의 진리를 받아들이기를 거부한다. 내가 어떤 권리를 가지고 있다는 사실이, 내가 그러한 권리를 행사할 의무가 있다는 것을 반드시 뜻하는 것은 아니다. 그리고 공동선은 때로는 권리의 행사의 삭감이나 제한을 촉구할 수도 있다. 그러나 도덕법칙은 정언적이다: 그것은 단순히, "이것을 해라" 또는 "그것을 하지 마라"고 말한다. 그러므로 권리의 체계는, 비록 우리가 물론 권리의 체계를 공동체 안에서 확립된 것으로 존중해야 할 도덕적인 의무가 있기는 하지만, 도덕법칙으로부터 연역될 수 없다. 이런 의미에서 도덕법칙은 권리들에 그 이상의 비준을 부가한다. 그러나 도덕법칙이 권리들의 최초의 원천은 아니다.[210]

---

210 Copleston, S. J., ebd., 59 f. 참조.

3.3.6. 도덕법칙과 자유

두 번째로 중요한 실천철학의 저작인 『학문론의 원리들에 의한 윤리
학의 체계』(1798)에서 피히테는, 우리를 자유로운 자로 이해하는 것이
가능한 것은 오로지 도덕법칙에 대한 의식 속에서라는 것을, 혹은 정언
명법이 우리의 자유이해를 위해 기초적인 것이라는 것을 증명하고자
한다:[211]

"당신 자신이 자유롭다고 생각한다면, 당신은 당신의 자유가 법 아래에 있
는 것으로 생각해야만 한다. 그리고 당신이 이 법을 생각한다면, 당신은 당
신 자신이 자유롭다고 생각해야만 한다. 왜냐하면 법 속에는 당신의 자유가
전제되어 있기 때문이며, 이러한 법은 자유를 위한 법으로 알려지기 때문이
다. (…) 자유가 법으로부터 나오는 것이 아니듯이 법도 자유로부터 나오는
것이 아니다. 그것들은 어느 한편이 다른 한편에 의존해 있는 것으로 생각될
수 있는 두 개의 사상(思想)들이 아니라 전적으로 동일한 사상이다. 그것은,
우리가 그것을 또한 살펴본 것처럼, 완전한 종합이다."[212]

자아가 자기를, 자기활동을 위한 자기활동에의 경향으로 생각할 때,

---

211 Gamm, ebd., 60 참조.

212 "Wenn du dich frei denkst, bist du genöthigt, deine Freiheit unter ein Gesetz
zu denken; und wenn du dieses Gesetz denkst, bist du genöthigt, dich frei zu den-
ken; denn es wird in ihm deine Freiheit vorausgesetzt, und dasselbe kündigt sich
an, als ein Gesetz für die Freiheit. (…) Die Freiheit folgt nicht aus dem Gesetze,
ebensowenig als das Gesetz aus der Freiheit folgt. Es sind nicht zwei Gedanken,
deren einer als abhängig von dem anderen gedacht würde, sondern es ist Ein und
ebenderselbe Gedanke; es ist, wie wir es auch betrachtet haben, eine vollständige
Synthesis." (SSL. SW IV, 53).

자아는 필연적으로 자기를 자유로운 자로, 절대적인 자기활동을 실현할 수 있는 자로, 그리고 자기규정의 힘으로 생각한다. 더 나아가서 자아는 자기를 법에 종속된 것으로서, 즉 자기규정이라는 개념에 일치하도록 자기를 규정하는 법에 종속된 것으로서 인식하지 않고서는 자기를 이런 식으로 인식할 수 없다. 다시 말하면, 만약에 내가 나의 객관적인 본질을 자기규정력으로서, 그리고 절대적인 자기활동을 실현할 수 있는 힘으로서 인식한다면, 나는 또한 이 본질을 실현할 의무가 있는 자로서 나 자신을 인식해야만 한다. 그러므로 우리는 자유와 법이라는 두 개의 관념을 가지고 있다. 그러나, 주체로서의 자아와 객체로서의 자아가 의식 속에서는 구별되긴 하지만, 이 양자가 분리될 수 없고 궁극적으로는 하나인 것과 마찬가지로, 자유 관념과 법 관념도 분리될 수 없고 궁극적으로는 하나다.

자유로운 존재자는 자기의 자유를 법 아래로, 즉 완전한 자기규정의 법 혹은 (어떤 외부의 대상을 통한 규정이 없는) 절대적인 자립의 법 아래로 가져와야 한다. 그런데 유한한 이성적 존재자는, 실제의 인과적 행위를 실행할 수 있는 의지에 의해 야기된 일련의 한정된 자유로운 행위의 가능성을 인식하지 않고서는 자기에게 자유를 귀속시킬 수 없다. 그러나 이러한 가능성의 실현은, 이성적 존재자가 일련의 특수한 행위들을 통하여 자기의 목표로 향할 수 있는 객관세계를 촉구한다. 자연세계, 비아의 영역은 그러므로 우리의 의무를 성취하기 위한 재료나 도구로 간주될 수 있다. 피히테에 의하면 절대자아는 세계를, 자아가 자아의식 속에서 자기에게로 복귀할 수 있도록 하는 장애나 저지로서 정립한다. 세계는 이성적 존재자의 도덕적 사명을 완수하기 위한 필요조건이다. 세계가 없다면 이성적 존재자는 순수당위에 내용을 제공할 수 없을 것이다. 도덕적 행위가 되기 위해서, 이러한 특수한 행위들의 각각은 어떤 형식적 조건을 충족시켜야 한다: "항상 너의 의무에 관한 최고의 확신에 따라 행위하라. 혹은 너의 양심에 따라 행위하라. 이것이 (…) 우리 행위가 도덕적일 수 있는 형식적 조건이다."[213] 이렇게 행위하는 의지가 선의지다. 피히테는 분명히 칸트의 영향 아래서 이렇게 쓰고 있는 것이다.[214]

---

213 *"Handle stets nach bester Überzeugung von deiner Pflicht; oder: handle nach deinem Gewissen. Dies ist die formale Bedingung der Moralität unserer Handlungen,* (…)" (SSL. GA I/5, 146; SW IV, 156).

214 Copleston, S. J., ebd., 64 f. 참조.

IV

쉘링의 자아의식 이론

1

자아와 자아의식

    쉘링은 사변적 관념론자인데, 바움가르트너(H. M. Baumgartner, 1933-1999)와 코르텐(H. Korten)이 지적하듯이, 학의 체계를 세운 사상가[Systemdenker]라기보다는 피히테와 헤겔 사이에 있는 천재적인 문제사상가[Problemdenker]라고 할 수 있다. 그의 철학사상은 여러 차례 수정되고 변화되었다. 따라서 하이네(Heinrich Heine)는 "그의 책들을 연대순으로 읽고 그 속에서 그의 사상의 점진적인 형성을 추적한 후에 그의 근본이념을 확보할 것을"[1] 권한다. 쉘링의 지도적(指導的)인 사상은 칸트 이후의 철학의 전체적인 상황 속에서 진술된 체계적 사유와, 그러한 체계를 정초하는 원리 및 완전하고 포괄적인 지식체계를 수립하고자 하는 의도라고 할 수 있다. 이 근본적인 의도는 전일철학(全一哲學)[Alleinheitsphilosophie]으로서의 절대자에 대한 철학을 향하고 있다.[2]

---

1 H. Heine, *Sämtliche Werke Bd. IX*, hg. v. H. Kaufmann, München, 1964, 274.

2 Hans Michael Baumgartner/Harald Korten, *Friedrich Wilhelm Joseph Schelling*, München, 1996, 9 참조.

1.1. 쉘링 정험철학의 중심과제와 자아의식

정험철학의 과제는 "객체와 그 개념, 대상과 그 표상이 근원적이고
단적으로 그리고 아무런 매개 없이 하나인 한 점을 발견하는 것"[3]이다.
그럼에도 자연적 의식에게는 표상된 것과 표상하는 자의 이러한 동일
성이 자아의식 속에서(StI, 365 참조) 완전히 알려진다: "자아의식은,
사유하는 자가 그로 말미암아 직접적으로 객체가 되는 작용[4]이다. 그리
고 이와는 반대로, 다른 작용이 아닌 이 작용이 자아의식이다."[5] 쉘링은
이 작용을 "우리가 거기로 안내되기는 하지만 강요될 수는 없는, 전적
으로 자유로운 행위"[6]라고 부른다.

쉘링은, 자아 개념은 자아의식의 작용으로 말미암아 성립한다고 선
언한다. 자아 개념은 "자아 스스로가 객체가 된다는 개념(der Begriff
des Selbstobjektwerdens)"(StI, 366)이다. 그러나 작용하고 있는 자아
의식이 자연적 의식 속에 나타나지 않는다면, 자아가 자아의식의 작용
을 통해서 우리에게 발생한다는 사실이 경험적 지(知)에게는 알려지지

---

3 "einen Punkt finden, in welchem das Objekt und sein Begriff, der Gegenstand
und seine Vorstellung ursprünglich, schechthin und ohne alle Vermittlung Eins
sind." [*System des transzendentalen Idealismus* (1800). *Sämtliche Werke*, hg. v. K.
F. A. Schelling, 14 Bde., Stuttgart (1856-1861), 1858, Bd. 3, 364]. 이 책은 앞으로
StI로 줄여 쓰고 쪽수만 기입한다.

4 '작용'이라고 번역한 독일어는 'Akt'다. 피히테의 경우와 마찬가지로 필자는 각 용
어를 구별하기 위하여 'Tätigkeit'는 '활동'으로, 'Tun'은 행동으로, 그리고 'Hand-
lung'은 '행위'로 옮긴다.

5 "Das Selbstbewußtsein ist der Akt, wodurch sich das Denkende unmittelbar
zum Objekt wird, und umgekehrt, dieser Akt und kein anderer ist das Selbstbe-
wußtsein." (StI, 365).

6 "eine absolut freie Handlung, zu der man wohl angeleitet, aber nicht genötigt
werden kann." (StI, 365).

않을 수 있다.[7]

피히테와 유사하게 쉘링은 『정험적 관념론의 체계』(*System des tran-szendentalen Idealismus*, 1800)에서 절대적 자아로부터의 세계의 출현을 여러 단계로 서술하고 있다. 그는 자아가 세계를 어떻게 창조하는지, 그럼에도 무엇 때문에 자아는 세계를 자신으로부터 독립해 있는 것으로 표상하는지를 분명히 드러낸다. 그리고 그는 자아를 이러한 도출 속에서 한 걸음씩 자기 자신에게로 다가오게 하며, 자기 자신을 의식하게 한다. 그러므로 쉘링은 자기의 상세한 논구를 "자아의식의 역사(Ge-schichte des Selbstbewußtseins)"(StI, 399)의 서술이라고도 부른다. 정험철학의 과제는 이 역사를 서술하는 것이다, 즉, "자아를 자기직관의 단계로부터 다른 단계를 거쳐, 자아의식의 자유롭고 의식적인 작용 속에 포함된 모든 규정들과 더불어 정립되는 그곳까지 이르게 하는 것"[8]이다.[9]

또한 쉘링의 정험철학의 중심과제는 지식의 전 체계를 정초하는 것 혹은 어떻게 주체와 객체의 일치에 이를 수 있는가를 해명하는 것이다.[10] 피히테의 학문론에 비하여 쉘링은 자아의식의 원리를 통하여 "전체 지식의 체계"(StI, 330)를 정초하고자 한다. 그리하여 "우리에게 있어서 객체로서의 자아 속으로 정립된 것이 우리에게 있어서 주체로서의 자아 속으로도 정립될 때까지, 즉 우리에게 있어서 우리의 객체에

7   Klaus Wellner, ebd., 219 참조.
8   "das Ich von einer Stufe der Selbstanschauung zur andern bis dahin zu führen, wo es mit allen den Bestimmungen gesetzt wird, die im freien und bewußten Akt des Selbstbewußtseins enthalten sind."(StI, 450).
9   Franz Josef Wetz, *Friedrich W. J. Schelling zur Einführung*, Hamburg, 1996, 76 참조.
10 『정험적 관념론의 체계』의 서론을 참조할 것.

대한 의식이 우리에 대한 의식과 일치할 때까지, 요컨대 우리에게 있어
서 자아 자신이 우리가 출발한 지점에까지 도달할 때까지 우리의 탐구
는 계속되어야 할 것이다."[11] 즉, 경험적 의식의 근저에 놓여 있는 자아
의식의 작용들이 정험철학자에게 완전히 의식되었다면, 탐구되는 자아
의식은 탐구하는 자아의식과 일치한다. 순수한 의식은 더 이상 의식 속
의 객체로서만 존재하는 것이 아니라 동시에 주체로서의 의식과 일치
한다. 의식의 본질은 지(知)다. 그런데 쉘링에게 있어서 지식은 객체적
인 것과 주체적인 것의 일치에 근거하고 있다. 따라서 지(知)로서의 의
식이 진리의 장소다. 왜냐하면 의식 속에서 표상과 표상의 대상의 일치
가 발생하기 때문이다(StI, 339 참조). 의식된 지(知) 속에서 통일된 다
양한 측면들은 쉘링에 의해 다음과 같이 특징지어진다: 지에 대해서 존
재하는 객체적인 것의 총체는 자연이다. 자연은 그 자체로서, 단지 표
상될 수 있는 것이다. 게다가 자연은 의식을 가지고 있지 않다. 주체적
인 것의 총체를 그는 자아 혹은 지성[Intelligenz]이라고 부른다. 그것은
단지 표상하는 자아이며, 그 자체로서 의식된 것(StI, 339 참조)이다. 서
로 대립된 이 두 측면들은 이제 지(知) 속에서 등가적(等價的)으로 통일
된다: "지(知) 자체 속에서 — 자아가 무엇을 앎으로써 — 객체적인 것
과 주체적인 것은 그것들 중 어떤 것이 우위를 가지고 있는지 말할 수
없을 정도로 통일되어 있다. 여기서는 첫 번째 것도 두 번째 것도 없고,
이 둘 모두 동시에 하나로 존재한다."[12] 즉, 경험적 의식의 근저에 놓여

---

11 "(…), unsere Untersuchung wird also so lange fortgehen müssen, bis dasselbe,
was für uns in das Ich als Objekt gesetzt ist, auch in das Ich als Subjekt für uns
gesetzt ist, d.h. so lange, bis für uns das Bewußtsein unseres Objekts mit dem
unsrigen zusammentrifft, also bis das Ich selbst für uns bis zu dem Punkt gekom-
men ist, von dem wir ausgegangen sind." (StI, 389).
12 "Im Wissen selbst — indem ich weiß — ist Objektives und Subjektives so ver-

있는 자아의식의 작용들이 정험철학자에게 완전히 의식되었다면, 탐구되는 자아의식은 탐구하는 자아의식과 일치한다. 순수한 의식은 더 이상 의식 속의 객체로서만 존재하는 것이 아니라 동시에 주체로서의 의식과 일치한다.[13]

피히테처럼 쉘링도 의식주체의 자기반성이라는 요청을, 모든 실재성이 자아에 귀속되는가에 대한 자아의 반성으로 이해하고 있다. 이에 상응하여 쉘링은 피히테와 마찬가지로 자아를 "모든 실재성의 근거이자 총괄(Grund-und Inbegriff aller Realität)"(StI, 50)로 파악한다. 이로써 피히테의 학문론과 쉘링의 『정험적 관념론의 체계』는 사유할 수 있는 밀접한 이론적 상황 속으로 들어가게 된다. 즉 쉘링의 자아의식 이론은 피히테의 학문론의 진행과정에서 반성의 요청을 통해 규정되는 바로 그곳에서 시작된다. 자아의식 개념에 대한 쉘링의 해명과 그로부터 도출된 자아의식의 역사[14]의 기획에서 우리는 한편으로는 피히테에 있어 특징적인 요소들과 다른 한편으로는 피히테를 비판하는 요소들이 미묘하게 교차하고 있는 것을 발견할 수 있다. 피히테에 특징적인 요소들은 반성의 요청에서 발견할 수 있는 반면에, 피히테를 비판하는 요소들은 제기된 문제상황에 대한 답변이라고 이해할 수 있다. 피히테를 비판하는 요소들은 무엇보다도, 자아의식의 논리적 구조에 관계되어 있다. 자아의식 개념을 쉘링은 처음부터 유한한 활동의미(Tätigkeitssinn)와 무한한 활동의미의 통일이라고 정의하고 있다. 자기 자신에 대한 의식의 주체로서의 자아가 자신에 대한 반성 속에서 자기를 자아로서 명

---

einigt, daß man nicht sagen kann, welchem von beiden Priorität zukomme. Es ist hier kein Erstes und kein Zweites, beide sind gleichzeitig und Eins."(StI, 339).

13 Wellner, ebd., 216 ff. 참조.

14 "자아의식의 역사"에 관해서는 뒤에서 상세히 서술할 것이다.

백히 파악함으로써 — 이것이 쉘링의 결정적인 테제다 — 자아는 자아
가 아닌 것의 부정적이고 무한한 영역을 자신의 이 개념으로부터 배제
한다. 그리고 그리하여 "정립이라는 개념 속에는 반드시 반정립 개념도
사유된다. 요컨대 자아의 자기정립의 행위 속에는 자아에 대립해 있는
어떤 것을 정립하는 행위도"[15] 포함되어 있다. 이 속에서 자아는 "자기
자신에게 어떤 것으로" 된다. "즉, 자아는 자기 자신을 정립한다"(StI,
51). 여기서 우리는 첫 번째의 그리고 가장 중요한 피히테 비판의 요소
를 발견할 수 있다.[16] 그뿐만 아니라 전체 지식의 체계를 정초하기 위해
서는, 피히테에게서 너무 간략하게 다루어진 자연, 그리고 무엇보다도
예술이 이제 실천철학 외에도 이론의 중심부분이 되어야 한다. 자아의
식을 가지고 쉘링이 궁극적으로 목표로 하고 있는 것은, 세계를 산출하
는 절대적인 원리를 수립하는 것이다. 이렇게 볼 때 『정험적 관념론의
체계』는 정험철학적 관점과 실체형이상학적 관점이라는 두 관점을 서
로 화해시키려는 새로운 시도로 간주될 수 있다.[17]

---

15 "im Begriff des Setzens notwendig auch der Begriff des Entgegensetzens
gedacht, also ist in der Handlung ds Selbstsetzens auch die eines Setzens von
Etwas, was dem Ich entgegengesetzt ist."(StI, 381).

16 Jürgen Stolzenberg, "'Geschichte des Selbstbewußtseins' Reinhold-Fichte-
Schelling," in: Karl Ameriks und Jürgen Stolzenberg (hg.) *Internationales Jahrbuch
des Deutschen Idealismus 1 · 2003, Konzepte der Rationalität* (93-114), Berlin/NY.,
2003, 107 참조.

17 Robert J. Berg, *Objektiver Idealismus und Voluntarismus in der Metaphysik
Schellings und Schopenhauers*, Würzburg, 2003, 86 참조.

1.2. 자아와 자아의식

쉘링은 자아를 자아의식이라고도 표현한다. 즉, 자아는 "자아의식과 다르지 않다"(StI, 392). "자아의 사유와 자아 자체는 전적으로 하나다"(StI, 367 f.). 그런데 피히테에 있어서와 마찬가지로 쉘링에 있어서도 자아는 고정된 점으로 존재하는 것이 아니라 활동 또는 작용으로 존재한다:

"d) 자아 개념은 자아의식의 작용을 통해서 성립한다. 요컨대 이 작용이 없다면 자아는 아무것도 아니다. 자아의 모든 실재성은 오직 이 작용에만 근거하고 있으며 자아 자체는 이 작용 외에 다른 것이 아니다. 그러므로 자아는 작용 일반으로 생각될 수 있다. (⋯) 그러나 여기서 말하는 작용은, 그를 통해 내가 나를 이러저러한 규정을 가지고서가 아니라 근원적으로 의식하게 되는 그러한 활동이다. 그리고 이 의식은 저 의식과는 대립되게, 순수한 의식 혹은 진정한 의미의 자아의식이라 불린다."[18]

자아의식으로서의 이러한 자아는 모든 구체적인 의식, 즉 대상의식의 근원이 된다. 우리가 대상을 의식할 때에 생기는 표상들이 아무리

---

18 "d) *Der Begriff des Ich* kommt durch den Akt des Selbstbewußtseins zustande, *außer* diesem Akt ist also das Ich nichts, seine ganze Realität beruht nur auf diesem Akt, und *es ist selbst nichts als dieser Akt*. Das Ich kann also nur vorgestellt werden als Akt überhaupt, und es ist sonst nichts. (⋯) – Der Akt aber, von welchem hier die Rede ist, ist ein solcher, wodurch ich meiner nicht mit dieser oder jener Bestimmung, sondern *ursprünglich* bewußt werde, und dieses Bewußtsein heißt im Gegensatz gegen jenes, *reines* Bewußtsein, oder *Selbstbewußtsein* kat' exochên." (StI, 366 f.).

다양하고 상이하다 할지라도, 그것들은 하나의 동일한 주체에 속한 것
으로서 나타날 것이고, 표상들 속에서의 주체의 이러한 동일성을 반성
해 보면 나에게는 "나는 생각한다"(StI, 367)라는 명제가 발생한다. 이
명제는, 나의 모든 표상에 동반될 수 있어야 하며 모든 표상들 가운데
에서 의식의 연속성을 보존하는, '나는 생각한다'라는 칸트의 말을 반
영하고 있다.[19]

　쉘링은 자신의 『정험적 관념론의 체계』를 가지고 독자(讀者)가 자신
의 인식방식을 알게 되도록 만들고 싶어 한다. 목표는 소박한 자아(독
자)에게, 우리가 대상이라고 부르는 것은 우리 자신에 의해 대상으로
만들어지는 것이라는 사실을 의식하게 하는 것이다. 그러므로 쉘링에
의하면 우리의 세계는 우리 자신의 자아의 구성물이다. 그는 사물의 세
계가 우리로부터 독립해서 우리의 외부에 존재한다고 소박한 의식이
가정하는 근원적인 오류가정을 해명하고 싶어 한다. 다른 관념론자들
과 마찬가지로 쉘링은 우리의 체험세계는 단지 우리의 의식 속에만 존
재하고 있다는 견해를 가지고 있다. 쉘링은 자신의 체계를, "철학의 객
체를 관통해 나가서 자아의식의 전(全) 건물을 만드는"[20] 발전의 역사로
구축하며, 이 발전의 역사를 세 개의 시기 속에 있는 세 개의 주요부분
으로 나눈다("제3부: 정험적 관념론의 원칙들에 따른 이론철학의 체
계").[21]

19 Gerhard Gamm, *Der Deutsche Idealismus. Eine Einführung in die Philosophie von Fichte, Hegel und Schelling*, Stuttgart, 1997, 206 참조.

20 "welche das Objekt der Philosophie durchläuft, um das ganze Gebäude des Selbstbewußtseins hervorzubringen"(StI, 480).

21 Walter Schulz, "Einleitung zu Schellings System des transzendentalen Idealismus," In: *Schelling, F. W. J., System des transzendentalen Idealismus*, hg. v. Horst D. Brandt und Peter Müller, Hamburg, 2000, XXXV 참조. 자아의식의 발전의 역사

그리고 세계를 구성하는 이러한 자아에 절대성이 부여되는데, 그것은 이 자아는 다른 어떤 것에도 종속되어 있지 않는 실재성(實在性)을 지니고 있다는 것을 뜻한다. 따라서 "전체의 객관세계"는 "그 자체로 실재하는 것이 아니다."[22] 세계는 단지 자아 속에서 표상된 것일 뿐이다. "존재하는 모든 것"은 "자아 속에" 존재하며, "자아 외에는 아무것도 없다"(SW I, 192). "자아는 자기 자신을 단적으로 정립하며 모든 실재성을 자신 속에 정립한다"(SW I, 216).

만약 자아 외에는 아무것도 실재하지 않는다면, 자아는 자기의 인식에서 단지 자기 자신과만 관계하는 것이며, 따라서 "정신이 어쨌든 객관을 직관할 때 단지 자기 자신만을 직관한다"(SW I, 366). 또는 자아의식으로서의 자아에 있어서 "직관된 것과 직관하는 자는 동일하다"(SW I, 366). 자아는 "스스로를 사유된 것과 사유하는 것으로 구분하고, 이러한 구분 속에서 다시 스스로를 동일한 것으로 (…)"(StI, 365) 인정한다. 그러므로 근본적으로 모든 의식은 자아의식으로, 이것은 "우리 지(知)의 (…) 전체 지평을 한계 짓는다"(StI, 357). "근원적으로 (…) 우리는 단지 우리 자신만을 이해한다"(StI, 373). 따라서 자아의식은 절대적인 존재자이며, 이러한 방식으로 "모든 철학의 원리"(SW I, 383)가 된다.

쉘링은 이러한 자아는 자기 스스로 존재하며, 자기 스스로를 통해 성취된다고 한다: "왜냐하면 절대적인 것은 (…) 단지 자기 자신으로부터, 그리고 자기 자신으로 말미암아 존재하는 그런 것이기 때문이다."[23] 그

의 세 단계는 뒤에서 살펴볼 것이다.

22 *Abhandlungen zur Erläuterung des Idealismus der Wissenschaftslehre*, in: *Sämtliche Werke*, hg. v. K. F. A. Schelling, 14 Bde., Stuttgart/Augsburg (1856–1861), 1856, Bd. I (SW I로 줄임) (343–452), 396.

23 *Schriften der gesammten Philosophie und der Naturphilosophie insbesondere*, in:

런데 이러한 계기는, 자아 속에서는 "자신의 존재의 원리와 자신의 사유의 원리가 일치함에 틀림없다"(SW I, 167)는 사실에서 주어진다: "자아는 자기가 사유될 때 존재하며, 자아가 사유되는 것은 자아가 존재하기 때문이다. 왜냐하면 자아는 자기 자신을 사유하는 한에 있어서만 존재하고 사유되기 때문이다"(SW I, 167). 이렇듯 자아는 "근원적으로 자기 자신의 구성이다"(SW I, 449). 자아의 본질은 자기구성이다: "나의 자아는 자신의 사유 자체를 통해서 ─ 절대적 인과성으로부터 ─ 자신을 산출한다"(SW I, 167).

위의 내용은 결국, '자아는 자유롭다'는 것을 뜻하고 있다. 이런 "(…) 절대적 자아에 절대적 자유가 함께 주어졌다"(SW I, 234). 자유란, 외타적(外他的)인 모든 것에 종속되지 않는다는 것과, 자기 자신을 통해서 존재한다는 것을 뜻한다. 그러나 근원적인 자유는 '자의성(恣意性)'이라는 의미로 이해되어서는 안 된다. 자유는 동시에 자아의 본질의 가장 내적인 필연성이다: "절대적인 자유는 (…) 절대적인 필연성과 동일하다." "자아의식"의 "근원적인 행위"는 "전적으로 자유다. 왜냐하면 그 행위는 자아 외의 그 어떤 것으로부터도 규정되지 않기 때문이다. 그리고 그것은 전적인 필연성이다. 왜냐하면 그것은 자아의 본성의 내적 필연성으로부터 산출되기 때문이다"(StI, 395). 그러나 이렇게 필연성과 연결된 근원적인 자유는 경험적 자아에게가 아니라 단지 절대적 자아에게, 즉 모든 구체적인 의식을 근거 짓는 근원적인 자아의식에게만 부여될 수 있다.

절대적 자아의 근원적인 자유는 자기 자신에게로 향한다. 만약에 자아가 근원적으로 자기 자신 외에 다른 것을 향한다면, 그것은 추구된

SW VI (131–576), 148.

것에 의존하게 되고, 그 안에서 자신의 자유를 상실하게 되기 때문이다. 정신으로서의 자아의 모든 추구의 목표는 자아의식이다(SW I, 383 참조). 바로 이러한 "절대적 자아의 근원적인 자유"(SW I, 205)는 "우리 철학함의 원리"(SW I, 395)다: "인간의 정신이 전적으로 자유롭다는 사실은 모든 철학의 제1원리로 전제되어야 한다"(SW I, 428). "모든 철학의 시작과 마지막은 — 자유다"(SW I, 177). 1795년 2월 4일 쉘링은 헤겔에게 다음과 같이 쓰고 있다: "나에게 있어 모든 철학의 최고원리는 순수자아, 절대적 자아, 즉 그것이 단적인 자아인 한에서 객관을 통해 전혀 제약되지 않고 자유를 통해 정립된 자아다. 모든 철학의 시작과 마지막은 자유다."[24]

자아 속에서의 존재와 지식의 동일성을 쉘링은 강조한다(StI, 28 ff., 43): "자아의식은, 그로 말미암아 사유하는 자가 직접 객체로 되는 작용이다."[25] 이것은 "전적으로 자유로운 행위"(StI, 44)를 통해 이루어진다. "나는 존재한다"는 명제는 "무한한 명제다. 왜냐하면 그것은 현실적인 술어를 갖고 있지 않지만, 바로 그 때문에 가능한 술어들의 무한성의 입장에 있는 그런 명제이기 때문"[26]이라고 쉘링은 말한다.

---

24 "Mir ist das höchste Prinzip aller Philosophie das reine, absolute Ich, d.h. das Ich, inwiefern es bloßes Ich, noch gar nicht durch Objekte bedingt, sondern durch *Freiheit* gesetzt ist. Das A und Ω aller Philosophie ist Freiheit." (*Briefe von und an Hegel*, hg. v. Johannes Hoffmeister. Hamburg 1952. Band I, 22).
25 "Das Selbstbewußtsein ist der Akt, wodurch sich das Denkende unmittelbar zum Objekt wird."[*System des transzendentalen Idealismus* (1800). *Sämtliche. Werke*, hg. K. F. A. Schelling I/3 (1858), 365].
26 "ein unendlicher Satz, weil es ein Satz ist, der kein wirkliches Prädikat hat, der aber deswegen die Position einer Unendlichkeit möglicher Prädikate ist." (StI, 47).

1.3. 작용으로서의 자아의식(=순수의식)과 경험적 자아의식

쉘링은 다음과 같이 말하고 있다: "요컨대, 우리가 찾고 있었고, 그 밖의 어떤 곳에서도 만날 수 없는 것은 사유와 객체의, 현상과 존재의 저 근원적인 동일성이다. 자아는, 그로 말미암아 사유가 자기 자신에게 객체로 되는 저 작용에 앞서서 존재하는 것이 결코 아니다. 요컨대, 자아는 자신에게 객체가 되는 사유 외에 다른 것이 아니다."[27] 분명히 여기서 한편으로는 객체와 존재, 그리고 다른 한편으로는 사유와 현상이 같은 것으로 정립되고 있다. 따라서, 사유는 어쨌든 '의식됨'이, 따라서 "현상"이 거기에서 실현되는 장소다. 사유가 객체를 포착함으로써 객체는 지(知) 속으로 고양된다. 바로 이것이 존재의 가장 근원적인 현상이다. 그러므로 어떤 것을 나타나게 한다는 것은 어떤 것을 사유하면서 포착한다는 것을 의미한다. 모든 경험적 현상의 가능성은, 어쨌든 어떤 것이 사유 속에서 나타날 수 있다는 사실에 의존해 있다. 작용으로서의 자아의식과 경험적 자아의식의 관계를 더욱 상세하게 규정하는 대신에 쉘링은 양자를 원칙적으로 분리한다. 그는 작용으로서의 자아의식을 "순수한 의식"이라고 부르며, 우리는 그것을 어떤 규정을 가지고서가 아니라 "근원적으로" 의식하게 된다는 점을 덧붙인다.

단순히 경험적인 의식의 특징은, 그것은 표상들의 변천 속에 있는 동일성을 유지하고 있는, 표상들에 있어서 지속적인 어떤 것이라는 점이다. 여기서 문제되고 있는 것은, 우리가 보통 의식이라고 부르는 바로

---

27 "Es ist also jene ursprüngliche Identität des Denkens und des Objekts, des Erscheinens und Seins, die wir suchten, und die sonst nirgends angetroffen wird. Das ich *ist* gar nicht *vor* jenem Akt, wodurch das Denken sich selbst zu Objekt wird, es ist also nicht anderes, als das sich Objekt werdende Denken." (StI, 366).

그것이다(StI, 366 참조). "내가 표상들 속에서의 주체의 이러한 동일성을 반성하면, 나에게는 "나는 생각한다"라는 명제가 성립한다. 이 '나는 생각한다'는 모든 표상들에 동반되어 표상들 사이에서 의식의 지속성을 유지시키는 것이다."[28] 반성은 원초적으로 주어진 표상들로부터, 동일한 주체로 되돌아간다. 이때에 "나는 생각한다"라는 명제가 성립되는 한, 그 속에는, 그의 표상활동이 "사유작용"(Denken)이라고 불리는, 표상하는 자로서의 자아가 의식의 소여들로서의 표상들에게 발생한다는 사실이 존재한다. 그리고 다음과 같은 사실이 확립된다. 즉, 경험적인 자아의식 또는 경험적인 자아는 표상하는 자이며, 감각경험에 의해 경험 가능한(empirisch erfahrbare) 사유는 표상작용이고, 경험적인 의식의 의식내용들은 표상들이라는 사실이다. 쉘링이 동시에 "순수한 의식"이라고 부르고 있는 자아의식의 작용의 산물로서의 순수한 자아는 이것과 분명히 구별된다. 그 속에서 나는 이러저러한 규정들을 지닌 나를 의식하게 되는 것이 아니라 나를 근원적으로 의식하게 된다(StI, 367 참조).

순수한 의식과 단순히 표상하는 경험적 의식을 명확히 구별한 후에 쉘링은, 순수한 의식에는 사물이 없기 때문에 자아의식의 술어 외에 다른 어떤 술어도 부가되지 않는다고 확언한다. 이 순수한 자아에 해당되는 것은 바로, 그것이 자기의 사유와 다르지 않은 것이며, 자아가 자기 자신에 대해서 객체로 되는 그런 사유라는 것이다. 자아가 단적으로 객체가 아니라면, 자아에 관한 지(知)는 순수한 작용으로서의 자아가 모

---

28 "(⋯) Reflektiere ich auf diese Identität des Subjekts in den vorstellungen, so entsteht mir der Satz: *Ich denke*. Dieses Ich denke ist es, was alle Vorstellungen begleitet, und die Kontinuität des Bewußtseins zwischen ihnen unterhält."(StI, 367).

든 지(知)의 원리인 경우에만 가능하다. 자아는 이런 형식으로, 보통의 지(知)와 전적으로 상이한 종류의 지(知)를 통해서만 지(知)에 이를 수 있다. 여기서 요구되는 종류는 절대적으로 자유로운 것이어야만 한다. 즉, 그것은 개념들과 추론들의 매개를 통해서, 즉 증명을 통해서 수행되어서는 안 된다. 그것은 요컨대 직관이어야 한다. 게다가 객체가 지(知)로부터 독립적이어서는 안 되고, 지(知)의 객체는 지(知)에 의해 산출되어야 한다. 그것은, 그 속에서 직관하는 자와 직관된 것이 전적으로 동일한 직관이다. 쉘링은 그것을 지적 직관(知的 直觀)[intellektuelle Anschauung]이라고 부른다(StI, 367 ff. 참조).

작용으로서의 자아의식이 경험적 의식 속에 전혀 현존하지 않기 때문에, 자연적 의식은 순수한 의식의 본질을 우선은 전혀 알지 못한다. 자연적 의식은 자기의 '자기 자신을 산출함'(sich-selbst-Produzieren)에 관해서 아무것도 알지 못하며, 자신을 원리로서 알지 못한다. 또한 지적 직관의 과정에 관해서도 아무것도 알지 못한다. 정험철학자는 지적 직관의 도움을 받아서 비로소, 순수한 자아의 산출작용을 의식 속으로 고양해야 한다.

그 근저에 놓여 있는 자아의식이 그에게 아직 알려지지 않은 경험적 의식이 출발점을 형성한다. 경험적 의식 자체는 표상하는 사유이며, 이 표상하는 사유에서 사유의 객체는 그것의 개념과 분리되어 주어지며, 비로소 다시 그 개념과 통일되어야 한다. 이 의식이 자기 자신에게로 향하면, 이 의식에는 자기 자신에 대한 표상이 발생하는데, 이 표상 속에서는 마찬가지로 객체와 개념이 분리되어 새롭게 서로에게 관련되어야 한다. 이와 동시에 통찰되어야 할 것은, 표상된 이 의식은 주체이며, 따라서 그 밖의 모든 표상의 근거라는 사실이다. 그런데 모든 자연객체들(자아가 아닌 모든 것들)에 있어서 표상작용 속에서는 단지 개념과 객체의 동일성이 사유되는 반면에, 자아 혹은 의식에 있어서는 개념과 객체의 동일성 외에도 주체와 객체의, 표상하는 자와 표상된 것의 동일성도 사유된다. 자연객체를 표상할 때에 자아에게는 자기의 근원적인, 객체의 산출작용은 감춰진다.

그러므로 객체는 분리된 채로 자아에 대립된다. 쉘링은 자기가 원리로 파악하고 있는 순수한 자아를 경험적 자아와 구별할 뿐만 아니라, 개별적 자아와도 구별한다. 절대적 자아가 시간의 외부에 존재하는 반면에, 경험적 자아에게는 시간이 속해 있다. 경험적 의식은 표상들의 계열 속에서 독자적으로 존재한다. 그러나 경험적 의식은 결코 모든 표상의 총체가 아니라 실로 어떤 특정한 선택에 불과하다. 따라서 총체의 제한으로서의 경험적 의식은 또한 개별적인 것에 불과하다(StI, 374 f. 참조). 쉘링이 사물을 단지 다양한 방식으로 제한된 활동의 변양(變樣)들로서만 생각한다는 사실을 통해서(StI, 375 f. 참조) 절대적 자아를 사물과 구별함으로써, 쉘링은 오로지 순수한 자아를 사물로부터 떼어놓을 수 있다. 그런데 순수한 자아 혹은 자아의식은 모든 실재성의 원리이며, 그 자체로 "행위[Handeln]" 혹은 "활동[Tätigkeit]"이다. 이에 반해 사물은 "다양한 방식으로 제한된 활동의 변양으로 파악될 수 있다."[29] 그런데 쉘링이 경험적 자아와 순수한 자아의 구별을 또한 순수한 자아에 대한 상이한 종류의 제한들 속에서만 보고 있기 때문에, 그는 경험적 자아를 자연물과 동일하게 정립하며, 이 둘을 순수한 자아와 대면시킨다. 자아가 자신을 지적 직관 속에서 동시에 순수한 자아로서도 보지 않는 한, 자아는 하나의 물(物)이다.[30]

---

29 "Modifikation einer auf verschiedene Weise eingeschränkten Tätigkeit zu begreifen"(StI, 375).

30 Wellner, ebd., 220 ff. 참조.

1.4. 자아의식의 구조

이러한 자아의식은 어떤 구조를 가지고 있는가? 『정험적 관념론의
체계』의 제1원칙인 자아의식에는 추가적인 원칙들이 뒤따르지 않는다.
왜냐하면 자아의 종합적 활동만이 자아의 동일성을 가능하게 하기 때
문이다. "자아=자아"라는 원칙이 자아의식을 표현한다. 그런데 이 원
칙은 "자기에게 대립된 것들을 동시에 정립하기 때문에 결코 동일성의
원칙이 아니라 종합적인 원칙이다."[31] 그러므로 『정험적 관념론의 체
계』의 원칙 속에는, 자기에 맞서 있는 어떤 것도 가지지 않고 따라서 아
무것에도 관계하지 않는 절대적인 자아가 사유되는 것이 아니라, 그것
은 직접적으로 하나의 관계로서 규정된다. 피히테의 절대적 자아처럼
무관계적인 동일성은 『정험적 관념론의 체계』의 외부에 놓여 있어서,
『정험적 관념론의 체계』는 이미 자신 속에서 구별된 자아와 더불어 시
작한다.[32] 그러므로 『정험적 관념론의 체계』의 전개는 또한 자기관계의
근거인, 이념으로서의 절대적 자아에 소급하여 관계할 수 없을 것이다.
종합이 동일성을 가능케 하므로, 대립은 추가적인 원칙 속에서 비로소
뒤따라오는 것이 아니라 이미 정립작용 속에 존재한다: "정립 개념 속
에는 그러므로 반정립 개념도 반드시 사유된다. 요컨대 자기정립의 행

---

31 "(⋯) Entgegengesetzte sich gleich setzt, keineswegs ein identischer, sondern
ein synthetischer ist." (StI, 372).

32 그러므로 Walter Schulz가 다음과 같이 언급하는 것은 적합하지 않다고 본 Jür-
gensen의 주장은 타당하다고 할 수 있다: "쉘링은 이런 연관에서, 학문론에서의 피히
테의 자아의 연역에 소급하여 관계하고 있다." ("Einleitung," in: *F. W. J. Schelling,
System des transzendentalen Idealismus*, hg. v. Horst D. Brandt, Peter Müller,
Hamburg, 1992) (Sven Jürgensen, *Freiheit in den Systemen Hegels und Schellings*,
Würzburg, 1997, 50 참조).

위 속에는 자아에 반정립된 어떤 것의 정립도 사유된다. 그리고 그러므로 자기정립의 행위는 동일적인 동시에 종합적이다."³³ 그러므로 쉘링은 다음과 같이 강조한다: "절대적인 자유가 있는 곳에는 절대적인 축복이 있고, 그 반대도 마찬가지다. 그러나 절대적인 자유와 더불어서는 또한 자아의식도 더 이상 생각할 수 없다. 그것에 대한 어떤 객체나 저항도 더 이상 존재하지 않는 활동은 결코 자기 자신 속으로 복귀하지 않는다. 자기 자신으로의 복귀를 통해서만 의식이 발생한다. 제한된 현실만이 우리에 대해 존재하는 현실이다."³⁴

이때 자아에 대립해 있는 것은 다른 것이 아니라 바로 자아 자신이다. 정립하는 자아는 정립된 자아와 자아라는 점에서는 동일하지만, 한편의 자아는 정립하는 자아인 반면에 다른 한편은 정립된 자아라는 점에서는 구별된다. 이제 주체가 자신을 자기의 객체로 산출하기 때문에 쉘링은 자아 속에서의 "근원적인 이중성"(StI, 374)에 관해서도 말한다. 즉, 자아는 본래 객체가 아니지만(StI, 367, 374, 380 참조), "자아의식의 작용을 통하여 자아는 자기 자신에게 객체가 된다."³⁵ 표상하는 주체로서의

---

33 "Im Begriff des Setzens wird also notwendig auch der Begriff eines Entge-gensetzens gedacht, also in der Handlung des Selbstsetzens auch die eines Setzens von Etwas, was dem Ich entgegengesetzt ist, und die Handlung des Selbstsetzens ist darum identisch und synthetisch zugleich." (StI, 381). Sven Jürgensen, *Freiheit in den Systemen Hegels und Schellings*, Würzburg, 1997, 50 참조.

34 "*Wo absolute Freiheit ist, ist absolute Seligkeit*, und umgekehrt. Aber mit *abso-luter* Freiheit ist auch kein Selbstbewußtsein mehr denkbar. Eine Thätigkeit, für die es kein Objekt, keinen Widerstand mehr gibtk kehrt niemals in sich selbst zurück. Nur durch Rückkehr zu sich selbst entsteht *Bewußtsein*. Nur *beschränkte* Realität ist *Wirklichkeit* für uns."[*Philosophische Briefe über Dogmatismus und Kriticismus (1795)*," in: SW I(281–341), 324].

35 "*durch den Akt des Selbstbewußtseins wird das Ich sich selbst zum Objekt.*" (StI, 380).

자아와 표상된 객체로서의 자연이 서로 구별되듯이, 자아는 또한 아는 자아와 알려진 자아로 분리됨으로써, 자아의식은 자신 속에서 구별된다. 의식이 의식 없는 대상을 표상하듯이 자아의식도 자기 자신을 표상한다. 즉, 자아는 자신을 자기 자신에 맞세워 정립함으로써 자신을 대상으로 표상한다.[36]

　이와 동시에 본질적인 물음으로 남아 있던 것은, 도대체 인식하는 주체와 인식의 객체가 일치할 수 있는가 하는 것이었다. 이에 대한 쉘링의 견해는 다음과 같다. 즉, 우리는 표상하는 자인 동시에 표상된 자인 것만을 확실히 인식할 수 있다. 그런데 그것은 인간, 곧 우리 자신이다. 왜냐하면 정신의 자기직관 속에서만 표상과 대상은 서로 일치함으로써 우리는 이러한 일치를 또한 절대적인 확신을 가지고 인식하기 때문이다. 이런 점이 전제되면, 인식주체와 자연의 객체의 일치에 관해서 말할 수 있는 경우는 오로지 다음과 같은 점이 증명되는 경우다. 즉, "정신이 어쨌든 객체를 직관할 때에 정신은 자기 자신을 직관한다는 것이다. 이 점이 입증되면 우리의 지식의 실재성이 확보된다."[37] 쉘링은 자립적으로 존재하는 자연 속에서, 모든 것을 산출하는 주체를 드러내 보임으로써 자신의 자연철학에서 이 증명을 수행한다.[38]

　슈투르마(D. Sturma)는 쉘링의 텍스트에 근거하여, 자아의식의 구조를 "자아의 선험적 과거"라는 표현으로 요약하고 있다. 그에 의하면, 쉘링에게 있어서 자아의 선험적 과거는, 자아가 자기 자신에 대한 의식에 이르기 전의 시간을 설명하는 사변적인 유별남이 아니다. 데카르트

---

36 Jürgensen, ebd., 51 참조.

37 "daß der Geist, indem er überhaupt Objekte anschaut, bloß sich selbst anschaut. Läßt sich dies erweisen, so ist die Realität unseres Wissens gesichert." (SW I, 366).

38 Wetz, ebd., 30 참조.

주의의 근본명제가 올바로 이해되기만 한다면, 그 근본명제는 바로 선험적 과거로 인도할 것이기 때문이라는 것이다. 이에 관한 쉘링의 주장을 살펴보자: "왜냐하면 '나는 존재한다' 라는 명제는 바로 '자기에게로 옴' 의 표현 자체일 뿐이기 때문이다. ― 그러므로 '나는 존재한다' 속에서 표현되는 이러한 '자기에게로 옴' 은 자기의 밖에서 존재했음과 자기로부터 존재했음을 전제한다. 왜냐하면 이전에 자기의 밖에서 존재했던 것만이 자기에게로 올 수 있기 때문이다. 그러므로 자아의 최초의 상태는 '자기의 밖에 존재함' 이다."[39] 물론 '선험적 과거' 라는 개념은, 인식론적 · 시간적 규정이 결합된 비유적인 표현이다. 구성면에서 보면 이 개념은 자아의식이 가능하기 위한 체계적인 조건들과 자아의식의 발전사적(發展史的)인 전제들을 결합한다. 인식론과 발전사의 구성적 연관은 '나는 존재한다' 라는 데카르트적인 원칙에 의미론적인 확장을 부여한다. 이 원칙 속에서는, 자신의 실존의 정확한 명증성을 자족적(自足的)인 출발점으로서가 아니라 결과로서 규정하는 자기확신이 표현되고 있다고 하겠다.[40]

그런데 피히테의 절대적 자아와의 추가적인 구별이 여기서 더 언급되어야 한다. 『전 학문론의 기초』의 절대적 자아는 이론적이지도 실천적이지도 않다. 『정험적 관념론의 체계』의 자아의식은 이론적이기도 하고 실천적이기도 하여, 그것은 이론과 실천의 중심으로서, 정리(定理)

---

39 "Denn das Ich bin ist eben nur der Ausdruck des zu-sich-Kommens selber ― also dieses zu-sich-Kommen, das im Ich bin sich ausspricht, setzt ein *außer* und von-sich-Gewesensein voraus. Denn nur das kann *zu sich* kommen, was zuvor *außer* sich war. Der erste Zustand des Ichs ist also ein außer-sich-Sein." (*Zur Geschichte der neueren Philosophie*, in: SW X, 94).

40 Dieter Sturma, "Schellings Subjektkvitätskritik," in: *Deutsche Zeitschrift für Philosophie* (44), Berlin (429-446), 1996, 435 참조.

도 명령도 아니고 요청(要請)[Postulat]이다(StI 376 참조). 쉘링은 『정험적 관념론의 체계』의 제1부에서, 대립된 것들의 동일성을 자아의식 속에서 규정하여 모든 지(知)에 대한 대립자들의 매개를 서술한 후에, 제2부인 "정험적 관념론의 일반적 연역"에서 자아의식의 동일성 속의 대립을 지적한다. 이 단원은 다음과 같은 증명으로 인도한다: "이처럼 자유롭지만 제한된 활동과, 그리고 제한할 수 없는 활동이 하나의 동일한 주체 속에 반드시 공존해야만 한다. (⋯) 그러므로 철학의 체계 자체가 이론철학과 실천철학으로 나뉜다면, 자아가 근원적으로 이미 그리고 자기의 개념의 힘으로 동시에 무제한적인 활동이 아니면서 (자유로움에도 불구하고) 제한된 활동일 수 없으며, 또 그 반대도 마찬가지라는 점이 일반적으로 증명되어야 한다."⁴¹

　자아의식의 작용에 결합된 자기분열로부터, 지식 자체의 모든 원리 구조가 드러난다. 쉘링에게 있어서 자기직관의 계기 속에는 우리의 모든 인식 및 지식의 실재성의 근거가 정초된다. 따라서 주체와 객체의 근원적인 동일성 속에서는 두 가지 활동이 구별되어야 한다. 즉, 그 하나는 무한한 활동이고 다른 하나는 반대방향으로 제한하는 활동이다. 더 자세히 말하면 하나는 관념적·무제한적 활동이고 다른 하나는 실재적·제한적 활동이다. 관념적 활동은 의식의 모든 새로운 형태와 형식 속에서 상승하는 것으로 나타나서, 즉 강화되어서, 자아는 매개하는 이

----

41 "Diese notwendige Koexistenz einer freien, aber begrenzten, und einer unbe-
grenzbaren Tätigkeit in einem und demselben identischen Subjekt muß, (⋯),
notwendig sein, (⋯) Wenn also das System der Philosophie selbst in theoretische
und praktische zerfällt, so muß sich *allgemein* beweisen lassen, daß das Ich
ursprünglich schon und kraft seines Begriffs nicht eingeschränkte (obgleich freie)
Tätigkeit sein kann, ohne zugleich uneingeschränkte Tätigkeit zu sein, und
umgekehrt." (StI, 379). Jürgensen, ebd., 51 참조.

단계들을 거쳐서 주체-객체로서의 자기 자신을 의식하게 된다.[42] 그리하여 무의식적 활동과 의식적 활동에 대한 더욱 상세한 규정으로서의 자아의식은 방향이 서로 대립된 무제한적 활동과 제한적 활동으로 구성된다: "왜 자아가 자기를 근원적으로 의식해야만 하는지는 더 이상 설명할 수 없다. 왜냐하면 자아는 다른 것이 아닌 자아의식이기 때문이다. 그런데 자아의식 속에서는 대립된 방향의 갈등이 있을 수밖에 없다"[43]고 쉘링은 말한다. 다시 말해 자아의식은 그 방향에 있어서 대립과 "항쟁"(StI, 392)으로 구성된 그러한 방향 자체다. 자아의식은 "자아 자신의 본질 속에서의 근원적인 대립"(ebd.)이다. 즉, "자아의식 속에서 표현된 동일성은 근원적인 동일성이 아니라 산출되고 매개된 동일성이다. 근원적인 것은 자아 속에 있는 대립된 방향들의 갈등이며, 동일성은 그로부터 귀결되는 것이다."[44] 이러한 동일성은 자아의식의 종합적 동일성이다. 『전 학문론의 기초』에 있어서 자아는 "나=나"라는 자신의 진리를 확신에까지 이르게 하기 때문에, 자아는 반정립된 비아와 같지 않다. 쉘링의 자연은 피히테의 비아의 번역으로 생각할 수 있는데, 자아와 자연의 동일성을 근거로 하여 쉘링은 자유와 자연 사이의 이행을 생각해야만 한다. 그러나 피히테는 이러한 이행을 자연과 자유 사이의 도약을 통해 배제하고 있다(GA I, 2, 427 참조). 따라서 자아의 내적인

42　Hans Michael Baumgartner/Harald Korten, *Friedrich Wilhelm Joseph Schelling*, München, 1996, 72 참조.

43　"Warum das Ich sich seiner ursprünglich bewußt werden müsse, ist nicht weiter zu erklären, denn es *ist* nichts anderes als Selbstbewußtsein. Aber im Selbstbewußtsein ist ein Streit entgegengesetzter Richtungen notwendig."(StI, 392).

44　"daß die im Selbstbewußtsein ausgedrückte Identität keine ursprüngliche, sondern eine hervorgebrachte und vermittelte ist. Das Ursprüngliche ist der Streit entgegengesetzter Richtungen im Ich, die Identität das daraus Resultierende."(StI, 392).

이중성에 상응하는 것은 자아와 자연의 외적인 평행성이다. 이 둘은 모두 지(知)를 구성하는 본질적인 것이다. 만약에 자아가 절대적인 동일체라면 자연과의 동일성을 산출하는 것은 불가능할 것이다. 동일한 것의 비동일적인 것(Das Nicht–Identische der Identischen)이 자아와 자연의 동일성을 가능하게 한다. 대립된 이 측면들의 동일성은 그러므로 다양한 것들의 관계라고 규정된다. 피히테의 『전 학문론의 기초』가 자아의 자기 자신과의 동일성(나=나)을 실현한다면, 쉘링의 『정험적 관념론의 체계』는 자아와 자연의 동일성(자아=자연)을 실현해야 한다. 그러므로 자아의식은 『정험적 관념론의 체계』의 원리로 된다. 그러므로 여기서 진리로 보증되는 것은 절대적 자아에 있어서의 위험, 즉 자아의식이 절대적 자아를 잃어버렸다는 위험이다.[45]

---

45 Jürgensen, ebd., 52 ff. 참조.

철학의 원리로서의 무제약자와 자아(의식)

2.1. 무제약자로서의 절대적 자아: 철학의 원칙 및 원리

쉘링의 초기철학은 특히 피히테의 『학문론』(*Grundlage der gesamten Wissenschaftslehre*, 1794/95)의 영향을 받았는데, 이러한 사실은 이미, 『철학 일반의 형식의 가능성에 대하여』(*Über die Möglichkeit einer Form der Philosophie überhaupt*, 1794), 그리고 『철학의 원리로서의 자아에 관하여, 혹은 인간의 지식 속의 무제약자에 대하여』(*Vom Ich als Prinzip der Philosophie oder über das Unbedingte im menschlichen Wissen*, 1795)[46]와 같은, 이 시기에 간행된 저술들의 제목이 입증하고

---

46 우리는 이 저술에서 쉘링의 주장과 신플라톤주의의 이론, 특히 플로티노스의 이론과의 주목할 만한 연관성을 발견할 수 있는데, 이러한 연관성은 칸트의 정험적 변증론과 칸트의 정험적 통각 개념, 그리고 피히테의 자아와 비아의 변증법, 그리고 스피노자의 실체 · 무제약자 · 절대자 개념을 계속해서 비판적으로 다룸으로써 적용된다[Werner Beierwaltes, "The Legacy of Neoplatonism in F. W. J. Schelling's Thought," tr. from the German by Peter Adamson, in: *International Journal of Philosophical Studies* Vol. 10(4), 2002 (393-428), 395 참조].

있다. 이 두 저술은 셸링철학의 처녀작들로 간주된다. 피히테의 학문론과의 확실한 유사성을 보이고 있는 위의 저술들을 통해 비로소 그는 세상에 알려지게 되었다. 뒤이어 피히테주의자인 니이트하머(Friedrich Immanuel Niethammer, 1766-1848)가 자신이 편집자로 있던 『철학잡지』(Philosophisches Journal)의 공동작업을 셸링에게 제공했는데, 셸링은 이 잡지에 『독단주의 및 비판주의에 대한 철학적 서한들』(Philosophische Briefe über Dogmatismus und Kritizismus, 1795)을 발표했다. 이 글에서 셸링은 자기가 피히테에 열광하고 있다는 사실을 새롭게 알렸다. 그런데 셸링을 완전히 사로잡은 것은 비단 피히테의 학문론만이 아니었고, 계몽주의의 이념들과 칸트의 비판철학 또한 그에게 큰 영향을 미쳤다. 특히 셸링은 피히테에게서, 칸트에 의해 시작된 것을 그만의 독특한 방식으로 계승한 천재성을 발견하였다.[47]

셸링은 1795년 1월 6일에 헤겔에게 보내는 편지에서 자신의 철학적 숙고들의 출발점 및 의도를 다음과 같이 말하고 있다: "철학은 아직 끝나지 않았다. 칸트는 결과들을 제공했지만 전제들은 아직 결여되어 있다. 그리고 전제들 없이 누가 결과들을 이해할 수 있는가? ― 칸트 같은 사람은 잘 이해할 수 있겠지만, 그 결과들과 함께 있는 큰 무더기는 어떻게 한단 말인가?"[48] 셸링은 칸트를 무척 존경했지만 그는 피히테처럼, 칸트의 "이론철학과 실천철학이 단적으로 공통의 원리에 의해 결합되어 있지 않다"[49]는 사실에 문제를 제기했다. 그뿐만 아니라, "양자(兩

---

47 Wetz, ebd., 15 참조.

48 "Die Philosophie ist noch nicht am Ende. Kant hat die Resultate gegeben, die Prämissen fehlen noch. Und wer kann Resultate verstehen ohne Prämissen? ― Ein Kant wohl, aber was soll der große Haufen damit?"(M. Frank/G. Kurz (hg.), *Materialien zu Schellings philosophischen Anfängen*, Ffm., 1975, 117).

49 "theoretische und praktische Philosophie schlechterdings durch kein gemeis-

者)(이론철학과 실천철학: 필자 주)가 유일한 원리로부터 (⋯) 등장하지 않는다면 그것들은 똑같이 근거 없는 것이고 파악할 수 없다"⁵⁰는 것이 명백할 것이다. 그러므로 철학은, 추가적인 모든 것이 그것으로부터 도출되는 하나의 단적으로 무제약적인 원칙으로부터 출발해야만 할 것이다. 그리고 나서 셸링은 피히테의 학문론의 세 원칙들을 반복하고, 그 원칙들로 말미암아 "또한 학문의 모든 내용, 모든 형식도 남김 없이 파헤쳐진다"⁵¹고 덧붙여 말한다.⁵²

   여기서의 셸링의 출발점은, 경험적 인식에서의 주체와 객체의 일치다. "왜냐하면 우리는 우리의 인식조차도, 그것이 대상과 일치하는 한에서만 실재적인 것으로 간주하기 때문이다."⁵³ 인식비판적인 철학은 근원적인 일치에 맞서서, 주체와 객체의 차이를 고수함으로써 양자의 관계를 원인과 결과라는 도식에 따라 단지 인과적으로만 파악할 수 있다. 따라서 셸링이 보기에는, 인식론적 실재론에서 자아는 비아의 영향에 의한 수동적인 결과라고 해석되지만, 인식론적 관념론에서는 그와는 반대로 세계는 본질이 없는 "가상(假象)[Schein]"(SW I, 362)이 되어 증발해 버린다. 그런데 셸링은 칸트의 철학이 현실을 무화한다는 비난에 맞서서 칸트의 철학을 보호한다: "칸트의 이론철학의 목적은 우리의 지식의 실재성을 확보하는 것이었다."⁵⁴ 물론 셸링도 우리의 감성을

---

chaftliches Prinzip verbunden"(SW I, 154).

50 "beide gleich grundlos und unbegreiflich sind, wenn sie nicht beide aus Einem Prinzip (⋯) hervorgehen."(SW I, 398).

51 "auch aller Inhalt, alle Form der Wissenschaft der Wissenschaft erschöpft"(SW I, 100).

52 Wetz, ebd., 26 f. 참조.

53 "Denn wir halten selbst unsre Erkenntniß nur insofern für real, als sie mit dem Gegenstand übereinstimmt."(SW I, 365).

54 "Der Zweck der theoretischen Philosophie Kants war, die Realität unseres Wis-

축발하는 물 자체를 "뇌 속의 유령[Hirngespinnst]"(SW I, 357)이라고 폭로한다.

자아 없는 실재론 및 세계 없는 관념론의 인식비판적인 철학에 맞서서 쉘링은 세계의식과 자아의식의 동근원성(同根原性)[Gleichursprünglichkeit]을 주장하며, 오직 이 길 위에서만 주체와 객체의 직접적인 일치를 정당하게 평가할 수 있다고 생각한다. 그러한 동근원성이 쉘링에게 있어서 의미를 지니는 경우는, 그것이 하나의 원리를 따르는 때일 뿐이다. 쉘링은 이 원리를, 주체가 객체로부터 추상하는 작용 속에서만 얻어지는 자아의식의 통일 속에서 찾는다. "그러므로 다음과 같이 물을 수 있다: 대상과 표상의 이러한 동일성이 도대체 가능한가? 우리는 이러한 동일성은 다음과 같은 경우에만 가능하다는 것을 아주 쉽게 발견한다. 그것은 즉, 자기 자신을 직관하는 자가 존재하는 경우, 즉 표상하는 자와 표상된 것이 동시에 존재하고 직관하는 자와 직관된 것이 동시에 존재하는 경우다. 표상과 대상의 절대적인 동일성의 유일한 예를 우리는 요컨대 우리 자신 속에서 발견한다."[55] 쉘링이 여기에서, 피히테로 말미암아 자아의식으로서의 자아에 대한 해석에 동조하기는 하지만, 그에게 본질적으로 문제가 되는 것은 자아 개념 자체가 아니라 절대자로의 접근이다.[56]

---

sens zu sichern."(SW I, 363).

55 "Es fragt sich also: ob eine solche Identität des Gegenstandes und der Vorstellung überhaupt möglich sei? Man findet sehr leicht, daß StIe nur in Einem Falle möglich wäre, wenn es etwa ein Wesen gäbe, das sich selbst anschaute, also zugleich das Vorstellende und das Vorgestellte, das Anschauende und das Angeschaute wäre. Das einzige Beispiel einer absoluten Identität der Vorstellung und des Gegenstandes finden wir also in uns selbst."(SW I, 365 f.).

56 Berg, ebd. 77 f. 참조.

그러면 어떻게 쉘링은 『정험적 관념론의 체계』의 원리에 도달하는 가? 서론의 첫 문단에서 쉘링은 다음과 같이 말한다: "모든 지식은 객체적인 것과 주체적인 것의 일치에 근거하고 있다. — 왜냐하면 우리는 참된 것만을 알기 때문이다. 그런데 진리는 일반적으로 표상과 표상의 대상의 일치 속으로 정립된다."[57] 지식 개념은 지식의 계기들 가운데 어떤 하나의 우위를 포함하고 있지 않기 때문에 계기들 중의 어떤 것이 원리로 고양되어야 하는가 하는 문제는 결정되지 않은 채로 남아 있다.

그런데 정험철학을 정초하는 것은 바로, 자아의식을 『정험적 관념론의 체계』의 원리로 만드는 반성이다. 그래서 자아의 외부의 사물의 객체성에 대한 의심은, 직접적으로 확실한 "나는 존재한다"라는 자아의 반성이 의심할 여지없이 참된 것으로 증명되는 경우에만 지양될 수 있다. 이 진리를 확신함으로써만 자아는 자기의 외부에 사물이 존재한다는 것을 확신할 수 있다. 그러므로 자아 외부의 사물에 대한 회의주의는 의심된 실재성에 대한 확신으로 바뀌게 된다.

주체가 자신을 객체로 만드는 한에서 주체는 다른 모든 객체처럼 자기 자신도 의식하게 된다. 그러나 주체는 자기의 산출의 자유를 통해서 다른 모든 객체들로부터 자기를 구별한다. 그러므로 자아는 오직 자아에 대해서만 객체다. 자아가 자유를 통해서 산출되기 때문에 자아는 무제약적이며 사물-객체로 될 수 없다. 이러한 객체에 상응할 수 있는 것은 자기편에서 자유로운 지(知)뿐이다. 자기를 객체로 아는 주체는 자아의식 혹은 주체-객체라고 말할 수 있는데, 이러한 주체-객체는 자기

---

57 "Alles Wissen beruht auf der Übereinstimmung eines Objektiven mit einem Subjektiven. — Denn man weiß nur das Wahre; die Wahrheit aber wird allgemein in die Übereinstimmung der Vorstellugen mit ihren Gegenständen gesetzt."(StI, 339).

가 자기를 객체로 산출하는 활동 속에서만 자기를 안다. 자기를 아는
이러한 산출력은 최고의 점(點)을 특징지으며, 따라서 『정험적 관념론
의 체계』의 원리를 특징짓는다.

셸링이 생각하기에 『정험적 관념론의 체계』의 원리는 다음과 같은
대립을 해소해야 한다. 즉, 원리는 한편으로는 알려진 것에 관한 지(知)
이어야 하는데, 이것은 주체와 객체의 대립을 종합적으로 매개함으로
써만 가능하다. 다른 한편으로 그것은 무제약적이며 동일해야 한다. 동
일성의 명제는 지(知)가 아니며, 종합명제는 무제약적이지 않기 때문에
대립은 "동일한 것과 종합적인 것이 그 속에서 하나인 그 어떤 점이 발견되거
나, 아니면 동일한 동시에 종합적이고, 종합적인 동시에 동일한 그 어떤 명제
가 발견됨으로써만"[58] 해소될 수 있을 것이다. 그럼에도 동일한 원리가
지닌 종합적인 성격 때문에 그것은 그 속에서 "객체와 객체의 개념이,
대상과 그 표상이 근원적으로, 단적으로 그리고 아무런 매개 없이 하나
인"[59] 하나의 점이어야 한다. 이러한 동일성 속에서는, 표상된 것은 표
상하는 자이며, 그러므로 동일한 동시에 상이하다: "(…) 표상된 것과
표상하는 자의 이러한 동일성은 자아의식 속에서만 존재한다."[60]

셸링은 자아를 철학의 시원(始原)으로 설정하였다: "근원적으로 자
아만이 특히 최고의 조건으로 주어져 있다"(SW I, 100). "모든 것은 단
지 자아 속에, 그리고 자아를 위해서 존재한다. 자아 속에서 철학은 그

---

58 "nur dadurch (…), *daß irgend ein Punkt gefunden würde, worin das Identische und Synthetische Eins ist, oder irgend ein Satz, der, indem er identisch, zugleich synthetisch, und indem er synthetisch, zugleich identisch ist.*"(StI, 363).

59 "in welchem das Objekt und sein Begriff, der Gegenstand und seine Vorstellung ursprünglich, schlechthin und ohne alle Vermittlung Eins sind."(StI, 364).

60 "(…) diese Identität des Vorgestellten mit dem Vorstellenden ist nur im *Selbstbewußtsein.*"(StI, 365). Jürgensen, ebd., 48 ff. 참조.

것의 하나와 모든 것을 발견하며, 철학은 이것을 최고의 승리의 보상으로서 추구해 왔다"(SW I, 193). 쉘링은 자신의 철학의 출발점에서는 신적(神的) 자아에 대해서가 아니라 초기 피히테와 마찬가지로 인간적 자아에 대해 말하고 있다. 그는 "나의 자아"(SW I, 193)에 대해 말한다. 나중에 되돌아볼 때에도 그는, "절대적인 원리로서의 자아"는 "실로, 시작할 때에도 단지 인간적인 원리로만 도입되었다"[61]고 말한다.

그러나 물론 이것으로 끝난 것은 아니다. 인간적 자아라는 출발점으로부터 그의 사유는 자아의 근거 안에서의 영원자의 명시(明示), 그리고 이것을 넘어 신적(神的)으로 이해된 절대자 자체에 대한 사상(思想)에 이르며, 이것은 그에게 특징적인 철학적 신학의 근본원리가 된다. 그는 자아에 절대성을 부여하여 "절대적 자아(das absolute Ich)"(SW I, 167)라고 불렀다. 바로 이러한 자아의 절대성 안에, 철학의 시원을 형성하는 자아의 능력이 놓여 있다. 쉘링도 피히테와 마찬가지로 철학을 '학문론'이라고 불렀는데, "학문론의 완성된 체계는 절대적인 (…) 자아로부터 출발한다"(SW I, 176)고 말하고 있다. 절대적 자아인 이 무제약자는 "자신의 사유 자체를 통해서 ― 절대적 인과성으로부터 ― 자신을 산출한다"(SW I, 167). 그것은 자신으로부터 추가적인 모든 것이 발생하는 최고의 연역원리를 이룬다: "학의 완성된 체계는 모든 대립자를 배제하는 절대적 자아로부터 출발한다. 제약할 수 없는 유일자인 이 절대적 자아는 지식의 전 연쇄를 제약하고, 사유 가능한 모든 것의 영역을 기술하며, 모든 것을 파악하는 절대적인 실재자로서 우리의 지식의 전 체계를 지배한다."[62]

---

61 "(…) das Ich als absolutes Prinzip (…), das ja auch anfänglich nur als menschliches eingeführt war;"(*Einleitung in die Philosophie der Mythologie*, in: SW XI, 371).

이러한 절대적 자아는 개념적으로도 감성적으로도 우리에게 주어지지 않고, "지적 직관[intellektuelle(r) Anschauung]"(SW I, 181) 속에서만 주어진다고 쉘링은 말한다. 그러나 칸트는 우리 인간에게 지적 직관의 능력을 인정하지 않았다. 신적(神的)인 지성만이 순수하게 정신적으로 직관할 수 있고 우리 인간의 직관은 단지 감성적인 직관에 불과하다고 칸트는 생각했다. 쉘링은 칸트의 생각을 알고 있었다: "나는 칸트가 모든 지적 직관을 부정했다는 것을 잘 알고 있다."[63] 그럼에도 쉘링은, 절대적 자아는 "지적으로 직관될"(SW I, 202) 수 있고 또 직관되어야만 한다는 점을 고수했다. 이런 맥락에 있어서도 쉘링은 피히테와 일치하고 있다. 피히테는 1797년의 『학문론의 두 번째 서론』(*Zweite Einleitung in die Wissenschaftslehre*)에서 "지적 직관"이라는 표현을 처음으로 사용했다:[64]

"그것을 통해 자기에게 자아가 발생하는 행위를 수행할 때 철학자에게 요구되는 자기 자신의 이러한 직관을 나는 지적 직관이라 부른다. 지적 직관은, 내가 행위하고 있다는, 그리고 내가 무엇을 행하고 있다는 직접적인 의식이다. 그것은 내가 그것을 통해 어떤 것을 아는 그런 것이다. 왜냐하면 내가 그것을 행하기 때문이다. 그러한 지적 직관의 힘이 있다는 사실은 개념들을 통

62 "Das vollendete System der Wissenschaft geht vom absoluten, alles Entgegengesetzte ausschließenden Ich aus. Dieses als das Eine Unbedingbare bedingt die ganze Kette des Wissens, beschreibt die Sphäre alles Denkbaren, und herrscht durch das ganze System unseres Wissens als die absolute alles begreifende Realität."(SW I, 176). Wetz, ebd., 27 참조.
63 "Ich weiß es recht gut, daß Kant alle intellektuale Anschauung geleugnet hat." (SW I, 181).
64 Wetz, ebd., 27 참조.

해서 증명될 수도 없고, 그것의 본성이 개념들로부터 전개될 수도 없다. 지적 직관이 이런 능력을 가지고 있다는 사실은 모든 사람이 자기 자신 속에서 직접 발견해야만 한다. 그렇지 않으면 우리는 그것을 결코 알게 될 수 없을 것이다. 우리가 그것을 추론을 통해서 입증해야 한다는 요구는, 우리가 아무 것도 볼 필요가 없이 소경으로 태어난 자에게 색깔이 무엇인지 설명해 주어야 한다는 요구보다 훨씬 더 놀라운 일이다. (…) 나는 손이나 발을 움직이는 행위를 할 때에 나의 자아의식을 지적으로 직관하지 않고서는 한 걸음도 내디딜 수 없고 손발도 움직일 수가 없다. 이러한 직관을 통해서만 나는, 내가 그러한 행위를 한다는 것을 안다. 그리고 이러한 직관을 통해서만 나는, 나의 행위 및 행위하는 나를, 내 앞에 발견된 행위의 대상과 구별한다. 자기에게 활동을 귀속시키는 모든 사람은 이러한 직관에 호소한다. 지적 직관 속에는 삶의 원천이 있고 지적 직관이 없다면 죽음이 있다."[65]

---

[65] "Dieses dem Philosophen angemuthete Anschauen seiner selbst im Vollziehen des Actes, wodurch ihm das Ich entsteht, nenne ich *intellectuelle Anschauung*. StIe ist das unmittelbare Bewusstseyn, dass ich handle, und was ich handle: Sie ist das, wodurch ich etwas weiss, weil ich es thue. Dass es ein solches Vermögen der intellectuellen Anschauung gebe, lässt sich nicht durch Begriffe demonstriren, noch, was es sey, aus Begriffen entwickeln. Jeder muss es unmittelbar in sich selbst finden, oder er wird es nie kennen lernen. Die Forderung, mann solle es ihm durch Raisonnement nachweisen, ist noch um vieles wunderbarer, als die Forderung eines Blindgeborenen seyn würde, dass man ihm, ohne dass er zu sehen brauche, erklären müsse, was die Farben seyen. (…) Ich kann keinen Schritt thun, weder Hand noch Fuss bewegen, ohne die intellectuelle Anschauung meines Selbstbewusstseyns in diesen Handlungen; nur durch diese Anschauung weiss ich, dass ich es thue, nur durch diese unterscheide ich mein Handeln und in demselben mich, von dem vorgefundenen Objecte des Handelns. Jeder, der sich eine Thätigkeit zuschreibt, beruht sich auf diese Anschauung. In ihr ist die Quelle des Lebens, und ohne sie ist der Tod." (ZEWL, GA I/4, 216 f.; SW I, 463).

쉘링에게 있어서 철학의 원리는 자아의식이다. 이론철학과 실천철학
의 관계를 규정할 때 쉘링은 다음과 같이 설명한다: "이제 모든 철학의
원리는 자아의식이다. 철학의 전(全) 범위는 자아의식을 통해 기술된
다. 왜냐하면, 정신은 자기의 모든 행위에 있어서 자아의식을 추구하기
때문이다."[66] 이 자아의식을 자기에게 부여하는 것은 실천적인 것 속에
있는 정신(der Geist im Praktischen)이다.[67] 쉘링은『정험적 관념론의
체계』에서도 철학의 원리로서의 자아의식을 다음과 같이 설명한다:
"자아의식은 그로 말미암아 사유하는 자가 직접 객체가 되는 그런 작용
이다."[68] 자아의식은 "주체-객체"(StI, 373)라는 이중성 속에 있는 근원
적인 동일성 개념이다. 그리고 자아의식의 절대적 작용을 통해 비로소
자아가 발생한다(StI, 366 참조). 철학자는 "그 속에서 자아의식의 유일
한 작용이 전개되는 근원적인 일련의 행위를 자유롭게 반복함으로써"[69]
이 작용을 "자아의식의 역사"(StI, 398 f.)로 재구성한다. 최초의 것과
절대적인 것으로서의 주체적인 것으로부터 출발하여 객체적인 것을 그
것으로부터 성립시키는(StI, 342 참조) 정험철학의 출발점은 자아의식
이다. 자아의식이 모든 지(知)의 원리로 도입된다. 즉, 주체와 객체의
일치로서의 지(知), 표상과 표상된 것의 일치로서의 지(知)를 설명하고
정초하는 것이 문제라면, 설명원리는 "객체와 객체 개념, 대상과 대상

---

66 "Nun ist das Prinzip *aller* Philosophie das Selbstbewußtsein. Durch dasselbe
ist der ganze Umkreis des Geistes beschrieben, denn in allen seinen Handlungen
strebt er nach Selbstbewußtsein." (SW I, 383).

67 Joachim Ritter und Karlfried Gründer, ebd., 360 참조.

68 "Das Selbstbewußtsein ist der Akt, wodurch sich das Denkende unmittelbar
zum Objekt wird." (StI, 365).

69 "freie Wiederholung der ursprünglichen Reihe von Handlungen, in welchen
der Eine Akt des Selbstbewußtseins sich evolviert" (StI, 398).

의 표상이 근원적이고 단적으로 그리고 아무런 매개 없이 하나인"[70] 그
런 것 속에서만 존재할 수 있다. 요구된 내용은 자아의식 속에서만 주
어져 있다(StI, 364 참조). 자아의식 속에서는 사유의 주체와 객체가 하
나이며 동일하다(StI, 365 ff. 참조). 자아의식이 지적 직관인 한, 자아
의식은 산출하는 자와 산출된 것의 통일, 원인과 결과의 통일이다(StI,
368 ff. 참조). 이런 의미에서 자아의식은 자연과 마찬가지로 주체–객
체이다. 그런데 자아의식의 형식적 구조는 "동일성 속에 있는 근원적인
이중성(ursprüngliche Duplizität in der Einheit)"(StI, 373)이다. 동일
성 속에서의 근원적인 이중성이라는 이 개념에 관하여 쉘링은 다음과
같이 말한다:

"그러한 개념은 자기 자신에 대립하는 동시에 자기 자신과 동일한 어떤 객체
라는 개념이다. 그런데 그러한 것은 단지, 자기 자신에 관해 원인인 동시에 결과
이고, 산출하는 자인 동시에 산물이며 주체인 동시에 객체인 그런 객체일 뿐
이다. ― 그러므로 이중성 속에 있는 근원적인 동일성이라는 개념, 그리고
그 반대는 단지 주체–객체라는 개념일 뿐이다. 그리고 그러한 것은 원래, 오
직 자아의식 속에서만 등장한다."[71]

<hr/>

70 "(…), in welchem das Objekt und sein Begriff, der Gegenstand und seine Vor-
stellung ursprünglich, schlechthin und ohne alle Vermittlung Eins sind."(StI, 364).
71 "Ein solcher Begriff ist der eines Objekts, das zugleich sich selbst entgegenge-
setzt, und sich selbst gleich ist. Aber ein solches ist nur ein Objekt, was von sich
selbst zugleich die Ursache und die Wirkung, Produzierendes und Produkt, Subjekt
und Objekt ist. ― Der Begriff einer ursprünglichen Identität in der Duplizität, und
umgekehrt, ist also nur der Begriff eines Subjekt–Objekts, und ein solches kommt
ursprünglich nur im SelbstBewußtsein vor."(StI, 373). Ulrich Claesges, ebd., 188
참조.

모든 지식의 원리를 찾을 때에 쉘링은, 모든 지식은 객체적인 것과 주체적인 것의 일치라는 경험적 소여로부터 출발하였다. 그러나 정험철학적으로 선택된, 주체의 출발에 있어서 전혀 알 수 없는 것은, 주체와 전적으로 상이한 객체가 어떻게 직접적인 의식 속으로 들어올 수 있는가 하는 문제다. 따라서, 우리의 외부에 사물이 존재한다는 확신은 근본적인 선입견으로 드러난다(StI, 343 참조). 정험철학자는 이 명제가 "나는 존재한다"라는, 직접적으로 확실한 명제와 동일하다는 것을 증명함으로써, 이러한 선입견에 대한 믿음을 단지 선언할 수 있을 뿐이다. 그런데 이 명제는 자기편에서 보면, 다른 어떤 것이 확실할 수 있기 위해서 우선 가정되어야만 하는 절대적인 선입관이다(StI, 344 참조). 정험철학은, 주체적인 것이 우리의 지식에서 지배적인 것이라는 전제 하에서 지식의 가능성을 설명해야 하기 때문에, 정험철학은 근원적인 선입견을, 그로부터 다른 모든 확신들이 도출될 수 있는 근원적인 확신에로 환원해야만 한다. 찾아지고 있는 것은 이러한 철학의 제1원리다(StI, 346 참조). 철학의 제1원리는 우리 지(知)의 근거로서, 지(知) 속에서 주체적인 것과 객체적인 것을 매개하는 속성을 가져야 한다(StI, 353 참조). 쉘링은 이제 이 제1원리를 우리 자신에 관한 지(知) 혹은 자아의식 속에서 발견한다(StI, 356 참조). 한편으로는 무제약적인 지(知)는 동일성의 명제들 속에서만 표현될 수 있고, 다른 한편으로는 객체에 관한 지(知)는 종합명제들 속에서만 존재하기 때문에, 최초의 지(知)[제1의 지(知)]는 동일하기도 한 동시에 종합적인 명제 속에서 존재하는 것이 분명하다(StI, 362 f. 참조). 그런 종류의 명제는, 객체와 그 개념이, 대상과 그 표상이 그 속에서 전적으로 하나인 점에 근거하고 있다. 요컨대 중요한 것은 존재와 표상작용의 완전한 동일이다. 이러한 동일은 자아의식 속에서만 주어진다(StI, 364 f. 참조). 쉘링은 지(知)를 사유

(Denken)라고 규정하기 때문에, 자아의식이 가지고 있는 자기 자신에 대한 지(知)는 자기 자신을 향한 사유작용(Denkakt)이다. 이러한 작용 속에서 우리에게는 자아 개념이 발생한다(StI, 365 f. 참조). 자기 자신에 대한 사유 속에서 자아 개념만이 발생할 수 있는 한, "자아"는 또한 항상 "자기 자신에게 객체가 됨"만을 의미한다. 그러므로 인식과 존재는 아무런 차이 없이 자아의식 속에서 일치한다. 경험적 의식에 주어진 지식으로부터 모든 지식의 원리로서의 자아의식이 얻어지고 자아로서의 자아의식의 성격이 '자기 자신의 산출작용' 속에서, '자기 스스로의 사유를' 통해서 발견된다면, 정험철학은, 자아가 자신에게 객체가 되기 전에, 무한히 진행하는 순수한 산출작용일 수 있다는 점을 안다. 또한 산출된 자로서 여전히 대자적(對自的)이 되기 위하여 그것은 자기의 산출작용으로 향하는 동시에 자기에게 한계를 설정해야 한다(StI, 380 참조). 그러므로 존립하는 자아의식 속에서는 서로를 향하는 두 활동이 서로를 전제하고 있다. 이 두 활동은, 경험적 의식의 형태들을 산출하는 자아의식의 모든 작용이 그것으로부터 도출되는 토대를 이룬다(StI, 386 참조). 경험적 의식의 형태들은 이제 자아의식의 역사의 첫 번째 시기에, 근원적인 감각으로부터 산출적 직관에까지 운동하는 산출작용들의 진행으로 환원된다.[72]

쉘링의 테제는, 지(知)란 그것이 자기 자신 속에서 일치하는 한에서 자기 자신을 지니고 있는 전체라는 것이다. 그러므로 지(知)는 체계이며, 이는 다시, 지(知)는 자기의 존립근거를 자기의 외부에 가질 수 없고 자기 자신 속에 가져야 한다는 것을 말한다. 따라서 지(知)의 원리는 지(知) 자체 속에서 찾아져야 하고 확립되어야 한다. 간접적으로 지(知)

---

72 Wellner, ebd., 233 f. 참조.

는 모든 학문의 원리이고, 직접적으로는 모든 지(知)에 관한 학문의 원리, 즉 정험철학의 원리이어야 한다. 쉘링은 그것을 자아의식이라고 규정하고 정당화한다. 자아의식은 주체와 객체의 동일성을 나타내고 있다.[73]

쉘링은 1797년에서 1800년에 이르기까지, 자연철학 외에도 제2의 자립적인 철학인 정험철학을 확립하는데, 그는 이 정험철학을 1800년에 출간된 『정험적 관념론의 체계』에서 가장 상세하게 다루고 있다.[74] 쉘링에게 있어서 정험철학의 원리는 자아의식이다. 그러나 쉘링의 정험철학은 그것의 지향에 따라 보면, 무제약자로서 인간의 주체[Subjektivität]의 자아의식을 능가하는 절대자에 관한 이론이다. 자아의식 속에 있는 인식론적 출발점에도 불구하고, 『정험적 관념론의 체계』는 절대적 동일성의 철학이다. 그리하여 쉘링은 주체적인 주체-객체 구조로부터 절대적 동일성으로 이행하는데, 절대적 동일성은 자아의식을 통해서는 단지 불충분하게만 정초될 수 있다.

쉘링에 의하면 이론철학의 기본적인 물음은 주체와 객체가 일치할 수 있는 가능성으로 향한다. 쉘링의 진리이론은 진리를 '사물과 지성의

---

73 Jörg Jantzen, "Grund und Grundlegung der Philosophie," in : Christian Danz u.a. (hg.), *System als Wirklichkeit: 200 Jahre »Schellings System des transzendentalen Idealismus«* (9-22), Würzburg, 2001, 18 참조.
74 쉘링의 『정험적 관념론의 체계』에 대한 오늘날까지 가장 광범위한 연구는 D. Jähnig, *Schelling: Die Kunst in der Philosophie, 2 Bde., Pfullingen*, 1966/1969다. 얘니히는 제1권에서 쉘링의 이론철학과 실천철학을 다루고, 제2권에서는 전적으로 예술철학에 집중한다. 추가로 참고할 것은 다음과 같은 문헌들이다: D. Korsch, *Der Grund der Freiheit. Eine Untersuchung zur Problemgeschichte der positiven Philosophie und zur Systemfunktion des Christentums im Spätwerk F. W. J. Schellings*, München, 1980, 72-100; M. Frank, *Eine Einführung in Schellings Philosophie*, Ffm., 1985, 85-97.

일치(adaequatio rei et intellectus)'로 파악하는 전통적인 진리정의와 연결된다. 그에 있어서 주체와 객체 사이의 차이로부터 출발하는 것은 진리를 설명하기에 불충분하다. 왜냐하면, 그것은 인식주체와 인식객체의 일치에 어떻게 도달할 수 있는가를 설명할 수 없기 때문이다. 따라서 지(知)의 진리가 설명되어야 한다면, 이와는 반대로 인식주체와 인식객체의 동일성으로부터 출발해야만 한다. 철학은 주체와 객체의 차이와 더불어 출발하긴 하지만, 분리의 근저에 있는 통일을 입증해야 하는 과제와 더불어 출발한다.[75]

쉘링은 다음과 같은 논증들을 가지고 주체와 객체의 근원적인 분리의 가정이 유지될 수 없다는 것을 정초한다. 참된 지(知)의 요소들인 주체와 객체가 분리될 때, 근원적인 통일이 드러나는 것은, 주체가 객체를 산출하거나 아니면 반대로 객체가 주체를 산출하거나 한다는 점에 있어서다. 쉘링이 객체적인 것의 총체를 자연으로 이해하고 주체적인 것의 총체를 지성[Intelligenz]으로 이해하기 때문에, 객체적인 것으로부터 주체적인 것으로 이행하는 운동은 자연철학에 의해, 그리고 주체적인 것으로부터 객체적인 것으로 이행하는 운동은 정험철학에 의해 설명된다.

---

75 "내가 이 동일성을 설명하고자 할 때에, 나는 이미 그 동일성을 지양한 것이 분명하다. 그 동일성을 설명하기 위해서 나는, (설명원리인) 지식의 저 두 요소 외에는 그 어떤 것도 나에게 주어지지 않기 때문에, 반드시 하나의 요소를 다른 요소의 앞에 놓아야 하고, 하나의 요소에서 출발하여 그것으로부터 다른 요소로 나아가야 한다." ["Indem ich diese Identität erklären will, muss ich sie schon aufgehoben haben. Um sie zu erklären, muss ich, da mir ausser jenen beiden Faktoren des Wissens (als Erklärungsprinzip) sonst nichts gegeben ist, notwendig den einen dem anderen vorsetzen, von dem einen ausgehen, um von ihm auf den andern zu kommen." StI, 339 f.].

"객체적인 것을 최초로 만드는 것, 그리고 주체적인 것을 그것으로부터 도출하는 것이, 바로 지금 보인 것처럼, 자연-철학의 과제다. 그러므로 하나의 선험-철학이 존재한다면 그 정험철학에는 최초의 것이며 절대자인 주체적인 것으로부터 시작하여 자기로부터 객체적인 것을 발생하게 하는 대립된 방향만이 남아 있게 된다."[76]

그러므로, 참된 지(知) 개념을 자기의 이론적 부분에서 파악해야만 하는 정험철학은 쉘링에게 있어서는 자연철학의 대안적 보충이다. 그러나 진리문제에 대한 쉘링의 숙고는, 그 속에서 자연철학이 정험철학 속으로 통합되는 체계구상으로 되는데, 정험철학으로 말미암아 자연철학은 자기가 지향하는 자립성을 상실할 우려가 있다. 정험철학의 이론적 부분은 자연철학과 '전적으로 동일한 실재성'을 갖고 있다는 쉘링의 주장은, 자연철학이 정험철학의 이론적 부분에 속한다는 추측을 허용한다. 이로써 쉘링의『정험적 관념론의 체계』는 피히테의『전 학문론의 기초』와 밀접하게 관계된다. 쉘링에 의하면 지(知)의 원리는 지(知)의 외부에서 탐색되지 않고, 지(知) 속에 함축된 주체적인 것과 객체적인 것의 근원적인 통일이 철학의 소급될 수 없는 출발점을 이룬다: "정험철학자는, 우리 지(知)의 어떤 최종근거가 지(知)의 외부에 존재할 수 있을까라고 묻지 않고, 우리가 벗어날 수 없는, 우리의 지(知) 속의 최종적인 것은 무엇인가라고 묻는다. ─ 그는 지(知)의 원리를 지(知)의

76 "Das Objektive zum Ersten zu machen, und das Subjektive daraus abzuleiten, ist, wie so eben gezeigt worden, Aufgabe der Natur-Philosophie. Wenn es also eine Transzendental-Philosophie gibt, so bleibt ihr nur die entgegengesetzte Richtung übrig, vom Subjektiven, als vom ersten und Absoluten, auszugehen, und das Objektive aus ihm entstehen zu lassen." (StI, 342).

내부에서 찾는다."[77] 그러나 쉘링은 객체적인 주–객 구조로부터 출발하는 자연철학을 자기의 정험철학 속으로 받아들임으로써 피히테를 넘어선다. 왜냐하면, 객체적인 주–객 구조는 학문론의 견지에서 보면 형용모순(形容矛盾)이고, 피히테에 의하면 주–객 구조는 자아의식적인 주체 속에서만 자기의 정초의 기초를 가질 수 있기 때문이다.

쉘링은 실재론적인 독단주의뿐만 아니라 주관주의적 관념주의도 피하고자 한다. 왜냐하면, 주관주의적 관념주의 역시, 소급될 수 없는 주체와 객체의 통일로부터 벗어나기 때문이다. 객체를 위하여 근원적인 통일을 해소하는 실재론적 독단주의와는 반대로, 주관주의적 관념주의는 통일을 주체성으로부터 일면적으로 설명한다. 전자의 경우에는 주체의 자기규정이 파괴된다면, 후자의 경우에는 똑같은 일이 객체의 실재에 대해 일어난다. 따라서, 쉘링의 정험철학은 실재론적 독단주의의 규정들에 소급하지 않고 주체성의 근원적 제한성을 개념적으로 파악해야 하는 과제 앞에 서 있다.

철학의 원리가 지(知)를 통일하기 위한 최고의 보장이어야 한다면, 쉘링에 의하면 그것은 세 가지 조건을 충족시켜야 한다:

1) 철학의 원리 자체가 하나의 지(知)이어야 하며, 다른 모든 지(知)에 비해 탁월해야 한다. 왜냐하면, 그것은 다른 모든 지(知)의 원리가 되어야 하기 때문이다.

2) 그것은 그 속에서(판단으로 표현될 때) 주어가 술어와 동일한, 전적으로 동일한 지(知)로 생각되어야 한다.

---

[77] "Der Transzendental–Philosoph fragt nicht: welcher letzte Grund unseres Wissens mag außer demselben liegen? Sondern: was ist das Letzte in unserem Wissen selbst, über das wir nicht hinauskönnen? — Er sucht das Prinzip des Wissens innerhalb des Wissens." (StI, 355).

3) 이와 동시에 그것은 또한, 그 속에서 명제의 주어와 구별되는 술어 또한 표현될(말해질) 수 있는 종합적인 지(知)이기도 해야 한다. "모든 진정한 체계는 (예컨대 세계구축의 체계처럼) 자기의 존립근거를 자기 자신 속에 가져야만 하기 때문에, 만약에 지(知)의 체계가 존재한다면 지(知)의 원리는 지(知) 자체의 내부에 존재해야만 한다."[78]

쉘링은 이 세 가지 조건이 자아의식 속에서 충족되는 것을 발견한다. 왜냐하면 자아의식은

1) 그것으로부터 추상될 수 없는, 이미 전제할 필요 없이 무제약적이고 전적으로 확실한 지(知)이고, 그래서 그것은

2) 자기 자신에 관해서 알기 때문에 동일한 지(知)이고,

3) 자아의식의 동일한 지(知)가 인식하는 주체와 인식된 객체로 동시에 분열하기 때문에 종합적인 지(知)이기 때문이다. "자아의식 속에서는 사유의 주체와 객체가 하나라는 사실은 자아의식 자신의 작용을 통해서만 모두에게 분명하게 된다. 여기에 속하는 사실은, 우리는 이 작용을 선취하는 동시에 이 작용 속에서 다시금 자기를 반성한다는 것이다."[79]

쉘링에 의하면 이 원리는 이론적으로 증명될 수 있는 것이 아니라 오로지 주체에 의해서 뒤따라 수행될 수 있을 뿐이다. 그것은 자아를 의

---

78 "Da jedes wahre System (wie z.B. das des Weltbaues) den Grund seines Bestehens in sich selbst haben muß, so muß, wenn es ein System des Wissens gibt, das Prinzip desselben innerhalb des Wissens selbst liegen." (StI, 354).

79 "Daß im Selbstbewußtsein Subjekt und Objekt des Denkens Eins seien, kann jedem nur durch den Akt des Selbstbewußtseins selbst klar werden. Es gehört dazu, daß man zugleich diesen Akt vornehme, und in diesem Akt wieder auf sich reflektiere." (StI, 365).

식하는 주체를 통해서 자발적으로만 산출될 수 있다. 우리가 자아의식
의 실천적 작용 속에서 그것을 성립시킬 때에만 우리는 그 원리를 확신
할 수 있다.[80]

---

80 Berg, ebd., 83 ff. 참조.

3

절대적 자아와 경험적 자아

3.1. 절대적 자아

쉘링은 다음과 같이 말한다: "자아는 모든 존재, 모든 실재를 포함하고 있다."[81] "따라서, 존재하는 모든 것은 자아 속에 존재한다. 그리고 자아의 외부에는 아무것도 없다."[82] 이로부터 귀결되는 사실은 다음과 같다: "자아는 (⋯) 존재의 원인이며 (⋯) 또한 존재하는 모든 것의 본질의 원인이기도 하다."[83] 요컨대 자아는 모든 관계에 있는 세계의 창조자다. 이로써, "대상과 표상의, 존재와 인식의 절대적인 일치"[84]가 가능한가 하는 물음에 대한 답변이 또한 다시 주어졌다. 이 대답은 명백히

---

81 "Das Ich enthält alles Sein, alle Realität." (SW I, 186).

82 "Demnach ist alles, was ist, im Ich, und außer dem Ich ist nichts." (SW I, 192).

83 "Das Ich ist (⋯) Ursache des Seins, (⋯) auch des Wesens alles dessen, was ist." (SW I, 195).

84 "absolute Übereinstimmung des Gegenstandes und der Vorstellung, des Seins und Erkennens" (SW I, 365).

긍정될 수 있다. 왜냐하면, 자아가 만물 속에서 "자기 자신의 산물 외에
는"(SW I, 379) 아무것도 직관하지 않는다는 것이 새롭게 타당하기 때
문이다. 쉘링이 여기서 말하고 있는 자아는 절대적 자아인데, 이 절대
적 자아는 피히테의 학문론에서 말하는 절대적 자아와는 다르다. 근본
적인 일치에도 불구하고 초기 쉘링은 절대적 자아를 해석할 때 독자적
인 입장을 취한다. 이에 대해서는 헤겔이 『피히테와 쉘링 철학체계의
차이』(*Die Differenz des Fichte'schen und Schelling'schen System der
Philosophie*, 1801)에서 가장 먼저 주목하게 만들었다. 쉘링은 나중에
이러한 차이점들을 다음과 같이 기술했다: 피히테는 "관념론을 전적으
로 주관적인 의미로, 그리고 나는 이와는 반대로 객관적인 의미로 생각
했다. (…) 이러한 대립을 가장 알기 쉽게 표현하기 위해서 관념론은 자
아가 모든 것이라고 주관적인 의미로 주장해야만 할 것이며, 반대로 객
관적인 의미로는 모든 것이 자아라고 주장해야만 할 것이다."[85]

피히테와 쉘링의 차이가 특히 분명하게 드러나는 것은 절대적 자아
와 유한한 자아를 구별할 때다. 절대적 자아를 "신(神)"(SW I, 201)과
동일하게 정립하고 유한한 자아를 인간과 동일하게 정립하면서, 쉘링
은 이미 자신의 초기철학에서 피히테의 주관적 관념론으로부터 등을
돌리는 경향을 보였다. 그럼에도 쉘링은 모든 사람이 자신의 내면에서
신적 자아에 참여하고 있다는 점을 계속해서 고수하였다. 그리하여 쉘
링의 철학에서 절대적 자아는 피히테의 학문론에서보다는 덜 인간에
속한다. 피히테의 학문론에 의하면 인간적 자아는 절대적 자아와 뿌리

---

85 "den Idealismus in völlig subjektiver, ich dagegen in objektiver Bedeutung
gedacht (…): um diese Entgegensetzung aufs verständlichst auszudrücken, so
müßte der Idealismus in der subjektiven Bedeutung behaupten, das Ich sei Alles,
der in der objektiven Bedeutung umgekehrt: Alles sei=Ich." (SW IV, 109).

가 동일하다. 이와는 반대로 초기 쉘링의 많은 진술들은, 인간은 모든 것을 산출하는 신적 지성의 모상(模像)이라는 단지 그 이유로 말미암아 세계를 올바로 인식할 수 있다고 하는 전통형이상학을 상기시킨다. 유사한 방식으로, 쉘링에 의하면 인식하는 인간과 인식대상 사이에는 "조화(調和)"(SW I, 240)가 존재한다. 왜냐하면 "양자, 즉 객체와 경험적 자아는 그들의 실재성을 단지 절대적 자아의 무한한 실재성에 힘입고 있기"[86] 때문이다. 이런 근거로 말미암아 경험적인 유한한 자아 또한 자유로운 자로 간주될 수 있다. 왜냐하면 이 자아는 "절대적 자아의 자유"(SW I, 181)에 참여하기 때문이다. 그러나 인간의 자유는 제한된다. 인간의 자유는 절대적 자아의 자유와 "질적으로가 (…) 아니라 양적으로 다르다."[87] 그럼에도 인간의 궁극적인 목적 및 최고의 과제는 늘 신적인 자아와 유사하게 되는 것이다. "그러므로 유한한 자아의 궁극목표는 무한자와의 동일에까지 확장되는 것이다."[88]

자신을 스스로 정립하는 절대적 자아는 순수한 동일체다. "무한한 자아는 자기 자신과 동일한 한에서만, 그리고 자기의 단순한 동일성을 통해 규정되는 한에서만 존재한다."[89] 무한한 자아는 "객체를 전혀 알지 못한다. 요컨대 의식도 의식의 통일도, 인격도 알지 못한다."[90] 무한한

---

[86] "beide, die Objekte und das empirische Ich, Ihre Realität nur der unendlichen Realität des absoluten Ich verdanken"(SW I, 240).

[87] "nicht (…) der Qualität, (aber) der Quantität nach verschieden"(SW I, 236).

[88] "Das letzte Ziel des endlichen Ichs ist also Erweiterung bis zur Identität mit dem Unendlichen."(SW I, 200). Wetz, ebd., 28 f. 참조.

[89] "Das unendliche Ich ist bloß insofern, als es sich selbst gleich, als es durch seine bloß Identität bestimmt ist:"(Vom Ich als Prinzip der Philosophie oder über das Unbedingte im menschlichen Wissen, 1795, in: SW I, 198).

[90] "kennt gar kein Objekt, also auch kein Bewußtsein und keine Einheit des Bewußtseins, Persönlichkeit."(SW I, 200).

자아는 자신 속으로 흘러가는 자기(自己)[in sich verfließende Selbigkeit], 완전자로서, "전적인 무한성을 충족시키는 절대적인 위력으로서만 (…) 생각될"[91] 수 있다. "자아 자신은 자기 자신에 대해서만 존재한다. (…) 자아는 자기 자신을 사유하는 한에서만 (…) 존재한다."[92] 자아는 무제약자, 자기를 산출하는 자아이며, 그런 점에서 객체처럼 파악될 수 없고 이러한 산출행위 속에서만 직관될 수 있다. 쉘링은 절대적 자아에 대해서 다음과 같이 분명하게 말한다: 자아는 "자기 자신에 대해서 단순한 객체가 아니다"(SW I, 177). 절대적 자아는 오로지 자기 자신으로 말미암아 규정된다. 그러므로 자아는 그런 한에서 절대적 자유, 스스로의 힘(Selbstmacht)이라고도 규정된다.[93]

3.2. 절대적 자아와 자아의식: 쉘링의 칸트 비판

3.2.1. 절대적 자아와 자아의식의 구별

쉘링은 철학을 정초하는 최고원리를 절대적 자아로 본다. 절대적 자아란 자아의식과 구별되며, 감성적 직관이나 자아의식을 통해서가 아니라 오직 지적 직관을 통해서 파악된다는 쉘링의 주장은 칸트의 비판철학과 분명히 충돌한다. 칸트에 있어서 철학의 '최고의 점'은 순수통

---

91 "nur als absolute Macht, die die ganze Unendlichkeit erfüllt (…) vorgestellt werden." (SW I, 201).

92 "Das Ich selbst ist nur *für sich selbst*, (…) es ist bloß (…) insofern es sich selbst denkt." (SW I, 193).

93 Ingtraud Görland, *Die Entwicklung der Frühphilosophie Schellings in der Auseinandersetzung mit Fichte*, Ffm., 1973, 19 f. 참조.

각 혹은 자아의식이지만, 쉘링은 여기서 한 걸음 더 나아가 자아의식조차도 근거 지을 수 있는 절대적 자아를 내세운다. 쉘링이 칸트철학의 문제점으로 생각하고 있는 것은, 이론이성과 실천이성 그리고 반성적 판단력을 하나로 묶는 최종적인 통합근거를 칸트가 해명하지 못했고 자아의식을 철학의 최고의 점으로 생각하면서도 그것의 인식 불가능성을 주장한 점이다. 이러한 칸트의 주장과는 달리 쉘링은 인식[주관]과 존재자[객관]를 동시에 근거 짓는 것은 '절대자', '무제약자' 혹은 절대적 자아이어야 한다고 주장한다. 그가 절대적 자아를 무제약자로 내세우는 것은 칸트가 제시한 '근원적[경험적] 통각'을 일관되게 철저하게 밀고 나간 결과라 하겠다.[94]

이미 『철학 일반 형식의 가능성에 대하여』(*Über die Möglichkeit einer Form der Philosophie überhaupt*, 1794)라는 저술처럼 『철학의 원리로서의 자아에 관하여, 혹은 인간의 지식 속의 무제약자에 대하여』(*Vom Ich als Prinzip der Philosophie oder über das Unbedingte im menschlichen Wissen*, 1795)라는 논문도 절대적 자아와 자아의식을 구별한다. 왜냐하면 절대적 자아는 "모든 사유 및 표상에 앞서는 존재"("ein Sein, das allem Denken und Vorstellen vorhergeht" SW I, 167)이기 때문이다. 이 논문에서도 쉘링은 자아의식을 절대적 자아로부터 연역하지 않는다. 그 대신에 그는 절대적 자아를 구축(驅逐)하는 자아의식의 경향을 분명히 드러낸다:

"자아가 의식 속에 출현하는 한에서 자아는 더 이상 순수한 절대적 자아가 아니라는 것을 어쨌든 고려하고 있는가? 그리고 절대적 자아에 대해서는 객

---

94 강영안, 『자연과 자유 사이』, 문예출판사, 2001, 258 ff. 참조.

체가 도무지 존재하지 않는다는 것을, 그래서 절대적 자아 스스로는 더욱 객체가 될 수 없다는 것을 고려하고 있는가? — 자아의식은 자아를 잃어버릴 위험을 전제하고 있다."[95]

절대적 자아가 자신을 정립함으로써 절대적 자아는 유한한 자아에 앞서서 자기 자신을 정립한다. 절대적 자아는 무엇을 표상하거나 그 스스로 표상될 수 없다. 왜냐하면 절대적 자아는 자기를 사유와 존재의 통일체로서 정립하기 때문이다. 이러한 동일성을 근거로 하여 절대적 자아는 자신을 도덕법칙으로 실현하며 유한한 자아에게 다음과 같은 것을 촉구한다: "너 자신과 전적으로 동일하여라."[96] 절대적 자아는 즉자적으로는 자연법칙, 즉 절대적 자유인 자기의 본성의 법칙이다. 그러므로 이 법칙은 자아에 대립해 있는 자연의 법칙이 아니라 절대적 자아 자신의 본성의 법칙이다. 자아는 자기의 고유한 본성과 동일해야 한다. 이와는 반대로 절대적 자아는 대립된 자연과의 동일성을 배제한다.

그러한 종합적 동일성은, 자아의식인 절대적 자아가 더 이상 이전의 자아로부터 도출되지 않고 그 자체가 체계의 원리가 되는 경우에만 생각될 수 있다. 자아의식으로서의 절대적 자아는 그러나 더 이상 절대적인 동일체가 아니라 자기 자신에게 대립되어서, 자아의식으로서의 자아는 자신의 대립의 동일성이다. 원리로 생각되는 자아의식은 절대적 자아를 밀어내어 절대적 자아를 잃어버린다. 이미 『철학의 원리로서의 자아에 관하여, 혹은 인간의 지식 속의 무제약자에 대하여』에서 이러한

---

95 "Bedenkt ihr überhaupt, daß das Ich, insofern es im Bewußtsein vorkommt, nicht mehr reines absolutes Ich ist, daß es für das absolute Ich überall kein Objekt geben, und daß es also noch viel weniger selbst Objekt werden kann? — *Selbstbewußtsein* setzt die Gefahr voraus, das Ich zu verlieren." (SW I, 180).

96 "*Seie absolut–identisch mit dir selbst.*" (SW I, 199).

피할 수 없는 상실이 암시되고 있다. 그는 이론적 이성에 관하여 다음
과 같이 말하고 있다:

"우리는 모든 이론철학의 종말이 절대적 자아의 종말이며, 그것으로 말미암
아 이론이성이 자아와 비아의 항쟁을 해소하고자 하는 최고의 종합이라는
사실, 그리고 모든 실재의 총체인 자아와 자아 속에 정립된 비아라는 이 두
실재가 그 속에서 통일되어야 하는 그 어떤 X가 존재한다는 사실을 스스로
인정한다. 또한 따라서 이 X는 자아의 외부에 존재하는 어떤 것, 요컨대 비
아로서 규정되지만, 마찬가지로 비아의 외부에 존재하는 어떤 것, 요컨대 자
아로서 규정된다는 사실을, 간략히 말하면 이론이성은 모든 실재=자아=비
아라는 절대적 총체로 도피하고, 바로 그로 말미암아 모든 실재의 총체로서
의 절대자아를 지양할 수밖에 없음을 발견한다."[97]

이론이성이 그리로 달아나는 이 절대적 실재라는 개념은 오직 신(神)
개념일 수밖에 없다: "이론적인 의미에서 신(神)은 '자아=비아'이며,
실천적인 의미로는 모든 비아를 무화하는 절대적 자아다."[98]

---

[97] "Wir räumen es selbst ein, daß das Ende aller *theoretischen* Philosophie Ende
des absoluten Ichs, und die höchste Synthesis, durch welche die theoretische Ver-
nunft den Widerstreit zwischen Ich und Nicht-Ich zu lösen versucht, irgend ein X
ist, in welchem diese beide Realitäten, das Ich, und das im Ich gesetzte Nicht-Ich,
als einem Innbegriff aller Realität, vereinigt werden sollen, daß demnach dieses X
als etwas außer dem Ich, also=Nicht-Ich, aber ebensowohl als etwas außer dem
Nicht-Ich, also=Ich, bestimmt ist, kurz, daß die theoretische Vernunft sich
genötigt sieht, zu einem aboluten Innbegriff aller Realität=Ich=Nicht-Ich seine
Zuflucht zu nehmen, und eben dadurch das absolute Ich als Innbegriff aller
Realität aufzuheben." (SW I, 190).

[98] "*Gott* in theoretischer Bedeutung ist Ich NIcht=Ich, in praktischer *absolutes*
Ich, das alles Nicht-Ich zernichtet." (SW I, 201).

『전 학문론의 기초』가 출간된 해에 쉘링은 이미 원리상으로는 피히
테 ─ 피히테에 있어서는 신(神)만이 아니라 자아와 비아의 동일성도
"생각할 수 없는"(GA I/2, 391) 것이다 ─ 와 결별했다. 이러한 분리가
드러나는 것은, 쉘링이 절대적 자아와 자아의식을 통일체로서 생각할
수 없다는 점에서뿐만이 아니라, 오히려 『철학의 원리로서의 자아에 관
하여, 혹은 인간의 지식 속의 무제약자에 대하여』에서도 이미, [이론적
인 의미에서는 실재성의 총체로서의 신(神)인] 자아와 비아의 동일성이
암시되고 있다는 사실에서이다. 실천적인 의미에서 신(神)은, 비아를
절멸하여 자신을 절대적 자아의 진리로 만듦으로써, 비아의 대립된 실
재성과의 동일성을 지양해야만 한다.[99]

3.2.2. 정신[Geist] 및 의지로서의 절대적 자아

『학문론의 관념론을 해명하기 위한 논문들』(*Abhandlungen zur Er-
läuterung des Idealismus der Wissenschaftslehre*, 1796/97)은 절대자의
형이상학을 주체의 정험철학적 반성과 결합하려는 쉘링의 계속된 시도
다. 쉘링은 여기서 선험적 자아의식을 절대자를 인식하기 위한 전제라
고 규정한다. 절대자는 여기서 의지라고 불리기 때문에, 이 저술은 후
기의 의지형이상학이 처음으로 드러난 것으로 읽힐 수 있다.

쉘링은 더 나아가 절대자를 주체[Subjektivität]의 자아의식과 구별한
다. 자아의식으로부터 출발하여 절대자의 주객구조[Subjekt-Objekt-
Struktur]에 이르러야 한다. 그러나 이렇게 획득된 절대자의 주객구조
는 철학적 원리로서, "의식의 피안에"(SW I, 442) 존재한다.

---

99 Sven Jürgensen, ebd., 41 f. 참조.

비아와의 차이 속에 존재할 수밖에 없는 자아와는 달리, 의식의 피안에서 주객동일성을 드러내는 절대자를 쉘링은 "정신[Geist]"이라고 규정한다: "정신이란, 오직 자기 자신의 객체인 것을 말한다. 정신이란 자기 자신에 대한 객체이어야 한다. 그러나 그런 한에서 정신은 본래는 객체가 아니라, 그것에 대해서 모든 것이(자기 자신도) 객체인 절대적인 주체다."[100] 쉘링은 이제 절대자를, 더 이상 동일한 존재자로서 전적으로 관계를 맺지 않으며 존재하는 것이 아니라 반성적 본질구조를 소유하고 있는 정신이라고 해석한다. 자아의식에 주객구조가 속하듯이 정신으로 규정된 절대자에게도 주객구조가 속한다. 이로부터 쉘링은 절대자를 능동적인 활동으로 파악한다. 절대자는 정지해 있는 존재자가 아니라 "영원한 됨(ein ewiges Werden)"[101]이다. "그런데 정신은 오직 자신의 행위 속에서만 파악될 수 있다."[102] 절대자는 이제 쉘링에게 있어서, 자신을 무한한 과정으로 드러내는 역동적인 주객구조를 지니고 있다.

자아의식적인 자아에 선행하는 정신의 발생은 쉘링에 의하면 우선, 자연과 동일하다. 자연은 "그 자체로, 무한한 정신의 계속적인 행위일 뿐인데, 정신은 이러한 행위 속에서 비로소 자아의식에 이른다."[103] 따라서 정신은 자기의 자연발생의 과정에서 자기 자신에 대한 의식에 이르는 추구다.

---

100 "Geist heiße ich, was nur sein eigenes Objekt ist. Der Geist soll Objekt sein für sich selbst, der doch insofern nicht ursprünglich Objekt ist, sonder absolutes Subjekt, für weches alles (auch er selbst) Objekt ist."(SW I, 366-367).

101 SW I, 367.

102 "Der Geist aber kann nur in seinem Handeln aufgefaßt werden."(SW I, 367).

103 "ist selbst nur eine fortgehende Handlung des unendlichen Geistes, in welcher er erst zum Selbstbewußtsein kömmt."(SW I, 361).

쉘링이 이제 절대자를 주객구조로 파악함으로써, 정신의 자기객체화 속에서 "무한과 유한의 근원적 통일"이 이루어진다. 『철학의 원리로서의 자아에 관하여, 혹은 인간의 지식 속의 무제약자에 대하여』와 『철학서한들』(Philosophische Briefe)에서 확신 있게 해결되지 않은 무한과 유한의 2원론 문제는 1796/97의 쉘링의 논문에서 그럴듯하게 해명된다. 쉘링이 부각시킨, 무한과 유한을 자신 속에서 통일하는 창조적인 추구로서의 정신의 구조는 동시에 그의 입장이 라이프니쯔의 단자론에 근접하는 것으로 간주될 수 있다: "그런데 현상 이상의 것이어야 하는 것으로부터 정신은 죽어 있는, 자기가 없는 객체를 만들지 않았다. 따라서 정신은 자신의 모나드에게 표상력을 부여했고 그것을 우주의 거울, 즉 인식하고 표상하는 거울로 만들었다. (…)"[104]

쉘링은 정신 속에서의 무한과 유한의 통일은 그 자체로 역동적이고 변증적으로 구조화되어 있다는 것을 강조한다. 정신의 주객구조는 자기 자신 속에 대립을 포함하고 있다. 왜냐하면 그것은, "그 하나는 근원적으로 무한하고 다른 하나는 근원적으로 유한한" 두 개의 "대립된 행위방식들을"[105] 포함하고 있기 때문이다. 근원적으로 정립된, 정신의 자기직관은 정신 자신을 객체로 만듦으로써 정신을 자기 자신과 항쟁하게 만드는데, 이러한 항쟁은 동시에 거듭 지양된다. 그리하여 쉘링에 의하면 정신의 자기발생과정에서는 자기 자신의 활동의 종합적 산물로서의 정신의 자기직관의 객체들이 발생한다. 정신의 발생은 주체의 자

---

104 "Was aber mehr als Erscheinung sein sollte, daraus machte er nicht ein totes, selbstloses Objekt. Darum begabte er seine Monaden mit Vorstellkräften, und machte sie zu Spiegeln des Universums, zu erkennenden vorstellenden, (…)" (SW I, 358).

105 "deren eine ursprünglich unendlich, die andere ursprünglich endlich" (SW I, 368).

아의식 속에서 그 목표에 도달한다. 여기서 정신은 자기의 현상세계를 추상적 · 개념적 형태로 재산출함으로써 자기 자신에 대한 의식에 도달한다. 자연세계는 순수한 자아의식에 이르는 도정에서 자기 자신을 필연적으로 대상화한 것이다. "오직 우리 정신의 이러한 행위방식을 통해서만 무한한 세계는 존재하며 존립한다. 왜냐하면, 무한한 세계는 실로 무한한 산출과 재산출 속에 있는 우리의 창조하는 정신 자체와 다른 것이 아니기 때문이다."[106]

쉘링은 정신의 자기객체화를, 그가 "자아의식의 역사"(SW I, 382)로 파악하는 일련의 무한한 행위들로 파악한다. 여기서 쉘링철학은 피히테의 다음과 같은 말과 일맥상통한다: "학문론은 인간정신의 실용적 역사이어야 한다."[107] 쉘링과 피히테 사이의 유사성은 부정할 수 없지만, 그럼에도 강조되어야 하는 것은, 쉘링은 정신의 역사를 정험철학적으로만이 아니라 형이상학적으로도 정초하고 싶어 한다는 점이다. 쉘링은 칸트와 피히테에 방향을 맞추고 있을 뿐만 아니라, 스피노자의 실체이론과 라이프니쯔의 단자론에도 방향을 맞추고 있다. 피히테의 '반성'의 입장에 맞서서 쉘링은 '산출[Produktion]'의 입장을 이끌어 들인다. 쉘링에게 있어서 자아와 비아의 차이는 산출적 원리의 결과다. 그래서 "저지[Anstoß]"에 대한 요구는 진부한 것이 되어 버렸다. 왜냐하면 정신의 자기객체화는 자기 자신으로부터 자기를 완전하게 전개하기 때문이다. 쉘링에 의하면 객체적인 것을 통한 제한행위는 외부로부터 도래하는 "저지"에 결코 의존하지 않고 정신 자신으로 말미암은 정신의 객

---

106 "Nur durch diese Handlungsweisen unseres Geistes ist und besteht die unendliche Welt, denn StIe ist ja nichts anders, als unser schaffender Geist selbst in unendlichen Produktionen und Reproduktionen."(SW I, 360).

107 "Die Wissenschaftslehre soll sein eine pragmatische Geschichtes des menschlichen Geistes."(GdgWL, in: GA I/2, 365; SW I, 222).

체화에 의존한다. 정신은 단순한 동일체가 아니라 무한자와 유한자의 변증적 통일체다.

쉘링은 정신의 역사를, 나중에 그가 "시기들(Epochen)"이라고 부르는 다양한 "상태들(Zustände)"[108]로 나눌 때에, 여기서 이미 자기의 자연철학의 사상과 정험적 관념론의 사상을 선취하고 있다. 쉘링에게 있어서는 유기체의 상태와 더불어 정신의 자연발생이 완결된다. 그다음에 정신은 순수한 자아의식의 상태로 이행한다. 정신은 "그로 말미암아 정신이 객체로부터 풀려나는"(SW I, 394) 행위를 통해 자아의식에 이르러 자신의 행위를 직접적으로 의식하게 된다. 쉘링에 의하면 자아의식은, 자아와 세계의 변증적 분리가 동시에 반복되기 위하여 주체의 자유로운 대자존재를 가능케 하는 행위를 통하여 구성된다. 제시되는 해석의 단초의 틀에서, 쉘링이 정신의 "자기규정"을 "의욕(Wollen)"이라고 부르는 것은 적절하다.

"정신의 저러한 자기규정이 의욕이다. 정신은 의욕한다. 그리고 정신은 자유롭다. 정신이 의욕한다는 점에 대해서는 더 이상의 이유를 말할 수 없다. 왜냐하면 이러한 행위가 단적으로 일어난다는 바로 그 사실 때문에 그 행위는 의욕이기 때문이다. (…) 그런데 단적으로 행위하는 것이 의욕이다. 그러므로 정신은 의욕 속에서만 자신의 행위를 직접 의식하게 된다. 그리고 의욕의 작용 일반은 자아의식의 최고의 조건이다."[109]

---

[108] "그러므로 인간정신의 역사는, 그것을 통해 인간정신이 점차로 자기 자신의 직관에, 순수한 자아의식에 이르는 다양한 상태들의 역사 외에 다른 것이 아닐 것이다."("Die Geschichte des menschlichen Geistes also wird nichts anderes sein als die Geschichte der verschiedenen Zustände, durch welche hindurch er allmählich zur Anschauung seiner selbst, zum reinen Selbstbewußtsein, gelangt." SW I, 382).
[109] "Jene Selbstbestimmung des Geistes heißt *Wollen*. Der Geist *will*, und er ist

  그러므로 순수한 자아의식은 의지(意志)의 자유라는 전제에 의존해
있다. 쉘링의 철학적 발전에 중요한 의욕 개념은 본래 실천철학의 용어
인데, 이 개념은 쉘링의 이론철학과 실천철학을 결합한다. 의욕 개념은
자연과 자유 모두에 대해 근본적인 것이다. "정신은 근원적인 의욕이
다."[110] 의욕은 이론적으로는 "자기직관"으로 존재하고, 실천적으로는
"자기규정"으로 존재한다. "이것은 우리가 바로 처음에 추구했던 그런
행위 즉, 이론철학과 실천철학을 통일하는 행위다."[111] 쉘링은 『학문론
의 관념론을 해명하기 위한 논문들』에서 의욕 또는 자유를 지적 직관과
통일한다. 피히테와 일맥상통하게, 쉘링에 있어서 지적 직관은, 그로
말미암아 자기를 의식하는 정신이 객체에 묶여 있는 이론적 판단의 "마
술적 순환[magischen Kreise]"을 뿌리치는 자유로운 의욕이다. 쉘링에
의하면 의욕은 그것에 대해 더 이상의 이유를 말할 수 없는 단적인 행
위다. 정신의 성과[Tat]는 "자기의 의욕의 순수한 형태[die reine Form
seines Wollens]" 이외의 다른 어떤 것에도 구속되지 않는다. 왜냐하면
"정신은 모든 객체적인 것을 독자적으로 행동[Tat]을 통하여 절멸시키
기"[112] 때문이다. 이제 정신의 의욕은 체계의 원리로 된다. 왜냐하면 정
신은 자기의 절대적인 자기규정 속에서 활동적인 동시에 수동적으로

---

frei. Daß er will, dafür läßt sich kein weiterer Grund angeben. Denn eben deswe-
gen, weil diese Handlung schlechthin geschieht, ist sie ein *Wollen*. (⋯) *Schlechthin
Handeln* aber heißt *Wollen*. Also wird der Geist nur im Wollen seines Handelns
unmittelbar bewußt, und der Akt des *Wollens* überhaupt ist die *höchste Bedingung
des Selbstbewußtseins.*" (SW I, 395).

110 "Der Geist ist ein *ursprüngliches* Wollen." (SW I, 395).

111 "Dies ist nun diejenige Handlung, welche wir gleich anfangs gesucht haben,
die Handlung, welche theoretische und Praktische Philosophie vereinigt." (SW I,
395).

112 "(⋯) der Geist alles Objektive für sich durch die Tat vernichtet" (SW I, 395).

관계하기 때문이다. 지(知)가 이론이성과 실천이성으로 분리되는 일의
근저에 존재하는 원리들은 그리하여 정신의 행위를 통해 통일된다. "그
러므로 정신의 이러한 자아의식은 이론철학 및 실천철학으로의 공동적
인 이행임에 틀림없다. 그리고 이렇게 우리는 우리가 출발한 바로 그
지점에서 우리를 다시 본다."[113]

　의심할 여지없이 쉘링은 여기서, 이론철학과 실천철학의 관계규정에
서 이론적인 것에 대한 실천적인 것의 명백한 우위를 주장하는 피히테
를 따르고 있다.[114] 쉘링에 의하면 피히테의 공로는 다음과 같은 점에서
발견할 수 있다:

"그(피히테: 필자 첨가)는 칸트가 실천철학의 정점에 놓는 원리(의지의 자
율)를 전체 철학의 원리로 확장하고, 그럼으로써 우리가 더욱 고차적인 철학
이라고 정당하게 부를 수 있는 철학의 수립자가 된다. 왜냐하면 그 철학은
그 철학의 정신상, 단지 이론적이기만 한 것도 실천적이기만 한 것도 아니

113　"Dieses Selbstbewußtsein des Geistes also muß der gemeinschaftliche Über-
gang zur theoretischen und praktischen Philosophie sein, und so seheh wir uns
wieder an demselben Punke, von welchem wir ausgegangen sind." (SW I, 399).
114　"이로부터 이제 3) 반성은 왜 이론적 부분으로부터 시작해야만 하는지가 드러난
다. 이론적 능력이 실천적 능력을 가능케 하는 것이 아니라, 반대로 실천적 능력이 이
론적 능력을 가능케 한다는 사실이 논의를 진행하면 드러날 것이다. (이성은 그 자체로
단지 실천적이라는 것, 그리고 이성은 자기를 제한하는 비아에 자기의 법칙들을 적용할
때에 비로소 이론적으로 된다는 것)."['Hieraus geht nun 3) hervor, warum die
Reflexion vom theoretischen Teile ausgehen müsse; ohngeachtet sich im Verfolg
zeigen wird, daß nicht etwa das theoretische Vermögen das praktische, sondern
daß umgekehrt das praktische Vermögen erst das theoretische mölglich mache.
(daß die Vernunft an sich bloß praktisch sei, und daß sie erst in der Anwendung
ihrer Gesetze auf ein sie einschränkendes Nicht-Ich theoretisch werde)." GdgWL,
in: GA I/2, 286; SW I, 126].

라, 이론적인 동시에 실천적이기 때문이다."[115]

1797년의 쉘링의 진술들은 1809년의 『자유저술』(*Freiheitsschrift*)의 중심적인 용어들을 선취하고 있을 뿐만 아니라 쇼펜하우어의 1818/1819의 주저에서 나오는 근본 개념들도 선취하고 있다. 다음과 같은 진술들은 쉘링과 쇼펜하우어의 의지형이상학의 후기의 발전을 분명히 표현하고 있다:

"그런데 우리의 모든 인식을 능가하는 것은 우리 속에 있는 선험적 자유의 능력 혹은 의욕의 능력이다. 왜냐하면 우리의 모든 지식 및 행동의 한계로서 필요한 것은 또한, 개념적으로 파악되지 않는 유일한 것, 융해되지 않는 유일한 것, 즉 그 본성상 가장 근거가 없는 것, 가장 증명할 수 없는 것, 그래서 바로 그 때문에 우리 지식 속에서 가장 직접적이고 가장 명증적인 것이다."[116]

절대자와 의욕의 관계를 우리는 다음과 같이 정리할 수 있다.

1) 쉘링은 절대자를 역동적 · 변증적 주객구조를 통해 특징지어지는

---

115 "daß er das Prinzip, das Kant an die Spitze der praktischen Philosophie stellt (die Autonomie des Willens) zum Prinzip der gesammten Philosophie erweitert, und dadurch der Stifter einer Philosophie wird, die man mit Recht die höhere Philosophie heißen kann, weil sie ihrem Geist nach weder theoretisch noch praktisch allein, sondern beides zugleich ist." (SW I, 409).

116 "Was aber allein alles unser Erkennen übersteigt, ist das Vermögen der *transzendentalen Freiheit* oder des *Wollens* in uns. Denn als die Grenze alles unseres Wissens und Tuns ist es notwendig auch das einzige *Unbegreifliche, Unauflösliche* — seiner Natur nach *Grundloseste*, Unbeweisbarste, eben deswegen aber Unmittelbarste und Evidenteste in unserem Wissen." (SW I, 400).

정신으로 파악하고 있다. 그 깊은 차원에서 이러한 정신은 의욕이라고
파악된다.

2) 의욕은 순수한 자아의식을 가장 중요한 전제로서 구성한다. 쉘링
에 의하면 그것은 지적 직관으로서, 자기규정인 동시에, 이와 더불어
이론철학과 실천철학의 통일점, 그리고 자연과 자유의 통일점이기도
하다.

3) 의욕은 논증적 인식에[dem diskursiven Erkennen] 앞서간다. 의
욕은 직접적이며 토대가 없고, 증명될 수 없다. 따라서 그것은 추상적
으로 매개된 개념적 파악[Begreifen]으로 해체되는 것에 대립한다.

초기 쉘링의 철학적 저술들은 한편으로는 절대자와, 또 다른 한편으
로는 이 절대자를 충전적(充塡的, adäquat)으로 설명하는 이성체계 사
이의 매개의 문제와 씨름하고 있다. 절대적으로 동일한 존재자로 규정
된 절대자는, 그로부터 철학이 『철학 서한들』에서 출발하고 있는 분열
된 현실과의 근본적인 긴장 속에 존재한다. 쉘링은 이론 속에서, 무엇
보다도 실천과 미학(美學) 속에서 절대자와 유한자 사이의 균형을 추구
함으로써 이러한 긴장의 조정(調整)을 얻기 위해 노력한다. 유한한 인
간주체는 주체와 객체의 차이에 사로잡혀 있는 논증적 지식을 통해서
는 분열된 현실을 화해시킬 수 없고, 비극적 예술 속에서 자신의 충전
적인 표현을 발견하는 주체의 실천적 행동 속에서만 화해시킬 수 있다.

절대자와 유한자 사이의 간격을 극복하려는 쉘링의 추가적인 시도는
그 출발을 자아의식에서 취하는 역동적인 주체-객체-철학에 존재한
다. 그렇게 구상된 절대자는, 자기의 동일성이 과정적 변화의 규정을
더 이상 배제하지 않는다는 장점을 갖는다. 그러나 여기서 새로운 문제
가 생긴다. 왜냐하면, 자아의식으로부터 이루어지는 정험철학의 출발

은, 자아의식에 이미 앞서 있는 절대적 원리의 철학과 설득력 있게 매개되어야 하기 때문이다. 쉘링은 자아의식의 역사 속에서 자기의 자연발생을 의식하지 못하는 상태로부터 유한한 자아 속에 있는 자아의식에로 밀고 들어가는 정신으로서의 절대자에 대한 발생적 규정을 이러한 연관 속에서 다루고 있다. 그러나 쉘링의 인식론적 출발점은 의식적인 자아로 머물러 있어서, 절대정신은 자아의식의 기획[Projektion]으로 존속한다. 여기서 쉘링은 논증의 순환 속에서 움직이고 있다. 즉, 한편으로 원리는 정험철학적으로는 자아의식으로서 규정되고, 다른 한편으로 실체형이상학적으로는 발생적으로 비로소 자아의식에 이르는 무의식적 정신으로 규정된다. 인식론적 토대로서 자아의식을 받아들임으로써 쉘링은 피히테주의자로 머무르며, 무의식적인 자연발생의 구상은 곧 뒤따르는 쉘링의 자연철학에 이르는 첫걸음이 되는데, 이 자연철학과 더불어 쉘링은 피히테와 거리를 두게 된다. 스피노자와 라이프니쯔에 방향을 맞추는 일은 이미 초기 쉘링에 있어서 하나의 형이상학적 단초를 표시하는데, 이 단초는 자아의 철학을 절대적 존재자에 대한 이론의 방향으로 넘어가게 한다. 초기 쉘링과 피히테의 관계를 한마디로 표현한다면, 피히테의 정험철학은 절대적 주체의 이론이라 말할 수 있는 반면에, 직접자와 절대자에 관한 쉘링의 이론은 그 경향상, 반성적으로 파악된 피히테의 주체를 산출적 원리로 고양한다. 따라서 쉘링의 절대적 자아는 스피노자의 실체형이상학적인 의미를 함축하고 있다. 우리의 물음제기에 대해 분명히 가장 중요한, 쉘링의 초기철학으로의 발걸음은 절대자를 의지와 자유로 규정하는 일이다. 쉘링은 여기서, 자기의 『자유저술』을 앞서 지시하는 발전을 시작하고 있다.[117]

---

117 Berg, ebd., 76 ff. 참조.

절대적 자아의식의 전개: 자아의식의 역사

"자아의식의 역사[Geschichte des Selbstbewußtseins]"(StI, 399)[118]
라는 용어는 쉘링으로부터 유래한다. 이 용어는 쉘링이 피히테의 학문
론과 상세하게 대결하고 있는 논문에서 처음으로 등장한다.『학문론의
관념론을 해명하기 위한 논문들』에서 쉘링은 다음과 같이 쓰고 있다:

"그러므로 정신의 모든 행위는 무한자를 유한자 속에서 서술하는 일에 관계
된다. 이러한 행위들의 목표는 자아의식이며, 이러한 행위들의 역사는 자아

---

118 슈톨젠베르크(J. Stolzenberg)에 의하면 자아의식의 역사의 근저에는 2중적인 의
도가 놓여 있다. 즉, 한편으로는 주체의 인식적 근본기능들이 자아의식의 필요조건들로
서 정초되어야 한다는 것이고, 다른 한편으로는, 이 조건들은 동시에, 우리 의식의 단
순하고 우연적인 상관자가 아닌 의식의 객체를 구성하기 위한 필요조건들이라는 사실
을 드러내는 일이다. 그리고 이러한 이론적 기획을 최초로 애써서 얻어 낸 것은, 다음
과 같은 2중적인 방법론적 절차의 맥락 속에서 발견된 것으로 본다. 즉, 한편으로는 하
나의 최고원칙으로부터 철학을 정초하는 일로서, 이를 대표하는 것은 라인홀트의 "의
식의 명제"(Satz des Bewußtseins)와 피히테의 "나는 존재한다"("Ich bin")이다. 다른
한편으로는 라인홀트에 의해 시작되었으나 성취되지 못한, 자아의식의 조건들에 대한
이론의 기획이다(Jürgen Stolzenberg, ebd., 93 참조).

의식의 역사 이외의 것이 아니다. 영혼의 모든 행위는 또한 영혼의 특정한 상태이기도 하다. 그러므로 인간정신의 역사는 상이한 상태들의 역사 외에 다른 것이 아닌 것으로 되며, 이 상이한 상태들을 통하여 인간정신은 점차로 자기 자신의 직관에, 순수한 자아의식에 이른다."(SW I, 382)

그리고 이후에 『정험적 관념론의 체계』에서 쉘링은 정험철학을 자아의식의 역사로 분명하게 수행했다.[119] 주체가 반성의 내재성 속에 머물러 있다면 자기 자신을 명백하게 알 수 없다는 것이 쉘링이 자신의 사유의 모든 단계에 대해 옹호하고 있는 테제다.[120] 이 저술의 서문에서 그는 다음과 같이 쓰고 있다:

"더욱이 본 저자가 관념론을 온전히 서술하고 온전한 관념론을 성취하고자 한 목적을 이루기 위한 수단은 다음과 같다. 즉, 저자는 철학의 모든 부분들을 하나의 연속성 속에서 제시하였고, 철학 전체를 있는 그대로, 즉 전진하는 자아의식의 역사로 (…) 제시하였다는 것이다."[121]

이러한 그의 견해로 볼 때, 정험적 관념론은 자아의식의 역사이거나 혹은 자아의식의 역사로 수행되어야 한다.[122] 쉘링에 있어서 자아의식

---

119 자아의식의 역사를 설명해야 하는 쉘링의 『정험적 관념론의 체계』는 헤겔의 『정신현상학』의 중심적인 논증형태들을 선취하고 있다(Berg, ebd., 90 참조).

120 Dieter Sturma, "Schellings Subjektkvitätskritik," in: *Deutsche Zeitschrift für Philosophie* (44), Berlin (429–446), 1996, 430 참조.

121 "Das Mittel übrigens, wodurch der Verfasser seinen Zweck, den Idealismus in der ganzen Ausdehnung darzustellen, zu erreichen versucht hat, ist, daß er alle Teile der Philosophie in Einer Kontinuität und die gesamte Philosophie als das, was sie ist, nämlich als fortgehende Geschichte des Selbstbewußtseins, (…) vorgetragen hat." (StI, 331).

의 역사라는 이념은 처음부터 자연철학과 정험철학 사이의 긴장영역에
존재하며, 그럼으로써 절대자의 철학의 문제의 영역 속에 존재한다. 따
라서 쉘링에 있어서 자아의식의 역사의 원리를 규정하기 위해서는 우
선 자연철학과 정험철학의 관계를 설명하는 일이 필요할 것이다.『정험
적 관념론의 체계』의 서론에서 쉘링은 철학의 두 근본학인 자연철학과
정험철학의 과제들을 지(知) 개념으로부터 시작하면서 규정한다(StI,
339 ff. 참조). 지(知) 속에 존재하는, "주체적인 것"과 "객체적인 것"의
일치(StI, 339)라는 관점에서 볼 때, 자연철학의 과제는, 이러한 관점에
서 자연이라 불리는 순전히 객체적인 것에서 시작하여 그것으로부터
주체적인 것, 지성을 도출하는 것이다.[123] 정험철학은 이와는 반대의 절
차를 밟아야 한다. 즉, 그것은 주체적인 것으로부터 객체적인 것이 성
립되도록 해야 한다(StI, 342 참조). 이때에 정험철학은 "자아의식의 역
사"(StI, 331, 399 등)로 수행된 정험적 관념론이며, 이 정험적 관념론
은 "모든 지(知)가 자아로부터 도출되어야만 한다"는 것을 증명할 뿐만

---

122 Ulrich Claesges, ebd., 1 참조. Jantzen은 '자아의식의 역사'를 더 잘 말하면, "자
아의식의 전사(前史)"라고 할 수 있다고 본다. 왜냐하면 세계에 대해 인식하면서 관계
하는 자아가 그 자체로 파악될 수 있는 논리적인 구성계기들이 그것을 통해서 이야기되
고 있기 때문이다.[Jörg Jantzen, "Grund und Grundlegung der Philosophie," in:
Christian Danz u.a. (hg.), ebd. (9-22), 18 참조].
123 StI, 342 참조. 이미 쉘링의 초기 자연철학에서 자연과 정신의 구조적 일치가 원칙
적으로 확립되고 있다: "자연의 체계는 동시에 우리의 정신의 체계이기도 하다." ("Das
System der Natur ist zugleich das System unseres Geistes.") 쉘링은 자아의식의 자
연철학적 역사 속에서 주체의 자연주의적 확장을 전개한다[Dieter Sturma, "Schellings
Subjektkvitätskritik," ebd. 참조]. 쉘링의 자아의식의 자연철학적 역사 개념 및 그 구
상에 관해서는 SW I, 382 ff., SW III, 395 ff.를 참조할 것. 2차 문헌으로는 Dieter
Sturma, "Die Odyssee des Geistes. Schellings Projekt einer naturphilosophischen
Geschichte des Selbstbewußtseins," in: H. M. Baumgartner/W. G. Jacobs (hg.),
Philosophie der Subjektkvität? Zur Bestimmung des neuzeitlichen Philosophierens,
Band 2, Stuttgart-Bad Cannstatt, 1993도 참조할 것.

아니라, "어떻게 지(知)의 전 체계가(즉, 자기의 모든 규정들을 지닌 객체세계, 역사 등이) 자아를 통해 정립되는가"(StI, 378) 하는 물음에 대답해야 한다.[124]

셸링이 『정험적 관념론의 체계』에서 전개하고 있는 자아의식의 역사는 다양한 '시기들'을 거친다. 즉, 사유는 감각의식, 직관, 지성, 반성 그리고 의지의 절대적 행위를 거쳐서 자아의식의 절대적 행위로 전개되는데(StI, 55 참조),[125] 자아의식의 절대적 행위 자체는 사유의 주체와 객체의 직접적 통일체로서, 시간의 외부에 존재한다. 최고의 실재자인 절대적 '자아'라는 개념으로부터 귀결되는 사실은, 경험적 '자아'는 그것에 동화되어야 하며, 그리하여 — 자기 자신의 최고의 가능성을 충족시킴으로써 — 절대적 자아와 '동일하게' 되어야 한다는 것이다. 그러므로 이 개념 자체로부터 논리적으로 따라 나오는 것은, "네 자신과 전적으로 동일하게 되어라"(SW I, 199) 혹은 "동일하게 되어서 너의 존재의 주체적인 형식들을 (시간 속에서) 절대자의 형식으로 고양하라"(ebd.)라는 정언명법이다. 절대자와 이렇게 동일하게 되는 가운데, "순수한 영원성"(StI, 200)을 향한 유한한 자아의 추구는 충족된다: "그러므로 유한한 자아의 최종목표는 무한자와 동일하게 될 때까지 확장되는 것이다"(StI, 201). 절대적이며 무시간적인 자아의 상태를 성취하는 일은 "순수하고 영원한 존재"를 위하여 "유한성의 총체"(StI, 201)인 세계를 무화하는 일을 함축하고 있다. 유한자로부터의 상승의 목표인 이 '자아'는 존재했던 것도 아니고 존재할 것도 아니며 "그것은 존재한다"(StI, 202). 산출적 직관[상상력]과, 사유에 의해 실현된 사유대상을

---

124 Claesges, ebd., 185 참조.
125 Gamm이 말하듯이, 『정험적 관념론의 체계』에서 서술된 자아의 진행은 "자아의식의 계보[Genealogie]"의 전개라고 할 수 있다(Gamm, ebd., 207).

가지고 있는 사유와의 통일로서의 절대적 자아로의 유한자의 상승이라는 쉘링의 이 기초 개념은 플로티노스의 중심사상과의 친화력을 보여준다. 즉, 우리 자신의 진정한 자아에 대한 지(知)와, 그러므로 진정한 자아를 사유하면서 소유하는 일은 영혼의 추론적 사유를 무시간적 · 절대적 지성[Geist]의 자기동일성으로 스스로 변형시킴으로써만 성취될 수 있다. 쉘링과 플로티노스 둘 다 유한한 자아를 절대적 자아로 고양하는 일을 생각하고 있다. 그러므로 『철학과 종교』(*Philosophie und Religion*, 1804)에서 쉘링은 — 아마도 영혼의 카타르시스에 대한 플라톤의 요구를 넌지시 가리키는 것 같은데 — '인간과 관련된 철학의 목표는 인간에게 어떤 것을 주는 것이라기보다는 육체, 현상계, 감각적 삶에 의해 그에게 초래되는 우연한 것들로부터 가능한 한 순수하게 그를 분리해서 본래적인 것으로 되돌리는 일'이라고 말한다.[126]

감각, (산출적) 직관, 반성(판단형식들은 여기에 관계된다)은 각각의 시기들의 이름이다. 마지막 단계와 더불어 새로운 시기가 시작된다. 즉, 전사(前史)는 마지막 단계에 도달하여, 자아는 판단하는 자인 자기에 이른다. 자아는 인식하는 자로 머물러 있고, 이 자아와 더불어 자연은 인식되는 자로 머물러 있다. 이제 이편에서 자아는 행위하는 자로 규정되어야 한다. 한편으로는 도덕적 영역으로서의, 그리고 다른 한편으로는 법의 영역으로서의 실천에 대한 근본적인 규정을 서술하기 위하여 실천철학은 이론철학을 대신한다. 그러나 전사(前史) 역시 하나의 시작이 있어야 한다. 그리고 이러한 시작이 될 수 있는 것은 '자유' 개념 외에 다른 것이 없다. 그런데 이 자유는 '자의적'과 '비자의적'의 구분에 앞서 있는 자유이며, "시간 이전의(vor der Zeit)"(StI, 395 f. 참

---

126 Werner Beierwaltes, ebd., 396 참조.

조) 자유다. 왜냐하면 그것은 어떤 것을 시작할 수 있거나 그렇게 하지 않을 자유이기 때문이다.

쉘링은 2개의 시작들(원리들, archai)을 가지고 있다. 그것은 자연철학(즉, 물질과 유기체의 구축)과 이론철학(즉, 인식하는 자아의 구축)이다. 이제 여기에 한편으로는 실천철학이, 그리고 다른 한편으로는, 예술철학으로 귀결되어야 하는 역사철학이 결합된다.[127] 이론 및 철학의 정초작업은 쉘링에 의하면, "이론적인 동시에 실천적인 고차적 철학"(StI, 379)의 영역에 속한다. 철학의 이 근본적인 형태는 절대적인 자아의식을 대상으로 가지는데, 앞서 말한 것처럼, 이 절대적인 자아의식을 쉘링은 『학문론의 관념론을 해명하기 위한 논문들』에서 "정신[Geist]"이라고 기술했다. 절대적인 자아의식이라는 이 원리로부터 자연은 이론철학의 형태로, 역사는 실천철학의 형태로 계속해서 전개되어야 한다. 절대적인 자아의식은 그것으로부터 객체적인 것이 발생할 수 있도록 구성되어 있는 것이 분명하다. 쉘링은 절대적인 자아의식 자체 내에 객체화의 원리가 존재한다는 식으로 그것을 파악하고 있다. "자아의식의 작용을 통하여 자아는 자기 자신에게 대상으로 된다"(StI, 380). 근원적으로 비객체적인 자아의식의 객체화의 원칙은 쉘링으로 하여금 양극적(兩極的) 활동[zweier polarer Tätigkeiten]의 통일을 가정하도록 만드는데, 하나는 무제한적인 활동이라는 극이고 다른 하나는 제한적인 활동이라는 극이다. 극성(極性)을 띠면서도 이 두 활동은 서로를 전제하고 있다. 앞에서 인용한 진술들을 다시 살펴보자:

"이처럼 자유롭지만 제한된 활동과, 그리고 제한할 수 없는 활동이 하나의

---

127 Jantzen, ebd., 19 참조.

동일한 주체 속에 반드시 공존해야만 한다. (…) 그러므로 철학의 체계 자체
가 이론철학과 실천철학으로 나뉜다면, 자아가 근원적으로 이미 그리고 자
기의 개념의 힘으로 동시에 제한되지 않은 활동이 아니면서 (자유로움에도
불구하고) 제한된 활동일 수 없으며, 또 그 반대도 마찬가지라는 점이 일반
적으로 증명되어야 한다."

무한한 활동이 자기 자신을 객체적인 것으로 의식하게 되려면, 그것
은 자신에게 다른 제한된 활동을 맞세워야만 한다. 무제한적인 활동을
이렇게 제한함으로써, 제한된 활동은 자기 자신 속으로 복귀하게 된다.
모든 객체의식은 따라서 두 개의 대립된 활동의 변증적 교호작용에 의
존하는데, 그 하나는 쉘링이 무의식적 활동이라고 부르는 무한한 활동
이고 다른 하나는 의식적 활동이라고도 불리는 유한한 활동이다. 이 두
활동의 공동작용은 피히테의 "저지[Anstoß]"의 가정(假定)을 불필요한
것으로 만든다.

쉘링은 이렇게 객체를 통한 주체의 실제적인 제한을 근원적 · 절대적
자아의식의 자기제한으로 파악할 수 있다. 이제 정험철학은 쉘링이 "시
기들"이라고 기술한, 자기제한의 그때그때마다의 단계들을 연속적으로
스스로 소유해야 하는 과제를 가진다.[128] 자연철학에서의 구성에 상응
하여, 정험철학도 대립된 활동들을 그때그때마다의 발전단계에 따라

---

[128] 자아의식의 역사는 정신이 스스로를 객체화하는 역사인데, 정신의 이러한 객체화
는 제한된 활동을 연속적으로 자기 것으로 동화하는 도정(道程)에서, 실재적인 활동과
이념적인 활동이라는 대립된 두 활동의 통일을 분명하게 드러내게 된다. 쉘링은 정신이
스스로를 객체화하는 단계들을 자기가 "시대들"[감각, 반성, 의지]이라고 부르는 특정
한 접합점들을 통해 경계 짓는다(Gamm, ebd., 208 참조). 쉘링에 의하면 이러한 자기
전개와 자기제한의 변증법은 제한의 연속적인 정립과 지양 속에 존재한다(Berg, ebd.,
90-91 참조).

충전적으로 설명해야 한다는 목표를 가진다. 절대적 자아의식의 발전은 무의식적 통일로부터 의식적인 통일로 전진한다. 이러한 발전의 목표는 쉘링에 의하면 절대적 자아의식의 증가하는 자기인식이다. 그러므로 절대적 자아의식은 그 속에서 자기의 연속적인 자기인식을 전개하는 하나의 자기발생[Selbstgenese]에 결부되어 있다. 쉘링은 절대적 자아의식을, 자기의 개념적 현재 속에서 다음과 같은 대립쌍들로 — 즉, 무의식적 활동과 의식적 활동, 실재적 활동과 이념적 활동, 필연과 자유, 실재성과 이념성, 이론과 실천, 자연과 역사, 존재와 지(知)로 — 옮겨질 수 있는 대립된 계기들을 종합하는 작용으로 이해한다.

　그러나 쉘링은 이러한 양극적 대립에 머물러 있지 않는다. 왜냐하면 "양자로 결합된 활동(eine aus beiden zusammengesetzte Tätigkeit)" (StI, 391)도 존재해야 하기 때문이다. "그로 말미암아 자아가 비로소 성립하는, 제한된 활동과 제한하는 활동 사이에서 부동(浮動)하는 이 제3의 활동은 — 자아의 산출과 자아의 존재는 동일하기 때문에 — 자아의식의 자아 자체 외에 다른 것이 아니다. 그러므로 자아 자체는 결합된 활동이며, 자아의식 자체는 종합적 작용이다"(StI, 391). 요컨대 쉘링은 주체의 자아의식과 이 자아의식의 근저에 있는 절대적 자아의식을 분명하게 구별한다. 전자가 대립된 활동들의 산물인 반면에, "근원적인 작용"(StI, 390)인 후자는 두 행위를 전제하고 포괄하는 절대적인 통일이다. 철학자의 지적 직관 속에서 주체의 자아의식은 철학적 반성의 인식론적 출발점으로 설명되고, 이 반성의 목표는 물론 절대적인 종합으로서의 자아의식이다. 지적 직관 속에서의 철학자의 자유로운 작용을 통해 구성되는 주체적인 자아의식과 절대적인 자아의식에 대한 쉘링의 구별은 발생적인 발전과정을 통해 결합된다: "자아의식은, 그것을 통해 자아에 대해 모든 것이 정립되는 절대적인 작용이다. (…)"

(StI, 395). 따라서 쉘링은 철학자에 의해 요청된, 주체의 자아의식을, 객체적인 것과 주체적인 것의 조건으로서 그 자체로 무의식적인 근원적이고 절대적인 자아의식의 "고차적인 세위(勢位)[Potenz[129]]"로 파악한다. 발생적인 발전과정의 목표는 주체의 의식적인 자아의식 속에서 무의식적이며 절대적인 자아의식을 완전히 스스로 인식하는 것이다.[130]

그는 자아의식의 세 시기를 감각의 단계, 자기감정의 단계, 그리고 반성의 단계로 나눈다. 제1기(期)는 소위 근원적인 감각과 더불어 시작되는데, 이 근원적인 감각 속에서 자아는 자기직관 없이 전적으로 감각된 것이다. 이 단계에서 자아는 자기감각[Selbstempfinden] 없이 자기가 감각하는 것 속에서 자신을 전적으로 잃어버린다. 즉 자아는 감각된 것 속에서 사라지는 것이다. 물론 자아는 여기서 자신을 감각된 것으로서 아직 인식하지 못한다. 또한 자아는 감각을 불러일으키는 이 정동(情動)[Affektion]이 자아의 무한한 활동의 자기제한에 불과하다는 사실도 통찰하지 못한다. 이러한 사실은 정험철학자가 이론철학의 길을 다 걸어간 경우에 비로소 인식한다. 다시 더 많은 작은 발전단계들로 나누어지는 최초의 시기는 감각하는 자와 감각된 것, 그리고 내부와 외부를 구분함과 더불어 끝난다. 이러한 구분은 아직 의식적이지 않은 자아가 자기의 감각을 직관하기 시작할 때 일어난다.

그렇다면 이것이 두 번째 시기의 시작이다. 제2기에서는 내부와 외부의 대립이 계속해서 첨예화된다. 이 발전단계에서는 쉘링이 칸트의 『순수이성비판』에서 인수한, 시간과 공간이라는 직관형식들, 인과성과 교호작용 같은 범주들, 인식의 모든 개념들이 형성된다. 그러나 자아는 여전히 자신을 산출적인 자로 인식하지 못하고 있다. 자아는 지금 자기

---

129 '역량(力量)', '전상(展相)' 등으로 번역되기도 한다.
130 Berg, ebd., 88 f. 참조.

감정을 가지고 있고 단순한 세계관념을 가지고 있지만, 여전히 진정한 자아의식과 세계의식을 갖고 있지 않다.[131] 이와 더불어 그에게 결여되어 있는 것은 다음과 같은 전제다. 즉, "그것을 통해 자아가 자기 자신의 활동에 대한 의식에 직접"(StI, 504) 이를 수 있는 전제가 결여되어 있다.

물론 무한한 활동은 두 번째의 시기도 넘어가려고 애쓴다. 직관 위로 올라가는 이러한 고양은 반성을 통해 일어나는데, 반성 속에서 자아는 처음으로, 감각되고 직관된 객체로부터 자신을 분리하는데, 이것은 "통상적인 언어용법으로는 추상"(StI, 505)이라고 부른다. 이제 자아는 사유하면서 세계를 판단의 명확한 형태로 고양하는데, 판단 속에서, 그때까지는 단지 불분명하게 의식되었던 것이 개념적으로 규정된다. 그리하여 제3기에 자아는 처음으로 사유와 존재, 개념과 객체 사이의 차이를 체험하며, 그와 동시에 자기 자신도 의식하게 된다. 이제 자아는 그 말의 온전한 의미에서의 자아의식과 세계의식이며, 이로써 이론철학의 정점(頂點)에 이르렀다. 이론철학의 발전은 그러므로 단순한 감각으로부터 감각의 직관을 거쳐서 직관에 대한 개념적 반성에까지 진행된다. 그러나 자기를 의식하게 된 자아는, 즉자적으로 존재하는 것으로 자기가 표상하는, 개념적으로 규정된 자연이 사실은 자기의 무의식적 창조작품이라는 것을 아직 통찰하지 못한다. 자아는 이제 자기를 인식하기는 하지만 아직도 자기를 세계의 무의식적 창조자로 인식하지는 못한다.[132]

---

131 즉, 제2기에서 "자아는 의식에 이르지만 아직은 자기 자신에 대한 의식에 이르지는 못하고 단지 객체 자체에 대한 의식에만 이른다. 자아는 의식적으로 지각한 객체 자체를 반성할 수 있는 처지에 아직 있지 못하다. 즉 그것들을 새로운 개념들에 결합시킬 수 있는 처지에 아직 있지 않다."(Schulz, ebd., XLIII).

132 Wetz, ebd., 77 f. 참조.

지적 직관[133]과 자아의식

쉘링은 지적 직관을 말하지만 칸트는 그것을 단호히 거부한다.[134] 쉘

---

133 이 용어와 관련해서 언급되어야 할 점은, 쉘링은 자신의 초기저술들에서 'intelle-
ktuale Anschauung'이라는 표현을 사용하고 있고, 『정험적 관념론의 체계』에서는
'intellekt*uelle* Anschauung'이라는 표현을 사용하고 있다는 사실이다. 이 두 표현이
동일한 의미를 지니고 있지만 쉘링은 칸트와 관련된 'intellektuelle Anschauung'에 관
한 주장을 가지고 이 표현의 의미를 다음과 같은 방식으로 명확하게 규정하고자 한다.
즉, 이러한 직관은 칸트가 말하는 의미로 'intellektual' 하지 않다는 것, 즉 지성에 근거
해 있지 않다는 것(KrV B 150)이다[Siegbert Peetz, "Voraussetzungen und Status der
intellektuellen Anschauung in Schellings »System des transzendentalen Idealis-
mus«," in: Christian Danz, u.a. (hg.), ebd. (23-40), 24 참조].

134 주지하듯이 칸트는 철학에서 이성의 직관적 사용을 단호히 거부했고, 그렇게 함으
로써 논증성[Diskursivität]의 이상(理想)에 의해 전적으로 단호히 규정되는 근대의 자
기이해를 위한 예비작업을 하였다. 이와는 반대로 피히테와 쉘링의 철학은 칸트와 맞서
서, 이성의 논증적 사용과 결별하지 않고 철학에서의 이성의 직관적 사용을 위한 체계
적으로 적절한 자리를 확보하려는 시도를 하였다. 그리고 이런 시도에 있어서는, 지적
직관의 정리(定理)가 중심적인 역할을 한다(Peetz, ebd., 23 참조). 피히테와 쉘링뿐만
아니라 노발리스(1772-1801, Novalis 본명 Friedrich von Hardenberg)와 횔더린
(Friedrich Hölderlin, 1770-1843)도, 우리 인간이 절대적 자아, 이성 혹은 신적인 것
을 정신적으로 볼 수 있다는 것을 확신했다. 그러나 물론 헤겔은 지적 직관을 자의적인
것이라고 비난했다(Wetz, ebd., 28).

링의 지적 직관은 니콜라우스 쿠자누스(Nicolaus Cusanus)의 'visio intellectualis'나 에리우게나(Eriugena)의 'intuitus gnosticus'라는 표현들로 이미 암시되었다고 할 수 있고, 당시의 슈바벤(Schwaben)의 경건주의에 있어서 핵심적인 통찰이었다. 쉘링에게 있어서 이 개념은 우선, 모든 지식에는 그것의 조건으로서의 주체가, 즉 자기를 그 자체로 직관하는 자아가 전제되어 있다는, 전적으로 형식적으로 생각될 수 있는 사태를 가리킨다: "자아의식의 작용을 통하여 자아는 자기 자신에게 객체가 된다."[135] 지적 직관(또는 지적 직관을 전제하는 일)이 자아의 구성을 가능케 한다. 그것은 철학의 "도구"(StI, 351)다.[136]

자아가 본질적으로 어떤 대상에 관한 의식으로서 파악될 수 없고 자기지(自己知)의 근원적인 작용을 목표로 한다면, 지적 직관만이 자아의식을 성립시키는 매개체일 수 있다. 지적 직관은 비논증적[nicht-dis-kursiv]이고, 감성적 직관처럼 직접적이다.[137] 쉘링에 의하면 자아의식의 근원적 지(知)는 직접적일 뿐만 아니라 소급될 수 없는 지(知)이어야만 한다. 직접지는 개념을 거쳐 매개되어서는 안 되기 때문에 '직관'의 형태를 띠어야 한다. 그런데 소급될 수 없는 지(知)는 또한 감각적 객체를 거쳐서 매개될 수도 없다. 마침내 쉘링은 직접지를 "지적 직관"으로 파악한다. 지적 직관 속에서 자아는 자기 자신을 직접 의식하게 된다. 그러므로 피히테에 있어서와 마찬가지로 쉘링에 있어서도 자아의식은 자기의 성립에 있어서, 스스로의 자유로운 수행(遂行)에 의존해 있다. 『정험적 관념론의 체계』에서 지적 직관은, 자기를 의식하게 되는 자아

---

135 "durch den Akt des Selbstbewußtseins wird das Ich sich selbst zum Objekt." (StI, 380).

136 Jantzen, ebd., 18 참조.

137 Gamm, ebd., 208 참조.

라는 규정을 가진다.[138] 이 점과 관련하여 쉘링은 다음과 같이 말한다:

"그러한 직관이 자아다. 왜냐하면, 자기 자신에 관한 자아의 지(知)를 통하
여 자아 자신(객체)이 비로소 성립하기 때문이다. 왜냐하면 이때의 (객체로
서의) 자아는 자기 자신에 관한 지 외에 다른 것이 아니라면, 자아는 자기 자
신에 관해서 알고 있다는 사실을 통해서만 성립하기 때문이다. 그러므로 자
아 자신은 동시에, (객체로서의) 자기 자신을 산출하는 지(知)다."[139]

지적 직관은 "정신의 어떤 행위들을 산출하는 동시에 직관하는"[140]
능력이다. 그리하여 이 두 능력은 전적으로 하나다. "자아 자신은, 자기
자신에 관해서 앎으로써, 즉 자기가 영속적인 지적 직관이라는 사실을
통해서 존재하는 객체다."[141] 그러므로 여기서 자아는 행위하는 자 혹은
산출하는 자와 그것에 대해 반성하는 자의 통일[동일성]로서 규정된다.
그래서 쉘링에게 있어서도 『진정한 자연철학 개념에 대하여, 그리고 자
연철학의 문제들을 해결하기 위한 올바른 방법에 대하여』(*Über den
wahren Begriff der Naturphilosophie und die richtige Art, ihre Prob-
leme aufzulösen*, 1801)에서 다음과 같이 말하고 있다: "행위하는 자는

---

138 Berg, ebd., 86 f. 참조.
139 "Eine solche Anschauung ist das Ich, weil durch das Wissen des Ich von sich
selbst das Ich selbst (das Objekt) erst entsteht. Denn da das Ich (als Objekt) nichts
anderes ist als das *Wissen von sich selbst*, so entsteht das Ich eben nur dadurch,
daß es von sich weiß; das *Ich selbst* ist also ein Wissen, das zugleich sich selbst
(als Objekt) produziert." (StI, 369).
140 "gewisse Handlungen des Geistes zugleich zu produzieren und anzusch-
auen." (StI, 369).
141 "Das *Ich selbst* ist ein Objekt, das dadurch ist, daß es von sich weiß, d.h. es
ist beständig intellektuelles Anschauen." (StI, 370).

또한 즉자적인 자아가 아니다. 그것은 행위하는 자와 이 행위하는 자에 대해 반성하는 자의 이러한 동일성 속에서만 존재하는 자아다."[142]

여기서 말하고 있는, 행위함[Das Handeln]은, 이미 『학문론의 관념론을 해명하기 위한 논문들』로부터 나오는 알려진 자기직관이다. 이 자기직관은 거기서 말하듯, 정신의 본질이다. 정신은 자기규정, 자기제한, 주체-객체였다. 즉, 정신은 자기를 직관함으로써 자기를 객체로서 직관한다. 그런데 정신은 주체-객체이며, 정신은 자기를 주체-객체로 직관했을 때 비로소 자기를 직관하게 될 것이다. 『정험적 관념론의 체계』에서의 '자기를 의식하게 되는 자(das sich-Bewußtwerdende)'가 그렇게 불리는 "자아"의 이러한 '자기직관'은 『학문론의 관념론을 해명하기 위한 논문들』에서와 마찬가지로, 의욕의 단계에서 비로소 등장한다. 의욕을 매개로 하여 자아는 자신에게 객체가 된다. "왜냐하면 동일한 것을 통해서, 자아는 자기인 바인 전체로서, 즉 주체인 동시에 객체로서, 혹은 산출하는 자로서, 자신에게 객체가 되기 때문이다."[143]

그런데 쉘링과 피히테 사이의 아주 큰 유사성이 여기서 간과되어서는 안 된다. 왜냐하면, 지적 직관은 자기를 아는 자아의 직접적인 의식 형태라고 파악되기 때문이다.[144] 1795년의 『독단주의와 비판주의에 대한 철학 서한』에서와는 달리 쉘링은 이제 더 이상 지적 직관과 의식의

---

142 "Das Handelnde ist auch nicht *an sich* = Ich, es ist = Ich nur *in* dieser Identität des Handelnden und des auf dieses Handelnde Reflektierenden." (SW IV, 85).
143 "denn durch daselbe wird das Ich als das *Ganze*, ws es ist, d.h. als Subjekt und Objekt zugleich, oder als Produzierendes, sich zum Objekt." (StI, 534). Görland, ebd., 178 참조.
144 이 점에 관해서는 Fichte, VnDWL, in: SW I(519-534), 521 참조: "모든 의식은 우리 자신에 대한 직접적인 의식으로 말미암아 제약된다(Alles Bewußtsein ist bedingt durch das unmittelbare Bewußtsein unserer selbst)."

결합불가능성으로부터 출발하지 않는다. 지적 직관은 자아의식의 작용으로서, 정험철학의 원리다. 쉘링은 그것을 철학의 불가피한 도구와 기체(基體)로 규정한다: "요컨대 선험적으로 철학함에는 지적 직관이 영속적으로 동반되어야 한다. (…) 이러한 직관이 없다면, 철학함 자체는 사유를 유지하고 지탱할 기체(基體)를 갖지 못한다. 그러므로 저 직관은 선험적 사유에서 객관세계의 자리에 들어서서, 말하자면 사변(思辨)의 날개를 지니는 그런 것이다."[145] 피히테와 분명히 유사하지만, 우리가 쉘링철학의 본래 목표를 분명히 기억한다면, 쉘링의 구상 속에 있는 거리(距離)는 다시금 곧바로 분명해진다. 왜냐하면 주체의 자아의식에 머물러 있는 지적 직관은 시작이기는 하지만, 쉘링 정험철학의 목표는 결코 아니기 때문이다. 철학의 과제는 지적 직관의 객체적인 나타남에 대한 추구에 있으며, 이러한 나타남의 장소는 쉘링에 의하면 예술이다.[146]

지적 직관이 감성적 직관과 구별되는 점은, 지적 직관은 자기의 객체를 산출한다는 점이다.[147] 자아의식의 산출적 · 지적 직관은 한편으로는, 그것이 자기의 대상을 산출한다는 점으로 말미암아, 주어진 대상에 관계하는 감성적 직관과 구별되고, 다른 한편으로는 『정험적 관념론의 체계』가 그것과 더불어 자기의 시작으로 되돌아가는 심미적 직관(審美的 直觀)과 구별된다. 심미적 직관은 지적 직관처럼 자기의 대상을 산출

145 "Das transzendentale Philosophieren muß also beständig begleitet sein von der intellektuellen Anschauung: (…) Ohne diese Anschauung hat das Philosophieren selbst kein Substrat, was das Denken trüge und unterstützte; jene Anschauung ist es, was im transzendentalen Denken an die Stelle der objektiven Welt tritt und gleichsam den Flug der Spekulation trägt." (StI, 369 f.).
146 Berg, ebd., 87 참조.
147 Görland, ebd., 177 참조.

한다. 그러나 자기의 대상이 감성적 대상으로 산출되는 한에 있어서 심미적 직관은 지적 직관과 감성적 직관을 매개한다.[148]

---

148 Jürgensen, ebd., 50 참조.

심미적 직관과 자아의식

쉘링은 유기적 자연에 관한 칸트의 철학을 자신의 자연철학에 이용하였다. 즉, 칸트에 의하면 유기체는 전체와 그 부분들 간의 상호작용을 통해 자신을 산출하기 때문에 유기체 자체는 자기목적적인 것으로 보인다. 즉, 유기체 속에서의 성장은 목적론적으로 이해된다. 쉘링은 미학에서도 칸트의 미(美)이론을 사용한다. 예술 속에서는 이론적 행위와 실천적 행위 사이의 대립이 제거되는 식으로, 즉 주체성과 객체성 사이의 대립이 지양되며 거기서 지(知)와 행위, 의식적 행위와 무의식적 행위, 자유와 필연이 모두 조화되는 식으로, 예술은 고차적인 질서의 제3의 것이다. 정험철학의 궁극적인 문제는 실재적인 것과 관념적인 것의 진정한 동일성에 관계된다.

미(美)의 경우에는 무한자가 유한자 속에서 표현되고 심미적 창조는 감각적 현상들 속에서 드러나기 때문에, 실재적인 것과 관념적인 것의 동일성이라는 철학의 문제의 해결은 심미적 창조행위 및 그 창조행위의 산물 속에서 명백히 드러난다. 이런 의미로 볼 때, 예술은 철학의 유일하고 진정하고 영원한 도구인 동시에 철학의 기록이다. 예술은 가장 거룩한 실재를 철학에게 드러낸다. 그러므로 쉘링은 시(詩)와 철학은 서로 가장 닮았다고 주장한다. 예술가의 심미적 직관과 철학자의 지적 직관은 서로 가장 많이 닮았다. 고대의 신화에서는 시와 철학은 실로 전적으로 동일한 것이었다. 가까운 장래에 심미적 직관과 철학적 지적 직관이 다시 한 번 통합되는 시기가 올 것이다. 쉘링의 철학이 가장 독특하게 보이는 경우는 그가 자신의 정험적 관념론에서 미학을 다룰 때라고 할 수 있다. 그러므로 사람들은 피히테의 관념론을 윤리적 관념론이라고 부르는 반면에 쉘링의 정험적 관념론은 심미적 관념론이라고 특징짓고, 헤겔의 철학은 논리적 관념론으로 특징짓는다. 그러나 물론 이러한 성격화는 좀 지나치게 단순화한 것이다.[149]

쉘링이 『정험적 관념론의 체계』에서 전개하는 자아의식의 역사에서의 최고이념은 진리나 자유가 아니라 오히려 아름다움[美]이다. 이런 이유로 미학과 예술은 철학체계의 완결을 이룬다. 쉘링이 개념적인 계열로 전개하고 있는 정험철학은, 예술가적 천재(天才)와 그의 작품 속에서 비로소 자기의 참된 목표점과 정점에 도달한다. 이미 서술한 것처럼 정험철학의 길은 무의식적 정신으로부터 의식적 정신에 이르고, 그리고 계속하여 윤리학과 역사 속에서 그 실현에 이르기까지 계속 진행하여, 모든 대립을 자신 속에서 통일하고 서로를 화해시키는 예술 속에서 마침내 끝나게 된다. 그런데 철학 내에서 예술과 미를 이렇게 특별히 중시하는 사람은 쉘링 혼자만이 아니다. 이런 부류에 속하는 저술들로는 예를 들면 쉴러(Johann Christoph Friedrich von Schiller, 1759-1805)의 『인간의 미(美)교육』(*Ästhetische Erziehung des Menschen*), 휠더린의 『휘페리온』(*Hyperion*), 노발리스와 슐레겔(Karl Wilhelm

---

[149] http://www.csudh.edu/phenom_studies/phenom_studies/europ19/lect_3.html 참조.

Friedrich Schlegel, 1772-1829)의 수많은 저술들, 그리고 때로는 쉘링이 또 때로는 횔더린이 그 저자로 간주되지만, 아마도 헤겔이 쓴 것이라 생각되는, 소위『독일관념론의 최고(最古)의 체계강령』(*Das älteste Systemprogramm des deutschen Idealismus*) 등을 들 수 있다. 지금 언급된 이 모든 저술에서는 시(詩)와 미(美)가 최고의 의미를 얻는다. 이두 가지 것, 즉 시와 미는 학문들과 철학보다 오래 지속될 것이며, 철학은 심지어 시와 미 속에서 완성된다고 말하고 있다. 왜냐하면 무엇보다도 시가(詩歌)[시문예(詩文藝), Dichtkunst]에서 나타나는 미의 이념 속에서 당시의 사람들은 모든 분열과 분리를 지양하는 조화로운 완전성·통일을 간파했기 때문인데, 이러한 완전성과 통일 속에서는 이론과 실천의 대립도 극복되는 것이다. 이것은 자기의 정험철학의 끝에서 쉘링이 갖고 있는 목적이기도 했다. 그는 자기의 정험철학에서의 이론적 도출에서도, 그리고 또한 실천적 도출에서도 더 이상 만족을 발견하지 못하고, 이 양자를 상위의 제3자 속에서 서로 결합함으로써 그것을 넘어 한 걸음 더 나아갔다. 이때 눈에 띄는 것은, 그가 진(眞)과 선(善)을 통일하는 미(美)인 시(詩) 아래에 철학을 두었다는 사실이다.

이런 이상(理想)을 심미적 영역 속에 포섭시키는 출발점은 의식 자신 속에서의 의식적이기도 하고 무의식적이기도 한 활동에 대한 물음이다. 이 결합 속에서는, 세계를 산출하는 자아의 무의식적 힘은 인간의 자유로운 의욕 속에서 표현되는 저 의식적인 힘과 통일된다. "그러한 힘만이 심미적 힘이며, 모든 예술작품은 그러한 힘의 산물로서만 파악될 수 있다."[150] 그러므로 "예술작품은, 그것이 의식을 가지고 산출된 것이라는 점에서 자유의 산물과 공통점을 갖고 있고, 그것이 무의식적으

---

[150] "Eine solche Tätigkeit ist allein die ästhetische, und jedes Kunstwerk ist nur zu begreifen als Produkt einer solchen." (StI, 349).

로 산출된 것이라는 점에서 자연산물과 공통점을 가질 것이다."[151] 다시 말하면, 진정한 예술가가 아무리 충만한 의도를 가지고 창조를 한다 하더라도, 그때에 자신의 작품으로 형성되는 것에 그 충만한 의도가 다 반영되는 것은 아니다. 따라서, 예술작품은 한편으로는 자유로운 활동의 성과이며, 다른 한편으로는 더욱 고차적이고 무의식적인 작용의 [Wirkens] 성과다. 그런데 이 무의식적인 작용의 성과는, 예술가 자신이 자기의 작품으로 말미암아 놀라는 때인, 예술가의 생산활동의 끝에서야 드러난다.

예술가는 예술작품을 충분한 의도를 가지고 산출한다. 그러나 그 예술작품은 "그의 관여 없이(ohne sein Zutun)"(StI, 617) 성립한 것이다. 모든 창조행위에 내재해 있는 무의식적인 힘은 예술에 존재하는 것인바, 그것은 "예술에서 배울 수 있거나 연습이나 다른 방식으로 획득될 수 있는 것이 아니라 자연의 자유로운 은총을 통해서만 타고날 수 있는"[152] 것이고 예술가를 "천재[Genie]"(StI, 616)로 만드는 것이다. 그래서 쉘링 당대의 사람들은, 자기가 의도를 가지고 창조한 것 속에서 의도하지 않은 것을 동시에 완전히 드러내는 저 모든 창조적인 사람들을 그렇게 불렀다.

덧붙여 말할 것은, 본래 다수의 예술작품이 존재하는 것이 아니라 "전적으로 상이한 실례들로 실존할 수 있긴 하지만 오직 하나인 절대적인 예술작품만이"[153] 존재한다는 것이다. 게다가 쉘링은 후기 헤겔처럼

---

151 "Das Produkt wird mit dem Freiheitsprodukt gemein haben, daß es ein mit Bewußtsein Hervorgebrachtes, mit dem Naturprodukt, daß es ein bewußtlos Hervorgebrachtes ist."(StI, 612).

152 "was an ihr nicht gelernt, nicht durch Übung, noch auf andere Art erlangt werden, sondern allein durch freie Gunst der Natur angeboren sein kann, (…)"(StI, 618).

예술미를 자연미의 우위에 두고, 다수의 낭만주의자들과 같이 시작(詩作)과 시(詩)를 최고의 예술형태라고 부른다. 그런데 이것은, 자연미를 예술미보다 더 고차적인 것으로 평가하는 칸트와 전적으로 반대되는 것이다. 그러나 이로써, 도대체 예술을 이론철학 및 실천철학 위로 고양하는 것이 무엇인지는 말해지지 않았다. 이론철학의 대상은, 자연을 산출하는 자아의 무의식적인 힘이고, 실천철학의 대상은 윤리적 세계를 산출하는, 자아의 의식적인 활동이다. 쉘링에 의하면 이 양자는 하나의 통일을 보여 주며, 모든 차이 속에서도 하나의 공통적인 원인을 가지고 있어서 근본적으로는 동일한 것이어야 한다. "세계의 산출에 종사하는 활동과, 의욕 속에서 표현되는 활동의 근원적인 동일성"[154]이 존재한다고 한다. 물론, 전자의 활동은 의식이 없이 생산적이고, 후자의 활동은 의식을 지니고 있다. 무의식적 활동과 의식적 활동이 그 속에서 동일한 이 하나 속에서, 양자는 일치한다. 그러나 바로 거기에, 예술이 대답이 되어야 하는 문제가 존재한다.

예술은 사유될 수 없고 단지 직관될 수 있을 뿐이다. 그리하여 두 활동의 공통적인 원인을, 그리고 그들의 절대적인 동일성을 고찰대상으로 갖는 어떤 특수한 직관에 대한 물음이 제기된다. 자기가 이제는 더 이상 만족하지 않을 쉘링의 이전의 대답은 지적 직관이라고 불렸다. 사실, 철학적 자아는 의식적 활동과 무의식적 활동의 절대적 통일을 내부에서도 외계에서도 인식할 수 없다. 그러한 경험은 양자의 통일을 그 작품들 속에서 성공적으로 나타내는 예술을 통해서 가능하다고 쉘링은

---

153 "(…) nur Ein absolutes Kunstwerk, welches zwar in ganz verschiedenen Exemplaren existieren kann, aber doch nur Eines ist, (…)" (StI, 627).
154 "ursprüngliche Identität der im Produzieren der Welt geschäftigen Tätigkeit mit der, welche im Wollen sich äußert" (StI, 348).

생각한다. 그로 말미암아 예술은 파악 불가능한 것을 파악 가능한 것으로 만들며, 요컨대, 비대상적인 것을 포착함으로써 궁극적으로 직관될 수 있는 것으로 만든다.

심미적 직관은 철학이 가시적으로 보여 줄 수 없는 것을, "즉 행위 및 산출작용 속의 무의식적인 것을, 그리고 그것과 의식의 근원적 동일성을"[155] 예술작품 속에서 인식한다. 그것은 이미, 자기가 의식적으로 산출하는 것 속에서, 자기가 자기의 작품을 완성한 후에 스스로 놀라는 어떤 것을 동시에 무의식적으로 창조하는 예술가의 창조력을 이미 특징지었다. 예술작품은 쉘링이 무한자라고도 부르는, 의식적 활동과 무의식적 활동의 이러한 동일체를 자신 속에서 반영하고 있다. 이와는 반대로, 예술작품은 그 외적 형태에 있어서는 하나의 유한한 조형물이다. 무한자의 유한한 현시(顯示)로부터 비로소, 모든 진정한 예술작품을 특징짓는 미(美)가 발생한다. 그러므로 미(美)는 정신적인 것의 감성화를 통해서, 헤겔이 나중에 그렇게 부르듯 "이념의 감성적인 비춤[Sinnlichen Scheinen der Idee]"으로부터 발생한다.

사람들은 예술이 『정험적 관념론의 체계』에서 보여 준 것처럼, 철학자가 최고존재자의 인식으로 고양되는 수단이나 도구로 타당하다는 것을 안다. 그리고 바로 그 때문에 예술은 "철학의 진정한 도구[das wahre Organon der Philosophie]"(StI, 351)라고 불릴 수 있다. 예술은 순수한 이성인식에게는 거부된 채로 머물러 있는 것, 즉 무의식적 활동과 의식적 활동의 절대적 동일을 현시하는 일에 성공하기 때문에, 예술은 쉘링에 의해 철학보다 높이 평가된다:

---

155 "nämlich das Bewußtlose im Handeln und Produzieren, und seine ursprüngliche Identität mit dem Bewußtsein"(StI, 627).

"예술은 가장 신성한 것을 철학자에게 개방한다는 바로 그 이유 때문에 철학자에게는 최고의 것이다. 그런데 자연과 역사 속에서 분리되어 있는 것, 그리고 사유에 있어서나 삶과 행위에 있어서나 마찬가지로 영원히 멀리해야만 하는 것은 가장 신성한 것 속에서 영원하고 근원적으로 통일되어 하나의 불꽃 속에서 타오른다."[156]

이러한 가치평가와 더불어 쉘링의 견해는 플라톤의 견해(Platon, *Der Staat*, Buch X.)와 전적으로 대립된다. 플라톤은 예술을, 진정한 실재의 모사(模寫)의 모사라고, 그래서 진정한 실재를 최고의 형태로 드러낸 것이 아니라고 해석했다. 본래의 실재는 영원한 본질적인 것들, 이데아들 혹은 원상(原象)들로 이루어져 있으며, 이들의 모사는 소멸하는 물(物)들이다. 예술이 제시하는 모든 것은 근본적으로는 이 모상(模像)들의 복제이어서, 진정한 실재로부터 매우 멀리 떨어져 있다. 이와는 반대로 쉘링은 예술을 최고의 것으로 간주했다. 왜냐하면 예술에서만 전정한 존재의 현시가 성공하기 때문이다.

그의 『정험적 관념론의 체계』를 되돌아보면 분명해지는 사실은, 이론철학의 중심에 존재하는 것은 무의식적 창조과정의 이념이고, 실천철학의 중심에 존재하는 것은 세계에 대한 인간의 의식적인 행동이나 태도다. 미학의 지도적인 사상은 이 두 활동의 절대적 동일이다. 이 절대적 동일은, 시(詩)가 가장 잘 보여 주는 두 활동의 공통적인 원천적 근거다. 모든 지식은 시(詩)에서 흘러나와서 다시 시(詩)로 흘러들어 갈

---

156 "Die Kunst ist eben deswegen dem Philosophen das Höchste, weil sie ihm das Allerheiligste gleichsam öffnet, wo in ewiger und ursprünglicher Vereinigung gleichsam in Einer Flamme brennt, was in der Natur und Geschichte gesondert ist, und was im Leben und Handeln ebensowie im Denken ewig sich fliehen muß." (StI, 627).

것이라고 쉘링은 말했다. 그리고 그런 말들 및 그와 유사한 말들로, 정험철학에 대한 자신의 상세한 서술을 끝맺는다.

시(詩) 속에서 가시화(可視化)되는, 의식과 무의식의 절대적 동일을 쉘링은 철학의 체계의 정점으로만 간주한 것이 아니라 철학의 역사적 종말로도 간주했다. 우리가 예상할 수 있는 것은, "학문의 유년기에 시로부터 태어나 양육된 철학과, 철학을 통해 완전함에 접근한 모든 학문들은 철학과 더불어, 완성된 이후에 꼭 같이 많은 개별적인 강물들처럼, 그들이 출발한 시(詩)라는 일반적인 대양(大洋)으로 다시 흘러간다"[157]라는 점이다. 이때에 "학문이 시(詩)로 되돌아갈 때 거치는 중간항은 (…) 하나의 새로운 신화가"[158] 될 것이다.

몇 년 후에 쉘링은 앞을 내다보는 이러한 추측을 반복했다: "(…) 학문이 시(詩)로부터 비로소 출발했듯이, 이 대양(大洋)으로 다시 흘러들어가는 것은 또한 시(詩)의 가장 아름답고 궁극적인 규정이다."[159] 이와 유사한 내용을 우리는 이미 또한 1795년의 그에게서 읽을 수 있다. "즉, 다양한 모든 학문들로부터 결국에는 단 하나의 학문만이 생겨야만 할 것이라는 것이다."[160] 이 하나의 학문이 없다면 인간은 결코 하나가 될

---

157 "daß die Philosophie, so wie sie in der Kindheit der Wissenschaft von der Poesie geboren und genährt worden ist, und mit ihr alle diejenigen Wissenschaften, welche durch sie der Vollkommenheit entgegengeführt werden, nach ihrer Vollendung als ebensoviel einzelne Ströme in den allgemeinen Ozean der Poesie zurückfließen, von welchem sie ausgegangen waren." (StI, 629).

158 "Mittelglied der Rückkehr der Wissenschaft zur Poesie (…) eine neue Mythologie" (StI, 629).

159 "(…) wie die Wissenschaft erst von der Poesie ausging, so ist es auch ihre schönste und letzte Bestimmung, in diesen Ozean zurückzufließen." (SW V, 667).

160 "daß nämlich aus allen verschiedenen Wissenschaften am Ende nur Eine werden müsse" (SW I, 158).

수 없을 것이다. "왜냐하면, 모든 이념은 역사 속에서 실현되기 이전에
우선 지식의 영역에서 실현되어야만 하기 때문이다."[161]

　쉘링이 미학을 통해 이론과 실천을 결합한 일은, 휠더린, 쉴러, 헤겔,
슐레겔 혹은 노발리스가 예술에서 이성의 특수한 형식을 통찰했듯이,
칸트의 『판단력비판』을 통해 이미 암시되었다. 그들 모두는, 심미적 의
미를 가져야 진지하게 철학할 수 있다고 확신하였다. 시(詩)에 대한 쉘
링의 상세한 서술은 특히 휠더린의 통일철학에 근접해 있다. 휠더린의
통일철학에서도 모든 것은 주체와 객체, 자유와 자연, 의식과 무의식
사이의 대립이 완전히 극복될, 회복해야 할 통일을 추구한다. 대부분의
낭만주의자들과 마찬가지로 휠더린도 시문예(詩文藝)에 최고의 의미를
부여한다. 쉴러가 『예술가』(Künstler)와 『인간의 미(美)교육』에서, 휠더
린이 『휘페리온』에서, 그리고 헤겔이 『독일관념론의 최고(最古)의 체계
강령』에서 그랬던 것처럼, 이들은 시(詩)를 인류의 진정한 교사(敎師)로
생각한 것만이 아니라, 그것을 넘어서 그들 모두는, 시문예(詩文藝)가
그 밖의 예술들이나 학문들보다 더 오래 지속될 것이라고 확신했다.

　더욱이, "새로운 신화[neuen Mythologie]"(StI, 629)의 이념 역시 결
코 새로운 것이 아니었다. 쉘링은 새로운 신화(의 이념)를 고안한 것이
아니라 단지 새롭게 숙고한 것이다. 이미 1793년에 그는 『고대세계의
신화, 역사적 전설과 철학문제들(철학설들에 대하여)』(Über Mythen,
historische Sagen und Philosopheme der ältesten Welt)이라는 글을 발
표하였다. 이 글에서 쉘링은 계몽주의철학자들과 비슷하게 모든 신화
를, "유아(幼兒)처럼 단순한 정신의(kindlich einfältigen Geist)"(SW I,
62) 고안물이라고 비난했는데, 이런 유아적인 정신에 있어서는 "완전히

161　"Denn alle Ideen müssen sich zuvor im Gebiete des Wissens realisiert haben,
ehe sie sich in der Geschichte realisieren."(SW I, 159).

발전된 개념들의 결핍(Mangel an vollkommen entwickelten Begriffen)"(SW I, 68)이 특징적이다. 그러므로 이 시기의 쉘링에게 있어서는 그 이전의 비코(Giambattista Vico, 1668-1744)나 퐁트넬(Bernard Le Bovier de Fontenelle, 1657-1757)에 있어서처럼, 그리고 그 후의 콩트(Auguste Comte, 1798-1857)에 있어서처럼 신화적 사고의 극복이 위대한 전진으로 여겨졌다: "인간이 고차적인 활동을 하도록 각성(覺醒)되면, 청년의 심상(心象)과 꿈을 떠나서 자신의 지성에 따라 자연을 개념적으로 파악하려고 한다."[162] 이와는 전혀 다르게, 『정험적 관념론의 체계』의 결론은 새로운 신화에 대한 요구와 더불어 끝난다.

쉘링이 예나에서 친구관계를 유지했던 많은 낭만주의자들은 계몽주의의 냉정한 정신 및 탈주술화된 세계상을 거부하는, 옛 신(神)들에 대한 이러한 동경을 느꼈다. 낭만주의자들은 하나의 새로운 신화에 대한 아주 긴장된 고대(苦待)를 포기하지 않았다. 그래서 『독일관념론의 최고(最古)의 체계강령』에서는 다음과 같이 말하고 있다: "우리는 하나의 새로운 신화를 가져야만 할 것이다."[163] 그리고 슐레겔의 『신화에 대한 주장』(Rede über die Mythologie)에서는, 하나의 "새로운 신화"[164]가 절실하게 필요하다고 말한다. 게다가 쉴러와 괴테의 서신교환과 노발리스의 수많은 원고에서는 적시적(適時的)인 신화의 결여가 확립되고 비난되고 있다. 그런데 근대에 새로운 신화의 중요성을 최초로 인식한 사

---

162 "Erwacht der Mensch zu höherer Tätigkeit, so verläßt er Bilder und Träume der Jugend, und such die Natur seinem Verstande begreiflich zu machen."(SW I, 74).

163 "Wir müßten eine neue Mythologie haben."["Das älteste Systemprogramm des deutschen Idealismus," in: C. Jamme/H. Schneider (hg.), *Mythologie der Vernunft*, Ffm., 1984, 13].

164 Friedrich Schlegel, *Schriften und Fragmente*, Stuttgart, 1956, 129.

람은 헤르더(J. G. v. Herder, 1744-1803)였다. 쉘링은 새로운 신화를 고대한다는 점에서는 헤르더 및 다른 모든 사람들과 일치했지만, 그들은 새로운 신화를 내용상으로는 전적으로 다르게 이해했다. 그런데 쉘링 이후에도 역시 새로운 신화에 대한 부름은 계속되었다. 니체와 바그너로부터 란다우어(Gustav Landauer, 1870-1919), 릴케(Rainer Maria Rilke, 1875-1926), 슐러(Alfred Schuler, 1865-1923)와 게오르게(Stefan Anton George, 1868-1933)를 거쳐 하이데거에 이르기까지 특히 예술은 신화가 복귀할 수 있는 길을 마련하는 데 선정되었다.[165]

　실천이성의 최고단계에서 쉘링은 예술(그리고 목적론)을 이론이성과 실천이성의 통일점으로 파악한다. 왜 예술인가? 쉘링에 의하면 철학은 그것이 절대적인 것으로 사유되어야만 하는 한에서 "비 객체적일" 수 있는 하나의 원리로부터 출발해야 한다. 그 원리가 객체적이라면, 그것은 주체적인 것과 객체적인 것의 대립을 자체 내에 지니고 있을 것이며 ― 그것은 절대적이지 않을 것이다. 즉 그것은 모든 제약으로부터 풀려나고, 모든 대립으로부터 자유롭지 않을 것이다 ― 일련의 술어적인 즉 객체적인 규정들에 의해 파악될 것이다. 동시에 "전체 철학을 이해하기 위한 조건인" 그런 원리는 어떻게 의식되고 이해되어야 하는가? 라고 쉘링은 계속해서 말한다. 그것은 개념적인 규정들이라는 형태로 서술될 수는 없기 때문에, 단지 지적 직관일 수 있는 직접적 직관 속에서 그것을 찾는 것 외에는 아무것도 남지 않게 된다.

　"보편적으로 인정되어서 어떤 식으로도 부정해 버릴 수 없는, 지적 직관의 이 객체성은 예술 자체다. 왜냐하면, 바로 심미적 직관은 객체적으로 된 지

---

165 Wetz, ebd., 96 ff. 참조.

적 직관이기 때문이다. 예술작품은 그 밖의 어떤 것을 통해서도 반영되지 않는 것, 저 절대적으로 동일한 것, 자아 속에서조차 이미 분리되어 있는 것을 나에게 반영한다. 요컨대 철학자가 이미 의식의 최초의 작용에서 분리되도록 하는 그것, 그 밖의 어떤 직관으로도 접근할 수 없는 그것이 예술의 기적을 통해서 예술의 산물로부터 반영된다."[166]

쉘링이 심미적 경험이 철학보다 탁월하다고 주장하는 이유는, 예술작품은 심미적 직관에 절대자를 경험할 수 있는 가능성을 제공한다고 그가 믿고 있기 때문이다. 심미적 직관 속에서는, 사유작용에서 분리되어 있을 수밖에 없는 주체적인 것과 객체적인 것의 측면이 지양되어 있다. 심미적 직관은 지적 직관을 능가하는 것으로 입증된다. 왜냐하면 심미적 직관 속에서는 절대자가 단지 주체적으로만이 아니라 예술작품의 형태로 객체적으로도 드러나기 때문이다. 예술은 절대자의 매개체라는 이런 탁월한 의미를 지니고 있다. 왜냐하면 예술가, 즉 천재의 인격[Person] 속에서는 자연과 정신, 자유와 필연, 유한자와 무한자는 동일하기 때문이다. 즉, 예술가의 천재적 작품 속에서는 의식된 자유로운 구성과 무의식적인 '자연적' 영감(靈感)은 일치한다. 자연의 창조충동 [Schöpfungsdrang]은 예술가 속에서 정신적인 것으로 된다.[167]

---

166 "Diese allgemein anerkannte und auf keine Weise hinwegzuleugnende Objektivität der intellektuellen Anschauung ist die Kunst selbst. Denn die ästhetische Anschauung eben ist die objektiv gewordene intellektuelle. Das Kunstwerk nur reflektiert mir, was sonst durch nichts reflektiert wird, jenes absolut Identische, was selbst im Ich schon sich getrennt hat ; was also der Philosoph schon im ersten Akt des Bewußtseins sich trennen läßt, wird, sonst für jede Anschauung unzugänglich, durch das Wunder der Kunst aus ihren Produkten zurückgestrahlt." (StI, 625).

167 Gamm, ebd., 209 f. 참조.

V

헤겔의 자아의식 이론

대상의식과 자아의식: 추상적 자아의식과 추상적 자유

    대상의식은 대상에 대한 의식, 즉 자아가 아닌 타자에 관한 의식이며, 자아의식은 자아 자신에 대한 의식이다. 우리의 유년기로부터의 우리의 의식활동을 살펴보면, 우리는 우리 자신을 의식하기 전에 먼저 대상을 의식한다는 사실을 발견하게 된다. 이것은 자연스러운 일로서, 우리는 우리의 시선을 우리의 내부로 돌려 우리 자신을 반성하기보다는 외부로 먼저 돌리기 때문이다. 자아의식은 두 종류로 구분된다. 첫 번째로, 모든 대상의식의 근저에 있어서 대상의식을 가능케 하는 의식으로서의 자아의식이 있다. 이 자아의식은 아직 자아가 아닌 타자로서의 대상에 매개되지 않은 자아의식이다. 이러한 자아의식을 선험적 자아의식[경험에 앞서서 경험, 즉 대상의식을 가능하게 하므로], 추상적·순수한 자아의식[대상에 매개되어 있지 않으므로] 혹은 절대적 자아의식[오직 자아만이 존재하므로], 혹은 직접적인 자아의식(Enz §424)이라고 부를 수 있다. 두 번째로는, 자아가 자기 자신이 아닌 타자에 매개되어 있는 자아의식이 존재하는데, 이것을 우리는 구체적 자아의식이라고 부른다. 이런 구체적인 자아의식에 대해 헤겔은, "그런데 사실 자아

의식은 감각적 세계와 지각된 세계의 존재로부터의 반성[복귀]이며, 본
질적으로 타재로부터의 복귀다"(PG,[1] 134)라고 말하고 있다. 구체적인
자아의식의 본질은 이러한 복귀와 운동에 의해서만 존립 가능한 것이
다. 결국 "자아의식으로서의 그것은 운동"(ebd.)이다. 이처럼, 구체적
인 자아의식이 성립하기 위해서는 자아 아닌 대상 혹은 대상의식이 필
요하며, 대상의식은 구체적인 자아의식을 구성하는 계기로서 자아의식
속으로 지양[2]된다. 자아의식은 자아가 아닌 대상에 대해 갖는 자기의
입장과 관련하여 자기의 규정을 획득한다. 대상에 대한 관계 또는 의존
성이 자아의식의 내적 구조를 규정하기 때문에, 추상적인 자아의식이
아닌 구체적인 자아의식은 늘 대상의식을 그 내용으로 갖고 있다고 말
할 수 있다.[3] 만약에 대상의식이 자아의식의 한 계기로서 보존되지 않
는다면, 의식의 최종적인 형태는 단지 "나는 나다"라는 동어반복, 즉 추
상적인 자아의식에 지나지 않을 것이다. 그러므로 자아의식은 그 본질
상 중복된 대상을 갖는다.[4] 그러면 우리는 우선, 의식이 어떤 단계의 의
식들을 거쳐 구체적인 자아의식에 이르게 되는지 살펴보아야 하겠다.
헤겔은 대상의식의 단계들을 〈감각적 확신〉, 〈지각〉, 그리고 〈지성〉이
라는 세 단계로 나누어 서술하고 있다.

---

1 Hegel, *Phänomenologie des Geistes*, hg. v. Johannes Hoffmeister(PG로 줄임),
Hamburg, 1952.

2 헤겔에 있어서 '지양[Aufheben]'이란, '폐지[부정]', '보존', '고양'이라는 의미를
갖는다. '지양'은 '전면적인 폐지·부정'이 아니라 '제한적[규정적] 부정[bestimmte
Negation]'이다.

3 Christiane Kranich-Strötz, *Selbstbewußtsein und Gewissen. Zur Rekonstruktion
der Individualitätskonzeption bei Peter Abaelard. Reihe: Subjekt-Zeit-Geschichte*,
Bd. 2, Münster, 2008, 63 f. 참조.

4 뒤에 서술되듯이, (구체적인) 자아의식은 ① 추상적인 자아의식으로서의 자기 자신
과 ② 대상의식이라는 중복된 대상을 갖는다.

대상의식의 단계들

2.1. 감각적 확신; 혹은 이것과 사념(私念)[Die sinnliche Gewissheit; oder das Diese und das Meinen]

우리의 일상적인 이해로는, 바로 우리 눈앞에 나타나 있는 물질적인 것이나 현상이 구체적인 것이고, 일반화된 개념을 추상적인 것이라고 생각한다. 우리가 만약 책상에 대해 생각한다면, 지금·여기 내 앞에서 내가 책을 보고 글을 쓰고 있는 하나의 책상이 구체적인 것이고 '책상이라는 개념'은 추상적인 것이라고 생각한다. 그러나 헤겔에 의하면 이러한 사고는 전도(顚倒)된 것이다. 그는 이러한 점을 『정신현상학』의 〈의식〉 장의 '감각적 확신'에서 잘 보여 주고 있다. 헤겔은 감각적 확신의 성격을 다음과 같이 말하고 있다: "최초로 혹은 직접적으로 우리의 대상이 되는 지(知)는 그 자체가 직접적인 지(知), 즉 직접적인 것에 대한 지(知)나 존재자에 대한 지(知) 이외의 다른 어떤 것일 수 없다"(PG, 79). 여기서 감각적 확신이라는 형태의 지(知)의 대상은 '직접적인 것' 혹은 '존재자'라는 점을 알 수 있다.

그런데 헤겔의 사유과정 속에는 감각적 확신인 직접지(直接知)만 나타나는 것이 아니라, 이 직접지를 고찰대상으로 삼는 '우리'도 나타나고 있다. 전자의 의식형태, 즉 직접지는 자연적 의식이며, '우리'는 의식의 경험을 인도하는 '현상학자'를 가리킨다. 헤겔은 대상에 대한 모든 매개작용과 추상작용을 거부하는 직접적이고 소박한 의식의 상태, 즉 '감각적 확신'으로부터 현상지(現象知)에 대한 서술을 시작한다. 이 단계는 우리가 감각기관을 사용하여 사물들의 존재를 처음으로 수용하는 단계다. 이러한 '무매개적·직접적 상태'가 감각적 확신의 진리다. 이러한 직접지에 대해 헤겔은 다음과 같이 말한다:

"이것으로서의 내가 이 사물[Sache]을 확신하고 있는 것은, 결코 의식으로서의 내가 이때에 나를 전개하여 사유를 다양하게 움직였기 때문이 아니다. 또한 내가 이 사물을 확신할 수 있는 것은, 내가 확신하는 그 사물이 서로 구별되는 다양한 성질에 따라 자기 자신과의 풍요로운 관계나 다른 사물과의 다양한 관계를 갖게 될 것이기 때문도 아니다."(PG, 79 f.)

여기에는 두 가지 생각이 개재되어 있다. 1) 이런 종류의 지(知)는 완전히 수동적이고, 의식은 그 대상에 대해 적극적으로 작용하지 않는다는 생각, 그리고 2) 의식의 대상은 전적으로 그 자신에 있어서만 고찰되며 다른 대상과는 어떠한 관계도 가지고 있지 않다는 생각(이 생각은 대상이 하나의 드러난 개별적인 사물이라는 의미를 내포하고 있다)이 그것이다.[5]

의식의 최초의 단계인 감각적 확신의 단계에서 의식은 자기가 가장

---

5 리차드 노만, 『헤겔 정신현상학 입문』, 오영진 역, 한마당, 1986, 33 참조.

풍부한 지식을 소유하고 있다고 확신하고 있지만, 사실은 가장 빈곤한 내용을 지니고 있을 뿐이다. 감각적 확신은 "게다가 대상으로부터 아무 것도 아직 제외하지 않고 대상을 온전하게 자기 앞에 가지고 있기 때문에, 가장 참된 것으로 보인다"(ebd.). 하지만 감각적 확신은 눈앞에 놓인 사상(事象)[Sache]에 대해서, 단지 사상의 존재를 내포하는 데 불과한 "~이 있다(es ist)"라는 표현 외에 아무런 언표도 할 수 없다. 그러므로 "이러한 확신은 사실, 가장 추상적이고 가장 빈곤한 진리를 산출한다. 이 확신은 자기가 알고 있는 것에 관해서, '그것이 존재한다'는 것만을 언표한다. 그래서 이 확신의 진리는 사물의 존재만을 포함하고 있다"(ebd.).[6] 만일 감각적 확신이 대상에 대해 무엇인가 좀 더 이야기한다는 것은 감각적 확신을 넘어서는 것이 되고 만다. 왜냐하면 그것은 곧 매개된 지(知)를 의미하며, 매개된 지(知)는 감각적 확신의 직접성과는 배치되기 때문이다.[7] 이 단계에서의 대상은 "순수한 이것"에 불과하며, 이러한 대상에 대응하는 자아도 마찬가지로 "순수한 자아" 혹은 "순수한 이것"(ebd.)에 불과하다. 다른 말로 하면, 감각적 확신의 단계에서는, 대상도 타자와의 관계를 갖지 않은 추상태이고, 그에 대응하는 의식으로서의 자아도 무매개적인 자아, 따라서 '순수한' 자아다. 그러므로 여기서 "자아와 사물은 다양한 매개라는 의미를 지니고 있지 않

---

6 여기서 헤겔은 '진리'라는 용어를 강조체로 씀으로써, 감각적 확신의 내용이 사실은 진리가 아니지만, 그 자신의 입장에서는 진리로 여기고 있다는 점을 나타내고 있다. 감각적 확신의 이러한 추상성 및 빈곤에 관하여 헤겔은 『정신현상학』의 〈종교〉 장에서도 다음과 같이 언급하고 있다: "감각적 의식이라고 불리는 것은 바로 이러한 순수한 추상이며, Sein 혹은 직접태가 있다고 하는 이러한 사유다. 그러므로 가장 저급한 것이 최고의 것이기도 하며, 전적으로 표면에 드러난 것이 바로 그 점에서 가장 심오한 것이다."(PG, 529).

7 W. T. Stace, *The Philosophy of Hegel*, NY., 1955, 473 참조.

다"(PG, 80).[8] 감각적 확신의 대상은, 타자와 매개되어 있지 않기 때문에, 타자와의 구별도 있을 수 없으므로, 추상적이고[9] "모든 암소가 검게 보이는 밤"(PG, 19)이다. 따라서, 감각적 확신을 우리가 만약에 지(知)라고 부를 수 있다면, 그것은 가장 풍부하고 심오한 지(知)가 아니라, 가장 빈곤하고 피상적인 지(知)인 것이다. 즉, 감각적 확신의 빈곤은 그것의 무규정성에 관계되어 있고, 순수하고 긍정적인 혹은 직접적인 소여(所與)는 가장 풍부한 인식으로 보일 뿐이지만, 그것은 가상(假象)[Schein]이다.[10] 이렇듯, 타자에 매개되어 있지 않은 직접적인 것은 헤겔이 보기에 진정한 것이 아니다. 참된 것은 직접적인 것이 아니라 "생성되어 가는 직접성"(PG, 21 f.), 즉 매개된 것이고, 매개를 통해 도달된 "전체"(PG, 21)다. 다시 말하면 그것은 부동(不動)의 점으로 머물러 있는 생기(生氣) 없고 순수하게 자기 동일적인 직접태가 아니라, 자기 동일성을 유지하면서도 타자와의 관계 속에서 자기의 영역을 넓혀 가는, 끊임없는 운동 가운데 존재하는 것이다. 헤겔은 이런 의미에서 "실

---

8 이러한 무매개성은 자아와 감각적 확신의 대상의 각각을 분리해서 고찰할 경우에, 자아가 다른 자아(들)에 매개되어 있지 않고, 자아의 대상도 다른 대상(들)에 매개되어 있지 않다는 의미의 무매개성이다. 그러나 다른 한편에서 보면, 자아는 자기의 대상을 가지고 있고, 대상도 자아의 대상이므로 이들 양자는 이미 매개되어 있는 것이다. 이 점을 헤겔은 다음과 같이 밝히고 있다: "우리가 이러한 구별을 살펴보면, 감각적 확신 속에서 일자도 타자도(자아도 대상도: 필자 주) 단지 직접적인 것만이 아니라, 매개되어 있기도 하다는 사실이 드러난다; 자아는 타자, 즉 사물로 말미암아 확신을 갖는 것이며 사물도 마찬가지로 타자, 즉 자아를 통한 확신 속에서 존재하는 것이다."(PG, 80).
9 추상적이라는 말에 해당하는 용어인 'abstract'는, 'ab (from) + tract (draw)'로부터 유래하며, 이것은 또 '추상하다'를 뜻하는 라틴어 'abstrahere' 및 이것의 과거분사인 'abstractus'에서 유래하는바, '타자로부터의 이탈'을 뜻하며, '구체적'에 해당하는 용어인 'concrete'는, 'con (together) + crescere (grow)'에서 나왔는데, '타자와 더불어 성장함'을 뜻한다(M. J. Inwood, *A Hegel Dictionary*, Cambridge, Massachusetts, 1993, 29 참조).
10 Josef Simon, *Das Problem der Sprache bei Hegel*, Köln, 1958, 17 ff. 참조.

체는 주체로도 생각되어야 한다"(PG, 19)고 말한다.

그런데 '이것'으로 지칭되는 감각적 확신의 순수한 대상을 통해 우리는 자아로서의 '이것'[Dieser]과 대상으로서의 '이것'[Dieses]이 한편으로 서로 구분·분리되어 있으면서, 다른 한편으로는 서로 관계 맺고 있음(매개)을 발견하게 된다(PG, 79 f. 참조):

> "그러나 우리가 자세히 들여다보면, 이 확신의 본질을 이루고 또한 그 확신을 자기의 진리로 표명하는 순수한 존재에는, 다른 많은 것들이 아직도 관련되어 있다. 현실적인 감각적 확신은 이러한 순수한 직접성일 뿐만 아니라, 그러한 직접성의 한 예(例)이기도 하다. 이때에 등장하는 수많은 구별들 중에서 우리는 도처에서 다음과 같은 주요한 차이점을 발견하게 되는바, 그것은 즉 감각적 확신 속에서는 순수한 존재로부터, 이미 일컬은 두 개의 이것, 곧 자아인 이것(*Dieser*)과 대상인 이것(*Dieses*)이 곧바로(sogleich) 구별된다고 하는 점이다. 이러한 구별을 우리가 반성해 보면, 감각적 확신 속에서는 일자와 타자 그 어떤 것도 단지 **직접적**일 뿐만 아니라, **매개**되어 있기도 하다는 사실이 드러난다. 즉 나는 타자, 곧 사물을 통해 확신을 가지며 사물도 마찬가지로 타자, 곧 나를 통해서 확신 속에 존재하는 것이다. 사물의 본질과 그의 사례, 혹은 직접성과 매개성 사이의 이런 구별은 단지 우리들만이 하는 것이 아니라, 오히려 우리는 이런 구별을 감각적 확신 자체에서 발견하는 것이므로 그러한 구별은 우리가 지금 바로 규정한 대로가 아니라 감각적 확신 자체에 담겨 있는 형태로 파악되어야 한다."(PG, 80)

그러나 이때의 '매개'는 자아가 단지 특정한 하나의 대상과만 관계한다는 의미에서의 매개이지, 자아가 대상을 고찰할 때 어떤 하나의 대상뿐만이 아니라 다른 대상들과의 연관 속에서 그 대상을 고찰한다는

의미에서의 매개된 지(知)가 아니다. 그러므로 이런 의미에서 보면 감
각적 확신은 여전히 추상적인 의식의 형태에 불과하다. 그런데 감각적
확신만이 추상적인 것이 아니라, 감각적 확신이 언표된 것 역시 추상적
일 수밖에 없다. 감각적 확신이 단지 주관적인 '확신'의 단계에 머물러
있지 않고 지(知)의 단계로 나아가야 한다면, 그것은 반드시 언표되어
야 한다. 그러나 개별자를 염두에 두고 있는 감각적 확신의 내용이 언
표되는 동시에 그것은 보편자로 된다. 엄밀히 말하면, 감각적 확신이
사념(私念)하는 것은 언표될 수 없다. 확신의 대상의 측면에 속하는 보
편자는 물(物)로서의 '이것', 시간으로서의 '지금', 그리고 공간규정인
'여기'다. 확신의 주체의 측면에 속하는 보편자는 '자아'다. 이러한 모
든 용어들은 보편성을 지니고 있으므로, 어떤 특정한 개별자를 지시할
수 없다. 즉, 그것은 그 어떤 것도 다 가리킬 수 있으며, 바로 이러한 이
유 때문에, 아무것도 가리키지 않는다. 이 점에 관해 헤겔은 다음과 같
이 말한다:

"우리는 감각적인 것 또한 하나의 보편자로 언표한다. 즉, 우리가 말하는 것
은 이것, 다시 말하면 보편적인 이것이며, 또한 무엇이 있다는 경우에도 존재일
반을 말한다. 이때 우리가 보편적인 이것이나 존재일반을 염두에 두고 있지
않은 것이 분명하지만, 우리는 보편자를 언표한다. 이것을 또 다른 말로 하
면, 우리는 결코 이러한 감각적 확신 속에서 사념하는 그대로 말하지는 않는
다. 그런데 우리가 알고 있듯이 언어가 더 진실에 가까운 것이다. 언어 속에
서 우리 스스로는 우리들의 사념을 직접적으로 부정한다. 그리고 보편자가
감각적 확신의 진리이고 언어는 단지 이러한 진리를 표현할 뿐이므로, 우리
가 사념하는 감각적 존재를 말할 수 있다는 것은 도저히 불가능하다."(PG,
82)[11]

이러한 보편자는 추상적인 것이어서 그 어떠한 개별자도 구체적으로 지시할 수 없다.[12] 앞에서 말했듯이 그것은 그 어떤 것도 지시할 수 있기 때문에, 아무것도 지시하지 않는다.[13] 감각적 확신은 개별자[das Einzelne] 혹은 이것[Dieses]을 대상으로 갖고 있는데, 이것을 언표하면 개별성은 사라진다. 내가 "지금 내 앞에 있는 이것은 책이다"라고 말하는 경우, '지금', '내', '앞에', '이것', 그리고 '책'이라고 하는 것들은 모두 보편자다. 다시 말하면, 감각적 확신의 대상은 예컨대 ① '지금'이라는 특정한 이 순간[this moment]으로서의 개별자이지만, 이 개별자를 언표하면, ② 보편자로서의 '지금'이 된다. 이것을 버클리의 예를 들어 설명하면, ①에 대해 우리가 갖는 것은 구체적인 관념[idea], 표상[Vorstellung], 이미지(image)인 데 반하여, ②는 보편자로서의 개념[concept, Begriff]이다. '지금'은 밤도 아니고 낮도 아니지만 또한 '지금'은 밤일 수도 있고 낮일 수도 있다(PG, 81 f. 참조). 부정(否定)에 의해서 그리고 부정을 통해서 존재하는 것, 이것도 저것도 아닌 것, 그리

---

11 헤겔은 여기서 〈meinen (사념하다, 뜻하다)〉라는 단어가 〈mein (나의)〉라는 단어와 유사하게 발음된다는 점에 착안하여, 〈meinen〉은 나의 주관적인 생각에 불과하다는 점을 암시하고 있는 것으로 보인다(이뽈리뜨, 『헤겔의 정신현상학』, 이종철 외 역, 문예출판사, 1986, 118 참조). 다른 곳에서와 마찬가지로 여기서 헤겔이 사용하는 방법은, 자연적 의식의 한 형태가 그것을 가지고 자기의 지(知)를 옹호하고자 하는 기준과 자연적 의식의 한 형태가 산출하는 실제의 지(知) 사이에 존재하는 대립을 관찰하는 것이다(Merold Westphal, *History and Truth in Hegel's Phenomenology*, Atlantic Highlands, New Jersey, 1979, 66 참조). 즉, 감각적 확신의 대상은 '지금'이라는 특정한 이 순간[this moment]인 개별자이지만, 이 개별자를 언표하면, 보편자로서의 '지금'이 되어 버린다.

12 이러한 보편자는 자신 속에 아무런 구별도 지니고 있지 않은 추상적 보편자다. 진정한 보편자는 자신 속에 구별된 계기들을 내포하고 있는 '구체적 보편자'다.

13 백훈승, 「누가 구체적으로 사유하는가?: 헤겔과 총체적 사유」, 『범한철학』 제30집, 범한철학회, 2003 (249-270), 252 f. 참조.

고 특히 '이것이 아닌 것'이면서도 또한 이것이나 저것에 대해서 무관
하게 존재하는 것, 즉 이와 같이 단순한 성질의 것을 우리는 보편자
[Allgemeines]라 부른다. 즉 보편자야말로 참된 의미에서 감각적 확신
의 진리다(PG, 82 참조).

　이러한 반성을 거쳐 감각적 확신이 도달하게 된 진리는 이제 지양된
보편자로서, 처음에는 가장 직접적이고 구체적인 것으로 생각되었던
'이것'의 존재가 "가장 일반적인 것으로서만, 그리고 이로써 구별성보
다는 오히려 모든 것과의 동일성으로서만 언표된다"(PG, 88).

　감각적 확신의 분석을 통하여, 감각적 확신은 어떤 개별적인 '이것'
을 감각하지만, 자기가 뜻하고 감각하는 것을 말로 정확히 나타낼 수는
없다는 사실을 알게 된다. 개별자로 사념된 대상이 보편자로 표현될 수
밖에 없는 경험이 바로 감각적 확신의 경험이다. 이러한 경험은 감각적
확신으로 하여금 자기 자신으로부터 벗어나게 만든다. 이와 같은 문제
의 자각(自覺)을 통하여 자아는 조금 더 높은 형태의 의식, 즉 보편적
규정들의 연관 속에서 대상들을 의식하는 '지각(知覺)'으로 이행하게
된다(PG, 88 f. 참조). 마침내 "나는 어떤 직접적인 것을 아는 대신에
지각한다"(PG, 89). 이로써 지(知)와 대상은 모두 감각적 확신에 있어서
다른 지(知)와 대상으로 전환되게 된다. 감각적 확신은 지각작용을 행
하며, 그 대상은 다양한 성질을 지닌 물(物)로서 등장한다.

2.2. 지각; 혹은 물(物)과 착각[Die Wahrnehmung; oder das Ding und die Täuschung]

감각적 확신은 자기 앞에 있는 대상을 있는 그대로 직접적으로 인식

한다고 생각하지만, 지각은 대상을 보편적인 것으로 생각한다. 감각적 의식은 사물의 개별성을 확실성으로 파악하려고 시도했지만, 이제 의식의 두 번째의 사유운동인 지각은 자신의 일반성 속에서 물과 관계하며, 지각을 통해 물은 〈속성들의 담지자〉로서 모습을 드러낸다. 즉, 지각의 원리를 이루는 것은 보편성이다. 헤겔은 감각적 확신이 진리를 포착하는 데 실패하는 이유를 다음과 같이 말한다: "직접적 확신이 진리를 포착하지 못하는 이유는, 자기의 진리가 보편자인데도 이것[das Diese]을 포착하려고 하기 때문이다. 이에 반해 지각은 자기에 대해서 존재하는 것을 보편자로 취한다. 보편성이 지각의 원리가 되어 있으므로 그 속에서 직접 구별되는 두 계기인 자아[Ich]와 대상[Gegenstand] 역시 보편적인 것이다"(PG, 89). 그런데 이때, 자아는 어떤 것을 제시하는 운동으로서의 지각작용[das Wahrnehmen[14]]이고, 대상은 단순자로서의 동일한 운동이다(PG, 89 참조). 이제 헤겔은 대상을 좀 더 상세히 규정하고자 한다:

"대상의 원리인 보편자는 자신의 단순성 속에서 매개되어 있는 보편자이기 때문에, 대상은 이것을 자기에게 있는 자기의 본성으로 표현해야 한다. 이로써 대상은 여러 속성들을 지닌 물(物)로 드러난다. 감각적인 지의 풍부함은 '이것'과 '여기'에 따른 갖가지 사례를 제시하기만 했던 직접적인 확신에 속하는 것이 아니라 지각에 속한다. 왜냐하면 지각만이 자기의 본질에서 부정, 구별 혹은 다양성을 지니고 있기 때문이다."(PG, 90)

그런데 의식이 "이것"으로부터 "물(物)"로, 혹은 감각적 확신으로부

---

14 Wahrnehmung은 '지각'으로, Wahrnehmen은 특히 의식의 작용을 뜻하므로 '지각작용'으로 옮긴다.

터 지각으로 이행해야 한다는 사실은 철학자만이 알고 있다. 지각의 일반자란, 부정의 계기를 지닌 감각적 내용, 즉 다른 것과 구별된 특정한 내용이다. 예컨대 소금은 검은색이 아니라 흰색으로, 평면적인 것이 아니라 정육면체로 규정된다.[15] 우리는 한 대상에 속해 있는 성질들, 즉 그 대상의 속성들을 구별할 수 있다. 지각의 대상인 물(物), 예컨대 소금은 여러 속성들을 지니고 있다. 짜고 희고 정육면체이고 하는 등의 속성들은 부정 · 구별 · 다양성이라는 규정들을 지닌다는 말이다. 이런 모든 속성들은 각각 서로 다른 장소에서 병렬적으로 있는 속성들이 아니다. 즉, 어떤 부분은 흰 성질만, 어떤 부분은 짠맛만, 그리고 다른 어떤 부분은 정육면체라는 성질만 갖고 있는 것이 아니다. 이러한 속성들은 모두, 같은 자리에서 동시에, 즉 "단 하나의 단순한 여기에(in Einem einfachen *Hier*)"(PG, 91) 존재한다. 그런데 이 속성들은 상호 간에 전혀 무관한 것들이다. 하얗다고 해서 짠맛이 날 필요는 없는 것이며, 짜다고 해서 정육면체일 필요는 없는 것이다. 이러한 속성들은 서로가 서로에 대해 무관하고 단지 자신에만 관계할 뿐이다. 따라서 이런 속성들을 지닌 물(物)은 이런 속성들이 함께 모여 있는 속성들의 "보편적이고 공동적인 매개체(ein allgemeines gemeinschaftliches Medium)"(PG, 94 또한 91, 94, 95, 96도 참조)라고 할 수 있다. 그런데 다른 한편으로 하나의 물(物)은, 다른 물(物)과 구별되는 "배타적 일자(排他的 一者) [das ausschließende Eins]"(PG, 93 또한 92, 94도 참조)일 뿐인 측면이 있다. 소금이 다른 물(物)이 아니라 바로 소금임은, 소금이 배타적 통일자임을 의미한다. 이에 대해 헤겔은 다음과 같이 말한다:

---

15 Werner Marx, *Hegels Phänomenologie des Geistes*, Ffm., 1981, 96 f. 참조.

"즉, 특정한(규정된) 여러 속성들이 (서로에 대해: 필자 첨가) 전적으로 무관심한 채 전적으로 자기 자신에만 관계한다면, 그런 속성들이란 규정된 속성들이 아닐 것이다. 왜냐하면 그것들이 규정된 속성들일 수 있는 것은 오직 그 속성들이 서로 구별되어, 자신과 대립되어 있는 다른 속성들에 관계할 때뿐이기 때문이다. (…) 그러므로 이 매개체는 '또한(ein Auch)'이고 '무차별적 통일체(gleichgültige Einheit)'일 뿐만 아니라 '일자(一者)[Eins]', '배타적 통일체(ausschließende Einheit)'이기도 하다. — 이러한 일자(一者)[Eins]는 그 스스로 단순한 방식으로 자기 자신에 관계함으로써 타자를 배제하는 부정의 계기인바, 이를 통하여 물성(物性)은 물(物)로 규정된다."(PG, 91 f.)

물(物)이 속성들의 보편적이고 공동적인 매개체인 동시에 배타적 일자라는 주장은 무엇을 말하는가? 예컨대 소금을 살펴보자. 소금은 여러 속성들을 지니고 있다. 짜고 희고 정육면체이고 어떤 무게를 지니고 있다는 등의 속성을 지니고 있다. 소금은 이 모든 성질들을 자신 속에 지니고 있는 하나의 매개체다. 이때, 소금이 지니고 있는 여러 성질들 각각이 다른 성질들에 대해 갖는 관계에 대해 말할 때, 헤겔은 그들은 서로에 대해 전적으로 무관심하다고 한다. 이것은 각각의 속성이 다른 속성들에 대해 '독자적으로' 존재한다는 측면을 의인화한 표현이다. 즉, 짜다는 것은 흰색이 아니며, 정육면체라는 것은 짠 것이 아니다. 그러나 바로 이런 이유로 말미암아, 각 속성들은 다른 속성들과의 연관 속에서 그 의미를 지니는 것이다. 물(物)과 속성의 관계는 헤겔이 『논리학』에서 말하고 있는 '즉자존재[das An-sich-sein]', '대타존재[das Für-anderes-sein]'와 '대자존재[das Für-sich-sein]'라는 개념이 이루고 있는 구조에 상응한다. 헤겔은 『논리학』〈존재론〉에서 '어떤 것[Etwas]'과 '다른 것[Anderes]' 혹은 '일자[das Eins]'와 '그의 타자

[sein Anderes]'에 관해 말한다. 양자는 한계로 말미암아 구별되며, 만약에 한계가 없다면 일자와 타자의 구별은 없어지고 마침내는 모든 것이 일자로 되어 버릴 것이다.[16] 일자가 일자로 존재할 수 있는 것은, 바로 이러한 타자와의 구별·차이 때문이다. 일자가 일자일 수 있는 것은, 그것이 타자가 아닌 한에서, 즉 타자를 배제함으로써만이다. 그러나 이와 동시에, '배제'는 전적(全的)인 배제가 아니라 일자가 타자와 관계를 가지면서 이루어지는 배제라는 점을 기억해야 한다. 타자는 일자를 형성하는 본질적인 계기이며, 일자가 타자에 대해 갖는 이러한 관계의 측면이 바로 '대타존재'다. 그러므로 일자를 구성하는 계기들은 '즉자존재'(혹은 '대자존재')와 '대타존재'라는 두 가지 존재방식이다.[17]

소금은 짠맛을 지니고 있기도 하고, '아울러[또한, auch]' 흰색을 띠고 있기도 할 뿐만 아니라, 정육면체이기도 한 것이다. 소금이라고 하는 일자는 이러한 여러 속성들의 담지자일 뿐만 아니라, 그것은 예컨대 다른 일자인 설탕이나 간장이라는 자신의 타자를 배제하는 통일체로 존재한다(이러한 배타성은 소금 내의 각 속성들 간에도 물론 존재한다). 이런 양 측면을 가리켜 헤겔은 "보편적이고 공동적인 매개체", 그리고 "배타적 일자"라고 부르는 것이다. 일자[Ein(e)s]로서의 물(物)은 대자적(對自的)·독자적(獨自的)[für sich]이라는 점에서 배타적 통일자이며, '또한[Auch]'이라는 측면을 가지고 있다는 점에서는 대타적(對他的)[für anderes]이기도 하다. 즉, 소금은 일자로서 설탕이나 사과 등의 물과 구별된다는 점에서, 그리고 자신 속에 '희고', '짜고', '정육면체이

---

16 *Wissenschaft der Logik*. GW 11, 68.
17 *Wissenschaft der Logik*. GW 11, 59 이하 참조. 백훈승, 「찰스 테일러와 헤겔에 있어서 자아정체성 및 공동체의 형성에 관한 연구」, 『철학연구』 제100집, 2006 (355-383), 366 f. 참조.

고', '무게가 있다' 는 특성들을 지니고 있는데 이 특성들은 다른 특성들과 상이하여 서로를 배제한다는 점에서는 "배타적 통일자"인 동시에, 소금은 설탕이나 사과에 '대하여' 존재한다는 점에서, 그리고 소금 내부의 각 성질들은 또한 다른 성질들에 대하여 존재한다는 점에서 대타적이기도 하다고 할 수 있다. 그러나 닝크(C. Nink)가 적절히 지적하듯이, 하나의 물(物)이 자기 자신과 또 여러 속성들을 부정하거나 또는 여러 속성들이 물(物)의 단일성과 속성들 서로를 부정하는 것은 아니며, 또한 속성이 자기 자신의 부정인 것은 더욱 아니다. 속성들은 우리의 의식에 의해 규정되는 그러한 것이다.[18]

지각의 주장은, 우리가 개별적인 물(物)을 알 수 없다는 것이 아니라, 우리는 개별자를 그것이 지니고 있는 보편적 속성들을 통해서 안다는 것, 즉 개별자 또는 특수자에 관한 지가 "매개되어" 있다는 것이다. 그러나 주어진 설명은, 우리가 특수한 물(物)들을 전혀 알 수 없고 단지 특수화된 보편적 속성들의 다발만을 안다고 주장하는 것 같다. 만약에 '지각'의 입장이 자기의 주장을 지킨다면, 그것은 우리가 그러한 개별적인 물(物)들을 어떻게 실제로 아는가에 관한 설명을 제공해야만 한다. 그렇지 않다면, 우리가 특수자를 도대체 어떻게 알 수 있는가 하는 것은 전적으로 신비로운 일일 것이다. 하나의 물(物)은 다른 개별적인 물(物)들과는 구별되는 하나의 개별적인 물(物)이며, 그것은 ('어쨌든' 보편자들인) 속성들을 자기에 속한 것으로서 개별화한다.[19]

지각의 입장은 대상을 '자기동일자'로 파악하는 것이어서, 대립을 회피하고 대립되는 규정의 한편에 집착한다. 즉, 일자와 다자, 대자와

18 C. 닝크, 『헤겔의 정신현상학』, 이충진 역, 청하, 1987, 46 f. 참조.
19 Terry Pinkard, *Hegel's Phenomenology. The Sociality of Reason*, NY., 1994, 30 f. 참조.

대타 중 어느 한쪽만을 고집한다. 이렇게 물(物)의 서로 대립된 규정의
어느 한쪽만을 고집하여 그것이 내포하는 내용의 거짓을 자각하고 착
각[die Täuschung]에서 깨어나 차차로 자기수정을 해 나간다. 그리하
여 이러한 운동과정에서 의식은 대상이 일자와 다자, 대자와 대타라는
대립자들의 통일체로 존재하는 것임을 알게 되거니와, 이렇게 진리에
도달한 의식은 이미 물(物)의 배후에 있는 '힘'의 상호작용을 파악하고
있는 것이고 지성(知性)의 세계로 들어가기에 이른 것이다.

2.3. 힘과 지성, 현상과 초감각적 세계[Kraft und Verstand, Erscheinung und übersinnliche Welt]

지금까지 논의한 『정신현상학』의 〈의식〉 장을 간단히 정리하면 다음
과 같다. 감각적 확신은 대상의 인식에 있어서 타물(他物)과의 관계 또
는 매개를 전적으로 배제하기 때문에 결국 다른 물(物)과의 공통적 측
면인 속성들은 전혀 고려되지 않은 채 〈바로 이것〉만이, 즉 대상의 존
재만이 파악되었다. 그러나 속성이 고려되지 않은 존재란 공허한 것이
다. 이에 따라 대상의 직접적 개별성에서 획득될 수 있다고 믿어졌던
풍부한 내용의 세계가 상실되면서 〈배타적 통일자의 측면〉뿐만이 아니
라 〈속성의 측면〉도 함께 파악하는 지각적 의식의 단계로의 이행이 이
루어졌다. 지각은 대상을 "여러 속성들을 지니고 있는 물(物)"(PG, 90)
로 파악하는 의식이다. 이것은 감각적 확신의 단계를 거친 의식이 대상
을 일반성 속에서 파악한다는 것을 의미한다. 즉, 의식은 더 이상 직접
적인 개별성에서 대상의 진리를 추구하지 않으며 다른 물(物)들과의 매
개를 전제로 하는 속성의 측면을 고찰하게 된다. 그러나 지각에서는 대

상의 직접적인 개별성의 측면인 〈무매개적 통일자〉의 측면이 보존되어 있다. 따라서 지각의 변증법의 두 계기는, 1) 〈대상의 속성적 측면, 즉 속성들의 일반적 매개체[다(多)]의 측면〉과 2) 〈대상 자신의 배타적 통일자[일(一)]의 측면〉이라고 할 수 있다. 그런데 대상의 통일체라는 계기와 여러 속성들의 매개체라는 두 계기는 서로 독립적으로 존재하는 것이 아니라 상호 의존해 있는 계기다. 대상은 속성들의 매개체인 한에서만 통일자이고, 통일자인 한에서만 속성들의 매개체일 수 있다. 속성들의 매개체인 측면은 관계를 의미하므로 〈대타〉의 형식을 지니고, 통일자의 측면은 〈대자〉의 형식을 갖는다고 할 수 있다(그러나 통일자 역시 다른 통일자에 대해서는 대타의 측면도 함께 지니고 있다). 〈물〉이하나[一]인 동시에 여럿[多]이라는 측면을 지니고 있다는 사실에 대하여 ─ 이것은 헤겔이 말하는 것처럼 '모순'이 아니다 ─ 헤겔은 물이 〈무제약적 보편자〉(감성에 제약되지 않은 보편자)의 성격을 지니고 있다고 말한다.

헤겔은 이 무제약적 보편자를 '힘[Kraft]'이라고 부른다. 힘이라는 개념은 앞서 분리된 것들을 모두 포함한다. 그래서 힘은 그 자체로 하나의 〈관계〉이고, 그것을 구성하는 요소들은 각각 별개의 것이지만 서로 분리될 수 없는 것이다. 즉, 대자존재는 동시에 대타존재고 대타존재는 동시에 대자존재다. 우리는 대자존재를 말하자마자 대타존재로 이행해야 하고, 대타존재를 말하자마자 대자존재로 이행해야 한다. 이러한 이행작용 자체 혹은 운동이 힘이다(PG, 109 참조). 지성은 이러한 무제약적 보편자(보편성)를 대상으로 삼는다. 헤겔에 의하면 지성의 대상은 첫째는 〈힘〉이고, 두 번째는 사물 내부에 존재하는 〈법칙〉이고, 세 번째로는 〈무한성〉이다.

〈지성〉 장의 내용은 다음과 같은 세 영역으로 구분될 수 있다. 1) 지

성은 자기의 대상인 힘 개념을 규정하고, 2) 규정된 힘으로부터 지성은
'내적인 것[내면, das Innere]'을 경험하며, 3) 이 경험을 통해 '무한성'
에 이르며, 마지막으로 자아의식으로 이행한다.

1) 힘 개념

〈지성〉 장에서 헤겔이 말하는 〈힘〉은 물리적 힘이 아니다. 핑크(Eu-
gen Fink)는 헤겔이 말하는 힘 개념을 "범주들 중의 범주"[20] 혹은 "근원
적 범주[Urkategorie]"[21]라 하여 자연과학적인 힘과 구분한다. 구태여
힘을 근원적 범주라고 부르지 않더라도 이것이 무제약적 일반자, 즉 통
일자와 이 통일자의 표출, 그리고 다시 자신으로의 복귀를 계속하는 현
상의 규정성의 운동을 나타내는 것임은 헤겔이 명확히 밝히고 있다
(PG, 105 참조). 따라서 〈지성〉 장의 도처에서 보이는 물리적 힘의 예
가 헤겔이 말하는 힘 개념과 형식상 유사성을 지니기는 하지만, 반드시
일치한다고 할 수는 없다.

지각이 대상을 다양한 성질을 지닌 물(物)로 파악했다고 한다면, 지
성의 대상으로서의 힘은 바로 물(物)의 배후에 존재하면서 동시에 다양
한 속성들로 분화하고 다시 통일로 되돌아오는 운동을 지속하면서 존
재한다. 헤겔은 힘을 정의하여 다음과 같이 말한다:

"혹은 자립적인 것으로 정립된 소재가 직접적인 자기통일을 이루고, 자기의
통일이 다양한 것으로 전개되고, 이 전개가 다시 통일로 환원된다. 그런데
이러한 운동이 힘으로 불리는 것이다. 그리하여 이 힘을 구성하는 하나의 계

---

20 Eugen Fink, *Hegel. Phänomenologische Interpretationen der "Phänomenologie
des Geistes"*, Ffm., 1977, 115.

21 Fink, ebd., 119.

기, 즉 자립적인 소재(素材)들이 자기의 존재 속에서 확산되는 힘을 힘의 발현(외화)이라고 한다. 그러나 자립적인 소재들이 소멸되어 버린 것으로서의 힘은 자신의 발현으로부터 자신 속으로 떠밀려 들어간 힘, 혹은 본래적인 힘이다."(PG, 105)

헤겔은 〈지각〉 장에서 다루어진 두 계기의 상호운동, 즉 자립적인 소재들[selbständige Materien＝속성들]의 전개의 계기와, 이 소재들의 자립성의 소멸을 통해 순수하게 자기 속으로 떠밀려 들어간 통일자의 계기의 상호운동을 힘이라고 파악하고, 전자의 계기를 "힘의 발현(Äußerung der Kraft)", 후자의 계기를 "떠밀려 들어간 힘 혹은 본래적인 힘(die *zurückgedrängte* oder die *eigentliche Kraft*)"이라고 부른다(PG, 105). 그런데 상이한 이 두 규정은 동일한 대상의 통일 속에 존재한다. 그러면 힘의 운동의 결과 생겨난 무구별적 통일 혹은 물(物)의 내적 요소의 전개에 대해서 살펴보자.

2) 내적(內的)인 것[내면(內面), das Innere]
힘의 계기들은 상호 이행하며 힘은 이러한 계기들의 이행 속에서만 존재한다. 이렇게 하여 힘의 본질이 밝혀졌다. 그러나 이제 겨우 지성의 단계에 도달한 의식은 여전히 힘을 자아 자신에 대립한 것으로 생각한다. 왜냐하면 힘이 여기서는 아직 〈대상〉으로 이해되고 있기 때문이다. 그러므로 자아는 힘에서 자기 자신을 인식하지 못한 채 〈물(物)들의〉 내면을 내적인 것으로 파악하며 그러한 내면을 진리로 간주한다.[22] 내적인 것은 현상의 근저 혹은 배후에 있는 것인 만큼, 현상과는 다르다. 그

22 닝크, ebd., 79 f. 참조.

것은 현상의 무(無)로서의 피안(彼岸)[das Jenseits]이다. 왜냐하면 우리의 감각을 통해 존재하는 것은 물(物)들의 현상성이고, 이러한 사물들을 넘어선 배후는 아무런 내용도 없는 공허한 물 자체와도 같은 것이기 때문이다. 따라서 이 내면세계에 관해서는 그것이 매개되지 않는 한, 어떤 인식도 불가능하다. 이것이 내적인 것에 대해 취하는 지성의 첫 번째 태도다.

① 초감각적인 것

지성과 물(物)의 내면은 상호 대립해 있는 양극단(兩極端)이다. 자아는 "힘들의 작용이라는 중심"을 거쳐서 "물(物)의 참된 이면(裏面)"을 "바라보며"(PG, 110), 그렇게 함으로써 자아는 물(物)의 내면과 간접적인 관계를 갖게 된다. 대상은 이제 '우리'에게는 "물(物)의 내면과 지성을 양극단에 그리고 현상을 그 중심에 갖고 있는 추론"(PG, 111)의 형태로 나타난다. 물(物)의 내면에서야 비로소, "현상하는 세계로서의 감각적 세계를 넘어선 참된 세계로서의 초감각적 세계가, 소멸하는 차안(此岸)의 세계를 넘어선 영속하는 피안(彼岸)의 세계가 열리게 된다"(PG, 111).

② 현상으로서의 초감각적인 것

현재 단계의 의식은 아직 대상의 내면 속에서 자기 자신을 인식하지 못한다. 그렇기 때문에 내면은 자아에게 "순수한 피안" 또는 "공허한 것"으로 나타난다. 즉, 내면은 현상에 대하여 부정적인 것일 뿐인 것 또는 "단순한"(아직 매개되지 않은) 일반자다. 즉, 만일 누군가가 물(物)의 내면은 인식불가능하다고 말한다면 그 사람은 지금까지의 변증법의 성과에 동의하는 것이라고 할 수 있다. 그러나 설사 그렇다고 할지라도

그의 입장과 헤겔 자신의 입장은 같은 것일 수 없는데, 왜냐하면 그렇
듯 내면을 인식 불가능한 것으로 주장하는 이유가 서로 다르기 때문이
다. 헤겔에 있어선 공허한 것 속에서는 아무것도 인식되지 않는다는 사
실, 다시 말해서 내면이 "의식의 '피안'으로 규정되어 있다"(PG, 112)
는 사실이 그 이유인 반면에 나머지 다른 입장의 경우에는 이성능력의
한계가 인식 불가능의 이유로 이해되고 있는 것이다.[23] — 장님(제한된
이성)이 초감각적 세계의 나라(만일 그러한 것이 있다면)에 서 있든 아
니면 정상적인 시력을 가진 사람이 전적인 어둠이나 순수한 빛 속에 서
있든 결과는 동일하다. 즉, 그 두 사람 모두가 아무것도 볼 수 없는 것
이다.

　내면은 현상으로부터 발생한다. 그러므로 내면은 "감각적이며 지각
된 것이 '그 참된 모습으로' 정립되어 있는 것", 말하자면 "현상으로서
의 현상"(PG, 113)이다. 이 명제가 뜻하는 바는 다음과 같다. 즉, 〈감각
적 확신〉과 〈지각〉에서 실질적인 현실로 나타났던 물(物)이 아니라, 단
일성의 다수성으로의 이행 및 다수성의 단일성으로의 이행 바로 그것
이 내면이다. 이것을 변증적인 표현방식으로 나타내면 다음과 같다. 내
면은 힘이며 이러한 힘의 요소(자극을 가하는 힘과 자극을 받는 힘)는
자기 자신이면서 동시에 자신에 대립된 요소이기도 한 그러한 것이다.[24]
이 점에 대해 헤겔은 다음과 같이 말한다: "초감각적인 것은 진실로 존
재하는 것으로 정립된 감각적인 것과 지각된 것이다. 그러나 감각적인
것과 지각된 것의 진리는 현상이라는 것이다. 그러므로 초감각적인 것
은 현상으로서의 현상이다"(PG, 113). 여기서는 나타나는 것인 가상(假

23 여기서 헤겔은 물 자체를 상정(想定)하는 칸트 인식론의 한계를 지적하고 있다.
24 닝크, ebd., 80 ff. 참조.

象)으로서의 현상과, 다른 한편으로는 현상으로서의 현상 사이에 구별
이 이루어진다.[25]

③ 법칙

내면은 법칙을 통해 표현된다. 법칙은 정지되어 있을 수 없는 현상을
나타내는, 지속적으로 정지되어 있는 모습이다. 그러므로 초감각적 세
계는 고요한 나라, 변화하지 않는 나라, 법칙들의 나라, 지각된 세계의
피안에 있는 나라로 나타난다. 법칙은 지각된 세계 속에 현존하되 오직
영속적인 변화를 통해서만 지각된 세계 속에 모습을 드러낸다. 법칙은
지각된 세계의 "무매개적인 정지된 모상(模像)"(PG, 114)이다. 전통적
으로 이해되어 온 바에 따르면 (자연)법칙이란, 물(物) 속에 성립해 있
는 하나의 성향(性向), 즉 동일한 형태의 작용방식으로 나아가고자 하
는 성향, 다시 말해서 자연물들이 가지고 있는 작용방식상의 동형성(同
形性)이다. 그러므로 힘과 법칙은 같은 것이 아니며 힘은 법칙에 종속된
다. 힘은 동인(動因)으로서 어떠한 것에 작용을 가할 수 있는 그런 것인
반면에 법칙은 힘에게 그것이 작용해 갈 방향을 부여하는 그러한 것이
다.[26]

법칙은 현상으로 드러나는 본질의 정적(靜的)인 측면이다. 현상은 끊
임없이 변하지만 법칙의 지배를 받는다. 이 법칙은 눈에 보이지 않는
초감각적인 것이다. 감각에 주어지는 현상의 세계가 변화무쌍한 세계
라면, 법칙의 세계는 불변하는 세계다. 과학은 다양한 모습으로 끊임없

25 Joseph C. Flay, "Hegel's 'Inverted World'," in: *Klassiker Auslegen. G. W. F. Hegel, Phänomenologie des Geistes*, hg. v. Dietmar Köhler und Otto Pöggeler (89-106), Berlin, 1998, 95 참조.
26 닝크, ebd., 85 ff. 참조.

이 변화하는 복잡한 세계를 단순한 원리로 환원하여 어떻게 복잡한 현상으로 나타나는지를 설명한다. 지성은 이때, 과학적 진리가 현상 속에 있는 것이 아니라 불변하는 법칙에 있다고 생각한다. 그러나 법칙은 불안정성(不安定性)과 생성(生成)을 자기 내부에 간직하고 있는 현상 전체를 표현하지 못하고, 현상을 고정된 구별의 형식 속에서 직접적으로 표현한다.[27] 예컨대 갈릴레이(Galileo Galilei, 1564-1642)가 제시한 낙체(落體)의 법칙은 현실세계의 사정과는 맞지 않는다. 왜냐하면 그것은 현실 속에 존재하는 공기의 저항을 고려하지 않은 법칙이기 때문이다.[28] 따라서 동일한 높이에서 물체가 자유낙하할 경우에, 질량이 큰 물체가 질량이 작은 물체보다 지면에 빨리 이르게 되는 것이다. 이처럼, 법칙은 구체성과 다양성을 지닌 현실세계를 다 담아내지 못한다는 문제점을 지니고 있다. 헤겔은 이 점에 관하여 다음과 같이 말한다:

"법칙들의 이 나라는 지성의 진리이기는 하지만 ― 지성의 진리는 법칙 속에 존재하는 구별에서 내용을 가지고 있다 ― 이와 동시에 지성의 첫 번째 진리일 뿐이어서 현상을 충족시키지 못한다. 법칙은 현상 속에 현존하고 있지만, 현상을 완벽하게 드러낸다고는 할 수 없으니, 늘 다른 사정에서는 늘 다른 현실을 갖는다. 그래서 현상에는 내면세계에는 존재하지 않는 측면이 독자적으로 남아 있다. 달리 말하면, 사실 현상은 현상으로, 즉 지양된 대자존재로 아직 정립되지 않은 것이다. 법칙이 지닌 이 결점은 법칙 자체에서도 뚜렷이 드러나는(hervortun) 것이 분명하다." (PG, 115/186)

---

27 이뽈리뜨, ebd., 165 참조.
28 여기서 우리는 이미 헤겔이 말하는 "전도(顚倒)된 세계" 개념을 선취하게 된다. 우리가 생활하고 있는 '생활세계'가 사실의 세계이고 '법칙의 세계'는 추상된 세계다.

법칙이 지니고 있는 또 다른 결점은, 법칙이 하나의 법칙인 한, 그것으로 모든 현실을 담아내지 못하기 때문에 당연히 여러 법칙들이 필요하게 되는데, 통일을 요구하는 지성의 속성상, 다수의 법칙들을 하나의 법칙으로 통일하고자 하지만, 법칙의 추상도가 높아지면 높아질수록 구체적인 현실과의 거리는 더 벌어진다는 사실이다. 이 점에 관해서 헤겔은 다음과 같이 계속해서 말하고 있다:

"법칙이 결여하고 있는 것으로 보이는 것은, 법칙이 자신에게서 구별 자체를 지니고 있기는 하지만 그 구별이 보편적이고 한정되지 않았다는 것이다. 그러나 법칙은 전체 법칙이 아닌 하나의 법칙인 한, 법칙은 자신에게서 한정을 갖는다. 그리고 이로써, 불특정 다수의 법칙이 존재하게 된다. 그러나 이러한 다수성 자체가 오히려 하나의 결함이다. 즉, 이러한 다수성은 지성의 원리에 대립된다. 단순한 내면세계에 대한 의식인 지성에게 있어서 참된 것은, 그 자체로 보편적 통일성이기 때문이다. 그러므로 지성은 여러 법칙들을 오히려 하나의 법칙 속에 결합해야 한다. 예컨대 돌이 떨어지는 법칙과 천체가 운동하는 법칙은 하나의 법칙으로 파악되었다. 그러나 그 법칙들은 이렇게 결합됨으로써 자신들의 규정성을 잃어버린다. 그래서 법칙은 더욱 피상적으로 된다. 그리고 실제로는 이로써 특정한 이 법칙들의 통일이 발견되는 것이 아니라 그들의 규정성을 내버리는 하나의 법칙이 발견된다. 지구에서의 물체의 낙하법칙과 천체의 운동법칙을 자신 속에서 통일하는 단 하나의 법칙은 사실은 이 양자를 모두 표현하지 못한다. 모든 법칙들을 만유인력 속에 통일하는 것은, 그 속에 존재하는 것으로 정립된 법칙이라는 단순한 바로 그 개념 자체 외에는 더 이상 어떤 내용도 표현하지 않는다. 만유인력이 말하고 있는 것은, 모든 것은 다른 것과의 지속적인 구별을 지니고 있다는 사실뿐이다." (PG, 115/186 f.)

④ 설명(PG, 118)

지성, 지성적 지는 ― 특히 자연과학에서 ― 법칙을 통한 특정한 현상들의 "설명"으로서 수행되는데, 예컨대 번개현상을 전기법칙(電氣法則)을 통해 설명하는 것이다. 이러한, '법칙으로 가져옴'으로서의 설명은 하나의 진리를 나타낸다. 설명이 이렇게 진리를 나타낼 수 있는 가능성을 갖는 것은 오로지, 그것이 개념으로서 수행되기 때문이다. 즉, "설명"은 설명되어야 할 것, 예컨대 전기적 힘의 표현으로서의 번개라는 현상과 전기의 법칙 사이에 구별을 정립하는 동시에, 그러한 힘은 법칙과 같은 성질을 지니고 있기 때문에 이러한 구별은 지양된다는 사실을 보여 준다(PG, 119 참조). 개념은 구별하는 위력(威力)이며 또한 구별을 지양하는 위력이기도 하다.[29] 그런데 (지성의) 설명은 어떤 구조를 가지고 있는가? 우선 헤겔의 주장을 살펴보자:

"그러므로 [전기와 운동: 필자 첨가] 두 경우에 구별은 자기 자신에 있는 구별이 아니다. (⋯) 이로써 이 구별이 내적 구별이라는 것은, 법칙이 단순한 힘 또는 구별의 개념이라는 것, 즉 개념의 구별이라는 사실에 기인한다. 그런데 이러한 내적 구별은 지성에게만 비로소 속할 뿐이며, 사상 자체에서는 아직 정립되지 않았다. 그러므로 지성이 언표하는 것은 단지 자신의 필연성일 뿐이다. 다시 말해서 그것은 지성이 단지 그렇게 행하는 구별이어서, 지성은 이와 동시에 그러한 구별은 사상 자체의 구별은 아니라는 사실을 표현하고 있는 것이다. (⋯) 예컨대 번개가 치는 개별적 사건이 보편자로서 파악된다면, 이때 이 보편자는 전기의 법칙으로 표명된다. 그리하여 설명이란, 법칙을 다름

---

29 Werner Marx, *Das Selbstbewußtsein in Hegel's Phänomenologie des Geistes*, 20 참조.

아닌 법칙의 본질인 힘 속으로 총괄한다. 그런데 이러한 힘은 다음과 같은 성질을 지니고 있다. 즉, 그 힘이 발현될 때 대립된 전기들이 발생했다가 서로 의 속으로 다시 사라진다. 다시 말해서 힘은 정확히 법칙과 동일한 성질을 갖고 있는 것이다. 그러므로 이 양자는 전혀 구별되지 않는다고 말할 수 있다. (…) 요소들이 서로 구별된다고 해도 그 구별은 사상 자체의 구별이 아니므로, 표 현되면 곧 다시 지양된다. 이러한 운동이 '설명'이라고 불린다. (…) 설명의 운동을 통해 사상 자체에는 어떤 새로운 것도 생기지 않고, 운동은 오직 지 성의 운동으로만 고찰될 뿐이다."(PG, 118 ff./191 f.)

설명의 구조를 우리는 다음과 같이 표현할 수 있을 것이다:

* 번개현상의 설명

ⓐ 자연현상은 자연법칙에 따라 일어난다.
ⓑ 번개는 자연현상이다.
ⓒ 번개는 자연법칙에 따라 일어난다[ⓐ~ⓑ로부터]
ⓓ 전기법칙은 자연법칙 가운데 하나다.
ⓔ 번개는 자연법칙 가운데 하나인 전기법칙에 따라 일어난다.
___
번개가 친다.

여기서, 결론으로부터 전제로 이동하는 것이 '설명[Erklären]'이다. 이때, 전기력(혹은 전기력의 표현인 번개)은 전기법칙을 인식할 수 있 는 근거가 되고, 전기법칙은 전기력의 존재근거가 된다. 지성은 한편으 로 전기력(혹은 전기력의 표현인 번개)과 전기법칙 사이에 구별을 정 립하지만, 전기력은 전기법칙과 같은 성질을 지니고 있기 때문에, 이러한 구별은 지양된다(PG, 119 참조). 여기서 우리는 다음과 같이 물을 수 있다. "번개가 친다. 그런데 번개현상은 왜 일어나는가?" 이 물음에 대해 우리는 다음과 같이 답변한다: "전기법칙이 존재하기 때문이다."[30]

⑤ 초감각적 세계

제1의 초감각적 세계와 제2의 초감각적 세계

헤겔이 말하는 제1의 초감각적 세계는, 현상과 분리되어 있었던 내재적 요소로서, 칸트 식으로 말한다면 물 자체의 세계다. 이 세계는 추상적인 세계로서, 결국 현상에서 완성되는 두 번째의 초감각적 세계, 전도(顚倒)된 세계[die verkehrte Welt]에서 그 진리를 이루게 된다. 전도된 세계란, 현상세계를 벗어난 듯이 보였던 세계가 현상세계로 복귀하는 것을 뜻한다. 제1의 초감각적 세계는 법칙들의 나라[das Reich der Gesetze]요, 개념[언어]의 세계다. 이것이 현상계로 복귀한 것이 제2의 초감각적 세계인 전도된 세계로서의 현상계다. 헤겔은 이에 대해 다음과 같이 말한다:

---

30 이것이 바로 아편의 수면(睡眠)효과라는 것이다. 즉, 지성은 법칙의 필연성을 추구하는 과정에서 구별이 아닌 구별[사상(事象) 자체에 정립된 구별이 아니라 단지 지성 속에만 있는 구별]을 창출하고 또 자기 자신이 방금 분리했던 것의 동일성을 확인함으로써 스스로 필연성이라 일컬은 동어반복에 그치고 만다. 이것은 아편의 수면효과라고 말할 수 있다. 왜 물체는 e = 1/2 rt²의 공식에 따라 낙하하는가? 그것은 물체가 그 본성에 의하여 그와 같은 방식으로만 실현되는 힘, 중력의 작용을 받기 때문이다. 다시 말하면 물체는 그와 같이 낙하하기 때문에 그와 같이 낙하하는 것이다(이뽈리뜨, ebd., 167 참조).

"지각된 세계의 직접적인 모상(模像)으로서의 법칙의 평온한 나라인 최초의 초감각적 세계는 이 원리를 통하여 자기의 대립물로 역전된다. (⋯) 이 두 번째 초감각적 세계는 이런 식으로 전도된 세계다. 그리고 이 두 번째 초감각적 세계는 그것의 한 측면이 이미 첫 번째의 초감각적 세계에 현존하여 있으므로, 이 첫 번째의 초감각적 세계의 전도된 세계다. 이로써 내면은 현상으로서 완성된다. (⋯) 법칙의 첫 번째 나라는 변천과 변화의 원리를 결여하고 있지만, 전도된 세계로서의 법칙의 나라는 그것을 가지고 있다."(PG, 121/ 194 f.)

감각계와 초감각계의 대립, 즉 감각계와 개념의 세계의 대립은, 한편이 다른 한편으로 전도된 것, 즉 전도된 세계다(PG, 121).[31] 왜냐하면 이름과 이름 붙여진 것의 관계는 동일할 필요가 없기 때문이다. 헤겔이 알고 있듯이, 지성은 궁지에 몰린 반면, 지성 자신의 개념은 상식이 생각한 세계의 이미지를 충실히 재생한 것이 아니라 그것의 전도된 이미지다. 헤겔은 1812년 12월 18일에 친구인 반 게르트(van Ghert)에게 보내는 편지에서 이 문제에 대해 분명하고 간결하게 쓰고 있다:[32] "초보자(경험이 없는 자)에게 사변철학은 — 그것의 내용과 관련해서는 — 단지 전도된 세계로 보일 것이 분명한데, 이 전도된 세계는 소위 상식에 의하면, 그들의 관습적인 모든 개념들과 그들에게 타당한 것으로 여

---

31 독일어 'verkehrt' ("reversed," "turned around")는 'falsch'와 동의어가 아니다. 어떤 것이 거꾸로 혹은 뒤를 향한 것으로 보일 때, 그것은 다르게 보이지만, 반드시 그른 것으로 보이는 것은 아니다. '거꾸로[upside-down]'와 '똑바로[right-side-up]'는 어떤 것을 보는 두 개의 옳은 방식일 수 있다. 그러나 물(物)은 달리 보인다. 거울 이미지는 그른 이미지가 아니다. 그것은 모든 위치를 뒤집는다.

32 Quentin Lauer, *A Reading of Hegel's Phenomenology of Spirit*, NY, 1976, 83 참조.

겨졌던 그 어떤 것들과도 모순된다."[33]

첫 번째의 초감각적 세계는 현상들을 자기의 필수적인 대립상(對立相)으로 가지고 있었다. 첫 번째의 초감각적 세계 자체는 여전히 "교체와 변화의 원리"를 결여하고 있었다. 그런데 첫 번째의 초감각적 세계는 "그 원리를 전도된 세계로서 보존하고 있다"(PG, 121). 첫 번째의 초감각적 세계는 지각된 세계의 "직접적이며 고요한 모상(das unmittelbare stille Abbild)"이었다. 지각된 세계는 첫 번째의 초감각적 세계의 대립물, 전도(顚倒)다. 이로써 현상으로서의 내면이 자기의 현상의 의미 속에서 완성된다. 내면은 우리의 이 감각적 · 언어적 세계 속에서 나타난다. 첫 번째의 초감각적 세계는 지각된 세계를 보편적인 요소로 직접 고양한 것이었다. 교체와 변화의 원리는 이때, 지각된 세계 속에 존속하였다. 법칙들의 첫 번째 나라는 교체를 결여하고 있었다. 그러나 이제 지성은, 자신 속에 지각된 세계와 첫 번째의 초감각적 세계를 포함하고 있는 것은 현상의 법칙이라는 것을 경험했다. 우리는 그 배후에 아무것도 찾을 수 없는 현상, 즉 감각계[mundus sensibilis]를 가지고 있는데, 이 감각계는 자신 속에 예지계[mundus intelligibilis]를 포함하고 있다.[34]

3) 무한(성) 개념의 등장과 의식으로부터 자아의식으로의 이행

힘은 우리가 어떤 대상을 생각하는 것과 같은 단순한 힘이 아니라, 이 단순한 힘으로서 자기 자신으로부터 자기를 밀어낸다. 거기에 무한이라는 성격이 존재한다. 같은 이름을 가진 것은 자기 자신으로부터 자

---

33 J. Hoffmeister (hg.), *Briefe von und an Hegel*. Bd. I, Hamburg, 1952, 426.
34 Bruno Liebrucks, *Sprache und bewußtsein*. *Bd. 5. Die zweite Revolution der Denkungsart*. *Hegel: Phänomenologie des Geistes*, Ffm., 1970, 65 참조.

기를 밀어내며, 힘은 힘으로부터 자기를 밀어낸다. 다른 이름을 가진 것인 힘과 법칙은 동일한 것이다. 처벌은 화해다. 그러나 물론, 진정한 처벌을 경험하고 사유할 수 있는 사람만이 알고 있는 진정한 처벌만이 화해다. "단순한 힘으로 불렸던 것은 스스로 이중화되어 자신의 무한성을 통해 법칙이 된다"(PG, 124 f.). 이 힘은 이미 생이다. 이 두 번째의 초감각적 세계는 이제 생활세계[die Welt des Lebens]로 표상된다.[35]

　헤겔은 여기서 구별 아닌 구별로서의 무한성에 관해 이야기하고 있다. 지성은 '힘'과 '힘의 법칙'을 일단 구별한다. 그러나 이 구별은 구별이 아니기도 하다. 왜냐하면 힘은 물질(물리)적인 것이고, 힘의 법칙은 정신적(관념적)인 것이라는 점에서만 차이가 있을 뿐, 양자(兩者)는 동일한 것이라고 헤겔은 생각하기 때문이다. 헤겔은 이 점에 있어서 스피노자주의자라고 할 수 있다. 따라서 힘과 힘의 법칙은 바로 '내적 구별', '무구별적 구별'이라는 관계에 있다. 이것을 헤겔은 '무한(성) 개념'이라고 하며, 이러한 단순한 무한성을 "절대적 개념", "생의 단순한 본질", "세계의 혼", "일반적인 피"라고 부른다(PG, 125). 이러한 무한성은, 동명자(同名者)[das Gleichnamige]가 비동일자가 되고, 다시 이 비동일자가 동명자가 되는 끊임없는 자기 지양의 과정을 가리킨다. 이렇게 주어와 술어가 차이를 내포한 동일성을 지니고 주어에서 술어로, 그리고 다시 술어에서 주어로 내적으로 순환하는 운동을 가리켜서 헤겔은 무한성이라고 부르고 있는데, 이것이 바로 자아의식의 구조를 지시하고 있는 것이다. 이것은, 대립 속에서 인식주관과 인식객관이 동일한 사태를 지시하고 있다: "마침내 무한성이, 있는 그대로 의식에 대하여 대상으로 존재함으로써, 의식은 자아의식이 된다"(PG, 126). 그리하

35　Liebrucks, ebd., 67 참조.

여 헤겔은 다음과 같이 말한다:

"무한성 개념을 대상으로 하는 의식은, 그대로 곧 다시 폐기되어 버릴 구별을 의식하는 의식이다. 의식은 자기 자신에 대해서 깨닫고 있으니, 그것은 구별되지 않는 것을 구별하는 것이며 곧 자아의식이다. 동명자(同名者)인 나는 나 자신으로부터 나를 밀쳐 낸다. 그러나 이렇게 구별된 것은, 정립된 것과는 달리, 그것이 구별됨으로써 나에게 있어서는 구별이 아니다. 타자에 대한 의식, 곧 대상 일반에 대한 의식은 어쨌든 그 자체가 자아의식, 즉 자신 속으로의 복귀요, 자기의 타재 속에서의 자기 자신에 대한 의식일 수밖에 없다."(PG, 128)

이 단계에 이르러 우리에게는 우리 내면의 장막(帳幕)이 걷혀서 내면을 바라볼 수 있게 된다. 그리하여 "구별되지 않는 동명자(同名者)의 바라봄"이 존재하며, "구별되지 않는 동명자는 자기 자신을 밀쳐 내어 구별된 내면으로 정립하지만, 자기에 대해서는 또한 양자(兩者)의 무구별성이 직접적으로 존재하기도" 하는데, 바로 이것이 "자아의식"이다(PG, 128 f.). 〈지성〉 장의 끝에서 철학자는 다음과 같은 사실을 지적한다. 즉, 설명하는 지성 속에서는 ― 그러나 지성은 이것을 알지 못하는 것이 확실하다 ― 개념, 즉 자아의식이 이미 작용했으며, 대상의 대상성·전 지평·객관성을 형성하고 있는 모든 규정, 이러한 사유규정들의 총체는 바로 자기[Selbst]의 규정이라는 사실이다. 여기서 우리는 다시 칸트의 코페르니쿠스적 전회의 근본의미를 상기할 수 있다. 칸트의 원칙적인 통찰은 다음과 같다. 즉, 순수주관의 수행 속에, 즉 다양한 표상들을 선험적으로 통각하는 개념작용에서, 보편타당하고 필연적인 연관, 즉 객관의 객관성이 구성된다는 것이다. 그리고 이것은 다음과 같은 것을 뜻한다. 주관성, 주관, 일자(一者), 그리고 이것들 자신에 의해 구성된, 일자의 타자로서의 객관성 사이에 동일성이 존재한다는 것이다.[36]

---

36 Werner Marx, ebd., 21 참조.

추상적인 자아의식과 구체적인 자아의식

추상적인 자아의식의 원리는 '나=나(Ich=Ich)'다. 그러나 이 추상적인 자아의식의 '나'는 전혀 실재성이 없는 형식적이고 공허한 자아에 불과하다. 이러한 자아의식은 '순수사유'라고 할 수 있다. 헤겔은 이에 대해 뉘른베르크 시절의 『철학 예비학』(*Philosophische Propädeutik*)과 『철학강요』(*Enzyklopädie der philosophischen Wissenschaften*, 1817)에서 다음과 같이 말하고 있다.

> 자아의식으로서의 자아는 자기 자신을 직관한다. 그리고 순수하게 이 자아의식을 표현하면, '자아=자아', 혹은 '나=나'다. 자아의식의 이 명제는 아무런 내용도 갖고 있지 않다.[37]

> 자아의식의 표현은, '자아=자아'로서 추상적 자유, 순수한 관념성이다. 그래서 그것은 실재성이 없다. 왜냐하면, 자기의 대상인 자기 자신은, 그 대상과

---

37 TW 4, 117. §§22, 23.

자기 사이에 아무런 구별도 현전하지 않으므로, 대상이 아니기 때문이다.[38]

이러한 자아의식의 명제는 형식적인 동일성, 추상적인 동일성, 동어반복에 불과하다. 그러므로 헤겔은 이것이 아무런 '내용'을 갖고 있지 않다는 것이고, 실재성을 갖고 있지 않은 순수한 관념성에 불과하다고 말하는 것이다. 헤겔에 있어서 '실재적인 것' 혹은 '현실적인 것'은 반드시 타자에 매개된 구체성을 지니고 있는데, 그렇지 않은 것은 관념적인 것, 선험적인 것이다. 이러한 자아의식은 아무런 경험적인 내용을 갖고 있지 않으므로, 그것은 또한 '순수사유', '순수한 자아의식'이라고 할 수 있다. 그러면 여기서 헤겔이 이에 대해 어떤 규정을 부여하는지 살펴보자:

"그런데 그 자체로 추상적인 자아는 자기 자신에 대한 순수한 관계이어서, 이 관계 속에는 표상, 감각뿐만 아니라, 성질, 재능, 경험 등의 모든 특수성과 같은 상태가 추상되어 있다. 그런 한에서 자아는 전적으로 추상적인 보편성을 지닌 실존이요 추상적으로 자유로운 자다."[39]

헤겔은 이러한 자아의식이 지닌 자유를 '추상적인 자유'라고 규정한다. 왜냐하면 "나=나"라고 하는 추상적인 자아의식에 있어서는 '나'의 타자가 매개되어 있지 않고 오로지 '나'만 존재하므로 '나'는 나의 타자에 의해 구속받지 않는다. '나'를 구속할 수 있는 자는 오직 '나' 밖에

38 TW 10, 213, §424.
39 "*Ich* aber, abstrakt als solches, ist die reine Beziehung auf sich selbst, in der vom Vorstellen, Empfinden, von jedem Zustand wie von jeder Partikularität der Natur, des Talents, der Erfahrung usf. abstrahiert ist. Ich ist insofern die Existenz der ganz *abstrakten* Allgemeinheit, das abstrakt *Freie*." (TW 8, 74 f. §20).

없다. 그러나 '나'에 의한 구속은 사실은 실질적인 구속이 아니라 '자유'를 뜻한다. 그러나 바로 이런 이유로 말미암아, 이러한 자유는 '추상적인 자유'일 수밖에 없다. 진정한 자유란 타자와 더불어 존재하는 가운데 누리는 자유다. 헤겔은 자유를 "자기 곁에 머무름"이라고 규정한다. 이때, 자아가 자기 외에 아무런 타자에 의해서도 매개되지 않은 채 단지 자기 자신에 머물러 있는 것은 추상적인 자유 또는 "부정적 혹은 지성의 자유(die negative oder die Freiheit des Verstandes)"(PdR §5), "고정되어 있는, 이러한 추상 속으로만 자기의 존재를 정립하는, 공허한 자유(Freiheit der Leere, die sich fixiert, in diese Abstraktion allein ihr Sein setzt)"[ebd. §5의 주(註)]이며, "자기의 타자 속에서 자기 자신 곁에 있음(In seinem Anderen bei sich selbst zu sein)"(Enz. §24 Zus. 2; PdR. §7 Zus. 참조)이야말로 구체적인 자유, 현실적인 자유, 진정한 자유라고 할 수 있다. 따라서 '너'나 '그것' 없이 "나=나"로서 존재할 때의 자아의식은 단지 추상적인 자유다. '내'가 구체적으로 자유롭기 위해서는 '나'의 타자를 필요로 한다.[40]

---

40 백훈승, 「윤리공동체의 성립조건으로서의 상호승인과 자유」, 『철학연구』 제72집 (265-292), 1999, 268 f. 참조. 그런데 여기서 우리가 주의해야 할 점은, 이러한 자아의식을 추상적인 자아의식이라고 우리가 부르기도 하지만, 헤겔은 『철학강요』 §425 보유(補遺)에서, 추상적인 자아의식은, 대상의식에 대립해 있다는 점에서, 매개된 자아의식이지만, 그것이 "아직은 진정한 매개에 이르지 못한, 자아와 세계의 대립(noch nicht zur wahrhaften Vermittlung kommende Gegensatz des Ich und der Welt)"이라는 점에서는 직접적인 자아의식이라고 말하고 있다. 즉, 여기서 헤겔이 말하고 있는 추상적인 자아의식이란, 오직 자아만이 존재하고 자아의 타자는 전혀 존재하지 않는, 위에서 우리가 말한 첫 번째의 의미에서의 추상적인 자아의식이 아니라, 자아 외에도 그의 타자가 존재하기는 하지만, 자아가 자신의 타자와 통일되지 못하고 대립된 상태에 있는 그러한 자아의식을 가리키고 있다. 헤겔이 말하고 있는 것처럼, 사실 "추상적인 것은 어떤 것으로부터의 추상태다(Alles Abstrakte ist eine Abstraktion von Etwas)"(Hegel, *Vorlesungen über die Philosophie des Geistes, Berlin im Wintersemester 1827/28,*

이러한 추상적인 자아의식은 "구별이 아님"(kein Unterschied, Enz §424), "구별이 아닌 구별"(Unterschied, der keiner ist, Enz §423)로서, 이것은 단순한 자기관련성이 지니는 운동 없는 동어반복이며, 이런 점에서 사변적인 구별 개념을 만족시키는 구별이 아니다. 즉, 이러한 자아의식은 실체에 불과할 뿐이며, 주체는 될 수 없다. 그러므로 이러한 자아의식은 진정한 자아의식이 아니다.[41] 사실, 이 자아의식은 칸트가 말한 선험적 자아의식으로서의 정험적 통각, 근원적 통각, 순수통각이다. 이러한 자아의식은 아무런 내용을 지니고 있지 않지만, 이 자아의식이 의식의 근저에 존재하지 않으면 우리에게는 대상에 대한 의식, 그리고 대상에 대한 이러한 의식으로부터 의식주체 자신으로의 복귀인 경험적 자아의식은 성립할 수 없다.

그러므로 헤겔이 『정신현상학』의 〈자아의식〉 장에서 자아의식을 설명할 때, 대상의식으로부터 자아 자신에로의 복귀로서의 자아의식을 가장 먼저 이야기하고 있는 데 반하여, 피히테는 『전 학문론의 기초』(*Grundlage der gesammten Wissenschaftslehre*, 1794/95)의 제1명제를

Nachgeschrieben von Johann Eduard und Ferdinand Walter, hg. v. Franz Hespe und Burkhard Tuschling, Hamburg, 1994, 161). 'das Abstrakte' 나 'Abstraktion' 에서의 'Ab' 이 이미 일자(一者)의 타자(他者)를 지시하고 있다. 즉 추상은 '~으로부터의 (일자의 타자로부터의)' 추상이다(백훈승, 「헤겔에 있어서 구별되어야 할 세 가지 종류의 욕구」, 『대동철학』 제3호 (115-135), 1999, 117 f. 참조).

41 헤겔에 의하면 "참된 것은 실체로서가 아니라 이와 꼭 마찬가지로 주체로서도 파악하고 표현해야"("das Wahre nicht als Substanz, sondern eben so sehr als Subjekt aufzufassen und auszudrücken." PG, 19) 한다. 또한 "더 나아가, 생동적인 실체는 참으로 주체인 존재, 혹은 같은 말이지만 그것이 자신을 정립하는 운동 혹은 자기 자신과 다르게 되는 매개작용인 한에서만 실로 현실적인 그런 존재다."("Die lebendige Substanz ist ferner das Sein, welches in Wahrheit *Subjekt*, oder was dasselbe heißt, welches in Wahrheit wirklich ist, nur insofern sie die Bewegung des Sichselbstsetzens, oder die Vermittlung des Sichandersswerdens mit sich selbst ist." PG, 20).

순수한 자아, 절대적 자아, 선험적 자아로부터 출발하고 있는 점이 대조적으로 보인다. 즉, 헤겔은 자신의 서술을 대상의식으로부터 출발하여 자아의식으로 옮겨 갔는데, 피히테는 자아의식으로부터 출발하여 대상의식으로(제2명제에서의 비아를 반정립하는 행위) 전개해 갔다. 외관상으로 두 사람은 정반대의 방향을 취한 것으로 보이지만 사실, 양자 사이에 차이는 없다. 왜냐하면, 헤겔이 대상의식으로부터 출발한 것은 사실이지만, 이 대상의식의 근저에는 이미 선험적인 자아의식이 존재하고 있는 것이 분명하기 때문이다.

위에서 언급한 것처럼, 자아의식은 '나는 나다'로 표현할 수 있는데, 이 진술은 두 가지로 분석될 수 있다. 이것은 'A는 A다'라는 형식의 진술로서, 첫째로 이것은, 형식논리학의 입장에서 보면, 세계에 관해 아무런 새로운 정보도 우리에게 가져다주지 않는 항진명제(恒眞命題), 즉 공허한 동어반복(同語反覆)[tautology]에 불과하다. A 대신 다른 어느 것을 바꿔 넣어도 그 진리치에는 변화가 없는 동일률을 표현하고 있다. 여기에는 A의 타자가 매개되지 않았으므로, 이러한 동일성을 우리는 추상적 동일성, 형식적 동일성이라고 할 수 있다. 따라서 '나는 나다'는 추상적 자아의식, 형식적 자아의식이라 할 수 있으며, 이러한 추상적 자아의식에서는 자기의 타자와의 아무런 매개[구별]가 없으므로 '구별[차이]의 감정'이나 '결핍의 감정'을 갖지 않게 되고, 따라서 욕망도 발생하지 않게 된다. 이에 반해, A에 A의 타자가 매개되어 있다[42]고 생각하면 ― 이것은 변증적 해석의 입장인데 ― 우리는 새로운 사실을 발견

---

42 "긍정적인 것은 직접적인 동일자가 아니라, 한편으로는 부정적인 것의 대립자며 그것은 오직 이러한 관계 속에서만 의미를 갖는다. 그리하여 부정적인 것 자체는 긍정적인 것의 개념 속에 포함된다. (…) 이와 마찬가지로, 긍정적인 것에 대립해 있는 부정적인 것은 이러한 자기의 타자와의 관계 속에서만 의미를 갖는다."(TW 6, 71).

할 수 있다. 즉, 'A는 A다' 라는 진술은 'A는 [B도 C도 아닌, (…) X도 아닌] A다' 라는 식의 내용을 가지고 있는 것으로서, 이때의 동일성은 A 의 타자가 매개된 동일성으로 구체적 동일성, 실질적 동일성[43]이라고 할 수 있다. 이때, 앞의 A와 뒤의 A는 그 내용이 전적으로 동일한 것은 아니고, 차이가 개입된 동일성을 지니고 있다. 즉, 뒤의 A는 우리의 의 식이 앞의 A로부터 출발하여 A의 타자를 거쳐 다시 A로 돌아옴으로써 성립된 것으로서, 처음의 A보다 풍부한 내용과 규정을 갖는 A인 것이 다.[44] 예컨대 우리는 "약속은 약속이다"라든지 "애들은 애들이다"라는 식의 "A＝A" 형식을 지닌 진술들을 일상생활에서 하고 있다. 이 진술 들은 '하나 마나 한 말' 이 아니라 "약속은 반드시 지켜야 한다"거나 "애 들은 어른처럼 아직 성숙하지 않아 여러 가지 면에서 부족하고 실수하 기 마련이다"라는 등의 메시지를 전하고 있다. 자신과 관련된 문제에 대해서 남이 자기의 문제에 이렇게 혹은 저렇게 하라는 충고 또는 질책 을 할 때, "나는 나야!" 라고 말하는 것은 단순한 동어반복이 아니라 "나 는 나 아닌 다른 어떤 사람과도 다르게 나 자신만의 생각이나 행동방식 이 있으니까 내 일에 간섭하지 마!" 라는 강력한 의사표시인 것이다. 따 라서 '나는 나다' 라는 자아의식도 이러한 입장에서 보면 구체적 자아의 식, 실질적 자아의식으로서, 뒤의 '나' 는 앞의 '나' 보다 풍부한 내용을 갖고 있으며, 이러한 관점에서 헤겔은 '구체적' 자아의식을 운동으로

---

43 헤겔이 생각하기에 진정한 동일성이란, 차이를 통해 표현되는 일치(통일)다. 헤겔 의 용어들 중에서 '부정성' 은 동일성의 본질적인 국면이다. 즉, 어떤 사물의 동일성은 그 자신의 타자를 거부함으로써 명백하게 된다. 형식논리학에서 말하는 동일성은 사물 의 자기동등성과 내적 일관성(정합성)만을 강조하는 것이다(Howard Williams, *Hegel, Heraclitus and Marx's Dialectic*, 1989, 74 참조).

44 백훈승, 「헤에겔 〈정신현상학〉을 중심으로 한 욕구의 의미 · 발생 · 구조의 분석」, 528 참조.

보고 있다.[45]

"그러나 사실 자아의식은 감성적 세계와 지각된 세계의 존재로부터의 반성
(복귀)이며, 본질적으로 타재(他在)로부터의 복귀다. 자아의식으로서의 그
것은 운동이다." ("Aber in der Tat ist das Selbstbewußtsein die Reflexion aus
dem Sein der sinnlichen und wahrgenommenen Welt und wesentlich die
Rückkehr aus dem *Anderssein*. Es ist als Selbstbewußtsein Bewegung." PG,
134)

"그러므로 동일성이 표현되는 명제의 형식 속에는 단순한 추상적 동일성 이상
(以上)의 것이 담겨 있다. 즉 그 속에는 반성의 이러한 순수한 운동이 존재하
는데, 이 운동 속에서는 타자가 단지 가상(假象)으로, 직접적인 소멸작용으
로 등장한다." ("Es liegt also in der *Form des Satzes*, in der die Identität
ausgedrückt ist, *mehr* als die einfache, abstrakte Identität; es liegt diese
reine Bewegung der Reflexion darin, in der das Andere nur als Schein, als
unmittelbares Verschwinden auftritt." TW 6, 44)

---

45 Hun-Seung Paek, *Selbstbewußtsein und Begierde: eine Untersuchung zur Struk-
tur, Entstehung und Entiwicklung der Begierde bei Hegel*, Ffm., 2002, 27 이하 참조.

4

의식의 진리로서의 자아의식

『정신현상학』이 서술하고 있는 대상의식의 다양한 형태들은 모두 자아의식의 '자기[Selbst]'와는 다른 타자를 대상으로 갖고 있긴 하지만, 자아의식이 없다면 이러한 대상의식은 존재할 수 없다. 이것은 곧, 대상의 대상성을 형성하고 있는 규정, 사상규정(Gedankenbestimmungen)이 바로 자아의 규정, 사유규정(Denkbestimmungen)이라는 사실을 뜻한다.[46] 자아의식의 본질에 관한 헤겔의 견해는 자아의식의 선험적 통일의 구조 및 기능에 대한 칸트의 통찰, 즉 "통각의 선험적·근원적 통일"(KrV, A 107)에 대한 그의 통찰로 소급된다. 즉, "나는 생각한다"라고 하는 자아의식의 선험적 통일이 없으면 어떤 표상도 나의 표상으로 의식될 수 없는 것이다. 헤겔은 의식의 기체(基體)로서의 이러한 자아의식을 『철학강요』와 『정신현상학』에서 다음과 같이 잘 서술하고 있다:

---

46 Werner Marx, *Das Selbstbewußtsein in Hegels Phänomenologie des Geistes*, 21 참조.

"의식의 진리는 자아의식이며, 이 자아의식이 의식의 근거다. 따라서 어떤 다른 대상에 대한 의식은 그 실존에 있어서 자아의식이다. 즉, 나는 나의 것으로서의 대상에 관하여 알며(대상은 나의 표상이다), 따라서 대상 속에서 나는 나에 관해 안다."[47]

"타자에 대한 의식이나 대상 일반에 대한 의식은, 사실은 그 자체가 필연적으로 자아의식이며 자신 속으로 반성된 존재이고 자기의 타재 속에서 자기 자신을 의식하는 것이다. (…) 사물에 관한 의식은 단지 자아의식에 있어서만 가능할 뿐만 아니라, 자아의식만이 의식의 제 형태의 진리라는 사실이다."[48]

대상에 대한 확신은 어떤 타자에 대한 확신이 아니라 의식 자체에 대한 확신이다. 의식은 대상 자체의 인식 속에서 자신을 경험하며, 자아는 경험연관의 내용일 뿐만 아니라 관계 자체이기도 하다.[49] 헤겔이 자아의식을, "우리가 들어간 진리의 고유영역(das einheimische Reich der Wahrheit)"(PG, 134)이라고 말할 때 그가 의미하는 바는, 진리는

47 "Die Wahrheit des Bewußtseins ist das Selbstbewußtsein und dieses der Grund von jenem, so daß in der Existenz alles Bewußtsein eines anderen Gegenstandes Selbstbewußtsein ist; ich weiß von dem Gegenstand als dem meinigen (er ist meine Vorstellung), ich weiß daher darin von mir." (Enz. §424, TW 10, 213).
48 "Das Bewußtsein eines Andern, eines Gegenstandes überhaupt, ist zwar selbst notwendig Selbstbewußtsein, Reflektiertsein in sich, Bewußtsein seiner selbst in seinem Anderssein (…) daß nicht allein das Bewußtsein vom Dinge nur für ein Selbstbewußtsein möglich ist, sondern daß dies allein die Wahrheit jener Gestalten ist." (PG, 128).
49 "Ich ist der Inhalt der Beziehung und Beziehen selbst." (Enz, §424, TW 10, 213).

의식이 침투해 들어가려고 하는 타재의 외타적 영역(이것은 의식의 입
장이었다)과 더 이상 같은 것이 아니라, 의식은 자아의식으로서 진리의
영역에 속하고 자아의식을 그 고향으로 한다는 것이다. 즉, 의식은 모
든 진리를 자신 속에서 발견한다.[50]

---

50 H. G. Gadamer, "Die verkehrte Welt," in: H. F. Fulda und D. Henrich (hg.),
Materialien zu Hegels »Phänomenologie des Geistes« (106-130), Ffm., 1973, 223 참
조.

욕망의 발생

자아가 자기 자신을 의식하지 못하고 자신의 대상만을 의식하는 대상의식에 있어서나, 대상 혹은 대상의식에 매개되지 않고 단지 '나=나'라는 동어반복에 머물러 있는 추상적인 자아의식, 절대적인 자아의식, 선험적인 자아의식에 있어서는 대상과 자아가 구별되지 않는다. 그러나 현실적·구체적인 자아의식은 자아가 자신의 대상으로 나아갔다가 자기 자신에게로 복귀한 의식이므로 이러한 자아의식은 구별되는 두 계기, 즉 대상(타자)과 자기 자신이라는 두 계기를 지니고 있다. 이러한 자아의식은 자기의 존재와 비존재를 동시에 의식하고 있으며, 그것은 통일성으로서의 자기의 존재에 대한 의식과 결핍의식·비존재의식 사이의 대립으로서 존재한다.[51] 자아는 자신과 대상 사이의 차이 또는 구별을 의식하게 되고, 대상과 자아 사이에 그리고 대상의식과 추상적인 자아의식 사이에는 구별 및 구별의 감정이 생기게 된다. 그리하여 자아는 이 두 계기 사이의 구별을 지양하려고 한다. 왜냐하면 그것은

---

51 Werner Marx, ebd., 27 f. 참조.

자기동일성의 감정에 배치되기 때문이다.[52] 다시 말하면, 자아는 자신의 대상을 부정하여 자아와 대상 사이의 구별을 철폐함으로써 자아 자신의 동일성을 회복하려고 하는데, 이러한 자아의식의 운동이 바로 헤겔에 있어서는 욕망이다. 다시 말해 욕망이란, 자아와 대상 사이의 차이, 자아의식과 대상의식 사이의 분열 및 대립, 자아의식의 그 자신과의 내적 대립, 또는 자아와 세계의 대립을 지양함으로써 자아의식이 자기 자신과의 통일을 이루려는 운동이다. 그런데 헤겔은 욕망으로서의 자아의식이 궁극적으로 추구하는 것은 욕망의 대상의 소유가 아니라, 바로 자아의식의 자기 자신과의 통일이라고 주장한다. 예컨대 우리가 정신적인 대상이든 물질적인 대상이든, 그 어떤 대상을 욕망하는 경우, 욕망의 1차적인 대상은 직접적인 대상이라고 할 수 있지만, 욕망의 궁극적 대상 또는 목표는, 1차적인 대상을 소유함으로써 얻게 되는 자아의 통일이다. 사실, 우리가 어떤 욕망을 가지고 있을 때의 마음의 상태는 분열된 상태다. 즉, 욕망이 충족되지 않은 현재의 상태(자아 1 혹은 자아의식 1)와 장래에 욕망이 충족될 경우 획득하게 될 마음의 상태(자아 2 혹은 자아의식 2)로 우리의 마음은 분열된다. 그런데 언젠가 욕망의 대상을 우리가 소유하게 될 경우 혹은 소유한 것으로 믿는 경우, 마음의 이러한 분열상태는 사라지고 마음은 자기동일의 감정, 통일의 감정 또는 안정된 감정을 갖게 된다. 다음의 헤겔의 주장을 좀 상세히 검토해 보자.

"그러므로 자아의식에게는 타재가 하나의 *Sein*으로서, 혹은 **구별된** 계기로서 있는 것이지만, 자아의식에게는 또한 이러한 구별과 자기 자신과의 통일이

---

52 Claus Daniel, *Hegel verstehen. Einführung in sein Denken*, Ffm./NY., 1983, 114 참조.

두 번째의 구별된 계기로서 존재한다. 저 첫 번째의 계기에서 자아의식은 의식으로 존재하는 것이며, 이러한 의식에게서는 감각적 세계에 펼쳐진 모든 것들이 보존되어 있다. 그러나 동시에 그것은 두 번째의 계기, 즉 자아의식의 자기 자신과의 통일이라는 계기와 관계되는 한에서만 보존되는 것이다. 이렇게 볼 때, 감성적 세계에 펼쳐진 모든 것들은 자아의식에 대해서 존립해 있는 것이지만, 이것은 현상에 불과한 것, 또는 그 자체로는 아무런 Sein도 지니지 못한 구별이다. 그러나 자아의식의 현상과 진리의 이러한 대립은, 자아의식의 자기 자신과의 통일이라는 진리만을 자기의 본질로 삼고 있고, 이러한 통일이 자아의식에 있어서 본질적인 것으로 되어야 하는데, 이것이 곧 욕망 일반이다. 자아의식으로서의 의식은 이제부터 이중적인 대상을 갖게 되는데, 그 하나는 직접적인 성격을 지닌, 감각적 확신과 지각의 대상으로서, 이러한 대상은 의식에 대해 부정적인 성격을 지닌 것으로 표현된다. 다음 두 번째 대상은 자기 자신으로서, 이것은 참된 본질인데 처음에는 첫 번째의 대상과 대립된 상태로만 비로소 나타난다. 이때에 자아의식은 운동으로서 나타나며, 이 운동 속에서는 이러한 대립이 지양되며 자아의식에 있어서는 자기 자신과의 동등성이 형성된다."[53]

---

53 "Es ist hiemit für es das Anderssein als *ein Sein* oder als *unterschiedenes Moment*; aber es ist für es auch die Einheit seiner selbst mit diesem Unterschiede als *zweites unterschiedenes* Moment. Mit jenem ersten Momente ist das Selbstbewußtsein *als Bewußtsein*, und für es die ganze Ausbreitung der sinnlichen Welt erhalten, aber zugleich nur als auf das zweite Moment, die Einheit des Selbstbewußtseins mit sich selbst, bezogen; und sie ist hiemit für es ein Bestehen, welches aber nur *Erscheinung*, oder Unterschied ist, der *an sich* kein Sein hat. Dieser Gegensatz seiner Erscheinung und seiner Wahrheit hat aber nur die Wahrheit, nämlich die Einheit des Selbstbewußtseins mit sich selbst, zu seinem Wesen: diese muß ihm wesentlich werden, d.h. es ist *Begierde* überhaupt. Das Bewußtsein hat als Selbstbewußtsein nunmehr einen gedoppelten Gegenstand, den einen, den unmittelbaren, den Gegenstand der sinnlichen Gewißheit und Wahrnehmens, der

위의 인용문은 과연 무엇을 뜻하고 있는가? 이해를 돕기 위하여 자아의식의 구조를 다음과 같이 나타내 보겠다: "① 나 = ② 나[③ 나 + (대상 = 관념)]." 우리가 "나는 나다"라고 말할 때, 이것이 순수한 자아의식이나 선험적인 자아의식일 경우에는, 세계에 관해서 아무런 정보도 알려 주지 않는 공허한 동어반복에 불과하지만, 이것이 구체적 · 현실적인 자아의식일 경우에는, '나' 이외의 대상, 내가 아닌 타자가 여기에 매개되어 있으므로 ② 나의 내용을 ③으로 풀어서 쓸 수 있다. 헤겔이 위에서 말하고 있는, 자아의식의 구별된 두 계기 중, 첫 번째의 구별된 계기가 바로 의식(대상의식을 말한다)으로서의 자아의식의 계기로서, 이것은 ② 또는 구체적으로는 ③을 가리킨다. 따라서 여기에는 "감각적 세계에 펼쳐진 모든 것들이 보존되어" 있는 것이다. 그러나, 그것들은 그 자체로서는 아무런 Sein도 지니지 못하며, 오직 의식 또는 자아에 의해서, 자아에 대해서만 존재할 수 있는 것이다. 대상 또는 관념은 '나의 대상'이요 '나의 관념'인 것이다. 두 번째의 구별된 계기는 바로, 이러한 구별(즉, 첫 번째의 구별된 계기: ② 혹은 구체적으로는 ③)과 자기 자신(①)과의 통일인데, 헤겔은 첫 번째의 계기는 현상이요 비본질적인 것이고, 두 번째의 계기를 진리 또는 본질이라고 말한다. 그리고 이 두 계기의 통일, 즉 대상의식과 자아의식의 통일이 자아의식에 있어서 본질적인 것으로 되어야 하는데, 이것이 바로 욕망 일반이라고 말한다. 즉, 욕망 일반은, "나는 나"를 궁극적으로 실현하려는 욕망이

---

aber *für es* mit dem *Charakter des Negativen* bezeichnet ist, und den zweiten, nämlich *sich selbst*, welcher das wahre *Wesen* und zunächst nur erst im Gegensatze des ersten vorhanden ist. Das Selbstbewußtsein stellt sich hierin als die Bewegung dar, worin dieser Gegensatz aufgehoben und ihm die Gleichheit seiner selbst mit sich wird." (PG, 134 f.).

다.[54] 그런데 이러한 실현은 '나' 속에 있는 타자를 제거함으로써 가능하다. 이러한 제거, 부정을 통해 다다르는 상태가 바로 대립이 지양되어 "자기 자신과의 동등성이" 형성되는 상태, 즉 욕망 일반이 충족된 상태다.[55]

『철학강요』에서도 이와 동일한 사태를 표현을 달리하여 서술하고 있다. 『정신현상학』에서 첫 번째 계기와 두 번째 계기의 대립은 여기서는 "자아의식으로서의 자기와 의식으로서의 자기와의 모순"(Enz §425)이며, 또는 "아직까지 서로 동등하게 되지 못한" 추상적 자아의식과 의식 간의 대립 또는 "자아의식과 의식 사이의 분열" 및 "자아의식의 자기 자신과의 내적인 모순"으로 표현되고 있다. 그리하여 '자아의식의 운동'은 바로 이 양자의 대립을 지양·통일하여 자신의 동일성을 회복하려고 하는 자아의식의 운동으로서, 이것이 바로 욕망 일반이다. 이때, 『정신현상학』과 『철학강요』에서 서술된, "자아의식과 자기 자신과의 모순" 또는 "자아의식과 자기 자신과의 통일"에서의 두 자아의식들 즉 자아의식 1과 자아의식 2는 두 측면에서 생각될 수 있다. 즉, 한편으로는 자아의식 1은 자아의식으로서 자아의식(즉 추상적인 자아의식)이고 자아의식 2는 대상의식으로서의 자아의식으로 생각될 수 있고, 다른 한편으로는, 자아의식 1은 즉자적인 자아의식, 결핍을 갖고 있지 않은, 따라

---

54 헤겔에 있어서의 욕망 일반, 즉 "나=나"를 궁극적으로 실현하려는 욕망은 피히테에 있어서는 "무한성을 충족시키려는 노력(ein Streben die Unendlichkeit auszufüllen)"(GdgW, in: GA I/2, 421 f.; SW I, 291)으로 표현되고 있다. 즉, 무한성을 충족시키려는 노력은, 객체 또는 비아로 말미암아 분열된 자아(경험적 자아)가 다시 "나=나"(절대자아)로 되돌아감으로써, 잃어버렸던 자기동일성을 회복하려고 하는 자아의 노력이요 분투다. 그러나 이러한 노력은 언제나 계속되며(악무한적 반복), 무한성의 충족은 하나의 이상(理想)으로 남겨질 뿐이다.

55 백훈승, 「헤겔에 있어서 구별되어야 할 세 가지 종류의 욕구」, 119 f. 참조.

서 만족한 상태에 있는 자아의식이며 자아의식 2는 대타적인 자아의식, 즉 결핍을 느끼고 있고 따라서 불만족 상태에 있고, 대상의식에 매개되어 있는 자아의식으로서 생각될 수 있는데, 결국 욕망 일반을 충족시킨다는 것은, 자아의식 1과 자아의식 2를 통일하여 "나는 나다"라는 상태에 이르는 것을 말하는데, 이런 사태를 생물학의 용어로 표현하면, 항류성(恒流性)[homeorhesis]의 상태로부터 항상성(恒常性)[homeostasis][56]의 상태에 이르는 것, 즉, 불안한 동요상태로부터 안정에 이른 상태, 운동이 일단 멈춘 상태에 이르는 것이라고 할 수 있다.

이러한, 대상의식과 자아의식의 동일화를 추구하는 욕망 일반은 "자기에 관한 추상적인 지(知)에 내용과 객체성을 부여하며 또한 이와는 반대로 자신을 자기의 감성으로부터 해방시키며, 주어진 객체성을 지양하여 자신과 동일한 것으로 정립하려고 하는 충동[Trieb]"[57]인데, 이 양자는 동일한 것이라고 헤겔은 말한다. 즉, 객체성을 지양하여 주체성과 통일하는 작용(객체의 주체화)과, 추상적인 주체성을 지양하여 그것에 객체성을 부여하는 작용(주체의 객체화)을 동일한 것으로 보고 있다. 전자는 "대상의 타재 또는 대상의 외면성을 지양하는 것이고,"[58] 후자는 "자아의 내면성을 지양하는 것"(ebd.)이며, "자기 자신을 외화하고, 그럼으로써 자기에게 대상성과 현존재를 부여하는 것"(ebd.)이며, 이로 말미암아 자아의식(혹은 자아)은 자기의 개념을 실현시키고 모든 것 속에 자기의 의식을 부여한다(ebd. 참조).[59]

헤겔의 『정신현상학』에서 '결핍'은 '타재'로 표현되고 있다. 그런데

---

56 '평형상태(平衡狀態)'라고도 한다.

57 Enz. §425 또한 *Bewußtseinslehre 2* §23 참조.

58 *Bewußtseinslehre 2* §23.

59 백훈승, 「헤겔에 있어서 구별되어야 할 세 가지 종류의 욕구」, 120 f. 참조.

이 '타재'는 두 가지로 해석될 수 있다. 즉, 첫 번째로 그것은, '나'에게 결핍되어 있는 어떤 것(의 존재)이며, 두 번째로는, 결핍된 어떤 것이 나에게 채워져서 욕망이 충족된 상태의 '나'(의 존재)가 그것이다. 이 둘 모두, 현재의 나와는 다른 것, 즉 나의 타자이며 이들의 존재방식이 곧 타재이며 결핍이다. 여기서 전자가 바로, 헤겔이 말한 첫 번째의 구별된 계기이며 후자가 두 번째의 구별된 계기다. 이러한 타재, 결핍이 바로 욕망의 단초가 된다고 헤겔은 이야기하고 있다. 자아의식은 욕망을 발생하게 하는 결핍의 감정으로 말미암아, 욕망이 충족되지 않은 상태(욕구불만)의 자아의식 1과 미래에 욕망이 충족된 상태의 자아의식 2로 양분(兩分)된다. 욕망이란 바로, 이러한 자아의식 1과 자아의식 2를 통일하여 하나인 자아를 회복하려는 의식의 운동이다.

자아의식이 둘로 분열됨으로써 자아의식이 가지고 있는 안정된 상태, 균형 잡힌 상태, 평형상태가 깨어지고 자아의식은 불안정한 상태, 불균형상태로 빠져들게 된다. 우리가 욕망을 가질 때의 상태는 바로 이러한 상태며, 욕망이란 바로 이러한 불안정한 상태, 불균형상태로부터 안정되고 균형 잡힌 상태로 나아가려는 의식의 운동이다. 즉, 욕망과 그 충족의 과정은 자기동일의 상태 → 자기분열의 상태 → 자기동일의 상태의 과정이라고 하겠다. 의식의 운동의 마지막 단계에서는, 양분된 자아[자아의식] 1과 미래에 욕망이 충족된 상태의 자아[자아의식] 2 사이의 대립이 지양되어 자아의식 자신과의 동등성이 형성되는 것이다. 그런데, 이러한 욕망과 충족의 과정, 자아의식의 부등화와 동등화의 과정은 인간이 살아 있는 한 끊임없이 계속된다.[60]

---

60 백훈승, 「헤에겔 〈정신현상학〉을 중심으로 한 욕구의 의미·발생·구조의 분석」, 543, 550 참조.

6

A Study on the Theories of Self-consciousness in Kant and German Idealism

생과 자아의식

6.1. 자아의식의 대상과 생

헤겔은 "그런데 자아의식에 대해 부정적인 것인 대상은, 의식의 경우에도 그러했듯이 우리에 대해서 또는 그 자체로 자신 속으로 복귀하였다. 자신 속으로의 이러한 복귀(반성)[61]를 통해 대상은 생이 되었다"[62]라고 말한다. 헤겔이 이 문장에서 말하고 있는 '생'이란, 생동적(生動的)인 것(Lebendiges)을 가리킨다. 왜냐하면, 바로 조금 뒤의 문장에서 그는, "직접적인 욕망의 대상은 생동적인 것이다"[63]라고 말하고 있기 때문이

---

61 Reflexion의 역어다. 이것은 '되돌아옴[복귀(復歸)]', '반성(反省)' 등으로 옮길 수 있는 용어인데, 의식작용을 갖고 있지 않은 어떤 것에 대해서는 '반성'이라고 옮겨서는 안 된다. 반성이란, '돌이켜 살피는' 것을 가리키기 때문이다. 거울에 비추인 빛은 되돌아오는 것이지, 반성되는 것이 아니다.

62 "Der Gegenstand, welcher für das Selbstbewußtsein das Negative ist, ist aber seinerseits *für uns* oder *an sich* ebenso in sich zurückgegangen als das Bewußtsein anderseits. Er ist durch diese Reflexion in sich *Leben* geworden." (PG, 135).

63 "(⋯) der Gegenstand der unmittelbaren Begierde ist ein Lebendiges." (ebd.).

다. 위의 문장은 이해하기 어렵다. 왜냐하면 우리의 욕망의 대상들 가운데는 생명을 가지고 있는 것들도 있지만 생명이 없는 것들도 있기 때문이다. 욕망의 대상이 관념이나 이념 혹은 인공물인 경우에는 말할 것도 없겠지만 자연물인 경우에도, 그 가운데에는 무생물도 포함되어 있기 때문이다. 그렇다면 헤겔이 여기서 말하는 욕망의 대상이란, 생명체인 인간이 자신을 생명체로서 유지하기 위하여 자신의 음식물로 섭취해야 하는, 생명체로서의 대상만을 뜻하는 것인가? 그러나 우리의 욕망의 대상은 단지 이러한 생명체에만 국한된 것도 아닐 뿐더러, 만약에 우리의 욕망의 대상을 생명체에 국한한다 하더라도 여기에는 여전히 큰 문제점이 남게 된다. 그것은, 자연 속의 생명체가 과연 자기 자신 속으로 복귀할 수 있으며 자신을 반성할 수 있는가 하는 문제다. 그렇다면 과연 위의 문장은 무엇을 뜻하고 있는 것일까?

Soll은 헤겔이 여기서 말하는 욕망의 대상은 외계 일반이 아니라 생명을 가지고 있는 외계 일반의 부분이라고 주장한다.[64] Solomon은, 헤겔은 여기서 'ein Lebewesen'이 아니라 'ein Lebendiges'라는 용어를 사용하고 있으며, 이러한 사실이 암시하는 바는, — 헤겔이 여기서 염두에 두고 있는 것은 성숙한 애니미즘(animism)이 아니라 — 우리가 욕망하는 것은 그 자체로서 역동적인 것, 생명력 있는 것이라는 점이라고 주장한다. 그는, 자동차가 고장 났을 때를 예로 들면서, 우리가 과학적 지식의 대상으로서의 자동차를 살아 있는 것으로 생각한다면 잘못된 것이지만, 욕망의 대상으로서의 자동차를 그렇게 취급하는 것은 비이성적인 것이 아니라고 말한다. 그리고 실로 우리는 대부분의 대상들을 이러한 생동감(sense of liveliness)을 가지고 취급하는 경향이 있는

---

64 Ivan Soll, ebd., 15 참조.

데, 이것은 범(汎)생기론(pan-vitalism) — 이러한 물(物)들이 실제로 살아 있다고 하는 견해 — 이 아니라고 주장한다.[65]

Soll과 Solomon은 모두, 욕망으로서의 자아의식의 대상이 외계의 물이라고 주장하고 있는데, 이것은 잘못된 견해다. 의식은 여기서 대상의식의 차원에 있는 것이 아니라 자아의식의 수준에 있다. 대상의식에 있어서 의식의 대상은 의식과는 다른 어떤 것이었지만, 자아의식에 있어서 의식의 대상은 바로 의식 자신인 것이다. 만약 그들의 견해가 옳다고 한다면, 외계의 물이 어떻게 자신 속으로 복귀하여 생이 될 수 있는가? 따라서 위에 인용한 헤겔의 진술은 다음과 같이 이해되어야 할 것이다:

"자아의식에 대해 부정적인 관계에 있는 대상(대상의식으로서의 의식)은, 의식(자아의식으로서의 의식)의 경우에도 그러했듯이 우리에 대해서 또는 그 자체로 자신 속으로(대상의식으로서의 의식 속으로) 복귀했으며, 자신 속으로의 이러한 반성(복귀)을 통해 대상(대상의식으로서의 의식)은 생이 되었다."

주체가 의식의 대상으로 되면 주체는 살아 있는 유기체인 인간주체로 드러나야만 한다.[66] 그리고 '이것'이 감성적 확신의 대상으로, '사물'이 지각의 대상으로, 그리고 '현상'과 '초감각적 세계'가 지성의 대상으로 나타났듯이, 이제 '생'이 자아의식의 대상으로 나타나게 되는 것이다.[67]

---

65 Robert C. Solomon, *In the Spirit of Hegel*, Oxford, 1983, 397 f. 참조.
66 Quentin Lauer, S. J., *A Reading of Hegel's Phenomenology of Spirit*, NY., 1976, 94 참조.

그러면 이제 헤겔이 말한 위의 내용을 분석해 보기로 하자. "대상이 자신 속으로의 이러한 반성을 통해 생이 되었다"는 것은 과연 무엇을 뜻하는가? 대상의식이란 의식과 대상의 상호작용에 의한 결과다. 칸트식으로 말하면 대상의식은 인식주관의 범주들에 의해 감각소여의 다양(多樣)[잡다(雜多), das Mannigfaltige]이 정돈됨으로써 이루어지는 것이다. 대상의식[대상인식]은 의식이 대상으로 나아갔다가 자신 속으로 복귀함으로써 이루어지는 것이다. 그러므로 대상은 더 이상 의식의 '외부'에 존재하지 않고 의식 속에 존재하게 된다. 이런 의미로 헤겔은 다음과 같이 말하고 있다:

"(…) 나는 대상을 나에게 속한 것으로 알고 있다(대상은 나의 표상이다). 그러므로 나는 대상 속에서 나에 관하여 알고 있다."[68]

자아의식의 대상으로서의 대상의식은 주체로서의 자아와 대상으로서의 표상들로 구성되어 있다. 그러나 표상들 역시 "나의 표상"이다. 표상이 따로 있고 자아가 따로 있는 것이 아니다. 그러므로 사실은 표상도 자아인 것이다. 그렇기 때문에, 한편으로 보면 표상은 '나'와 구별되지만, 다른 한편으로 보면 양자는 구별되지 않는다. 그러므로 이 의식은 '통일과 구별의 통일[Einheit der Einheit und der Unterschiede]'이라는 구조를 가지고 있으며, 헤겔은 이것을 가리켜 '생'이라고 말하고 있다. 그것은 바로 자아가 그것인 바대로, 분열되지 않고 하나인 상태

---

67 Herbert Marcuse, *Hegels Ontologie und die Grundlegung einer Theorie der Ge-schichtlichkeit*, Ffm., 1932, 272 참조.

68 "(…) ich weiß von dem Gegenstande als dem meinigen (er ist meine Vorstel-lung), ich weiß daher darin von mir." (Enz §424, TW 10, 213).

로 존재할 수 있기 위하여, 자아에 대립해 있는, 지양되어야만 하는 자립적인 타자다.[69] 다니 다까오(谷喬夫)는 다음과 같이 주장한다: "욕망의 대상이 생명이라는 것은, 자아의식이 대상으로 삼고 있는 자아의 심연(深淵)에 존재하는 것이 생명이라는 뜻이다. 자아의식을 지니고 있는 인간은 '나는 나다'라는 자아의 근저에 생물적 자연인 생명을 갖는다. 자아의식의 육체에 초점을 맞추어 보면 그것은 생명이며, 그 주체가 욕망으로서 관계하는 객체 또한 생명이다."[70] 그러나 다니 다까오(谷喬夫)는 "대상이 (…) 자신 속으로 복귀하였다"라는 진술이나 "그것은 자신 속으로의 이러한 반성을 통하여"라는 구절의 의미를 제대로 이해하지 못하고 있다. 그가 말하고 있는 생(명)은, 육체적 생명으로서, 이것은 『정신현상학』〈A. 자아의식의 자립성과 비자립성: 지배와 예속〉에서 나타나는 생 개념에 해당하는 것이며, 위의 구절과는 관계가 없다. 베커(W. Becker)는 자아의식의 대상을 대상의식이라고 정확하게 지적하고 있지만, 이 대상의식은 물질 및 모든 외부의 대상성을 애니미즘적으로 '지성화하는' 형태를 띠고 생으로 등장한다고 말하고 있다.[71] 그러나 외부대상의 '애니미즘적 지성화'는 헤겔이 말하는 대상의식에는 해당되지 않는 표현이다. 헤겔은 대상의식의 구조가 '통일과 구별의 통일'이라는 생의 구조로 되어 있음을 말하려고 한 것이다. 지금까지 논의한 구절의 의미와 관련하여 하인리히(J. Heinrich)는 어떻게 해서 "우리에 대해서 혹은 그 자체로"만이고 의식 자체에 대해서는 아닌가 하고 묻고 있는데,[72] '우리에 대해서'라는 것은, '의식의 경험을 인도하는 현상학

69 Marcuse, ebd., 275 참조.

70 谷喬夫, 『헤겔과 프랑크푸르트학파』, 오세진 역, 한마당, 1983, 56.

71 Werner Becker, *Idealistische und Materialistische Dialektik: Das Verhältnis von 'Herrschaft und Knechtschaft' bei Hegel und Marx*, Stuttgart, 1970, 59 f. 참조.

72 Johannes Heinrichs, *Die Logik der Phänomenologie des Geistes*, Bonn, 1974,

자에 대해서'라는 뜻이고, '그 자체로'라는 것은 '대상의식 그 자체에 있어서'라는 뜻이다. 그런데 만약에 "의식 자체에 대해서"라고 말한다면, 자아의식의 대상은 이미 대상의식이 아니라 자아의식 자체가 되기 때문이다.

6.2. 생과 자아의식의 구조 동일성

헤겔은 다음과 같이 말하고 있다: "생은 바로 결합, 관계로서만 생각될 수 있는 것이 아니라 이와 동시에 대립으로서도 생각되어야 한다."[73] 생은 "대립과 관계의 결합[die Verbindung der Entgegensetzung und Beziehung]"(Nohl, 348)이며 또한 "결합과 비결합의 결합[die Verbindung der Verbindung und der Nichtverbindung]"(ebd.)이라고 규정된다. "결합과 비결합의 결합"이라는 헤겔의 생 규정에서 우리가 생각해야 할 것은, 자신과 타자를 자신의 타자로 확보하는 동시에 자기의 것으로 만들면서 포섭하는 결합의 구조다.[74] 이러한 포괄적인 결합 속에는 죽은 것, 실로 죽음조차도 포함되어 있을 뿐만 아니라 "생 자체의 조건으로서 정립되어 있기도 하다."[75] 이러한 내용을 헤겔은 다음과 같이

---

172 참조.

73 "(…) aber das Leben kann eben nicht als Verbindung, Beziehung allein, sondern muß zugleich als Entgegensetzung betrachtet [werden]; (…)"[Herman Nohl (hg.), *Hegels Theologische Jugendschriften*. Unveränderter Nachdruck der Ausgabe v. Tübingen 1907 (Nohl로 줄임), Ffm. 1991, 348].

74 Petra Christian, *Einheit und Zwiespalt, Zum hegelianisierenden Denken in der Philosophie und Soziologie Georg Simmels*, Berlin, 1978, 85 참조.

75 Günter Rohrmoser, *Subjektivität und Verdinglichung*, Gütersloh, 1961, 55.

표현하고 있다: "살아 있는 전체 속에는 죽음, 대립, 지성도 동시에 정립되어 있다. (…)"[76] 이러한 생의 구조를 헤겔은 다음과 같이 다르게 표현하고 있기도 하다: "생은 전개되지 않은 하나로부터 교양을 거쳐서, 완성된 하나에 이르는 원을 그리며 지나왔다."[77]

그런데 헤겔에 있어서 생은, 신진대사 과정의 복잡함만을 파악하는 용어라는 협소함 속에서 이해되어서는 안 되며, 생의 과정은 오히려 신적(神的)인 차원에서 이해되고 있다고 말할 수 있다.[78] 위에서 이미 언급했듯이, "직접적인 욕망의 대상은 생동적인 것"이라는 헤겔의 주장은, 자아의식으로서의 욕망의 대상은 대상의식이며, 이 대상의식 자체는 통일과 구별의 통일이라는 구조를 지니고 있다는 것이다. 대상의식의 구조를 『청년기 신학논집』에 실려 있는 프랑크푸르트 및 예나 시절의 용어로 표현하면 "결합과 비결합의 결합" 혹은 "동일과 비동일의 동일[Idendtität der Identität und der Nichtidentität]"이라고 나타낼 수 있는데, 바로 이러한 구조는 '생의 구조' 외에 다른 것이 아니라는 점을 말하고 있다. 우리는 이러한 생의 구조와 사랑의 구조, 그리고 자아의식의 구조, 정신의 구조의 동일성을 발견할 수 있다. 『청년기 신학논집』에서 생으로 표현된 구조는, 이와 같은 시기에 쓰인 「사랑」이라는 단편에 나타난 사랑의 구조와 동일성을 보인다. 헤겔은 사랑을 "서로 주고받음[ein gegenseitiges Nehmen und Geben]"이라고 규정하거니와, 여기서 우리는, 다른 하나의 자아의식 속에서, 그리고 그러한 자아의식을

---

76 "Im lebendigen Ganzen ist der Tod, die Entgegensetzung, der Verstand zugleich gesetzt. (…)" (Nohl, ebd.).

77 "(…) das Leben hat von der unentwickelten Einigkeit aus, durch die Bildung den Kreis zu einer vollendeten Einigkeit durchlaufen." (Nohl, 379).

78 Olaf Breidbach, *Das Organische in Hegels Denken. Studie zur Naturphilosophie und Biologie um 1800*, Würzburg, 1982, 142 참조.

통해서 존재하는 자아의식 개념이 이미 여기에 존재함을 발견한다. 그
런데 헤겔은, 서로 사랑하는 사람들의 결합[통일]이 그들의 구별[차이]
을 제거하지 않는다는 점을 밝히고 있다: "사랑받는 사람은 우리에게
대립되어 있는 것이 아니라 우리의 본질과 하나다. 우리는 그의 안에서
우리만을 본다. 그럼에도 그는 우리가 아니다. 이것은 우리가 이해할
수 없는 기적이다."[79] 로미오와 줄리엣이 서로 사랑할 때, 로미오는 로
미오대로 존재하고 줄리엣은 줄리엣대로 존재한다. 그러나 이와 동시
에, 그들은 사랑 속에서 '하나'로 존재한다. 즉, 구별과 통일이 동시에
존재하는 것이다. 1803/04의 초안(草案)에서 헤겔은 사랑을, "양자의
절대적인 대자존재 속에서 양자가 하나로 됨(Einssein beider in dem
absoluten Fürsichsein beider)"[80]이라고 서술하고 있는데, 이 구절도 역
시 이러한 통일의 상태를 나타내고 있다. 사랑은 모든 대립을 지양하는
통일작용이며, 자신 속에 모든 구별을 받아들일 수 있는 능력을 지니고
있다.[81] 자아의식의 구조 또한 이와 동일하다. 추상적인 자아의식은 '나
=나'인데 여기서 '나'는 나라는 점에서는 동일하지만, 하나는 주관으
로서의 나, 즉 생각하는 나이고, 또 하나는 객관으로서의 나, 즉 생각된
나라는 점에서는 구별된다. 구체적인 자아의식 역시 이런 구조를 지니
고 있다. 구체적인 자아의식은 '자아'와 '대상'으로 구성되어 있으므로
여기서도 '동일과 비동일의 동일'의 구조를 발견할 수 있다. 생이라는
범주는 이제 1807년의 『정신현상학』에 이르러서는 '정신(Geist)'이라
는 범주로 다시 나타난다. '정신'은 바로 상호승인이 실현된 상태, 즉

---

79 *Entwürfe über Religion und Liebe*, In: *Frühe Schriften*, TW 1, 244.
80 *Jenenser Realphilosophie I(1803/04)*, hg. v. Johannes Hoffmeister, Leipzig, 1932, 221.
81 백훈승, 「윤리공동체의 성립조건으로서의 상호승인과 자유」, 278 참조.

"나=우리, 우리=나"인 상태라고 헤겔은 말하고 있다. 헤겔은 또한 『정신현상학』서문에서 "진리는 그것에서 취하지 않는 어떠한 구성원도 없는 바쿠스적 도취"[82]라고 말하고 있는데, 영어로 정신을 뜻하는 spirit은 '주정(酒精)'이라는 의미도 지니고 있는바, 우리가 술이 취한 상태에서는 각각의 '나'가 독립적으로 존재하면서도 모두가 혼연일체(渾然一體)가 되는 경지에 이를 수 있는데, 이것을 헤겔이 "바쿠스적 도취"라고 부른 것 같다. 이때에 바로 '나=우리[너, 그, 그녀, (…)]'의 상태가 성립한다.

욕망의 대상이 생동적인 것인 이유에 대한 헤겔 자신의 설명은 위의 인용문의 바로 뒤에 따라오고 있다: "왜냐하면, 즉자성이나 혹은 사물의 내면에 대한 지성의 관계에서 얻어지는 일반적인 결과란 바로, 구별할 수 없는 것을 구별하는 것, 혹은 구별된 것을 통일하는 것이기 때문이다."[83] 이 문장은 무엇을 뜻하고 있는가? 예컨대 지성이 번갯불이 일어나는 특수한 현상을 설명할 때 전기력과 전기법칙을 구별하지만, 실은 전기력과 전기법칙은 동일한 내용과 성질을 가지고 있어서 양자 간에는 하등의 구별도 존재하지 않는다(PG, 119 참조). 여기에는 구별의 정립 및 구별의 지양이 존재한다. 헤겔은 서로 구별되지 않는 것의 구별, 무구별적인 구별, 내적 구별을 '무한성'이라 부른다. 이 무한성이란, "구별 자체인 자기동일자 혹은 자기 자신으로부터 자기를 밀쳐 내거나 양분되는 동일자"[84]다. 헤겔은 『정신현상학』출간 18년 후인 1825년 베

---

[82] "Das Wahre ist so der bacchantische Taumel, an dem kein Glied nicht trunken ist, (…)" (PG, 39).

[83] "Denn das *Ansich* oder das *allgemeine* Resultat des Verhältnisses des Verstandes zu dem Innern der Dinge ist das Unterscheiden des nicht zu Unterscheidenden, oder die Einheit des Unterschiednen." (PG, 135).

[84] "ein Sichselbstgleiches, welches aber der Unterschied an sich ist; oder (…)

를린에서 행한 여름학기의 정신현상학 강의에서 이러한 생의 구조를
자아의식과 관련하여 다음과 같이 표현하고 있다: "그 어떤 대상에 관
한 의식, 즉 생동성이 현존한다. 그리고 나는 살아 있는 것에 관계한다.
자아는 이제 사유하는 자다. 그리고 자아가, 사유하는 자로서 생동성에
관계함으로써 자아에게는 주체성, 생동성 자체가 생성된다. (…) 자아
는 그 자체로 살아 있으며, 자기의 생동성을 대상으로 삼으며, 그리하
여 자아는 자아의식이다."[85]

헤겔에 의하면 무한성이란, 통일이 구별로 분열되고 이 구별이 다시
통일로 복귀하는 과정을 뜻하는데, 이 무한성은 단지 '무한성으로 머물
러 있는 경우' 혹은 '통일 자체'에 불과한 경우 즉, '즉자적 무한성'의
경우와, '자기가 무한성임을 자각하고 있는 경우'(다시 말하면, 자기에
대해 구별의 무한한 통일이 존재하는 경우), 즉 '대자적 무한성'의 두
경우로 나누어진다. 여기서 전자가 생이요 후자가 자아의식이다. 헤겔
은 이에 대해 다음과 같이 말하고 있다: "이러한 통일은 바로 통일 자체
로부터 자기를 밀쳐내 버리는 것이다. (…) 그래서 이 개념은 자아의식
과 생이라는 두 갈래의 대립으로 양분된다. 결국 여기서 자아의식이 이

Gleichnamiges, welches sich von sich selbst abstößt, oder sich entzweit." (PG,
124). 헤겔은 "(…) 이러한 단순한 무한성 또는 절대적인 개념은 생의 단순한 본질이며
세계의 혼, 보편적인 피라고 부를 수 있으며, (…)"["(…) diese einfache Unendlich-
keit, oder der absolute Begriff ist das einfache Wesen des Lebens, die Seele der
Welt, das allgemeine Blut zu nennen, (…)" PG, 125]라고 말하고 있다.
85 "Es ist vorhanden Bewußtsein irgend eines Gegenstandes, die Lebendigkeit,
ich verhalte mich zu einem Lebendigen, Ich bin nun das Denkende, indem es sich
zur Lebendigkeit als denkend verhält, wird ihm darin die Subjektivität, die Leben-
digkeit als solche. (…) Ich ist selbst lebendig, macht seine Lebendigkeit zum
Gegenstand und so ist es Selbstbewußtsein."[M. J. Petry (hg.), *Die Phänomenolo-
gie des Geistes (SS 1825)*, in: *Hegels Philosophie des subjektiven Geistes*, Dordrecht/
Boston, 1979, §344].

330 칸트와 독일관념론의 자아의식 이론

룩하는 통일은 그것에 대해 구별의 무한한 통일이 존재하는 통일인 데 반하여, 생이란 한낱 그러한 통일 자체이다. 그러므로 이것은 동시에 자기 자신에 대해서 존재하지 않는다."[86] 여기서의 '생'은 인간을 제외한 다른 생명체로서의 생, 육체적 생명, 생명과정으로서의 생, 그리고 유 (類)로서의 생 모두를 가리키는 것으로 보아야 할 것이다. 이러한 생은 생에 대해 있는 것이 아니다. 즉, 자신을 자각하지 못한다. 이에 반해, 자아의식은 자아의식에 대해 존재한다. 푀겔러(Otto Pöggeler)의 말대로, "만약에 말[馬]이 자기가 말이라는 것을 안다면, 자기의 유(類)가 자기에 대해 존재한다는 것을 안다면, 말도 자아의식인 것이다."[87] 그런데 생의 과정에서 나타나는 하나의 생명체로서의 생은 "그 모든 계기들을 자신 속에 지양해 버린 일반적 통일체"[88]며, 헤겔은 이를 가리켜 "이러한 통일체는 또한 단순한 유(類)다"[89]라고 말한다. 유(類)는 "구체적 보편자[konkretes Allgemeines]"(Enz §366)라고도 불리는데, 이것은 자신의 타자와 관계해야 하지만, 자기 자신을 의식하지는 못한다. 그런데 우리는 '유(類)'를 세 가지 측면에서 고찰할 수 있다. 즉, 첫 번째로 그것은 일반적으로 사용되는 의미처럼, 예컨대 개체로서의 말[馬]에 대립하여 '말'이라고 불릴 수 있는 것들의 '전체[집합]'를 뜻한다. 두 번째

---

86 "Diese Einheit aber ist ebensosehr, wie wir gesehen, ihr Abstoßen von sich selbst (…) und dieser Begriff *entzweit* sich in den Gegensatz des Selbstbewußtseins und des Lebens: jenes die Einheit, *für welche* die unendliche Einheit der Unterschiede *ist*; dieses aber ist nur diese Einheit selbst, so daß sie nicht zugleich *für sich selbst* ist." (PG, 135).

87 Otto Pöggeler, *Hegels Idee einer Phänomenologie des Geistes*, Freiburg/München, 1973, 244 f.

88 "die *allgemeine* (allgemeine Einheit: 필자 첨가), welche alle diese Momente als aufgehobne in ihr hat" (PG, 138).

89 "Sie ist die *Einfache Gattung*." (Ebd.).

로는, 개체로서의 말에 대립하는 '개념으로서의 말'을 뜻한다.[90] 세 번째로는, 하나의 생명체가 그 개체의 특수성을 지양하여 보편성으로 고양되고 외면적인 생명과정을 통하여 실재적이며 보편적인 것으로 된 생명"이다. 즉, 생명력을 지닌 개체가 대립의 지양을 통해서 획득한, 자기와 자기가 이전에 지녔던 무관심적인 타재와의 동일성인데(GW 12, 189 f. 참조), 개체로서의 이러한 유(類)는 "즉자적인 유이기는 하나, 대자적인 유(類)는 아니다."[91] 유(類)로서의 전체의 말들 속에 이 말, 저 말 등이 속해 있듯이, 개체로서의 생명체는 자기의 운동과정 속에서 여러 계기들을 자신 속에 지니고 있는 보편자로서 드러난다.

그런데 생만이 유(類)인 것이 아니라 자아의식도 유(類)다. 왜냐하면 자아의식은 그 자체가 (대상으로서의) 의식에 대해 존재하는 (주체로서의) 의식이며, 자기의 타자[대상의식]로부터 자기 자신[대상의식에 대한 의식]에게로 복귀한 의식이며, 최초의 즉자적 통일로부터 반성을 거쳐 도달한 두 번째의 통일(PG, 138 참조), 대자적 통일이기 때문이다. 자아의식은 유(類)의 방식으로 존재하는데, 그것은 즉자적인 유(類)인 생과는 달리 대자적인 유(類), '유(類)의 유(類)'다. 유(類)로서의 자아의식은 그 자체가 또한 생의 구조를 지니고 있는 것이므로 헤겔은 자아의식을 가리켜, "그것에 대해 유(類) 자체가 존재하고[유(類) 자체이고] 자기 자신에 대해서 유(類)인 이 다른 생"[92]이라고 부르고 있다.

생은 고정된 점으로 존재하지 않고, 운동을 그 본질로 지니고 있다. 생명성(生命性)은 운동성(運動性)이라고 말할 수도 있다. 이런 점에서

---

90 개체로서의 말과 개념으로서의 말의 관계는 아리스토텔레스 식으로 말하면, 제1실체와 제2실체의 관계다.

91 "*an sich* zwar Gattung, aber es ist die Gattung nicht *für* sich." (Ebd.).

92 "dies andere Leben aber, für welches die Gattung als solche und welches für sich selbst Gattung ist, (⋯)" (PG, ebd.).

헤겔은 다음과 같이 말한다: "자기 자신과의 추상적 동일성은 아직 생명성이 아니다. 오히려 긍정적인 것 그 자체는 부정성을 지니고 있어서, 이로 말미암아 그것은 자신을 벗어나 변화한다. 요컨대, 어떤 것은 자신 속에 대립을 지니고 있는 한에서만, 그리고 더욱이 자신 속에서 이 대립을 파악하고 견뎌 낼 수 있는 이러한 힘인 한에서만 살아 있는 것이다."[93] 그리고 하이델베르크 시절의 『철학강요』에서도 이와 유사한 표현을 발견할 수 있다: "(…) 그런데 생은 본질적으로 자기분열과 재통일을 통해서만 실현되는 개념이다. (…)"[94]

구체적이고 현실적인 자아의식은 타자에 의해 매개되지 않고 점의 형태로 고정되어 있는 추상적이고 공허한 자아의식과는 다르다. 그것은 자기의 대상인 대상의식을 통해 매개되고 또 그것을 지양하면서 자신 속으로 복귀하는 자아의식이다. 그런데 이때, 이러한 '타자로부터의 자기 내 복귀'가 가능하기 위해서는 반드시 이 타자가 존재해야 하는데, 이 타자는 자아의식에 의하여 지양되어야 할 부정적인 대상으로 존재한다. 따라서 자아의식이 진정한 자아의식이기 위해서는 타자를 지양하여 자신 속으로 포함시켜야 하는데, 이러한 과정은 생명체가 자신을 유지하기 위하여 자기의 타자인 비유기적 자연을 섭취하여 자기의 것으로 동화시키는 작용의 구조와 동일하다. 대상의식이 자아의식의

---

93 "Die abstrakte Identität mit sich ist noch keine Lebendigkeit, sondern daß das Positive an sich selbst die Negativität ist, dadurch geht es außer sich und setzt sich in Veränderung. Etwas ist also lebendig, nur insofern es den Widerspruch in sich enthält, und zwar diese Kraft ist, den Widerspruch in sich zu fassen und auszuhalten." (TW 6, 76).

94 "(…) das Leben ist aber wesentlich der Begriff, der sich nur durch Selbstentzweyung und Wiedereinung realisirt. (…)" (Hegel, *Sämtliche Werke*. Jubiläumsausgabe in zwanzig Bänden. Neu hg. v. H. Glockner. Stuttgart 1927–1940, Bd. 6 [=*Heidelberger Enzyklopädie* (HEnz로 줄임)], 203).

지양작용을 통하여 자아의식 속으로 포함되는 것처럼, 생명체도 자기의 대상을 섭취함으로써 그것을 자기의 '피와 살'로 만드는 것이다. 이런 의미로 볼 때, 자아의식이 현상[Erscheinung]에 불과한 대상의식에 대해서 진리[Wahrheit]이듯이, 생명체도 자신의 비유기적 자연에 대해 진리임이 입증된다. 따라서 생명이 비유기적인 자연에 관계하면서 대자적으로 존재하는 부정적인 통일체이듯이,[95] 자아의식도 이러한 부정적 자기동일성을 지닌 통일체로서 존재한다. 생명체는 그저 그것으로서 존재하는 것이 아니다. 그것은 오로지 자기를 스스로 현존하는 것으로 만듦으로써, 즉 생명과정의 성과로서 존재한다: "생명체는 존재자로서가 아니라, 자기를 산출하는 이런 자로서만 존재하며 자기를 보존한다. 그것은 자기를 자기인 것으로 만듦으로써만 존재한다."[96] 따라서 생명체의 생명운동과 자아의식의 동일한 구조가 가르쳐 주고 있는 사실은, 생명체는 점(點)으로 존재하지 않으며, 자아의식은 '나는 나다'라고 하는 점(點)의 성질을 지닌 것이 아니라, "분열"과 "자기 자신과 동일하게 됨"은 생의 구조인 동시에 자아의식의 구조라는 점이다. 즉, 그것들은 운동으로 존재하며 또한 유의 방식으로 존재한다.[97]

95 GW 12, 181 및 TW 6, 473 참조.

96 "nur als dieses sich Reproduzierende, nicht als Seiendes, *ist* und *erhält sich* das Lebendige; es ist nur, indem es sich zu dem macht, was es ist;" (Enz §352, TW, 9, 435).

97 H. G. Gadamer, "Hegels Dialektik des Selbstbewußtseins," in: Hans Friedrich und Dieter Henrich (hg.) *Materialien zu Hegels »Phänomenologie des Geistes«*, Ffm. (217-242), 1973, 221 f. 참조.

7

A Study on the Theories of Self-consciousness in Kant and German Idealism

욕망의 좌절과 새로운 욕망대상의 등장

헤겔은 자아의식이 자신의 욕망의 자립성에 대한 경험 및 그로 말미암은 새로운 욕망대상의 출현의 필연성에 대해 다음과 같이 기술하고 있다:

"(…) 그리하여 자아의식은 자기에게 자립적인 생으로 나타나는 이 타자를 지양함으로써만 자기 자신을 확신할 수 있는바, 자아의식은 바로 욕망이다. (…) 그러나 이와 같은 충족 속에서 자아의식은 자기 대상의 자립성을 경험한다. 욕망 및 욕망의 충족 속에서 얻는 자기 자신의 확신은 대상에 의해 제약된다. 왜냐하면 이러한 확신은 이 타자의 지양을 통해서 존재하고 이러한 지양이 존재하기 위해서는 이 타자가 존재해야 하기 때문이다. 그러므로 자아의식은 자기의 부정적 관계를 통해서는 대상을 지양할 수 없고, 오히려 욕망과 마찬가지로 대상을 거듭 산출한다. 실로 욕망된 대상은 자아의식과는 다른 것, 즉 욕망의 본질인데, 이런 경험을 통해 자아의식 자신에게는 이런 진리가 형성된 것이다. (…) 그러므로 자아의식이 대상의 자립성으로 말미암아 만족을 얻는다고 한다면, 이것은 오직 이 대상 자체가 스스로 자기에

있어서 부정(否定)을 수행할 때에만 가능하다. (…) 대상이 자기 자신에 있
어서의 부정(否定)이며 그와 동시에 자립적이기도 함으로써, 대상은 곧 의
식이다. 욕망의 대상인 생에 있어서 부정(否定)은 어떤 타자, 즉 욕망에 존재
하는가 하면, 또한 그것은 생에 대해 무관심한 그 어떤 개별적 형태에 반립
(反立)하는 규정성이거나, 더 나아가서는 생의 비유기적인 일반적 본성으로서
나타나기도 한다. 그런데 부정이 절대적 부정으로서의 구실을 하는 바로 이
와 같은 일반적인 자립적 본성은 다름 아닌 그 자체로서나 아니면 자아의식
으로서의 유(類)일 뿐이다. 자아의식은 오직 다른 또 하나의 자아의식 속에서만
스스로의 만족을 얻는다."⁹⁸

욕망이 발생하는 까닭은 바로, 자아의 타자 혹은 자아의식의 타자가

<hr>

98 "(…) und das Selbstbewußtsein hiemit seiner selbst nur gewiß durch das Auf-
heben dieses Andern, das sich ihm als selbständiges Leben darstellt; es ist *Begi-
erde*. (…) In dieser Befriedigung aber macht es die Erfahrung von der Selbständig-
keit seines Gegenstandes. Die Begierde und die in ihrer Befriedigung erreichte
Gewißheit seiner selbst ist bedingt durch ihn, denn sie ist durch Aufheben dieses
Andern; daß dies Aufheben sei, muß dies Andere sein. Das Selbstbewußtsein ver-
mag also durch seine negative Beziehung ihn nicht aufzuheben; es erzeugt ihn
darum vielmehr wieder, so wie die Begierde. Es ist in der Tat ein Anderes als das
Selbstbewußtsein, das Wesen der Begierde; und durch diese Erfahrung ist ihm
selbst diese Wahrheit geworden. (…) Um der Selbständigkeit des Gegenstandes
willen kann es daher zur Befriedigung nur gelangen, indem dieser selbst die Nega-
tion an ihm vollzieht. (…) Indem er die Negation an sich selbst ist und darin
zugleich selbständig ist, ist er Bewußtsein. An dem Leben, welches der Gegen-
stand der Begierde ist, ist die *Negation* entweder *an einem Andern*, nämlich an der
Begierde, oder als *Bestimmtheit* gegen eine andere gleichgültige Gestalt, oder als
seine *unorganische allgemeine Natur*. Diese allgemeine selbständige Natur aber, an
der dei Negation als absolute ist, ist die Gattung als solche, oder als *Selbstbewußt-
sein*. *Das Selbstbewußtsein erreicht seine Befriedigung nur in einem andern Selb-
stbewußtsein*." (PG, 139).

존재한다는 사실에 있다. 만약에 (외계의) 대상이 존재하지 않는다면 이 대상에 대한 의식이 존재할 수 없고, 대상의식이 존재하지 않는다면 자아의식은 단지 "나=나"라는 동어반복적이고 추상적인 자아의식에 불과할 것이고, 따라서 여기서는 아무런 욕망도 발생할 수 없기 때문이다.

　그런데 문제는, 자아의식이 '욕망'으로 특징지어지는 한, 욕망의 대상은 궁극적으로 충족될 수 없다는 점이다. 왜냐하면, 욕망대상 없는 욕망이란 존재하지 않기 때문이다. 따라서 "욕망의 본질"은 "자아의식과는 다른 어떤 것"(ebd.), 즉 욕망된 대상이다. 욕망의 경험은 항상 주객관계 속에서 정립되므로 대상이 궁극적으로 지양될 수는 없기 때문에, 욕망으로서의 자아의식은 이러한 경험 속에서 대상의 자립성을 경험하게 된다. 자아의식은 욕망의 경험 속에서, 대상이 궁극적으로 부정될 수 없다는 사실을 깨닫게 되었으므로, 헤겔은 '주체에 의한 대상의 부정'을 '대상의 자기부정'으로 대치하려고 한다. 그러므로 자아의식의 만족은 "대상 자체가 스스로 자기에 있어서 부정을 수행할"[99] 때에만 가능하며, 이러한 "대상은 자기 자신에 있어서의 부정이며 그와 동시에 자립적이기도 하므로 대상은 곧 의식"[100]인 것이다. 따라서 "자아의식은 오직 다른 또 하나의 자아의식 속에서만 스스로의 만족을 누리며,"[101] 그리하여 "하나의 자아의식을 대하는 또 하나의 자아의식이 존재하는"[102] 것이다. 이로써 헤겔은 하나의 자아의식에 대립하는 또 하나

99　"(…) dieser selbst die Negation an ihm vollzieht"(PG, 139).

100　"(…) indem er die Negation an sich selbst ist und darin zugleich selbständig ist, ist er Bewußtsein"(ebd.).

101　"Das Selbstbewußtsein erreicht seine Befriedigung nur in einem andern Selbstbewußtsein."(ebd.).

102　"(…) es ist ein Selbstbewußtsein für ein Selbstbewußtsein"(PG, 140).

의 자아의식을 내세우고 있다.

이로써 헤겔은 하나의 자아의식에 대립하는 또 하나의 자아의식을 내세우며 이 양자 간의 관계를 '승인(承認)'이라는 문제를 중심으로 고찰하면서, 그러한 과정 속에서 자아의식의 자립성과 비자립성이 어떻게 발생하는지를 탐구하고 있다. 그런데 우리가 승인의 문제를 다루기에 앞서서, 하나의 자아의식의 욕망의 대상이 외적 사물로부터 또 하나의 자아의식으로 이행함에 있어, 헤겔의 주장에 내포된 몇 가지 문제점을 지적하지 않을 수 없다. 그것은 첫째로, 욕망의 대상이 또 하나의 자아의식이 된다고 할지라도, 이러한 자아의식이 항상 자기를 부정하는 것은 아니므로, 욕망은 역시 궁극적인 충족에 이르지는 못할 것이라는 점이다. 두 번째로, 욕망의 대상인 또 하나의 자아의식이 자기 자신을 부정하는 작용이 어떻게 하여 '타자의 승인'과 동일시될 수 있는가 하는 문제다. 세 번째는, "욕망은 또 하나의 자아의식 속에서 진정으로 충족된다"는 주장으로부터 '그러한 자아의식이 실제로 존재한다'는 결론을 어떻게 이끌어 낼 수 있는가 하는 문제 등이다. 우선은 이러한 문제점들을 제기하고, 이것들에 대한 대답은 '승인과 자아의식'의 문제를 다루면서 제시하기로 하겠다.

승인[103]과 자아의식

8.1. 대타적 자아의식과 승인

우리가 앞에서 제기한 문제들은 이 장의 끝부분에서 고찰하기로 하고 우선 헤겔 자신의 논의를 따라가 보도록 하자. 헤겔에 의하면 하나의 자아의식에 대한 다른 하나의 자아의식의 존재는 이미 전제되어 있

---

103 독일어 Anerkennung의 번역어이며, 인정(認定)이라고 번역되기도 한다. 여기에 대응하는 영어는 acknowledgement다. 독일어로 erkennen은 '인식하다'라는 의미인데, 여기에 전철(前綴) an이 붙어 anerkennen이 되면 '승인하다'라는 의미가 된다. 영어 knowledge는 '지식'이라는 뜻을 가지지만, 여기에 접두어 ac이 붙으면 마찬가지로, '승인하다'라는 뜻으로 변한다. 우리가 어떤 대상을 인식하거나 안다고 하더라도, 그 대상을 승인하거나 인정하지 않을 수 있다. 승인이나 인정에는 '존중하고 소중히 하고 어떤 가치를 용인한다'는 의미가 포함되어 있기 때문이다('~에 다가간다'라는 의미를 지닌 독일어와 영어의 'an'이나 'ac'에 이런 뜻이 포함되어 있는 것 같다). '승인'을 가리키는 또 하나의 영어는 recognition인데, 이 용어는 위의 두 의미를 모두 가지고 있다. 즉, 승인 이외에도 '인지, 인식'이라는 의미도 지니고 있다. 상황에 따라 이 두 가지 의미 중 어떤 의미로 사용되는지 구별할 수 있다. 헤겔에 있어서의 Anerkennung이나 recognition의 의미에 관해서는 다음의 글들을 참조하기 바람: Merold Westphal, ebd., 337, 그리고 M. J. Inwood, *A Hegel Dictionary*, 245.

으며, 욕망의 대상은 자아의식에 의하여 궁극적으로 부정될 수 없으므로, 대상이 궁극적으로 부정되기 위해서는 이 대상 자체가 자기부정을 수행해야만 하는데, 이렇게 자기부정을 수행할 수 있는 자는 결국 자아의식을 지니고 있는 인간이므로, 하나의 자아의식으로서의 인간은 오직 다른 하나의 자아의식으로서의 인간 속에서만 만족을 얻을 수 있다는 것이 헤겔의 주장이다.

헤겔은 지금까지의 자아의식 개념의 형성과정을 세 단계로 나누어 서술하고 있다(PG, 139 f. 참조). 그것은 1) 순수한 무구별적 자아를 대상으로 가지고 있는 추상적인 자아의식의 단계, 2) 자신과 구별된 자기를 대상으로 갖고 있으면서 그것을 지양함으로써 자신의 동일성을 회복하려고 하는 구체적인 자아의식 혹은 욕망으로서의 자아의식의 단계, 그리고 3) 자립적인 대상을 가지고 있는 자아의식의 단계, 즉 중복된 반성 속에 있는 자아의식, 즉 승인하는 자아의식의 단계다.[104] 이 세 번째 단계에서 하나의 자아의식은 "자아인 동시에 대상이기도 한"(PG, 140) 것이다.[105] 이제 대상은 "단순한 자립적인 존립"(PG, 134)으로부터 "생동적인 자아의식"(PG, 140)으로 변화한다. 그리하여 "하나의 자아의식은 하나의 자아의식에 대하여 존재한다."[106] 자아의식은 형식적 자유와 '나=나'라는 동어반복[107]이나 "자기 자신에 대한 확신으로서의

---

104 백훈승,「윤리공동체의 성립조건으로서의 상호승인과 자유」, 272 참조.

105 이와는 달리,『철학강요』에서는 자아의식을 1) 욕망, 2) 승인하는 자아의식, 3) 보편적 자아의식(Enz. §§426–437)의 세 단계로 나누고 있는데,『정신현상학』의 삼 단계 구분 중 1) 추상적인 자아의식과 2) 욕망의 두 단계가『철학강요』에서는 1) 욕망이라는 하나의 단계로 집약되었고『정신현상학』에서는 2) 승인의 단계까지만을 언급한 데 반하여『철학강요』에서는 승인이 국가 속에서 실현된 상태인 3) 보편적 자아의식을 언급하고 있는 점이 다르다.

106 "(⋯) es ist ein Selbstbewußtsein für ein Selbstbewußtsein." (ebd.).

107 *Vorlesungen über die Philosophie des Geistes (1827/28)*. Vorlesung 13, hg. F.

주관적 관계"[108] 혹은 "우리의 자아의식의 단순한 뿌리"[109]와 의식의 측
면, 외부의 대상에 대한 (욕망으로서의) 관계뿐만이 아니라 다른 자아
의식에 대한 (승인의 과정으로서의) 관계도 포괄하는, 타자에 대한 관
계 사이의 긴장을 통해 규정된다. 자아의식은 그것의 전개된 개념에 따
라 볼 때, 자기 자신에 대한 자아의 내적 관계가 아니라 감성의 부정을
통해, 그리고 사회적 승인이라는 상호주관적 과정을 통해 매개된다.[110]

우리는 지금까지 자아의식의 성립을 의식의 경험으로 설명하기 위해
서, 마치 자아의식이 즉자대자적으로만 존재하는 것으로 서술해 왔지
만, 실제로 자아의식은 다른 자아의식에 대해서, 다른 자아의식과 더불
어 비로소 존재하는 것이다. '나=나'라고 하는 자아의식의 확신은 주
관적인 확신에 불과하고 아직까지 객관성을 획득한 것은 아니다. 따라
서 이러한 주관적인 확신은 객관적인 진리로 고양되어야만 한다.[111] 그
리고 또한 이를 통해 비로소 자아의식은 현실적으로 존재할 뿐만 아니

Hespe/B. Tuschling (1994), 161 참조.

108 Enz. §413, TW 10, 199.

109 *Vorlesungen über die Philosophie des Geistes (1827/28)*. Vorlesung 13, ebd., 139.

110 구체적인 자아의식은 타자 속에서 자기 자신을 의식하는 것이라는 사상에 대하여 헤겔은 괴테의 『고린도의 신부』(*Die Braut von Corinth*): "일자는 오로지 타자 속에서만 자기를 의식한다"[*Vorlesungen über die Philosophie der Religion*, Teil 3. Vorles. 5, hg. W. Jaeschke, 1984, 126: J. W. Goethe, Soph. Ausg. (1887–1919) I/1, 223 (Vers 123)]는 말을 지시한다(*Historisches Wörterbuch der Philosophie*, hg. v. Joachim Ritter und Karlfried Gründer, ebd., 361 참조).

111 그리하여 헤겔은 예컨대, 인간의 주관성에 관한 칸트의 설명은 단지 의식의 관점에 제한되어 있어서 '정신[Geist]'과 같은 주관성을 이해하지 못한다고 비판한다. 헤겔은 자아에 관한 데카르트 이후의 모든 주장을 실제로 공격하면서, 의식이 단지 '사적(私的)이고' '내적(內的)이며' 혹은 자신과 세계를 '관찰하는 자'일 뿐이라는 것을 부인하며, 의식이 '공동체적이고', '공적(公的)이며' 사회적으로 상호작용한다고 주장하면서, 주관성 개념 자체를 다시 진술하고자 한다(Pippin, ebd., 35 ff. 참조).

라 진정으로 자유로운 자로 존재할 수 있다. "왜냐하면 오직 이러한 상
태에서만 자아의식에게는 자기의 타재 속에서의 자기 자신의 통일이
이루어지기 때문이다. (…)"[112] 헤겔은 이렇게 자아의식은 오직 공동성
속에서만 존재한다고 주장한다.[113] 이로써 우리에게는 상이한 대자적
자아의식들의 통일인 "우리는 나, 나는 우리[Ich, das Wir, und Wir,
das Ich ist]"(ebd.)[114]라고 하는 "정신 개념[der Begriff des Geistes]"
(ebd.)이 현존하게 된다. 이렇듯, 하나의 자아의식은 다른 하나의 자아
의식에 대해서만 존재한다는 것은, 자아의식은 자기의 타자를 자기와
대등한 자아의식으로 승인하고 또 자기 자신도 타자에 의해 자아의식
으로 승인받음으로써만 진정한 자아의식으로서 존재할 수 있다는 것을
뜻한다.[115]

---

112 "(…) erst hierin wird für es die Einheit seiner selbst in seinem Anderssein.
(…)"(ebd.).

113 부버(Martin Buber, 1878-1965)에 의하면 '나 자체(즉자적인 나)'는 존재하지
않고, 근원어 '나-너'의 '나', 그리고 근원어 '나-그것'의 '나'만 존재한다(Martin
Buber, *Ich und Du*, Köln, 1966, 10 참조).

114 앞에서 언급했듯이, 헤겔에 있어서 정신[Geist] 개념은 『청년기 신학논집』[*Theo-
logische(n) Jugendschrifte*]에서는 생[Leben]이라고 표현한 것에 대응한다. 따라서 생
이 동일과 구별(비동일)의 동일, 통일과 구별의 통일, 결합과 비결합의 결합이듯이 정
신 역시 그러하다. 즉, 정신이란, 하나의 자아의식과 다른 자아의식들의 통일, 즉 구별
되는 여러 자아의식들이 하나로 통일되어 조화를 이루고 있는 상태를 가리킨다. 정신의
공동성 속에서 나는 나로서, 그리고 너는 너로서 존재하는 동시에 나와 너는 하나가 된
상태로 존재한다.

115 백훈승, 「윤리공동체의 성립조건으로서의 상호승인과 자유」, 272 f. 참조. 인간의
'대자존재'는 대타존재를 함축하고 있다. 자아는 타아가 아님으로써, 즉 타아를 배제함
으로써만 대자적일 뿐만 아니라 동시에, 타아에 의존함으로써만 대자적인 것이다.
Leibniz의 monad가 '추상적인 동일성'에 해당한다면, 헤겔이 말하는 '대자존재'는 동
일성과 차이를 동시에 포함하고 있는 '구체적 동일성'을 가리키고 있다(Robert R.
Williams, ebd., 150 이하 및 166쪽 참조).

헤겔은 "자아의식은 그것이 다른 자아의식에 대해 즉자대자적으로 존재하는 가운데, 그리고 그러한 사실을 통해서 즉자대자적으로 존재한다. 즉, 자아의식은 오직 승인된 것으로만 존재한다"[116]고 말한다.[117] 자아의식은 사회적인 승인을 통해서, 즉 타인에 의해 인격체로 존중됨으로써 성립하는 것이며,[118] 인간은 자신을 자아의식으로서, 순수한 동물적 생의 너머로 고양된 것으로 승인받으려는 강렬한 욕망을 지니고 있다. 그리고 자신이 승인받고자 하는 이 욕망은 반대로, 또 다른 자아의식에 대한 승인을 요청한다.[119] 따라서 승인행위는 완전한 상호성 속에서만 타당성을 갖는다.[120]

116 "Das Selbstbewußtsein ist an und für sich, indem und dadurch, daß es für ein anderes an und für sich ist; d.h. es ist nur als ein Anerkanntes." (PG, 141).

117 Bewußtseinslehre 2 §29, TW 4, 119 참조. 사르뜨르(J. P. Sartre)는 이 점과 관련하여, "헤겔이 대타존재라고 부르는 계기는 자아의식의 발전의 필연적인 한 단계다. 내면성의 길은 타인을 경유한다. (…) 타인에 의한 나의 승인의 가치는 나에 의한 타인의 승인의 가치에 의존한다. (…) 그러므로 헤겔의 탁월한 직관은, 나를 나의 존재에 있어서 타인에 의존시키고 있는 점이다. 그의 말에 의하면, 나는 하나의 타인에 의해서만 대자적으로 존재하는 하나의 대자존재다"(Sartre, *Being and Nothingness*, London, 1989, 236 f.).

118 Hanno Kesting, *Herrschaft und Knechtschaft. Die Soziale Frage und ihre Lösungen*, Freiburg, 1973, 37 참조.

119 J. Hyppolite, ebd., 212 참조.

120 H. G. Gadamer, "Hegels Dialektik des Selbstbewußtseins," in: Hans Friedrich und Dieter Henrich (hg.) *Materialien zu Hegels »Phänomenologie des Geistes«*, Ffm. (217–242), 1973, 229 참조. 가다머(1900–2002)는 이것을, 승인의 사소한 형태인 인사(人事)의 예를 들어 설명하고 있다.

8.2. 승인과 욕망

지금까지 언급한 것처럼, 자아의식은 다른 자아의식으로부터의 승인을 욕망한다. 그런데 과연 '승인에의 욕망[Begierde nach Anerkennung]'이 성립할 수 있는가 하는 문제에 관해 논란이 있을 수 있다.[121] 예를 들면 가다머는 코제프(A. Kojève)와 이뽈리뜨가, Begierde로부터 승인된 자아의식으로의 이행을 여전히 하나의 타인의 욕망에 대한 욕망[désir du désir d'un autre], 즉 사랑이라고 주장하는데, 이것은 잘못이며, 그들은 독일어 Begierde를 Verlangen과 혼동하고 있다고 주장한다.[122] 필자 역시, 진정한 욕망은 욕망에 대한 욕망이라고 하는 코제프나 이뽈리뜨의 주장에는 동의하지 않는다. 그러나 '승인에의 욕망'은 성립할 수 있다고 생각한다. 왜냐하면, 첫째로, Begierde는 Verlangen과 마찬가지로 정신적인 대상에 대해서도 사용될 수 있는 용어이기 때문이어서 그러하고, 두 번째로는 헤겔 자신이 "자아의식은 오직 다른 또 하나의 자아의식 속에서만 스스로의 만족을 얻는다"[123]라고 분명히 말하고 있기 때문이다. 여기서 '만족'이란 과연 무엇의 만족인가? 그것은 바로 욕망의 만족 외에 다른 것이 아니다. 즉, 욕망으로서의 자아의식은, 대상의 자립성으로 말미암아 대상이 궁극적으로 부정될 수 없고,

---

121 이 문제에 관해선 Kunio Kozu, *Das Bedüfnis der Philosophie, Ein Überblick über die Entwicklung des Begriffskomplexes „Bedürfni", „Trieb", „Streben" und „Begierde" bei Hegel*, Bonn, 1988, 172 ff.를 참조할 것.

122 H. G. Gadamer, "Hegels Dialektik des Selbstbewußtseins," ebd., 241 Anm. 4 참조. 가다머는 여기서 Alexandre Kojève, *Hegel: Eine Vergegenwärtigung seines Denkens*, hg. v. Iring Fetscher, Ffm., 1975, 12 ff.와 J. Hyppolite, ebd., 162 f.에 관해 언급하고 있다.

123 "Das Selbstbewußtsein erreicht seine Befriedigung nur in einem andern Selbstbewußtsein." (PG, 139).

따라서 자신의 욕망의 궁극적인 만족에 이르지 못하므로, 자기 자신을 스스로 부정할 수 있는 자립적인 대상인 또 하나의 자아의식으로서의 인간 속에서만 만족을 얻을 수 있다고 말하고 있다. 자아의식은 다른 자아의식에 의한 승인을 욕망하며, 승인을 얻기 위한 투쟁은 "나=나" 라는 것을 객관적으로 승인받으려는 자아의식들의 욕망의 대립으로 말미암아 발생하는 것이다.

8.3. 순수승인 개념과 정신 개념의 형성: 두 자아의식의 이론적 통일

자아의식이 다른 자아의식에 대해서만 존재한다는 것은, 자아의식은 자신의 타자를 자기와 대등한 자아의식으로 승인하고 또 자기도 타자에 의해 자아의식으로 승인받음으로써만 진정한 자아의식으로 존재할 수 있다는 것을 뜻한다. 자아의식들 간의 이러한 상호승인을 헤겔은 "이중화 속에 있는 자아의식의 통일 개념[Begriff dieser seiner Einheit in seiner Verdopplung]"(PG, 141), "이중화 속에 나타나는 이러한 정신적 통일 개념[dieser geistigen Einheit in ihrer Verdopplung]"(ebd.) 혹은 "다면적이고 다의적인 교차[eine vielseitige und vieldeutige Verschränkung]"(ebd.)라고 부른다. 그런데 여기서의 이중화, 다면적이고 다의적인 교차란 무엇을 말하는가? 그것은 정확히 말하면 '중복된 이중화(gedoppelte Doppelheit)'라고 할 수 있다. 그런데 중복된 이중화란 무엇인가? '중복된 이중화'라는 표현은 자아의식에 대한 자아의식의 관계를 잘 드러내 주는 용어라고 할 수 있다.

이미 하나의 자아의식(자아의식 1)은 자신의 내부에서 이중화되어

있다. 즉, 사유하는 자아와 사유되는 자아로, 혹은 자아의식과 대상의
식이라는 두 측면으로 구성되어 있다. 여기에 다른 하나의 자아의식(자
아의식 2)이 등장하게 된다. 그도 첫 번째의 자아의식과 마찬가지로 자
신의 내부에서 이중화되어 있다. 그런데 상호승인운동이라고 하는 것
은, 이미 이중화되어 있는 각각의 두 자아의식들 간에서 이루어지는 이
중화운동이므로, 그것은 결국 '중복된 이중화'의 구조를 갖고 있는 것
이다. 이것을 가리켜 헤겔은 "다면적이고 다의적인 교차"라고 부른 것
이다. 헤겔은, 승인된 자아의식 개념을 "이중화 속에 있는 자아의식의
통일 개념, 자아의식 속에서 실현되는 무한성 개념[Begriff dieser seiner
Einheit in seiner Verdopplung, der sich im Selbstbewußtsein realisie-
renden Unendlichkeit]" (ebd.)이라고 말하고 있는데, 왜 그런가? 본래
하나의 자아의식은 무한성을 그 본질로 갖고 있다. 무한성이란 내적 구
별의 상태, 즉 구별자들이 통일된 상태에 붙여지는 명칭이다. 그런 점
에서 자아의식은 생이고 유(類)다. 하나의 자아의식 내부에 존재하는
이러한 통일은, 다른 하나의 자아의식 속에 존재하는 통일과 통일되어
야 한다. 즉, '우리'는 '나=나'와 또 다른 '나=나'의 통일이며, 여기에
서도 무한성이 존재한다. 이것을 가리켜 헤겔은 "나=우리, 우리=나",
즉 '정신[Geist]'이라고 불렀던 것이다. 그런데 이러한 '정신' 개념은
승인이 실현된 상태, 혹은 순수승인 개념과 동일하다. 이것은 바로 상
호승인이 실현된 상태를 가리킨다.[124] 전자의 무한성을 하나의 자아의
식 내부에 존재하는 '내적 무한성'이라고 부른다면, 후자의 무한성은
자아의식 상호 간에 존재하는 '외적 무한성'이라고 부를 수 있을 것이

---

124 가다머는 이에 관하여, "자아의식 속에 존재하는, 자아에 대한 자아의 내적 구별
이 이제 (밖으로) 나타난 것이며, 나와 너, 실재하는 나와 실재하는 다른 너인 우리의
진정한 구별로 된다"(Gadamer, 1973, ebd., 228)고 말한다.

며, 물론 여기서 우리가 말하는 무한성이란, '진무한[die wahrhafte Un-endlichkeit]'을 가리키는 것이며, 진무한의 본질은 바로 '자기 내로의 복귀[Rückkehr in sich]'다. 진무한은 바로 자아의식의 본질을 이루고 있는 것이다. 헤겔에 있어서 구체적인 자아의식은 자아가 외부의 대상을 매개로 하여 그것을 부정하고 자기 자신에게로 복귀함으로써 성립하는 것이다. 그렇기 때문에, 자기가 아닌 타자에게로만 뻗어 나가는 욕망은 악무한의 성격을 지닌 것이다. 그런데 이제는 진무한의 운동이 인간과 보통의 외적 대상 사이에서 일어나는 것이 아니라, 인간과 또 하나의 인간 사이에서 일어나야 한다. 이것이 바로 상호승인운동이다.

이러한 자아의식들 간의 상호승인운동은 자아의식 1과 자아의식 2 상호 간에 일어나는 행위로서, 자아의식 1이 자아의식 2에 대해 행할 뿐만 아니라 자아의식 2도 자아의식 1에 대해 행한다. 따라서 "일자(一者)의 이러한 행위는 그 자체가 자기의 행위이면서 또한 타자(他者)의 행위라는 이중의미를 지닌다."[125] 이러한 이중의미의 성립은 자아의식의 대타성으로부터 나오는 필연적인 귀결이다. 승인이란, 완벽한 상호성 속에서만 실현되는 것이다. 즉 "일방적인 행위는 무용(無用)할 것이다[(…) das einseitige Tun wäre unnütz, (…)]"(ebd.). 따라서 하나의 자아의식의 대자성과 대타성이 또 하나의 자아의식의 대자성과 대타성에 관련되는 '상호존재[Füreinandersein]'라는 규정, 이 양자가 서로 매개되는 '정신적인 통일' 개념이 중요한 것이다.[126] 자아의식 1과 자아의

---

125 "dieses Tun des Einen hat selbst die gedoppelte Bedeutung, ebensowohl *sein Tun*, als *das Tun des Andern* zu sein."(ebd., 142).

126 W. Marx, *Das Selbstbewußtsein in Hegels Phänomenologie des Geistes*, ebd., 60쪽, 그리고 L. Siep, *Anerkennung als Prinzip der praktischen Philosophie*, Freiburg/München, 1979, 137 이하 참조. 헤겔은 이미 『예나실재철학』에서, 이러한 정신적인 통일이 이루어지기 위한 상호승인운동을, "타인 속에서 자기 자신으로 되는, 그리고 자

식 2는 "서로를 승인하는 자들로서의 서로를[(⋯) sich, als gegenseitig sich anerkennend (⋯)]"(ebd., 143) 승인함으로써, 두 자아의식의 이중화 속에서의 통일인 정신 개념이 형성된다.[127]

8.4. 승인과 사랑

이러한 상호승인은 투겐트핫(E. Tugendhat)의 지적대로, "상호적인 주객관계"[128]다. 즉, 자아의식 1이 자아의식 2를 승인하는 경우, 자아의식 1은 객체가 되고 자아의식 2는 주체가 되며, 이와 반대로 자아의식 2가 자아의식 1을 승인하는 경우 자아의식 2는 객체가 되고 자아의식 1이 주체로 된다. 상호승인의 경우 이러한 피규정성은 반대극으로 이행한다. 그런데 헤겔의 이러한 서술은 우리로 하여금 칸트의 '목적들의 왕국'[129]을 생각하게끔 만든다. 이 나라에서는 모든 개인이 목적으로 존재하며 서로가 서로를 목적으로 대하기 때문에 개인은 그 어떤 다른 목적을 위한 수단이 될 수 없다.

그리하여 타자승인은 자기승인이고 타자부정은 자기부정인 것이다.

기 자신 속에서 다르게 되는 영원한 운동"[*Jenenser Realphilosophie I (1803/04)*, ebd., 232]이라고 서술하고 있다.

127 백훈승, 「윤리공동체의 성립조건으로서의 상호승인과 자유」, 272 ff. 참조. 헤겔은, 이로 말미암아 "개별성이 전적으로 구원된다"[*Jenenser Realphilosophie I (1803/04)*, ebd., 230]고 말하고 있다.

128 Ernst Tugendhat, ebd., 337.

129 "너 자신을 포함한 다른 모든 사람의 인격에 있어서, 인간성을 결코 수단으로서만 이용하지 말고 동시에 목적으로 필요로 하도록 행위하라"(Kant, *Grundlegung zur Metaphysik der Sitten*, Stuttgart, 1967, 79)고 하는 정언명법의 제2형식으로부터 나오는 사상.

그리고 이는, 자기가 타자에 의해 승인받기 위해서는 자기도 타자를 승인해야 한다는 것을 뜻한다. 예수도 이웃사랑을 가르치면서 "남에게 대접받고자 하는 대로 너희도 남을 대접하라"(누가복음 6:31)고 이야기하고 있는데, 이렇게 남을 승인함으로써 그것에 의해 자기가 낮아지는 것이 아니라, 남으로부터 승인받을 수 있고 또 높아지는 것이다. 하버마스에 의하면, 이러한 상호승인의 상태는 "대립하는 주체들을 상호보완적으로 통일시키는 대화적 관계"이며 "화해로서의 사랑"[130]이다.

헤겔에 있어서 승인이라는 범주는 『인륜의 체계』(*System der Sittlich-keit*, 1802/03)에서 최초로 간략하게 나타나지만, 그것이 중심적인 위치를 차지하게 된 것은 『예나실재철학』(*Jenenser Realphilosophie*, 1805/06)에 와서이며, 이 승인범주와 사랑의 결합은 다음과 같은 구절에서 분명히 드러나 있다: "그것(사랑: 필자 첨가)이란, 자신을 알고 있는 모든 정신적인 승인 자체다."[131] 헤겔은 사랑을 "서로 주고받음[ein gegen-

---

130 Jürgen Habermas, "Arbeit und Interaktion. Bemerkungen zu Hegels Jenenser Philosophie des Geistes," in: *Technik und Wissenschaft als Ideologie*, Ffm., 1969, 17. 하버마스(Jürgen Habermas)는, 자아가 스스로 자신을 단적으로 정립한다고 표현되어 있는 피히테의 『학문론』(*Wissenschaftslehre*, 1794)의 변증법은 고독한 반성이라는 관계에 결합되어 있지만 헤겔의 변증법은 고독한 반성의 관계를 넘어서서, 자신을 인식하는 개인들의 상보적인 관계를 설정하고 있으며, 헤겔에 있어서 자아의식의 경험은 다른 주체의 눈으로 내가 나를 보게 되는 상호작용의 경험으로부터 발생하는 것으로 보고 있다. 나 자신의 의식은 전망들의 교차로부터 파생된 것이며 자아의식은 상호승인의 기반 위에서 비로소 형성되며, 다른 하나의 주체의 의식 속에서의 나 자신의 반영에 고정되어 있음에 틀림없다고 하면서, 정신이란, 보편자를 매개로 하여 개별자들 사이에서 이루어지는 의사소통으로 간주함으로써 상호승인행위를 의사소통행위로 설명하고 있다(같은 책, 13-15 참조). 그리고 하버마스에 앞서 이미 리브룩스(Bruno Lie-brucks)도, 자아의식은 자기의 실존에 있어서 두 사람 사이의 언어에 의존해 있으며, 두 자아의식 간의 다면적이고 다의적인 교차는 언어의 궤도 위를 달린다고 말하고 있다 (Bruno Liebrucks, ebd., 83 참조).

131 "Es ist jedes [das] geistige Anerkennen selbst, welches sich selbst weiß" [*Jen-*

seitiges Nehmen und Geben]"이라고 규정하고 로미오에게 하는 줄리
엣의 말, 즉 "(…) 당신께 드리면 드릴수록 저는 더 많이 갖게 되요[(…)
je mehr ich gebe, desto mehr habe ich usw]"(TW 1, 242 ff.)라는 말
을 인용하여 이러한 사랑의 상호성 및 이중의미를 보여 준다. 이것은
헤겔에 있어서 상호승인의 최초의 원형이라고 할 수 있다. 우리는, 다
른 하나의 자아의식 속에서, 그리고 그러한 자아의식을 통해서 존재하
는 자아의식 개념이 이미 여기에 존재함을 알 수 있다. 그런데 헤겔은,
서로 사랑하는 사람들의 결합[통일]이 그들의 구별[차이]을 제거하지 않
는다는 점을 밝히고 있다: "사랑받는 사람은 우리에게 대립되어 있는
것이 아니라 우리의 본질과 하나다. 우리는 그의 안에서 우리만을 본
다. 그럼에도 그는 우리가 아니다. 이것은 우리가 이해할 수 없는 기적
이다."[132] 헤겔은 1800년의 『체계단편』에서, 이러한 관계를 표현하는 공
식으로 "결합과 비결합의 결합[Verbindung der Verbindung und der

---

enser Realphilosophie II (1805/06), 204]. 그런데 우리는 이러한 승인 개념의 싹을 이
미 프랑크푸르트 시절의 저술(1797–1800)에서 찾아볼 수 있다. 그 가운데 관련된 몇
구절을 살펴보면 다음과 같다: "(…) 사실 무제약적인 것은 아무것도 없다. 그리고 어
떤 것도 자신 속에 그 자신의 존재의 뿌리를 지니고 있지 않다. (…) 사랑 속에서만 우
리는 대상과 하나가 되고, 대상을 지배하지도 대상에 의해 지배되지도 않는다. (…) 사
랑은 서로 주고받는 것이다. (…) 사랑을 받는 쪽은 사랑을 받음으로써, 사랑을 주는 쪽
보다 더 풍요롭게 되지 않는다. 그는 실로 풍요롭게 되지만, 그것은 주는 쪽이 풍요롭
게 되는 것만큼만 풍요롭게 된다. 그리하여 주는 쪽도 (줌으로 말미암아) 자신을 더 빈
곤하게 만드는 것이 아니다. 그는 상대편에게 줌으로써, 그와 동시에, 그리고 같은 정
도로, 자기 자신의 보물을 늘리는 것이다. 그래서 『로미오와 줄리엣』에서 줄리엣은 로
미오에게, '당신께 드리면 드릴수록 저는 더 많이 갖게 되요'라고 말한다."(Entwürfe
über Religion und Liebe, in: Frühe Schriften, TW 1, 242 ff.).

132 "Der Geliebte ist uns nicht entgegengesetzt, er ist eins mit unserem Wesen;
wir sehen nur uns in ihm, und dann ist er doch wieder nicht wir — ein Wunder,
das wir nicht zu fassen vermögen."(Ebd., 244).

Nichtverbindung]"¹³³이라는 표현을 제시하고 있다. 사랑은 모든 대립을 지양하는 통일작용이며, 자신 속에 모든 구별을 받아들일 수 있는 능력을 지니고 있다. 헤겔에 의하면 "사랑 속에서 생(生)은 아직 전개되지 않은 (직접적인: 필자 첨가) 통일의 상태에서 시작하여 형성과정[교양]을 거쳐 다시 완성된 통일에 이르는 원을 그리는 것"¹³⁴인데, 이러한 전개과정 속에서 반성이 대립자를 산출하며 이러한 대립은, 생이 대립들 속에서 자기의 사랑을 느끼는 사랑 속에서 통일된다.¹³⁵ 그런데 헤겔에 의하면 사랑은 본래적인 통일로부터 분리된 상태로부터 재통일을 향한 충동이므로, 사랑은 외타적인 것의 통일이 아니라, 소원하게 된 것들의 재통일이라고 기술될 수 있다. 소외는 본래적인 하나를 전제하고 있는 것이다.¹³⁶ 이러한 사랑은 "인륜에 대한 예감과 같은 것[die Ahnung derselben]"(*Realphilosophie II*, 202), 즉 "현실 속의 이상(理想)에 대한 예감[Ahnung des Ideals in der Wirklichkeit]"(ebd.)이라고 하는데, 이것은 헤겔이 사랑을, 인간으로 하여금 서로 대립하는 주체들이 단결할 수 있는 가능성을 믿게 하는 원초적인 경험맥락으로 간주한

---

133 "Systemfragment," in: *Frühe Schriften*, TW 1, 422. 물론 여기서 반성의 직접적인 주체는 생이지만, 이것은 사랑에도 해당되는 술어다(Westphal, op. cit., 131 참조).
134 "(…) von der unentwickelten Einigkeit aus, durch die Bildung den Kreis zu einer vollendeten Einigkeit durchlaufen"(TW 1, 246).
135 "사랑하는 자들에게는 어떠한 질료도 없다. 이들은 하나의 살아 있는 전체다"(같은 곳). 이러한 사랑의 상태는 바로 상호승인이 실현된 상태, 즉 자기의 이중화 속에서의 정신적 통일의 상태, "나=우리, 우리=나"인 상태다. 또한 1803/04의 초안에서 헤겔은 사랑을, "양자의 절대적인 대자존재 속에서 양자가 하나로 됨"[*Jenenser Realphilosophie I (1803/04)*, ebd., 221]이라고 서술하고 있는데, 이 구절도 역시 이러한 통일의 상태를 나타내고 있다.
136 P. Tillich, *Love, power, justice — ontological analysis and ethical application*, London u.a., 1968, 25.

다는 것을 뜻한다고 할 수 있다.[137]

8.5. 승인운동의 현실적 전개

앞에서 우리는 순수승인 개념이 어떻게 전개되는지를 살펴보았다.
그러나 이 개념은 우리에 대해서 전개된 것이지, 자아의식에 대해서 전
개된 것은 아니다.[138] 그리하여 헤겔은 순수승인 개념의 현실적인 전개
과정을, 즉 이중화 속에서의 자아의식의 통일의 과정이 자아의식에 대
해서 실제로는 어떻게 전개되는가를 서술하고 있다(PG, 143 참조). 즉,
앞에서 전개된 내용은 순수승인 개념의 이론적 설명이지, 그것이 결코
처음부터 실현되어 있는 것은 아니다. 현실 속에서 두 자아의식이 어떻
게 관계하는지에 대해 헤겔은 "이 과정은 우선 양자 간의 불평등한 측면
을 나타내거나 혹은 중심이 양극으로 분화되는 것을 나타낼 것인데, 이
중심은 양극으로 대립되며, 따라서 일자(一者)는 오직 승인되는 자이고
타자(他者)는 오직 승인하는 자다"[139]라고 말한다. 그러면 헤겔은 왜 이

---

137 백훈승, 「윤리공동체의 성립조건으로서의 상호승인과 자유」, 276 ff. 참조. A.
Honneth, *Kampf um Anerkennung: zur moralischen Grammatik sozialer Konflikte*,
Ffm, 1994, 66; 헤겔의 이러한 사랑 개념은 생이라고 하는 더욱 풍부한 구조로, 그리고
후에는 정신 개념으로 대치된다. 이에 관해서는 Wilhelm Dilthey, *Die Jugendgeschichte
Hegels*, Stuttgart, 1963, 141 ff., Richard Kroner, *Von Kant bis Hegel*, Tübingen,
1961, 145 그리고 Dieter Henrich, *Hegel im Kontext*, Ffm., 1967, 27 참조.

138 '우리에 대해서'라는 표현에서의 '우리'는 현상학적 경험을 인도하는 현상학자를
가리킨다. 순수승인 개념의 전개는 현상학자에 의해 전개된 것이며, 자연적 의식으로서
의 자아의식은 이를 아직 알지 못한다.

139 "Er wird zuerst die Seite der Ungleichheit beider darstellen oder das Heraus-
treten der Mitte in die Extreme, welche als Extreme sich entgegengesetzt, und das
eine nur Anerkanntes, der andre nur Anerkennendes ist."(PG, 143).

렇게 처음에는 일방적이고 불평등한 승인이 이루어진다고 말하고 있는
가? 이에 대해 그는, "자아의식은 최초에는 단순한 대자존재이고 자신
으로부터 모든 타자를 배제함으로써 자기동일적으로 존재한다. (…) 그
러나 이러한 타자 역시 자아의식이므로, 한 개인에 대립되는 한 개인이
등장한다"[140]라고 말함으로써 답변을 시작하고 있다. 그는 여기서, 〈자
기확신의 진리〉의 앞부분에서 자아의식을 '욕망'으로 특징지은 입장을
견지하고 있다. 즉, 자아의식의 본질은 자기의 타자를 부정하고 자기
자신만을 진리로 확신하는 것이었고, 바로 이것은 욕망 일반으로 나타
났다. 이러한 자아의식에 있어서 타자는 "비본질적인 것, 부정적인
성격으로 표현되는 대상"이며, 그의 자아가 바로 "본질이며 절대적인
대상"인 것이다. 그리고 이러한 욕망으로서의 자아의식은 바로 "개별자
[개인]"로 나타나는 것이다. 그런데 이 경우에 있어서의 타자 역시 또
하나의 자아의식이므로, 결국 "하나의 개인과 다른 하나의 개인"이 대
립되는 것이다. 따라서 최초의 상태는 하나의 욕망이 다른 하나의 욕망
과 대립되는 상태를 형성한다. 자아의식들이 최초에 이렇게 욕망으로
나타남으로써 자아의식들 상호 간에 대립 및 부정(否定), 투쟁이 불가
피한 것으로 드러난다고 헤겔은 보고 있다. 이렇게 직접적으로 등장하
는 자아의식으로서의 개인은 의식만을 소유하고 있는 것이 아니라 신
체도 소유하고 있는 자로서, 각기 자기 자신은 대자적 존재자라고 주관
적으로 확신하고 있으나, 타자는 이러한 신체성, "생의 존재 속으로 침
잠한 의식[in das Sein des Lebens versenkte Bewußtsein(e)]" (ebd.)[141]

---

140 "Das Selbstbewußtsein ist zunächst einfaches Fürsichsein, sichselbstgleich
durch das Ausschließen alles *andern aus sich*; (…) Aber das Andere ist auch ein
Selbstbewußtsein; es tritt ein Individuum einem Individuum gegenüber auf."
(ebd.).

141 헤겔에 있어서 '생[das Leben]'은 여러 가지 뜻으로 쓰이고 있으나, 여기서는 '육

이라고 간주한다. 그런데 이것은, 자아의식이 최초에는, 타자에 대해 외적(外的)으로만 관계하기 때문에 타자가 단지 "통속적인 대상들의 양상을 띠고[in der Weise gemeiner Gegenstände]"(ebd.) 나타나기 때문이다. 따라서 최초의 자아-타아 관계는, 각각의 개인 스스로는 자아의식이라고 확신하고 있지만, 다른 개인에 대해서는 '생' 또는 '물(物)'로서 나타나는 관계다. 따라서 한 개인의 이러한 자기확신은 주관적인 것에 불과한 것이며, 객관화된 확신, 승인된 확신, 참된 확신이 아니다. 따라서 그들은 "대자적으로 존재한다는 확신을 서로 타자에게, 그리고 자기 자신에게 객관적인 진리로 고양해야 한다."[142]

그러면 각 개인이 절대적인 추상화과정을 완수하려면, 즉 자아의식으로서 대자존재자라는 것을 객관적으로 입증하려면 어떻게 해야 하는가? 그러기 위해선 자아의식이 "자기의 대상적인 양식의 순수한 부정으로서 자기를"[143] 보이거나 혹은 "어떤 특정한 현존재에 얽매여 있지도 않으며 현존재에 일반화되어 있는 개별성에도, 생에도 얽매여 있지 않다는 것을"[144] 보여 주어야 하는 것이다. 즉 "자아의식이 자기를 자유로운 자로 여기게 하고 승인받기 위해서 자아의식은 자연적 현존재로부터 자유로운 자로 타인에게 나타나야 한다."[145] 한 개인은 우선 타인의 생에 얽매여 있지 않다는 것을 입증하기 위해서 타인의 목숨을 빼앗고자 하

체적 생'을 뜻한다.

142 "die Gewißheit ihrer selbst, für sich zu sein, zur Wahrheit an dem andern und an ihnen selbst erheben."(ebd., 144).

143 "sich als reine Negation seiner gegenständlichen Weise"(ebd.).

144 "an kein bestimmtes *Dasein* geknüpft, an die allgemeine Einzelheit des Daseins überhaupt nicht, nicht an das Leben geknüpft zu sein"(ebd.).

145 "um sich als *freies* geltend zu machen und anerkannt zu werden, muß das Selbstbewußtsein sich für ein anderes *als frei vom natürlichen Dasein darstellen*." (TW 4, 119, §32).

며, 또한 자기 자신의 생에 얽매여 있지 않다는 것을 보여 주기 위해서
자기 자신의 생을 거는 것이다.[146] 그런데 하나의 자아의식의 타자 역시
하나의 자아의식이며, 따라서 여기서 일어나는 행위는 "이중적인 행위,
즉 타인의 행위인 동시에 자신으로 말미암은 행위"[147]이기도 하므로 여
기서 승인을 위한, 생사를 건 투쟁이 발생하는 것이다. 그리고 이러한
투쟁은, 자기의 외부에 존재하는 것은 무엇이나 부정하려고 하는, 욕망
으로서의 자아의식이 지닌 일반적인 성격으로부터 발생하는 직접적인
결과라고도 하겠으며[148] 자기를 "순수한 추상"으로서 나타내려는 자아
의식의 욕망, 자기의 대자존재를 타인으로부터 승인받으려는 욕망으로
부터 발생하는 결과라고도 하겠다. 이러한 욕망은 결국, 자아의식 자신
이 자유로운 존재자임을 타인으로부터 승인받고자 하는 욕망이다. 왜
냐하면, 헤겔에 있어서 자유란, 그 첫 번째의 형식적인 규정에 따라 보
면, "모든 외면적인 것, 자기 자신의 외면성, 자기의 현존재 자체로부터
자기를 추상할 수 있는"(Enz. §382, TW 10, 25 f.) 능력이기 때문이다.
『철학강요』에서 헤겔은, "자아의식의 표현은 '자아=자아'로서, 이것은
추상적인 자유이며 (…)"[149]라고 말하고 있는데, 이러한 추상적인 자유
가 구체적인 자유로 고양되어 그것에 객관적 진리성이 부여되기 위해
서는 이러한 자유가 타인에게 드러나야만 하는 것이다.

자아의식으로서의 한 개인은 의식만을 가지고 있는 것이 아니라 피
와 살, 즉 신체를 갖고 있는, 살아 있는 개체다. 이러한 자아의식의 신
체성은 직접성인데, 자아의식은 이러한 자기의 직접성을 지양함으로써

---

146 P. Singer, *Hegel*, Oxford, 1983, 60.

147 "das gedoppelte Tun; Tun des andern und Tun durch sich selbst"(ebd.).

148 I. Soll, ebd., 17 참조.

149 "Der Ausdruck vom Selbstbewußtsein ist Ich=Ich; — *abstrakte Freiheit*, reine
Idealität"(Enz. §424).

만 자기의 자유에 현존[Dasein]을 부여할 수 있는 것이다. 왜냐하면, 타
인이 자아에 대해 신체(직접적인 현존재)로서 나타나는 한 자아는 타자
속의 자기를 자기 자신으로 알 수 없으며 자기 자신도 직접적인 것으로
서는 승인될 수 없기 때문이다(Enz. §431, TW 10, 219 f. 참조). 따라
서, 개인들이 서로 상대방 속에서 자신을 재발견하고 자유로운 자로서
승인되기 위해서는 그들의 직접성, 자연성, 즉 신체성을 부정해야 하는
바, 이것은 곧 그들이 "자유의 쟁취를 위하여 자신들의 생명과 타인의
생명을 걸 것을"[150] 요구한다.

　우리는 지금까지의 서술을 통해, 『정신현상학』의 〈자아의식〉 장 속의
'승인'과 '투쟁'이 과연 무엇의 승인이며 무엇을 위한 투쟁인가를 알
수 있다. 승인은 자신 및 타인을 대자적이고 자유로운 존재자로 승인하
는 것을 뜻하며, 투쟁은 이를 얻기 위한 투쟁인 것이다. 하나의 자아의
식이 다른 하나의 자아의식을 승인한다는 것은 그가 그를 자유로운 자
로서, 그리고 이성적인 인격체로서 승인한다는 것을 뜻하며, 따라서 헤
겔의 승인 개념은 칸트의 존경 개념과 유사함을 알 수 있다.[151]

8.6. 승인투쟁과 자유의 실현

헤겔의 정의(定義)에 따르면 자유란 "자기 자신의 곁에 있는 것[das
Bei-sich-selbst-Sein]"(TW 12, 30), 곧 자아의식이다. 즉, 자아가 타

---

[150] "das eigene und das fremde Leben für die Erringung der Freiheit auf das Spiel
setze"(Enz. §431 Zus., TW 10, 220).
[151] 백훈승, 「윤리공동체의 성립조건으로서의 상호승인과 자유」, 279 ff. 참조. E.
Tugendhat, ebd., 339 이하 참조.

자에 의존하지 않고 타자에 의해 규정되지 않으며 자기 규정적이고 자율적일 때 그 자아는 자유롭다고 한다. 우선 이 자유를 표현한다면 그것은 "자아=자아"인데, 이것은 사실은 추상적인 자아다. 여기서 자아는 오로지 자기 자신에만 관계하고 있기는 하지만, 그의 타자는 존재하지 않기 때문이다. 이것은 추상적인 자아의식, 추상적인 동일성, 공허한 자기관계에 불과하다. 이러한 자유는 단지 자신의 사유 속에서만 자기 곁에 존재하는 자유이며 자기 자신과의 추상적인 동일성에 불과하다. 따라서, 자아의식의 구체적인 자유, 현실적인 자유는 타자를 부정하고 자신 속으로 복귀함으로써 가능하며, 이것은 '타자 속에서 자기 곁에 있음[das Beisichsein im Anderssein]'이라고 표현할 수 있다. 그런데 헤겔은, 투쟁을 통해서만 이러한 자유가 획득될 수 있다고 주장한다. "나는 나다", "나는 자유롭다"라고 하는 자기주장만으로는 자유를 획득하기에 불충분하다.[152]

그런데 헤겔은, 이러한 생사를 건 승인투쟁은 "인간이 단지 개별자로서만 존재하는 자연상태 속에서만 발생할"[153] 수 있다고 말하는데, 우리는 헤겔에 있어서 적어도 세 가지 의미의 '자연상태'를 구별해야만 한다. 첫째로는 위의 인용문의 경우에서처럼, 그것은 "인간이 단지 개별자로서만 존재하는" 상태로서, 이러한 상태는 각 개인이 자기의 타자에 대해 대립·투쟁하는 관계에 있는 상태로서, 이것은 홉스(Thomas Hobbes, 1588-1679)가 말하고 있는 "만인에 대한 만인의 투쟁[Krieg

---

152 "요컨대, 투쟁을 통해서만 자유가 획득될 수 있다. 자유롭다는 확언만으론 충분치 않다. 인간이 타인뿐만이 아니라 자기 자신을 죽음의 위험 속으로 가져감으로써만, 그는 이러한 입장 위에서 자유에 대한 자기의 능력을 입증하는 것이다."(Enz §431 Zus.).
153 "bloß im *Naturzustande*, wo die Menschen nur als *Einzelne* sind, stattfinden" (Enz §432 Zus., TW 10, 221).

aller gegen alle]"[154]의 상태다. 이러한 의미의 자연상태는 "조야함, 폭력, 불의의 상태[der Stand der Roheit, Gewalt und Ungerechtig-keit]"[155]이며 "정신의 상태, 이성적 의지의 상태가 아니라 서로에게 동물인 상태"[156]인데, 인간은 이러한 자연상태로부터 "국가사회 속으로 들어가야 한다. 왜냐하면, 국가사회 속에서만 법적 관계가 현실성을 갖기 때문이다."[157] 그런데 『예나실재철학』에서 헤겔은, 이러한 자연상태와는 달리, 가족과 가족이 대립해 있는 상태를 '자연상태'라고 부르고 있다: "가족은 전체로서 다른 완결된 전체와 대립한다. 바꾸어 말하면, 자유롭고 완전한 개체들이 상호 존재하고 있다. (…) 통상 이러한 관계가 자연상태라고 불린다."[158] 이뿐만 아니라 헤겔은 앞의 두 자연상태, 즉 투쟁으로서의 자연상태와는 정 반대의 의미를 지닌 자연상태를 말하고 있기도 한데, 그것은 그에 의하면 바로 노아의 홍수 이전의, 인간과 자연이 분열되지 않고 조화 속에서 살고 있던 것으로 생각되는 상태다.[159]

---

154 헤겔은 홉스와 마찬가지로 "만인에 대한 만인의 투쟁"(TW 19, 108)을 "진정한 자연상태"(같은 곳)라고 부르고 있다. 이러한 의미의 자연상태는 바로 『정신현상학』에서 서술되고 있는, '생사를 건 승인투쟁'의 상태다.

155 Rechts-, Pflichten- und Religionslehre für die Unterklasse (1810 ff.) §25 (=TW 4, 247); PdG, 58 f., 129; Vorlesungen über die Geschichte der Philosophie (=TW 19, GdP로 줄임), 107 f. 참조.

156 "kein Zustand des Geistes, des vernünftigen Willens, sondern der Tiere untereinander ist"(TW 19, 108).

157 "(…) in die Staatsgesellschaft treten, weil nur in ihr das rechtliche Verhältnis Wirklichkeit hat."(TW 4, 247, §25).

158 "Die Familie ist als *Ganzes* einem andern in sich geschlossenen Ganzen gegen-übergetreten, oder es sind vollständige, freie Individualitäten füreinander, (…) Dies Verhältnis ist es gewöhnlich, was der *Naturzustand* genannt wird."(*Realphi-losophie II*, 205).

159 Nohl, ebd., 274 참조. 그러나 만약에 우리가 유대·기독교의 성서를 인용하여 말한다면, 노아 이전에 이미 아담과 이브가 신(神)에게 죄를 범함으로써 신과 인간의 분

8.7. 승인투쟁의 결과: 불평등한 승인의 성립(자립적인 자아의식과 비자립적인 자아의식)

그러면 이러한, 생사를 건 승인투쟁의 결과는 어떤 것인가? 승인투쟁의 결과 승자와 패자가 생기게 된다.[160] 먼저, 승자 쪽의 입장부터 살펴보면, 승자는 패자의 생명을 살려 두고자 한다. 왜냐하면, 패자가 죽어 버리면 자기가 그로부터 승자로서 승인받아야 할 대상을 잃어버리기 때문이다. 즉, 승인받을 수 없기 때문이다.[161] 곧, "마치 생이 의식의 자연적인 긍정, 다시 말하면 절대적인 부정성이 결여된 자립성인 것과 마찬가지로, 그것(죽음: 필자 첨가)은 의식의 자연적인 부정, 즉, 자립성이 결여된 부정이고, 이러한 부정은 또한 요구되는 승인의 의미마저도 지니지 못하기 때문"[162]이다. 그러므로 투쟁에서의 타인의 부정은 "철폐된 것을 보존하고 유지하는 방식으로 지양하는"[163] 변증적 부정 · 지양이

___

열, 인간과 자연의 분열, 그리고 인간과 인간의 분열이 발생했다고 보는 것이 옳을 것이다. 즉, — 비록 신이 노아의 홍수 이후에야 인간에게 육식을 허락하지만(창 9:3 ff.) — 대홍수 이전에 이미 사람은 동물을 잡아 그 고기를 먹었으며, 가인은 동생 아벨을 돌로 쳐서 죽였던 것이다.

160 패자가 죽게 되는 경우는 고려에서 제외된다. 왜냐하면, 패자의 죽음을 가져올 때까지 이 투쟁을 수행한다면, 자아의식의 필수적인 조건(즉, 승인하는 또 하나의 자아의식)이 제거되기 때문이다(J. Findlay, *Hegel. A Re-examination*, NY., 1962, 96 참조).

161 I. Fetscher, op. cit., 113쪽 및 L. Siep, "Der Kampf um Anerkennung. Zu Hegels Auseinandersetzung mit Hobbes in den Jenaer Schriften," in: *Hegel-Studien*, Bd. 9, 1974, 392쪽 참조.

162 "denn wie das Leben die *natürliche* Position des Bewußtseins, die Selbständigkeit ohne die absolute Negativität ist, so ist er die *natürliche* Negation desselben, die Negation ohne die Selbständigkeit, welche also ohne die geforderte Bedeutung des Anerkennens bleibt." (ebd., 145).

163 "welches so *aufhebt*, daß es das Aufgehobene *aufbewahrt* und *erhält*" (ebd.).

어야 하며, 자연적 부정이어서는 안 된다. 즉, 자아의식은 생의 직접성
을 부정해야 하지만, 또한 이와 동시에 생명성을 보존해야 한다.[164] 이
리하여 승자는 패자를 자기의 희생자로 만드는 대신에 노예로 만든
다.[165] 죽이려는 충동을 대신하는 관계인 이러한 지배는, 생이라는 상황
내에서 절멸하려는 노력이라고 이해될 수 있을 것이다. 그러면 패자는
어떻게 될까? 패자 가운데는, 죽음[자유]보다는 육체적 생을 택하는 사
람이 생기게 된다. 그리하여 이러한 자는 결국 승자의 노예로 전락해
버리고 마는 것이다. 이제 노예는 죽음을 통해 규정된 무(無)가 되기보
다는 오히려 그 자신의 죽음을 살아야 한다.[166] 카우프만(W. Kauf-
mann)은, 생사를 건 투쟁이 주노관계를 초래하는 이유를 "패자가 죽음
보다는 예속을 원하기"[167] 때문이라고 말하며, 솔(I. Soll)은, 오히려 그
보다는 "승자가 시체보다는 노예를 원하기"[168] 때문이라고 말하는데, 여
기서는 어느 한쪽의 이유만이 존재하는 것이 아니라, 이 두 가지 이유
가 동시에 존재한다고 할 수 있다. 여기서 주인은 육체적인 생보다는
정신적인 생[자유]을 택한 사람이고, 노예는 그 반대의 사람이라고 할
수 있다.

결국 이러한 경험을 통하여 자아의식은 "생 또한 순수한 자아의식과
마찬가지로 자기에게 본질적이라는 것을"[169] 알게 된다. 이 문장은 무엇

164 O. Pöggeler, "Philosophie als System", in: *Grundprobleme der großen Philoso-
phen. Philosophie der Neuzeit II*, Hg. v. J. Speck, Göttingen, 1976, 172.
165 I. Soll, ebd., 20.
166 J. Butler, *Recovery and Invention: The project of desire in Hegel, Kojève, Hyp-
polite, and Sartre*, Michigan, 1984, 61 참조.
167 W. Kaufmann, *Hegel. A Reinterpretation*, Notre Dame, 1978, 137.
168 I. Soll, ebd., 20.
169 "ihm das Leben so wesentlich als das reine Selbstbewußtsein ist" (ebd.).

을 뜻하는가? 자아의식으로서의 하나의 인간은 정신[자아의식]만으로 존재하는 것도 아니고 신체[육체적 생]만으로 존재하는 것도 아니다. 만약에 신체 없이 자아의식만이 존재할 수 있다면, 그것은 인간이 아니라 유령이라고 불릴 것이다. 만약에 자아의식 없이 신체만이 존재한다면, 그것 또한 인간이라고 할 수 없을 것이다. 하나의 인간은 자아의식[정신]과 육체의 통일체로서 존재한다. 따라서 이 둘 중 어느 하나라도 존재하지 않으면 인간이라고 불릴 수 없으므로, 인간으로서의 자아의식(또는 자아의식으로서의 인간)에게는 자아의식[정신]과 생[육체] 모두가 본질적인 것이다. 이에 따라, 인간의 생은 정신의 생과 육체의 생이라는 두 가지의 생으로 구성되어 있다. 승인을 위한 생사를 건 투쟁에서 정신의 생을 고수한 사람은 죽음[자유]을 택하든지 아니면 패자의 주인(정신의 생이나 자유를 소유한 자)이 되고, 죽음을 두려워하여 육체의 생에 집착한 사람은 승자의 노예가 된다.[170]

그러면 과연 승인을 위한, 생사를 건 투쟁을 통해, 타인으로부터 승인받고자 하는 자아의식의 목표는 성취되었는가? 우선 노예의 입장부터 살펴보자. 헤겔의 승인 개념에 따르면 승인이란, 자아의식이 즉자대자적으로 존재함을 대타적으로 보증받는 것(PG, 141)인데, 노예는 이러한 보증을 받지 못하기 때문에 승인받지 못한 것이다. 즉, 여기서 헤겔이 '즉자대자적으로 존재함'이라고 할 때의 '대자적'이라는 말은 '자립적', '자유로운'이라는 의미로 이해되어야 하기 때문이다. 노예는, '자기 자신을 의식한다'는 의미에서는 대자적 의식이지만, 자립적이라

---

170 정신의 생과 죽음에 대하여 헤겔은 다음과 같이 기술하고 있다: "죽음이란 (…) 가장 무서운 것이다. (…) 그러나 죽음이 두려워 회피하려 하며 파멸로부터 온전히 자신을 지키려고 하는 대신, 죽음을 감내하고 또 죽음 속에서 자기를 보존하려고 하는 생이야말로 정신의 생이다."(PG, 29).

는 의미에서의 대자적 의식인 것은 아니다. 실로 헤겔이 말하고 있는
승인이란, 진정한 인간으로, 자유로운 존재자로 승인하는 것을 말하는
것이지, 비자립적인 노예로 승인한다는 의미는 아닌 것이다. 따라서 노
예는 승인받지 못하고, 오직 주인을 승인하기만 한다. 그러면 주인은
승인이라는 목표를 성취했는가? 헤겔에 의하면 주인은 '주인 → 물(物)
→ 노예'에 있어서는 '지배', '주인 → 노예 → 물'에 있어서는 '향유(享
有)'라는 두 계기 속에서, 자기가 다른 또 하나의 자아의식인 노예로부
터 승인받고 있다는 것을 의식한다고 말한다(PG, 147 참조). 그러나 여
기에는, "진정한 승인을 위하여, 주인이 자기에게 행하는 것을 타자에
게도 행하며, 노예가 자기에게 행하는 것을 타자에게도 행하는 계기가
결여되어 있다"(Ebd.; PG, 143도 참조). 즉, 주인은 노예를 노예로 규
정하지만 자신을 노예로 규정하지는 않는다. 그리고 노예는 타자를 주
인으로 규정하지만 자신을 주인으로 규정하지는 않는다. 이 관계는 상
호성이 결여된 불평등한 관계다(Ebd., 147 참조). 그리고 주인의, 대자
존재로서의 자기확신의 진리를 보증하고 있는 것은 비본질적인 노예의
의식인데(ebd., 147), 노예에 의한 이러한 승인은 진정한 승인이라고
할 수 없다. 코제프[171]나 휏처(I. Fetscher)[172] 등도 주장하듯이, 주인의
승인은 자유로운 자가 아닌 노예에 의해 이루어지므로 진정한 승인이
아니며, "정복당한 자가 정복한 자를 어쩔 수 없이 승인하는 것"[173]은 진
정한 승인, 사랑이 아니다.[174] 승인은 하나의 자유로운 인격체가 다른
하나의 자유로운 인격체의 가치를 인정하고 존중하는 것이며, 따라서

---

171 Kojève, ebd., 64.
172 Fetscher, ebd., 115.
173 M. Westphal, ebd., 134.
174 『철학강요』에서는, 주인은 "부자유로운 의식에 의하여 형식적으로 승인받는"
(Enz. §435 Zus.)다고 말한다.

상호성 속에서만 그 의미를 갖는다. 그렇다면, 주인은 승인을 성취하지 못하고 마는 것일까? 플라메나츠(J. Plamenatz)는, 주인이 승인이라는 목표를 달성하지 못한다는 주장은, 단지 한 사람의 주인이 있는 경우에 만, 혹은 한 사람 이상의 주인이 있다고 해도 그들이 하나의 공동체를 이루고 있지 않은 경우에만 타당하다고 하면서, (그에 의하면) 헤겔도 또한 시민들이 그 구성원이 되는 공동체(예를 들면 헬라의 폴리스)를 이야기하고 있으므로, 그곳에는 주인과 노예가 함께 있고 그 주인들끼 리 서로 승인하고 있기 때문에 승인이 이루어질 수 있다고 하며, 사회 가 한 사람의 주인과 한 사람의 노예로 성립되는 것으로 본 헤겔의 생 각에 잘못이 있다고 주장한다.[175]

8.8. 몇 가지 문제점

우리는 지금까지, 하나의 자아의식에 대해 또 하나의 자아의식이 등 장함으로써 발생하는 여러 가지 문제들, 즉 승인에의 욕망의 성립 가능 성, 순수승인 개념 및 그것의 현실적 전개, 실제의 승인운동 속에서 발 생하는 승인받기 위한 생사를 건 투쟁으로 말미암은 주인과 노예의 발 생 등에 관해 살펴보았는데, 이에 대한 헤겔의 서술에서 나타나는 몇 가지 문제점을 지적해야 하겠다.

첫째로, 헤겔은 앞에서 〈A. 자아의식의 자립성과 비자립성: 지배와

---

175 백훈승, 「윤리공동체의 성립조건으로서의 상호승인과 자유」, 282 ff. 참조. J. Pla-
menatz, *Man & Society. Political and Social Theories from Machiavelli to Marx.
Vol. 3, Hegel, Marx and Engels, and the Idea of Progress*, London and NY., 1993,
97 f.; G. A. Kelly, "Notes on Hegels 'Lordship and Bondage'," in: *Hegel. a collec-
tion of critical essays*, hg. v. Alasdair MacIntyre, Notre Dame, 1976, 193 참조.

예속〉 절이 시작되기 전에, 자아의식은 자신의 악무한적 성격으로 말미
암아 좌절할 수밖에 없으며, 자아의식은 오직 자기 자신을 스스로 부정
할 수 있는 또 하나의 자아의식 속에서만 스스로의 만족을 얻는다고 주
장하는데, 어떻게 해서, "자아의식은 궁극적으로 만족되지 못한다"는
사실로부터 "자아의식은 만족될 수 있다"는 주장으로 비약할 수 있는
것인가? 즉, 어떻게 해서 헤겔은 "자아의식은 오직 다른 하나의 자아의
식 속에서만 만족을 얻는다"라는 진술을 가언진술이 아닌 정언진술로
주장하고 있는 것인가?[176] 자아의식의 욕망이 만족되기 위해서는, 자기
자신을 부정할 수 있는 다른 하나의 자아의식이 존재해야만 한다는 헤
겔의 주장에 우리가 동의한다 하더라도, 이것은 하나의 요청에 불과한
것이지, 사실과는 다른 것이다. 즉 헤겔이 말하고 있는 것은 욕망의 궁
극적 충족이 성취되기 위한 조건인 것이다. 다른 하나의 자아의식의 존
재는, 욕망의 궁극적 충족이 실현된다는 조건하에서만 이끌어 낼 수 있
는 결론일 것이다. 그러므로 "자아의식은 다른 하나의 자아의식 속에서
만 만족을 얻는다"는 명제는 정언명제가 아니라 가언명제다. 즉 이것은
"만약에 다른 하나의 자아의식이 존재한다면, 자아의식은 오직 그 속에
서만 만족을 얻을 수 있다"는 가언명제인 것이다. 그러나 헤겔은 이를
가언명제로 제시하고 있지 않다. 왜냐하면 그는, "자아의식에 대해서
다른 하나의 자아의식이 존재한다"(PG, 141)고 말함으로써 다른 자아
의식의 존재를 기정사실화하고 있기 때문이다. 그러나 다른 하나의 자
아의식의 존재는 하나의 존재론적 가정이지, 입증된 사실이 아니다. 우
리는 헤겔의 논증을 다음과 같이 구성할 수 있다:

---

176 Hun-Seung Paek, ebd., 107 f. 참조.

1. 욕망으로서의 자아의식은, 자신에 있어서 자기 자신의 부정을 수
   행할 수 있는 대상 속에서만 자기의 (궁극적인) 만족을 얻는다.
2. 그런데 그러한 대상은 (다른 하나의) 자아의식이다.
3. 그러한 다른 하나의 자아의식이 실재한다.
_____
욕망으로서의 자아의식은 다른 하나의 자아의식 속에서만 만족을 얻
는다.

여기서 위의 전제들의 진위를 검토해 보자. 우선, 첫 번째의 전제가
옳은 것으로 입증된 것이 아니다. 왜냐하면, 대상이 자신에게 있어서
자기 자신의 부정을 수행한다 하더라도, 그러한 부정이 1회적으로만 수
행된다면 자아의식의 욕망의 충족도 일회적인 것이 될 것이기 때문이
다. 욕망이 궁극적으로 충족되기 위해서는 대상이 자기 자신을 끊임없
이 부정해야만 할 것이다. 그러나 이러한 일이 실제로 발생할 수 있는
가? 또한 세 번째의 전제, 즉 "자아의식에 대해 다른 하나의 자아의식
이 존재한다"라는 진술은 헤겔의 형이상학적인 전제에 불과하지, 입증
된 사실은 아닌 것이다.[177] 즉, 다른 하나의 자아의식의 존재는 철학적
사유를 통해 입증된 것이 아니라 헤겔에 의해 이미 전제된 것이다.[178]

_____

[177] 이 점과 관련하여 양케(Wolfgang Janke)는 다음과 같이 주장한다: "다른 자아를
드러냄에 있어서, 그리고 그러한 자아를 자아의식의 구조 속으로 포함시킴에 있어서 단
지 가언적인 필연성만이 존재한다. 또한 이러한 사실은, 자기의 고유성을 부정함으로
써, 욕망하는 자아에게 만족을 보증해 줄 수 있을 정도로 자유로운 다른 하나의 자아가
어디로부터 발생하는가 하는 문제를 야기한다." (Janke, *Historische Dialektik. Des-
truktion dialektischer Grundformen von Kant bis Marx*, Berlin u.a., 1977, 306 f.).
또한 인우드(M. J. Inwood)도, "무엇이 자아의식에 대해 요구되는가?"라는 물음뿐만
이 아니라, "사회적 관계가 어떻게 발생했는가?"라는 물음까지도 대답하려고 시도한다
고 말하고 있다(M. J. Inwood, *A Hegel Dictionary*, 246).
[178] 헤겔은 자아의식으로서의 인간을 유적 존재자(Gattungswesen)로 규정하고 있다.

그러므로 우리는 헤겔의 이 주장을 가언판단으로 받아들여야만 할 것이다.[179] 또한 이와 더불어, '또 하나의 자아의식의 자기부정'이 어떻게 '또 하나의 자아의식에 의한 다른 하나의 자아의식의 승인'과 동일시될 수 있는가 하는 점이 문제다. 자기부정은 자기부정일 뿐이지, 어떻게 해서 '타자의 승인'이 될 수 있는가? 또 하나 생각해야 할 점은, 헤겔은 승인투쟁을 인간의 자연상태로 보고, 이로부터 국가가 발생한다고 생각하고 있는데, 그가 『청년기 신학논집』 중 「기독교의 정신과 그의 운명」에서 서술한 평화로운 자연상태로부터 국가로의 이행은 왜 불가능한 것인가? 인간 개인이 다른 개인에 대해 생사를 건 투쟁을 감행함으로써만 국가가 성립하는 것인가? 그들 서로가 서로를 존중하고 사랑하고 승인할 수도 있지 않은가? 그뿐만 아니라 자아의식은 다른 하나의 자아의식뿐만이 아니라 또 다른 자아의식들을 만나게 되는데, 그때마다 자아의식은 생사를 건 투쟁을 해야 하는가?[180]

Feuerbach는 이 개념을 차용했고 Strauß는 이 개념을 대중화했다. Feuerbach는 인간을 유적 존재자로 규정했고, 『기독교의 본질』이라는 그의 책이 출간된 후에는 '유'라는 용어를 더 이상 사용하지 않고, 공동체라는 용어로 대체했다. 인간은 자신을 자기의 유의 성원으로서 의식한다는 사실로 말미암아 동물과 구별된다는 그의 사상을 Marx는 『유대인문제』라는 그의 논문 속에서 직접 수용했으며 「파리 초고」에서 상세히 전개했다. (David McLellan, Übers. v. Renate Zauscher, *Die Junghegelianer und Karl Marx*, München 1974, 101–135쪽 참조).

179 백훈승, 「윤리공동체의 성립조건으로서의 상호승인과 자유」, 270 f. 참조.

180 Hun-Seung Paek, ebd., 109 참조.

자립적인 자아의식과 비자립적인 자아의식

주인은 두 계기, 즉 욕망의 대상인 물(物)과, 그리고 물성(物性)을 자기의 본질적 요소로 삼는 노예와 관계한다. 주인은 이 두 계기를 통해서만 자기의 물질적 토대와 주인으로서의 사회적 지위를 유지할 수 있으므로 이 두 계기와 관계를 끊을 수 없다. 우선 그는 물(物)과 노예의 소유자이므로 이런 소유관계를 통해서 이 양자와 직접적으로 관계하고, 둘째, 물(物)을 매개로 하여 노예와 관계하고[지배], 노예를 매개로 하여 물(物)과 관계한다[향유(享有)].[181] 주인은 정신적 생[자유]에의 욕망이 육체적 생에의 욕망보다 더 강한 자이며, 노예는 그 반대라고 하겠다.

헤겔에 의하면, 주인은 노예에 의해 가공된 물(物)을 순전히 소비함으로써 자기의 욕망을 충족시킨다. 그러나 이러한 충족은 단지 아욕적(我慾的)인 욕망의 충족이고 "순수한 소멸(消滅)"(PG, 149)에 불과하다. 그러나 노예는 주인의 명령에 따라 주인의 욕망을 충족시키기 위해

---

181 Hun-Seung Paek, ebd., 111 참조.

노동해야 한다. 그런데 이러한 노동, 물(物)의 가공은 물의 무화(無化),
전면적인 부정이 아닌, 물의 일면만을 부정하는 규정적(規定的)[제한적
(制限的)] 부정이며, 내용의 산출이고 형성작용이다. 이에 반해 주인에
의한, 욕망대상의 소비 · 향유로서의 욕망충족은 대상의 전면적인 부정
이다. 이러한 욕망충족은 동물적인 것으로서, 덧없는 것, 일시적인 것
이다.

　헤겔은 노동을 "저지된 욕망[gehemmte Begierde]"(PG, 149)이라고
하는데, 이것은 무슨 뜻인가? 노동은 대상의 순수한 부정으로서의 욕망
(PG, 148 참조)이 아니라, 이러한 순수한 부정이 저지된 욕망이라는 뜻
을 지닌다. 즉, 노동은 대상을 무화하지 않고 그것을 가공하여 다른 물
(物)[작품]로 만들어 내는 창조적인 행위이므로, 순수한 부정으로서의
욕망이나, 소멸에 불과한 욕망충족(PG, 149 참조)이 아니다. 헤겔에 의
하면, 욕망의 무화작용은 저지되어야 하는데, 바로 욕망과 대상 사이에
서 욕망의 직접성을 지양하여, 욕망을 매개된 욕망으로 고양하는 중심
으로서 이러한 저지의 역할을 하는 것이 노동이다. 동물은 자기의 욕망
과 대상을 모두 직접성 속에서 무화함으로써 욕망의 악무한에 빠진다.
그러나 인간에게 있어서는 욕망의 직접성이 지양됨으로써 대상 또한
무화 · 소멸되지 않고 지양되어 존속하게 된다. 만약에 이러한 노동이
없다면, 그리고 도구 및 기계 속에서 분명하게 드러나는, 욕망의 저지
가 없다면, 자연의 사슬로부터의 해방도, 객체를 동물적으로 무화하는
일로부터의 세계의 형성도 존재하지 않을 것이다. 그런데, 노동 속에서
노예의 욕망은 무화되지 않고 존속하며, 노동 속에서 단지 자기의 욕망
만이 아니라 타인[주인]의 욕망까지도 포함하고 있으므로, 이기심에 사
로잡혀 있는 주인보다 우월하며, 노예의 이기심의 극복은 인간의 진정
한 자유의 시초를 형성한다. 노동하는 의식은 자기의 실천적 생산행위

인 노동을 통하여 새로운 대상세계를 창조하는 동시에 자기 자신도 창
조한다. 이때, 노동을 통해 변화·창조된 자연[세계]은 제2의 자연 또는
문화세계라고 할 수 있다.[182]

『정신현상학』의 〈지배-예속〉 장에서 나타나는 노동은 고대의 노예제
나 중세봉건제 속에서의 노예의 노동으로 이해될 수 있을 것이다. 고전
적인 사유에서는 노예의 노동 속에서 자유의 계기가 인정되지 않은 반
면에 헤겔은 그 속에서 이러한 계기를 포착하고 있다. 헤겔에 의하면
노예는 다음과 같은 점에서 주인보다 우월하다. 즉 자기의 이기심에 사
로잡혀 있는 주인은 이기적인 자유를 누리며, 부자유로운 의식(노예)에
의해 형식적으로만 승인받고 있는데, 이러한 승인은 진정한 승인이 아
니다. 이에 반해 노예는 "주인에게 봉사하는 동안 자기의 개별의지(個
別意志)와 아집(我執)을 소모해 버리고"[183] "자기의 욕망만이 아니라 타
인의 욕망도 동시에 자신 속에 포함하는 넓이를"[184] 가지며, 이를 통해
그는 "보편적인 자아의식으로의 이행"[185]을 이룬다. 진정한 자유는 타인
을 부정함으로써가 아니라, 오히려 타인을 위해 봉사함으로써 획득된
다. 그러나 노예가 자기의 이기심을 복종시키는 것은 자유의 시초를 형
성할 뿐이다. 노예는 자기 자신의 개별성뿐만 아니라, 주인의 개별성도
극복하여, "주체의 특수성으로부터 독립해 있는 보편성 속에 있는, 즉자
대자적으로 이성적인 것"[186]을 포착해야 한다. 그러나 주인도 "욕망의 공

182 Hun-Seung Paek, ebd, 114 f. 참조.
183 "(…) arbeitet sich im Dienste des Herrn seinen Einzel- und Eigenwillen ab,
hebt die innere Unmittelbarkeit der Begierde auf." (Enz §435).
184 "die *Breite*, nicht nur die Begierde eines *Diesen* zu sein, sondern zugleich die
eines *anderen* in sich zu enthalten." (ebd., Zus.).
185 "den Übergang zum *allgemeinen Selbstbewußtsein*" (Ebd. §435).
186 "das *an und für sich Vernünftige* in dessen von der Besonderheit der Subjekte

동성 및 욕망충족을 위한 배려의 공동성을"[187] 인식함으로써, 그리고
"직접적이고 개별적인 것을" 지양함으로써, "자기 자신의 이기적인 의
지를 즉자대자적인 의지의 법칙에"[188] 종속시켜야 한다.

지배-예속관계에서는 자아의식의 본래적인 목적인 상호승인이 성취
되지 못한다. 노예는 주인에 의해, 자립적이고 자유로운 자로 승인받지
못하며 주인도 마찬가지로 진정한 승인을 얻지 못했다. 지배-예속관계
에서는 보편적 자아의식, 정신이 실현되지 않는다. 그러면 과연 불평등
하고 일방적인 승인이 사라져서 진정하고 상호적인 승인이 성취되어
'나'와 '우리'가 통일되는 것은 어떤 영역인가? 달리 말하면, 그를 통
해 자아의식으로서의 한 인간이 자기의 개별적인 욕망이나 특수한 욕
망들을 부정하고 보편적인 욕망과 그 충족을 얻을 수 있는 길은 어떻게
열릴 수 있는가?

자기의 개별적인 욕망의 충족만을 위해서 혹은 자신과 하나의 타인,
즉 주인의 욕망충족만을 위해서 하는 노동은 아직 완전히 발전되지 않
은, 원시적인 형태의 노동이며, 진정한 노동이라고 할 수 없다. 본질적
으로 단독적인 자연적 존재자로서, 제한된 욕망들을 가지고 직접적인
방식으로 자기의 욕망들을 충족시키는 동물과는 달리, 인간의(인간적
인) 노동은 보편성을 나타내며, 이러한 노동의 보편성이 나타나는 곳이
바로 헤겔에 있어서는 시민사회와 국가다.[189] 그러나 이 점에 관한 고찰
은 본 저서의 범위를 벗어나는 것이므로 여기서는 생략한다.

---

unabhängigen *Allgemeinheit* (…)" (Ebd., Zus.).

187 "*Gemeinsamkeit* des Bedürfnisses und der Sorge für die Befriedigung dessel-
ben (…)" (Ebd.).

188 "seinen eigenen selbstischen Willen dem Gesetze des an und für sich seienden
Willens (…)" (Ebd.).

189 Hun-Seung Paek, ebd, 135 ff. 참조.

자아의식의 자유: 스토아주의, 회의주의, 불행한 의식

헤겔은 『정신현상학』의 〈자아의식〉 장의 B 부분을 〈자아의식의 자유〉라는 표제 아래에서 다루고 있는데, 〈자아의식의 자유〉 부분은 다음과 같은 3단계로 서술된다: 1) 주인에 해당하는 스토아주의, 2) 노예에 해당하는 회의주의,[190] 그리고 마지막으로 3) 불변(不變)[주인]과 가변(可變)[노예]의 통일로서의 불행한 의식.

그런데 여기서는 지금까지의 주인과 노예라는 대인관계(자아의식 상호 간의 관계)가 개인의 자아의식 내부의 문제로 서술되고 있다. 그리고 헤겔이 주인과 노예의 관계를 통하여 구체적으로 포착하고 있는 것은 우선은 고대 헬라스의 노예제라고 할 수 있다. 이것은 주인과 노예의 의식에 이어서 스토아주의와 회의주의 및 초기 기독교의 불행한 의식에 대해 언급하고 있는 사실에서도 드러나 있다.

---

190 헤겔이 말하는 회의주의는 현실적 실재를 부정하는 사상을 말한다.

10.1. 스토아주의[Stoizismus]

스토아주의는 순수사유를 자기의 본질로 하고 있는 의식의 형태이고, 세속의 특수한 것들의 구속을 떨쳐 버리고 사유의 세계로 복귀한 의식이다. 이것은 역사적으로는, 주인과 노예의 투쟁 속에서 그것에 혐오를 느끼고 세속을 초월하여 욕망의 구속을 떨쳐 버리고 사유의 세계에서 자유를 확보하려는 형태로 성립된 것으로 볼 수 있다. 이러한 스토아적 태도는 오늘날에도 많이 존재하는 인간의 근본태도다. 어떤 것도 그를 동요시키지 못할 때, 그 사람은 스토아적 태도를 가지고 있는 사람이다. 그런 사람은 자신의 삶이 처해 있는 상황이 얼마나 나쁜가에는 전혀 개의치 않고 그 상황을 냉정하게(무감각하게) 견뎌 낼 수 있다. 그는 실로 자유롭다. 그 때문에 그에게는, 자유인, 노예 혹은 왕이라는 구별이 존재하지 않는다. 그러나 이 모든 사상(事象)에는 단 한 가지 난점이 있다. 즉 스토아주의자는 아무것도 움직이게 하지 않는다는 것이다. 그는 자신 속에 멈춰 있으면서 자족(自足)한다. 그는 빈곤함이 없는, 사유하는 존재자다.[191]

헤겔은 이 의식을 주인과 노예의 (의식의) 관계 속에서 다음과 같이 설명한다. 즉, 이미 기술한 것처럼 주인의 의식이 순수자아 속에 매몰되어 있고 물(物)을 소모하는 악무한적인 형태에 머무는 데에 반하여, 노예의 의식은 물(物)을 가공하고 대상세계에서 자기 자신을 산출해 간다. 그러나 노예의 의식에서는 물(物)의 가공과 그에 대한 자아의식이 아직 통일을 이루고 있지는 못하다. 즉, 대상세계에 자기를 외화하고 분열시키면서도 여전히 자기통일을 유지해 가는 이러한 의식의 운동

---

191 Ralf Ludwig, *Hegel für Anfänger. Phänomenologie des Geistes*, München, 1997, 103 참조.

전체가 대자화되어 있지는 않다. 이러한 운동 전체가 대자화되어 통일
적으로 파악되는 것은, 노예의 의식에서가 아닌 보편적인 의식에서이
고, 바로 사유 그것을 본질로 하는 의식에서이다. 여기에서 의식은 이
미 외부대상에 구속되지 않고 자기 자신이 분화하고 다층적인 것을 산
출하면서 더 나아가 통일을 회복하는 운동으로 존재하며, 그런 까닭에
그것은 "자신에게 있어서 무한성 혹은 의식의 순수운동이 본질인 의식,
사유하는 자아의식 혹은 자유로운 자아의식"[192]이다. 바꾸어 말하면 그
것은 자기 자신을 대상으로 사유하는 의식이기에 완전히 자유로운 의
식이다. 헤겔은 이러한 스토아주의를 다음과 같이 설명하고 있다: "그
러나 나에게 있어서 개념이란 직접적으로 나의 개념이다. 사유 안에서
나는 자유롭다. 왜냐하면 나는 타자 속에 있는 것이 아니라 오히려 전적
으로 나 자신 속에 머물러 있기 때문이며, 또 나에게 본질로서 등장하
는 대상이란 곧 불가분적 통일 속에 있는 나의 대아적(對我的) 존재이기
때문이다. 그러므로 개념 속에서의 나의 운동이란, 나 자신 속에서의
운동인 것이다."[193] 그런 까닭에 이런 자아의식은 "권좌(權座)에 있거나
아니면 예속자의 입장에 있을지라도 오직 개별적인 현존재로서의 자기
가 감수해야만 하는 일체의 의존성으로부터 해방되어 적극적인 작용의
행사나 소극적인 고통의 감수를 막론한 갖가지 현존재의 영향권을 벗

---

192 "ein Bewußtsein, welches sich als die Unendlichkeit oder reine Bewegung des Bewußtseins das Wesen ist; welches *denkt* oder freies Selbstbewußtsein ist."(PG, 151).

193 "(…) sondern der Begriff ist mir unmittelbar *mein* Begriff. Im Denken *bin* Ich *frei*, weil ich nicht in einem Andern bin, sondern schlechthin bei mir selbst bleibe und der Gegenstand, der mir das Wesen ist, in ungetrennter Einheit mein Fürmichsein ist; und meine Bewegung in Begriffen ist eine Bewegung in mir selbst."(PG, 152).

어나서 부단하게 사상의 단순한 본질성으로 후퇴하는 무기력한 상태를 유지하는 데 있다."[194]

　실재로부터의 구속을 떨쳐 버리는 순수사유로의 후퇴야말로 스토아주의의 본질이라 할 수 있다. 모든 내용을 초월한 순수형식에서의 사유의 전개야말로 스토아 사유의 완성된 형태이고, 거기에서는 그 어떤 개별적인 것에도 구속되지 않는 완전히 자유로운 의식의 성립을 볼 수 있다. 그러나 그러한 까닭에 또 이러한 의식의 자유는 생생한 삶으로부터 단절된 형식적인 자유다. "사상(思想) 속에서의 자유는 순수한 사상(思想)만을 자신의 진리로 삼고 있지만, 이 진리는 생의 충만한 내용을 담고 있지 않다."[195] 이 단계에서의 자유는 "자유의 개념일 뿐이요, 생명 있는 자유 자체가 아니다."[196] 자아의식이 이 사유 자체에만 안주(安住)하여 사유의 유희만을 일삼는 한, 현실과 동떨어진 사유일 수밖에 없다. "비로소 사유 일반만이 본질이며, 사물의 자립성으로부터 이탈하여 자신 속으로 복귀한 형식 자체"[197]로서의 스토아주의는, 사유하는 것만을 되풀이하는 추상성에 머물 수밖에 없다. 그것은 현실생활에서 발생

---

194 "(…) wie auf dem Throne so in den Fesseln, in aller Abhängigkeit seines einzelnen Daseins frei zu sein und die Leblosigkeit sich zu erhalten, welche sich beständig aus der Bewegung des Daseins, aus dem Wirken wie aus dem Leiden, in *die einfache Wesenheit des Gedankens zurückzieht*." (PG, 153). 여기서 "권좌에 있거나"라는 표현은 예컨대 아우렐리우스(Marcus Aurelius Antonius, 121–180) 황제에게 적용되고, "예속자의 입장에 있을지라도"라는 표현은 에픽테투스(Epictetus, 55년경–135년경) 같은 사람에게 해당되는 내용인데, 이들의 자아의식의 자유에 있어서는 구별이 없다.

195 "Die Freiheit im Gedanken hat nur den *reinen Gedanken* zu ihrer Wahrheit, die ohne die Erfüllung des Lebens ist:" (PG, 153).

196 "nur der Begriff der Freiheit, nicht die lebendige Freiheit selbst:" (PG, 153).

197 "nur erst das *Denken* überhaupt das Wesen, die Form als solche, welche von der Selbständigkeit der Dinge weg in sich zurückgegangen ist." (PG, 153 f.).

하는 진(眞)이나 선(善)에 대한 질문에 대해 구체적인 해답을 제시할 수
없다. 오히려 구체적인 해답을 제시하지 않는 것에 의하여 자기의 보편
성을 확인하려 하는 것이다. 그리고 바로 이러한 점에 스토아 의식이
회의주의로 이행하는 계기가 잠재되어 있다. 헤겔은 이것을 다음과 같
이 설명한다:

"그러나 사유의 이러한 자기동일성은, 아무것도 규정되지 않은 순수한 형식
만을 다시 나타낼 뿐이다. 따라서 스토아주의가 머물러 있어야만 하는 진
(眞)이나 선(善) 혹은 지혜와 덕성에 관한 일반적인 말들이 마치 어떤 숭고
한 의미라도 담고 있는 듯한 느낌을 불러일으키는 것이 사실이지만, 실제로
는 내용이 확장될 수 없기 때문에 곧바로 권태감을 불러일으키기 시작한
다."[198]

따라서 "그러므로 추상적 자유로서의 사유하는 이 의식은 (…) 타재
의 불완전한 부정에 불과하다. 현존재로부터 단지 자신 속으로 후퇴한
사유하는 이 의식은 자기에게 있어서 자신을 타재에 대한 절대적 부정
으로서 완성하지 못하였다."[199] 그러므로 스토아주의 단계의 사유는 "권

---

198 "Aber diese Sichselbstgleichheit des Denkens ist nur wieder die reine Form,
in welcher sich nichts bestimmt; die allgemeinen Worte von dem Wahren und
Guten, der Weisheit und der Tugend, bei welchen er stehenbleiben muß, sind
daher wohl im allgemeinen erhebend, aber weil sie in der Tat zu keiner Ausbrei-
tung des Inhalts kommen können, fangen sie bald an, Langeweile zu machen."
(PG, 154).

199 "Dieses denkende Bewußtsein so, (…) als die abstrakte Freiheit, ist also nur
die unvollendete Negation des Andersseins; aus dem Dasein nur in sich *zurück-
gezogen*, hat es sich nicht als absolute Negation desselben an ihm vollbracht." (PG,
154).

태"(PG, 154)만을 더하게 된다. 이것이야말로 apatheia[부동심(不動心)]를 이상(理想)으로 하는 스토아 의식에 대한 헤겔의 설명이다. 결국 순수사유의 자유, 권태를 느낀 의식은 다시 순수사유의 세계에서 구체적인 생활세계로 향하게 된다. 여기에서 성립하는 것이 바로 회의주의다.

10.2. 회의주의[Skeptizismus]

헤겔이 여기서 말하는 회의주의는 고대적(古代的) 회의주의이며, 이 회의주의는 상식이 지닌 부동(不動)의 확신에 대항한다. 회의주의자들은 감각적 규정들이 일반적으로 받아들여질 경우 공허한 것임을 증명한다. 퓌론에 의해 시작된 이 회의주의는 동양사상의 여러 요소가 가미되면서 자아의식에 대하여 어떤 자립성이나 안정성을 지닌 것으로 정립된다고 자처하는 모든 것을 해체해 버린다.[200]

스토아주의가 순수사유 속으로 물러나, apatheia 속에서 자유를 확보하려 한다면, 회의주의는 바로 스토아주의가 멀리한 외부의 개별적인 것에 관계하면서 평정심(平靜心)[냉정(冷情), 무감동(無感動), ataraxia[201]] 속에서 자유를 실현하려 하는 것이다. 회의주의에서의 자아의식의 자유는 "개념의 실현"(PG, 154)으로 나타나며, 이는 사유가 "구체적

---

200 이뽈리뜨, ebd., 231 f. 참조.
201 '아타락시아(ἀταραξία)'라는 말은 "흔들리지 않는"이라는 뜻을 지닌 '아타라코스(a-tárachos)'에서 나온 말로, "흔들리지 않음"을 뜻한다. 이 용어는 마음의 평온이라는 이상(理想)을 나타내기 위해 에피쿠로스주의자와 퓌론주의자들이 사용한 표현이다. 이것은 현자(賢者)의 행복(유다이모니아)을 위협하는 운명의 타격[悲運]이나 그와 유사한 외부의 영향들에 맞선 무격정(無激情)과 정서적인 평정심(平靜心)을 나타낸다(http://de.wikipedia.org/wiki/Ataraxie).

경험"(ebd.)을 한 것을 뜻한다. 그런 까닭에 헤겔은 회의주의를, 스토아
주의 단계에서 한낱 개념에 지나지 않았던 것을 실현시키는 것이고 동
시에 이것은 사상의 자유가 무엇인가 하는 데 대한 구체적[현실적]인 경
험을 의미하는 것이라 하였다. 따라서 헤겔에 의하면 그 운동은 외부의
개별적인 것에 관계하면서 그것을 부정한다는 형태를 취한다: "회의주
의는 스토아주의에서 단지 개념이었던 것을 현실화하는 것이다. 즉, 사
유의 자유가 무엇인지를 현실적으로 경험하는 것이다."[202] 그리하여 "사
유는 다면적으로 규정된 세계의 존재를 절멸하는 완전한 사유로 되며, 자
유로운 자아의식의 부정성은 이러한 다양한 생의 형태에서 실질적인
부정성으로 된다."[203]

헤겔은 스토아주의를, 자유를 향유(享有)하는 주인의 의식에 대응시
키고, 회의주의를 욕구와 노동을 통하여 외적 세계에 작용하고 그것을
부정해 가는 노예의 의식에 대응시키고 있다: "스토아주의가 지배와 예
속의 관계로 나타났던 자립적인 의식의 개념에 상응하듯, 회의주의는 타
재에 대한 부정적인 방향으로서의 그 개념의 실현, 즉 욕망과 노동에 상
응한다."[204]

---

202 "Der *Skeptizismus* ist die Realisierung desjenigen, wovon der Stoizismus nur
der Begriff, — und die wirkliche Erfahrung, was die Freiheit des Gedankens ist;
(⋯)"(PG, 154).

203 "der Gedanke wird zu dem vollständigen, das Sein der *vielfach bestimmten*
Welt vernichtenden Denken, und die Negativität des freien Selbstbewußtseins wird
sich an dieser mannigfaltigen Gestaltung des Lebens zur realen Negativität."(PG,
155).

204 "(⋯) daß, wie der Stoizismus dem *Begriffe* des *selbständigen* Bewußtseins, das
als Verhältnis der Herrschaft und Knechtschaft erschien, entspricht, so entspricht
der Skeptizismus der *Realisierung* desselben als der negativen Richtung auf das
Anderssein, der Begierde und der Arbeit."(PG, 155).

그러나 이와는 달리 부정적 운동을 회의주의의 입장으로 옮겨 놓고
본다면 이것은 곧 자아의식의 계기를 이룰 뿐만 아니라, 이때의 자아의
식에서는 결코 부지불식간에 고수해 오던 진리와 실상이 소멸되어 버
리는 사태가 일어나는 일은 있을 수 없으며, 오히려 그것은 스스로의
자유를 확신하는 가운데 마치 자기가 실재하기라도 하는 듯이 내세우
는 타자로 하여금 스스로 소멸되도록 할 뿐이다(PG, 156 참조). 따라서
절대적인 자기확신 이외에는 그 어떤 것도 실재하지 않으며, 모든 규정
성은 자아의식 자신에 근거해서만 성립할 뿐이다. 결국 이러한 자유는
"오직 자기 자신에 의한 사유에서 빚어지는 평정심(平靜心)일 뿐이며,
또한 불변적이고도 자기 자신에 대한 진정한 확신"[205]인 것이다.

원래 이 단계에서의 자아의식의 본질은, 이와 같은 경험적 세계에서
만나는 개별적 · 우연적인 것을 부정하고 자기동일성을 확보하려 하는
것이었다. 그렇기 때문에 여기에서의 이 의식은 스스로가 개별적 · 우연
적인 것으로 취급되고 있는 것을 자인(自認)하면서도 또 한편 스스로가
보편적 · 자기동일적이려고 하는 것이다. 회의주의적 의식이 오직 타자
를 부정함으로써만 자기확신을 정립할 수 있다는 것은 분명하다. 그러
므로 자아의식은 스스로 이러한 타자에 얽매여 있다. 이런 이유 때문에
이러한 의식의 이중성이 드러나는 것이다. 그러나 아직도 회의주의적
의식은 이 사실을 진정으로 자각하지 못한다. 왜냐하면 만일 이것을 자
각한다면 그 의식은 불행한 의식일 것이기 때문이다.[206] 결국 회의주의
의식은 보편적인 것과 개별적인 것 · 비본질적인 것과의 사이의 동요(動
搖) 속에서 혼란된 의식으로 드러나지 않을 수 없는 것이다. 이 점과 관

205 "es ist sich diese Ataraxie des sich selbst Denkens, die unwandelbare und *wahrhafte Gewißheit seiner selbst.*"(Ebd., 156).
206 이뽈리뜨, ebd., 235 참조.

련하여 헤겔은 다음과 같이 말한다:

"그러나 바로 이 점에 있어서 그러한 의식은 자기 동일적 의식이기는커녕 오히려 맹목적인 우연에 지배된 혼미와 현기증이 날 만큼 끊임없이 새로운 불씨를 마련해 가는 혼란에 비길 수 있는 것이다. 이것은 그 의식 자체가 빚어 낸 결과일 뿐이다. 왜냐하면 바로 그 의식 자체가 이와 같이 스스로 야기되는 혼란과 동요를 간직하는 동시에 이를 부채질해 나갈 뿐이기 때문이다. (…) 또한 이 의식은 다시금 이와 같은 자기동일성으로부터 혹은 오히려 그러한 자기동일성 자체 내에서 어느덧 상술한 바와 같은 개별적 우연성과 혼란상태로 전락하기에 이른다. 왜냐하면 바로 여기서 활개치는 부정성이란, 오직 개별적인 것에만 관계하여 우연적인 것에 휩쓸려 들어가기 때문이다. 이러한 의식은 결국 의식의 자기망각 속에서 몽환(夢幻)에 사로잡혀 있는 것에나 비유할 수 있으니, 또한 이것은 자기동일적인 자아의식이라고 하는 하나의 극단으로부터 우연한, 혼란되고 혼란하게 만드는 의식이라고 하는 또 다른 극단의 사이를 왕래하는 것이다. 회의적 의식 자신은 자기 자신으로부터 파생된 이 두 사상(思想)을 합일할 수 없다."(PG, 157)

이렇듯, 이 의식은 보편적·자기동일적인 것과 개별적·우연적인 것 사이의 동요 속에서 끊임없이 반복되는 자기대립적인 의식이다: "이와 마찬가지로 이러한 회의적 의식은, 스스로 불변성과 동일성을 한편으로 하고, 또 다른 한편으로 전적인 우연성과 비동일성을 함께 간직하는 2중적인 대립의 의식이라고 할 수밖에 없다."[207] 즉, 자아의식의 외재적

---

207 "(…) ebenso hat es selbst das gedoppelte widersprechende Bewußtsein der Unwandelbarkeit und Gleichheit und der völligen Zufälligkeit und Ungleichheit mit sich."(Ebd., 157 f.).

분열 가운데서 서로 분리된 존재성을 가지고 대립했던 주노관계에서의
의식의 대립이 이제는 하나의 의식 속으로 들어옴으로써 자아의식의
내재적 분열로 나타난 것이며, 자신을 자신과 모순되는 의식으로서 경
험하는 이중성을 띤 자아의식이 현존하게 된 것이다: "이렇게 함으로
써, 앞에서 두 개별자, 즉 주인과 노예로 양분됐던 이중화 작용이 어느
덧 단 하나의 요인으로 귀착되기에 이른다."[208] 다시 말해서 회의주의적
의식은 개별적인 생명, 경험적 또는 우연적인 법칙의 세계에 사로잡혀
자기분열하면서도 또 그것을 부정하고, 자기 동일성을 회복하며 보지
(保持)하려는 운동을 반복해 가는 의식이다. 따라서 이러한 회의는, 부
동의 거점(據點)을 확보하기 위한 데카르트적 회의와는 달리, 곧바로
모두를 부정하고 상대화해 가는 연속적 회의라고 말할 수 있다. 또한
회의주의는 회의와 부정이 연속적으로 이행하는 것인 까닭에 두 개의
대립된 것이 하나의 의식 아래에 통일되어 있는 것은 아니다. 그렇기
때문에 이 대립과 자기분열은 고뇌(苦惱)로서 자각되어 있지 않다. 이
이중(二重)으로 분열된 의식이 하나의 의식 속에 통일적으로 존재하고
그리하여 그 의식이 분열을 자각하고 번민하는 의식의 형태가 "불행한
의식"이다.

10.3. 불행한 의식[das unglückliche Bewußtsein]

스토아주의와 회의주의가 각각 헬라스 말기의 스토아주의와 회의주
의에 대응한다고 한다면, 이 불행한 의식은 기독교의 의식에 대응한다.

---

208 "Hierdurch ist die Verdopplung, welche früher an zwei Einzelne, an den Her-
rn und den Knecht, sich verteilte, in Eines eingekehrt; (…)" (Ebd., 158).

불행한 의식은 우연적·개별적인 것과 영원하고 보편적인 것을 통일해 가는 기독교의 의식이다.

헤겔은 불행한 의식의 서술을 유대교에서 시작하고 있다. 곧, 불변적인 것과 가변적인 것의 분열로 번민하는 유대교의 의식에서 출발하면서, 기독교의 성육(成肉)[Incarnation]을 통하여 어떻게 해서 이 불변적인 것의 형태화가 실현되고, 예수 그리스도에의 귀의(歸依)를 통하여 어떻게 가변적인 것과 불변적인 것의 통일이 이루어져 가는가를 묘사해 내고 있다. 따라서 여기에서 전개되는 사유의 중심은 예수 그리스도의 성육과 삼위일체의 교의(敎義)다.

헤겔은 개별적·가변적인 것과 보편적·불변적인 것이 분열하면서 하나의 의식 속에 존재하는 불행한 의식의 본질을 다음과 같이 묘사하고 있다:

"회의주의 속에서 실제로 의식은 자신을 자신 속에서 대립된 의식으로 경험한다. 이런 경험으로부터 하나의 **새로운 형태**가 출현한다. 이 새로운 형태는 회의주의가 갈라놓고 있는 두 개의 사유를 결합한다. (…) 이로 말미암아 새로운 형태는 그 자신으로 볼 때 자신이 이중적인 의식이라는 것을 아는 의식이다. (…) 스토아주의에 있어 자아의식은 자기 자신의 단순한 자유다. 회의주의에서는 그러한 자유가 자신을 실현하면서 특정한 현존재가 지니는 다른 측면을 없애 버린다. 그러나 이 자유는 오히려 자기를 이중화하면서 이제 그 자체로 이중적인 것이 된다. 이렇게 함으로써 앞에서 두 개의 개별자, 즉 주인과 노예로 양분되었던 이중화가 단 하나의 요인으로 귀착된다. 그리하여 정신 개념 속에 본질적으로 존재하는, 자아의식의 자기 자신 속에서의 이중화가 이로써 현존한다. 그러나 아직 이중화의 통일은 존재하지 않는다. 그리고 **불행한 의식**은 자신을 이중화된, 즉 오로지 대립적인 존재자로만 아는 의식이다.

　자신 속에서 분열되어 있는 이 불행한 의식에 있어서 바로 그 자신의 본질이 지니는 대립이란 것도, 오직 단 하나의 의식을 뜻하는 것으로 받아들여질 수밖에 없으므로, 불행한 의식이라고 하는 이 하나의 의식 속에는 언제나 그 자신과 다른 또 하나의 의식이 있게 마련이다. 그리하여 비록 이 양분된 불행한 의식이 스스로의 이중성을 단일화하는 데서 오는 승리감이나 안정감에 젖어들 수 있을지라도 그는 곧 다시 일단 마련된 듯이 보이던 통일된 상태로부터 스스로 축출되고 만다."(PG, 158 f.)

　여기서 헤겔은 이러한 분열이 완화되어 통일되어 가는 과정을 이미 기술한 바 있는 삼위일체의 교의를 인용하여 우선, 1) 가변적인 것과 불변적인 것이 분열하고 있는 유대교적 의식, 2) 예수 그리스도의 성육을 통한 불변적인 것의 형태화, 3) 기독교[敎團]의 성립에 의한 불변적인 것과 가변적인 것의 결합이라는 과정으로 묘사하면서, 또한 이 2)의 불변적인 것의 형태화와 3) 불변적인 것과 가변적인 것의 결합을 삼단계로 구별한다.

　이중적인 자아의식, 그것은 현실을 긍정하는 의식과 부정하는 의식이다. 현실을 긍정하는 것은 현실을 본질적인 것으로 보는 것이요, 부정하는 것은 현실을 비본질적인 것으로 보고, 초현실 곧 피안을 본질적인 것으로 보기 때문이다. 그리하여 불행한 의식에게는 이 양자는 본질적인 동시에 대립된 것으로 보이기 때문에(PG, 159 참조), "이 양자의 통일이 불행한 의식에게는 본질이기도 하다."[209] 그러나 이 양자의 통일이 용이한 일은 아니다. 즉, 의식이 직면한 문제는 현실이 본질이어서

---

[209] "(…) die Einheit beider ist ihm auch das Wesen; (…)"(Ebd.).

도 안 되고, 그렇다고 피안이 본질이어서도 안 된다는 진퇴양난의 것이다. 그리하여 얼핏 보면 "통일하려는 희망과 그 통일의 실현 사이에는 절대적인 우연성이나 혹은 움직일 수 없는 무관심이 가로놓여 있어서,"[210] 피안과 일체가 되려는 희망은 희망에 그치고 만다. 즉, 실현되지 않고 양립되어 있는 그대로 머물고 만다. 이와 같은 문제를 해결하기 위하여 의식은 우선 현실을 비본질로, 피안을 본질로 여기는 입장에 서 본다. 이것이 바로 "순수의식"(PG, 162)의 단계다. 이 단계는 현실을 비본질로 여기는 까닭에, "단지 사유만을 지향하는 것이요, 기원(祈願) [nur an das Denken hin und ist Andacht]"(PG, 163)이다. 그러나 이러한 의식은 자기감정[Selbstgefühl]에 사로잡힌 것이어서 본질로 여기고 있는 피안조차 개별적인 데 지나지 않게 된다. 따라서 "이러한 첫 번째 관계 속에서 의식은 단지 현실적인 의식의 개념에 불과하거나 혹은 행동과 향유 속에서 아직 현실적이지 못한 내적 심정에 지나지 않는다."[211]

그리하여 의식은 다시 현실을 본질로, 피안을 비본질로 간주하는 입장에 서 본다. 이 단계는, 욕구하는 것을 노동에 의해서 성취하게 되는 장(場), 곧 현실을 무의미한 것이라고 보지도 않고, 현실에서의 행위도 무(無)의 행위가 아니다. 따라서 현실은 오히려 "신성한 세계([ine ge-heiligte Welt]"(PG, 165)인 것이다. 그러므로 현실은 "불변자의 형태 [Gestalt des Unwandelbaren]"(ebd.)로서 보이기도 한다.

---

210 "(⋯) zwischen ihr und der Erfüllung steht gerade die absolute Zufälligkeit oder unbewegliche Gleichgültigkeit, (⋯)"(PG, 161).
211 "Im ersten Verhältnisse war es nur *Begriff* des wirklichen Bewußtseins oder das *innere* Gemüt, welches im Tun und Genüsse noch nicht wirklich ist; (⋯)" (PG, 167 f.).

회고와 전망

지금까지 살펴본 것처럼, 자아의식의 문제는 칸트의 비판철학으로부터 독일관념론의 핵심적인 세 철학자인 피히테 · 쉘링 · 헤겔철학의 핵심적인 개념들 가운데 하나라는 점이 드러났다. 칸트는 『순수이성 비판』에서 대상의식은 곧 자아의식이라는 점을, 또한 정험적 통각(자아의식) 없이는 어떤 경험(대상의식)도 가능하지 않다는 점을 보여 주었다. 원리로서의 자아의식에 대한 견해의 기초가 된 것은 정험적 통각에 대한 칸트의 통찰이었다. 논리적인 근본작용들의 결합체인 순수주체는 종합하는 자신의 개념파악작용을 통하여, 자기에 대립해 있는 세계에 자기의 논리적 형식을 각인(刻印)한다. 그러므로 주체는, 칸트가 〈모든 종합판단의 최상의 원칙에 관하여(Von dem obersten Grundsatze aller synthetischen Urteile)〉에서 "경험 일반이 가능하기 위한 조건들은 동시에, 경험의 대상들이 가능하기 위한 조건들이며, 그러므로 선험적 종합판단에서 객관적 타당성을 갖는다"[1]라고 말하고 있듯이, 객체를 아는 자

---

1 "Die Bedingungen der *Möglichkeit der Erfahrung* überhaupt sind zugleich Bedingungen der *Möglichkeit der Gegenstände der Erfahrung*, und haben darum objektive Gültigkeit in einem synthetischen Urteile a priori." (KrV A 158/B 197).

384 칸트와 독일관념론의 자아의식 이론

아가 지니고 있는 지(知)와 객체의 선험적 동일성의 근원이다. 칸트는
『순수이성 비판』제2부: 정험적 논리학의 제1권: 정험적 분석론의 제1
편: 개념의 분석론 중 [제2판의 순수지성 개념의 연역] §18 '자아의식
의 객관적 통일'에서 다음과 같이 말한다: "통각의 정험적 통일은, 직관
에 주어진 모든 다양한 것들이 그로 말미암아 하나의 객관 개념으로 통
일되는 그런 것이다."[2] 즉, 정험적 통각, 순수주체 혹은 순수자아는, 직
관의 다양을 개념의 필연적 결합 속으로 가져다 놓음으로써 객관을 구
성한다는 것이다.[3]

　본문에서는 다루지 않았지만, 칸트의 역사철학이 집약되어 있는 논
문인 「세계시민적 관점에서 본 보편사를 위한 이념」[4]에서 칸트는 유적
존재자(類的 存在者)[Gattungswesen]로서의 인간의 존재방식을 제시하
였다. 칸트에 의하면, 자연이 인간들의 모든 소질(素質)을 실현시키기
위해 사용하는 수단은 사회 속에서의 인간들 상호 간의 항쟁(抗爭)[An-
tagonism]이며, 이 항쟁은 궁극적으로 사회의 합법칙적인 질서의 원인
이 되는 한에서의 항쟁이다. 이기적인 개인들 간의 갈등, 즉 "비사회적
사회성(ungesellige Geselligkeit)"[5]에서 국가질서가 발생하였고, 그 뒤

칸트는 또한 "가능한 경험 일반의 선험적 조건들은 동시에, 경험의 대상들이 가능하기
위한 조건들이다"("Die Bedingungen a priori einer möglichen Erfahrung überhaupt
sind zugleich Bedingungen der Möglichkeit der Gegenstände der Erfahrung" KrV
A 111)라고 거의 동일하게 말하고 있다.

2　"Die *transzendentale Einheit* der Apperzeption ist diejenige, durch welche alles
in einer Anschauung gegebene Mannigfaltige in einen Begriff vom Objekt vereinigt
wird."(KrV B 139).

3　Werner Marx, *Das Selbstbewußtsein in Hegels Phänomenologie des Geistes*, ebd.,
4 참조.

4　"Ideen zu einer allemeinen Geschichte in weltbürgerlicher Absicht," in: *Kant,
Schriften zur Geschichtsphilosophie*, mit einer Einleitung hg. v. Manfred Riedel,
Stuttgart, 1974, 21-39.

에 이 질서 속에서 인간의 도덕적 진보가 가능했다고 주장한다. 칸트는 헤겔 논리학의 중심 개념인 '대자적 대타성(sowohl Fürsich als auch Füranderes)'을 선취(先取)하는 "비사회적 사회성"이라고 하는, 자아의식으로서의 인간규정을 통하여 사회 속에서의 인간의 존재방식을 적절히 표현하고 있다. 인간은 사회화의 경향[Hang]을 가지고 있을 뿐만 아니라, 다른 한편으로는 개별화[고립화]라는 경향도 갖고 있다. 그가 말하는 비사회적 사회성이란, 인간이 개별화의 경향과 사회화의 경향을 함께 지니고 있다는 것을 말한다.

피히테에 관해 서술하는 장에서는, 피히테철학이 어떻게 칸트 및 라인홀트의 철학을 수용하고 비판하면서 발전하게 되었는지 서술하였다. 실로 독일관념론은 피히테와 더불어 본격적으로 시작되었다고 할 수 있다. 이어서 피히테에 있어서 자아의식 문제가 다루어지고 있는 주 텍스트인 『전 학문론의 기초』(1794/95)를 중심으로 자아의식에 관한 피히테의 이론을 추적한 후, 『자연법의 기초』(1796/97)와 『윤리학의 체계』(1798)를 중심으로, 자아의식의 문제가 사회철학 및 윤리학의 영역에서 어떻게 다루어지고 있는지 살펴보았다.

쉘링의 동일철학은 자아에서 출발하는 피히테의 철학과, 주관과 객관 그리고 정신과 물질의 절대적 동일이라는 원리로부터 출발했는데, 피히테가 무제약적인 자아의 운동에 의해서 칸트의 문제점을 해결하려고 했다면, 쉘링은 주객동일성에 대한 직관에 의해 이를 해결하고자 했다. 쉘링에 관한 장에서는, 그의 두 번째 철학저작인 『철학의 원리로서의 자아에 관하여, 혹은 인간지식 속의 무제약자에 관하여』(1795)를 중심으로, 모든 지식의 원형인 철학의 최고원리 혹은 최후지점의 의미를

---

5 Kant, ebd., 25.

어떻게 묻고 있는지, 그리고 그러한 '최후지점' 혹은 '무제약자'를 어디서 발견할 수 있을 것인지를 탐구하여, 오직 절대자아 속에서만 무제약자를 찾을 수 있다고 하는 쉘링의 주장의 타당성을 검토하였다. 이어서, 이론적 자아의식과 실천적 자아의식의 관계를 추적하고, 절대자아 또는 무제약자와 자아의식의 관계를 해명하였다. 또한, 절대자아는 자아의식과 구별되며, 감성적 직관이나 자아의식을 통해서 파악되지 않고 지적 직관을 통해서 주어진다는 주장이 받아들여질 수 있는지를 검토하였다. 이 주장은 칸트의 비판철학과 분명히 구별되는 것이다. 칸트에게서는 모든 철학의 '최고의 점'으로 생각된 것은 순수통각 혹은 자아의식이었지만, 쉘링은 한 걸음 더 나아가 자아의식조차도 근거 지울 수 있는 절대자아를 내세웠다. 피히테나 쉘링이 칸트철학에 가진 불만은, 이론이성과 실천이성 그리고 반성적 판단력을 하나로 묶는 최종적인 통합근거를 칸트가 해명하지 못했고 자아의식을 철학의 '최고의 점'으로 생각하면서도 그것의 인식 가능성을 거부한 것이다. 쉘링은 인식과 존재를 동시에 근거 지우는 것은 '절대자' 혹은 '무제약자'이어야 함을 요구하고, 그것을 절대자아로 보았다. 무제약자를 절대자아에서 확인한 것은 칸트철학의 '근원적 통각'을 더욱더 일관되게 끝까지 밀고 나간 결과라 하겠다.

그런데 쉘링은 『정험적 관념론의 체계』(1800)에서 자아의식을 지(知)의 최고원리로 간주한다. 이 자아의식은 자기 자신을 생산할 뿐만 아니라 무의식적 생산을 통하여 대상의 세계를 생산한다. 그에 의하면 정신의 모든 행위는 무한자를 유한자 속에서 서술하는 일에 관계되는데, 이러한 행위의 목표는 자아의식이며, 이러한 행위의 역사는 바로 자아의식의 역사 이외의 다른 것이 아니다. 쉘링에 있어서 자아의식의 역사라는 이념은 처음부터 자연철학과 정험철학이 서로 긴장(緊張)하는 영역에 존재하며, 그럼으로써 절대자의 철학의 문제의 영역 속에 존재한다.

한편 셸링은 자아의식의 산출조건을 반성함으로써 자아의식을 자유의 원리로 내세운다. 이로써 셸링은 정험철학을 정초하면서도 자기 사상의 기본 모티브인 자유로 되돌아간다. 그러므로 자아의식과 자유의 관계가 고찰대상이 되었다. 또한 셸링은 피히테에게서 너무 간략하게 다루어진 자연, 그리고 무엇보다도 예술이 실천철학뿐만 아니라 이론의 중심부분이 되어야 한다고 생각한다. 그리하여 자아(의식)와 자연 및 예술의 관계가 문제로 등장한다. 셸링에 의하면 자아의식의 근원적 지(知)는 직접적이며, 직접지는 개념을 거쳐 매개될 수 없기 때문에 '직관'의 형태이어야 한다. 따라서 셸링은 직접지를 '지적 직관'으로 파악한다. 그러나 셸링에게 있어서 주관의 자아의식에 머물러 있는 지적 직관은 철학의 시작이기는 하지만, 셸링 정험철학의 목표는 결코 아니다. 철학의 과제는 지적 직관의 객관적인 나타남에 대한 추구에 있으며, 이러한 나타남의 장소는 셸링에 의하면 예술이다.

헤겔은 칸트의 자아의식 이론에 대하여 "이성비판에서 발견되는 가장 심오하고 올바른 통찰들에 속하는 것은, 개념의 본질을 구성하는 통일은 통각의 근원적·종합적 통일로, 즉 '나는 생각한다' 혹은 자아의식의 통일로 인식되고 있다는 점이다"[6]라고 긍정적으로 평가하기도 하지만, 칸트의 정험철학은 "심리학적 관념론(psychologischen Ideali-smus)"[7]이라고 비판하기도 한다. 헤겔은 의식이 '사적(私的)'이고 '내적(內的)

---

6 "Es gehört zu den tiefsten und richtigsten Einsichten, die sich in der Kritik der Vernunft finden, daß die *Einheit*, die das *Wesen des Begriffs* ausmacht, als die *ursprünglich-synthetische* Einheit der *Apperzeption*, als Einheit des: *Ich denke*, oder des Selbstbewußtseins erkannt wird." (*Wissenschaft der Logik II*. TW 6, 254).

7 *Wissenschaft der Logik II*. TW 6, 261.

이며' 혹은 자신과 세계를 '관찰하는 자'에 불과하다는 주장을 거부하며, 의식은 '공동체적이고', '공적(公的)이며' 사회적으로 상호작용한다고 주장하면서 주관성 개념 자체를 다시 진술한다. 마침내 헤겔에 있어서 자아의식은 — 정신성이라는 측면에 따라 파악된 — 인간(유한한 혹은 개별적인 자아의식)의 동의어로 된다.

우리는 헤겔의『정신현상학』에 서술된 자아의식 이론을 검토하였다. 첫 단계에서는, 추상적 자아의식과 구체적 자아의식이 어떻게 구별되는지를 살펴보았고, 구체적인 자아의식을 성립하게 하는 대상의식의 단계들인 감각적 확신, 지각, 지성의 입장을 고찰하였으며, 〈자아의식〉장에서는 욕망, 승인, 노동, 자유 등의 핵심 개념들이 자아의식과 갖는 관계에 대한 서술을 통하여, 보편적 자아의식에 대한 고찰에까지 이르렀다. 이러한 보편적 자아의식은, 자기 자신에 대한 자아의 내적 관계가 아니라 감성의 부정을 통해, 그리고 사회적 승인이라는 상호주관적 과정을 통해 매개된다. 그리하여 "보편적 자아의식은 다른 자기 속에서 자기 자신을 긍정적으로 아는 것이다"(Enz. §§424-436, 특히 §436).

지금까지의 서술을 통하여 우리는 다음과 같은 몇 가지 사실을 파악할 수 있었다. 즉, 1) 칸트로부터 피히테, 쉘링 그리고 헤겔에 이르기까지 '대상'이 어떻게 규정되고 있는지를 탐구하여, 자아의식과 대상의식의 관계가 드러나게 되었다. 2) 대상의 문제와 관련하여, 철저하게 2원론적인 구조로 되어 있는 칸트철학에 있어서, 인식될 수 없고 단지 사유될 수만 있는 물 자체의 문제를 칸트 이후의 독일관념론자들이 어떻게 극복하여 '자아(의식)'를 재정립하고 있는지를 해명하였다. 3) 자아 및 자아의식의 타자인 대상은 이론철학과 실천철학에서 우리의 인식의 대상 및 실천의 대상인 사물로 나타날 뿐만 아니라, '타인'으로도 등장하게 되어 윤리학 또는 사회철학의 문제의 중심에 위치하게 된다. 그리

하여 칸트 이후에 피히테, 쉘링, 헤겔에 이르기까지, 또 다른 자아의식
들인 타인 개념이 어떻게 규정되고 전개·변화하고 있는지를 탐구하였
다. 자아의식의 문제는 단순한 인식론의 문제만이 아니라 실천철학의
문제와 곧바로 연결된다. 이것은 바로, 자아의식으로서의 하나의 인간
에 대한 또 다른 자아의식으로서의 인간 사이의 관계문제에 대한 탐구
가 될 수밖에 없다. 4) 자아의식과 직관의 관계를 탐구한 결과, 칸트는
인식과 관련하여 감성적 직관[sinnliche Anschauung]만을 인정했으나,
피히테에 있어서는 지적 직관[intellektuelle Anschauung]이 인식과 행
위의 문제에서 핵심적인 용어로 등장하며, 쉘링에 이르러서는 지적 직
관 또는 미적 직관[ästhetische Anschauung]이 절대자 파악의 수단으로
등장하지만, 다시 헤겔에 이르러서는 지적 직관에 의해 절대자가 파악
될 수 있다는 주장은 거부되고 오로지 '개념의 노동(Arbeit des Beg-
riffes)'을 통한 절대자 인식의 가능성이 제기됨을 밝혔다. 이러한 문제
들과 관련된 더욱 상세한 연구는 앞으로의 과제로 남겨 둔다.

참고문헌

1차 문헌

Kant

Die Metaphysik der Sitten in zwei Teilen (Königsberg: Friedrich Nicolovius, 1797); 2nd edition: 1798. [Ak. 6: 205-355, 373-493] "The Metaphysics of Morals." Translated by Mary J. Gregor in: *Immanuel Kant, Practical Philosophy*, edited by Mary J. Gregor, Cambridge: Cambridge University Press (365-603), 1996.

Grundlegung zur Metaphysik der Sitten, Stuttgart, 1967.

Ideen zu einer allemeinen Geschichte in weltbürgerlicher Absicht, in: Kant, *Schriften zur Geschichtsphilosophie*, mit einer Einleitung hg. v. Manfred Riedel, Stuttgart (21-39), 1974.

Kritik der reinen Vernunft (1781), hg. v. Raymund Schmidt, Hamburg, 1956.

Prolegomena zu einer jeden künftigen Metaphysik, die als Wissenschaft wird auftreten können, hg. v. Karl Vorländer, Hamburg, 1969.

Fichte

전집

Fichte, J. G., *Gesamtausgabe der Bayerischen Akademie der Wissenschaften*, hg. v. R. Lauth und H. Jacob u.a., Stuttgart–Bad Cannstatt, 1962 ff. (=GA).

I. Reihe: *Werke*

II. Reihe: *Nachgelassene Schriften*

III. Reihe: *Briefe*

IV. Reihe: *Kollegnachschriften*

Fichtes Werke, hg. v. I. H. Fichte, 11 Bde., Berlin 1971. Nachdruck der Sämtlichen Werke, Berlin 1845/1846(I–VIII) und der nachgelassenen Werke, Bonn 1834/35 (=SW).

인용된 자료

Brief von Fichte an Schiller v. 27.06.1795, in: GA III/2 (336–340).

Darstellung der Wissenschaftslehre a. d. J. 1801, in: SW II(1–164).

Das System der Sittenlehre (1798), in: GA I/5 (1–317); SW IV (1–366) (=SSL).

Erste Einleitung in die Wissenschaftslehre, in: GA I/4 (186–208) (=EEWL); SW I(417–450).

Fichte an (Jens Immanuel Baggesen?). 2. Briefentwurf (1975 April/Mai), in: GA III/2 (299–301).

Grundlage der gesamten Wissenschaftslehre (1794/95), in: GA I/2 (249–451); SW I (83–328) (=GdgWL).

Grundlage des Naturrechts nach Prinzipien der Wissenschaftslehre (1796/97), in: GA I/3 (291–460): 1. Teil, GA I/4 (1–165): 2. Teil: SW III (1–386).

Rechtslehre. Vorgetragen von Ostern bis Michaelis 1812, hg. v. Richard Schott-ky, Hamburg, 1980.

Versuch einer neuen Darstellung der Wissenschaftslehre, in: SW I(519–534) (=VnDWL).

Vorlesung über Logik und Metaphysik von 1797/98: Nachschrift Krause u. eines Unbekannten, in: GA IV/1 (169–450).

Wissenschaftslehre nova methodo (1796/99), in: GA IV/2 (1–268) (=WLnm).

Zweite Einleitung in die Wissenschaftslehre, in: GA I/4 (209–279); SW I(451–518).

Über den Begriff der Wissenschaftslehre, in: GA I/2, (91–172); SW I(27–82) (=ÜBWL).

Schelling

전집

Sämtliche Werke, hg. v. K. F. A. Schelling, 14 Bde., Stuttgart/Augsburg (1856–1861) (=SW).

인용된 자료

Abhandlungen zur Erläuterung des Idealismus der Wissenschaftslehre, in: SW I (343–452).

Abhandlungen zur Erläuterung des Idealismus in der Wissenschaftslehre (1796/97), in: SW I(343–452).

Einleitung in die Philosophie der Mythologie, in: SW XI.

Philosophische Briefe über Dogmatismus und Kriticismus (1795), in: SW I

(281–341).

Schriften der gesammten Philosophie und der Naturphilosophie insbesondere, in: SW VI (131–576).

System des transzendentalen Idealismus (1800), in: SW III (327–634) (=StI).

Vom Ich als Prinzip der Philosophie oder über das Unbedingte im menschlichen Wissen, (1795, 1809), in: SW I(149–244).

Zur Geschichte der neueren Philosophie, in: SW X (1–200).

"Über das absolute Identitäts–System und sein Verhältniß zu dem neuesten (Reinholdischen) Dualismus," in: Hegel, GW 4. *Jenaer Kritische Schriften* (129–173), 1968.

Über die Möglichkeit einer Form der Philosophie überhaupt (1794), in: SW I(85–148).

Hegel

전집

Theorie Werkausgabe in zwanzig Bänden, Redaktion von Eva Moldenhauer und Karl Markus Michel, Ffm., 1969 ff. (=TW).

Gesammelte Werke in Verbindung mit der Deutschen Forschungsgemeinschaft, hg. v. der Rheinisch–Westfälischen Akademie der Wissenschaften, Hamburg, 1968 ff. (=GW).

인용된 자료

Bewußtseinslehre für die Mittelklass (1809 ff.), in: *Nürnberger und Heidelberger Schriften 1808–1817*. TW 4 (111–123).

Briefe von und an Hegel, hg. v. Johannes Hoffmeister. Hamburg, Band I,

1952.

Die Phänomenologie des Geistes (SS 1825), in: Hegels Philosophie des subjektiven Geistes, hg. v. Petry, M. J., Dordrecht/Boston, 1979.

Entwürfe über Religion und Liebe, in: Frühe Schriften, TW 1 (239-254).

Enzyklopädie der philosophischen Wissenschaften 1, TW 8.

Enzyklopädie der philosophischen Wissenschaften 3, TW 10.

Enzyklopädie der philosophischen Wissenschaften im Grundrisse. Zum Gebrauch seiner Vorlesungen (1827), GW 19.

Grundlinien der Philosophie des Rechts, TW 7.

Hegels Theologische Jugendschriften, hg. v. Herman Nohl, Unveränderter Nachdruck der Ausgabe v. Tübingen 1907, Ffm. 1991. (=Nohl).

Heidelberger Enzyklopädie, in: Sämtliche Werke. Jubiläumsausgabe in zwanzig Bänden. Neu hg. v. H. Glockner. Stuttgart, Bd. 6, 1927-1940.

Jenenser Realphilosophie I(1803/04), hg. v. Johannes Hoffmeister, Leipzig, 1932.

Jenenser Realphilosophie II(1805/06), hg. v. Johannes Hoffmeister, Leipzig, 1931.

Phänomenologie des Geistes (1807), hg. v. Johannes Hoffmeister, Hamburg, 1952. (=PG).

Rechts-, Pflichten- und Religionslehre für die Unterklasse (1810 ff.), in: TW 4 (204-274).

Vorlesungen über die Geschichte der Philosophie, TW 19.

Vorlesungen über die Geschichte der Philosophie III, TW 20.

Vorlesungen über die Philosophie des Geistes, Berlin im Wintersemester 1827/28, Nachgeschrieben von Johann Eduard und Ferdinand Walter, hg. v.

Franz Hespe und Burkhard Tuschling, Hamburg, 1994.

Wissenschaft der Logik I, GW 11.

Wissenschaft der Logik I, TW 5.

Wissenschaft der Logik II, GW 12.

Wissenschaft der Logik II, TW 6.

2차 문헌

국내문헌

강영안, 『자연과 자유 사이』, 문예출판사, 2001.

김준수, 「피히테의 승인이론의 구조」, 『헤겔연구』 제21권, 한국헤겔학회 (265–301), 2007.

노만, 리차드, 『헤겔 정신현상학 입문』, 오영진 역, 한마당, 1986.

닝크, C., 『헤겔의 정신현상학』, 이충진 역, 청하, 1987.

백훈승, 「헤에겔 〈정신현상학〉을 중심으로 한 욕구의 의미·발생·구조의 분석」, 『五鳳 宋玄洲 교수 停年紀念論文集』, (515–560), 1994.

_____, 「윤리공동체의 성립조건으로서의 상호승인과 자유」, 『철학연구』 제72집 (265–292), 1999.

_____, 「헤겔에 있어서 구별되어야 할 세 가지 종류의 욕구」, 『대동철학』 제3호 (115–135), 1999.

_____, 「누가 구체적으로 사유하는가?: 헤겔과 총체적 사유」, 『범한철학』 제30집, 범한철학회 (249–270), 2003.

_____, 『피히테의 자아론. 피히테철학 입문』, 신아출판사, 2004.

_____, 「찰스 테일러와 헤겔에 있어서 자아정체성 및 공동체의 형성에 관한 연

구」, 『철학연구』 제100집 (355-383), 2006.

_____, 「피히테와 Tathandlung」, 『철학연구』 제124집 (103-134), 2012.

엘라이, 로타, 『피히테, 쉘링, 헤겔』, 백훈승 역, 인간사랑, 2008.

이뽈리뜨, 『헤겔의 정신현상학』, 이종철 외 역, 문예출판사, 1986.

최재희, 『서양철학사상』, 박영사, 1989.

한단석, 『칸트철학사상의 이해』, 양영각, 1983.

谷喬夫, 『헤겔과 프랑크푸르트학파』, 오세진 역, 한마당, 1983.

Hume, David, *An Enquiry concerning human understanding*, Oxford, 1902, 김혜숙 역, 『인간 오성의 탐구』, 고려원, 1996.

국외문헌

Altman, Matthew Christopher, *The Unquiet Spirit of Idealism: Fichte's Drive to Freedom and the Paradoxes of Finite Subjectivity* (The University of Chicago Diss.), Chicago, 2001.

Ameriks, Karl, "The Practical Foundation of Philosophy in Kant, Fichte and After," in: *The Reception of Kant's Critical Philosophy: Fichte, Schelling and Hegel*, ed. S. Sedgwick, Cambridge Univ. Pr., 2000.

Barth, Ulrich, *Gott als Projekt der Vernunft*, Tübingen, 2005.

Baumanns, Peter, *Fichtes Wissenschaftslehre. Probleme ihres Anfangs mit einnem Kommentar zu §1 der "Grundlage der gesamten Wissenschaftslehre"*, Bonn, 1974.

Baumgartner, Hans Michael/Korten, Harald, *Friedrich Wilhelm Joseph Schelling*, München, 1996.

Beck, Gunnar, "From Kant to Hegel — Johann Gottlieb Fichte's Theory of Self-consciousness," in: *History of European Ideas*, Vol. 22, No. 4,

(275–294), 1996.

Becker, Werner, *Idealistische und Materialistische Dialektik: Das Verhältnis von 'Herrschaft und Knechtschaft' bei Hegel und Marx*, Stuttgart, 1970.

Beierwaltes, W., "The Legacy of Neoplatonism in F. W. J. Schelling's Thought," tr. from the German by Peter Adamson, in: *International Journal of Philosophical Studies* Vol. 10(4), (393–428), 2002.

Bennett, Jonathan, *Kant's Analytic*, London, 1966.

Berg, Robert J., *Objektiver Idealismus und Voluntarismus in der Metaphysik Schellings und Schopenhauers*, Würzburg, 2003.

Berkeley, George, "The Principles of Human Knowledge," in: *Berkeley's Philosophical Writings*, edited with an introduction by David M. Armstrong, NY/London, (41–128), 1974.

_____, "Three Dialogues between Hylas and Philonous," 200, in: *Berkeley's Philosophical Writings*, edited with an introduction by David M. Armstrong, NY/London, (129–225), 1974.

Bort, Klaus, *Personalität und Selbstbewußtsein. Grundlagen einer Phänomenologie der Bezogenheit*, Tübingen, 1993.

Breazeale, Daniel, "Fichte's Aenesidemus Review and the Transformation of German Idealism," in: *Review of Metaphysics* 34 (545–568), March 1981.

_____, "Between Kant and Fichte: Karl Leonhard Reinhold's Elementarphilosophie," in: *The Review of Metaphysics* 35. No.4 (785–821), June 1982.

_____, "How to Make an Idealist: Fichtes Refutation of Dogmatism and the Problem of the Starting Point of the Wissenschaftslehre," in: *The Philo-*

sophical Forum 19 (114–5) n8, nos. 2/3 (winter 1987/spring 1988).

_____, editors introduction to Introductions to the Wissenschaftslehre and Other Writings (1797–1800), by J. G. Fichte, ed. and trans. Daniel Breazeale, Indianapolis, 1994.

Breidbach, Olaf, Das Organische in Hegels Denken. Studie zur Naturphilosophie und Biologie um 1800, Würzburg, 1982.

Broad, C. D., Kant. An Introduction, ed. by C. Lewy, Cambridge Univ. Pr., 1978.

Buber, Martin, Ich und Du, Köln, 1966.

Bubner, Rüdiger, Deutscher Idealismus. Geschichte der Philosophie in Text und Darstellung 6, Stuttgart, 1978.

Butler, J., Recovery and Invention: The project of desire in Hegel, Kojève, Hyppolite, and Sartre, Michigan.

Christian, Petra, Einheit und Zwiespalt, Zum hegelianisierenden Denken in der Philosophie und Soziologie Georg Simmels, Berlin, 1978.

Claesges, Ulrich, Geschichte des Selbstbewußtseins. Der Ursprung des spekulativen Problems in Fichtes Wissenschaftslehre von 1794–95, Den Haag, 1974.

Copleston, F. S. J., A History of Philosophy. Vol. VII. Fichte to Nietzsche, London, 1965.

Crone, Katja, "Vorbegriffliches Selbstbewußtsein bei Kant?," in: Kant in der Gegenwart, hg. v. Jürgen Stolzenberg, Berlin/NY. (149–166), 2007.

Daniel, Claus, Hegel verstehen. Einführung in sein Denken, Ffm./NY., 1983.

Danz, Christian u.a. (hg.), System als Wirklichkeit: 200 Jahre »Schellings System des transzendentalen Idealismus«, Würzburg, 2001.

Dilthey, W., *Die Jugendgeschichte Hegels*, Stuttgart, 1963.

Düsing, Edith, *Intersubjektivität und Selbstbewußtsein. Behavioristische, phäno-menologische und idealistische Begründungstheorien bei Mead, Schütz, Fichte und Hegel*, Köln, 1986.

Fichte, I. H. (hg.), *J. G. Fichtes Leben und liter. Briefwechsel*. 2. Teil, Leipzig, 1862.

Findlay, J., *Hegel. A Re-examination*, NY., 1962.

Fink, Eugen, *Hegel. Phänomenologische Interpretationen der "Phänomenologie des Geistes"*, Ffm., 1977.

Flay, Joseph C., "Hegel's 'Inverted World'" in: *Klassiker Auslegen. G. W. F. Hegel, Phänomenologie des Geistes*, hg. v. Dietmar Köhler und Otto Pög-geler, Berlin (89-106), 1998.

Frank, M./Kurz, G. (hg.), *Materialien zu Schellings philosophischen Anfängen*, Ffm., 1975.

Frank, M., *Eine Einführung in Schellings Philosophie*, Ffm., 1985.

Gadamer, H. G., "Die verkehrte Welt," in: H. F. Fulda und D. Henrich (hg.), *Materialien zu Hegels »Phänomenologie des Geistes«*, Ffm. (106-130), 1973.

_____, "Hegels Dialektik des Selbstbewußtseins," in: Hans Friedrich und Di-eter Henrich (hg.) *Materialien zu Hegels »Phänomenologie des Geistes«*, Ffm. (217-242), 1973.

Gamm, Gerhard, *Der Deutsche Idealismus. Eine Einführung in die Philosophie von Fichte, Hegel und Schelling*, Stuttgart, 1997.

Gewürze, Salomon, *Studien zur Entwicklungsgeschichte der Schelling'schen Philosophie unter besonderer Berücksichtigung seiner Beziehungen zu Fi-*

chte. Inaugural-Dissertation, Bern, 1909.

Gloy, Karen, "Selbstbewußtsein als Prinzip des neuzeitlichen Selbstverständnisses. Seine Grundstruktur und seine Schwierigkeiten," in : *Fichte-Studien: Beiträge zur Geschichte und Systematik der Transzendentalphilosophie*, Wolfgang H. Schrader (hg.), Amsterdam (41-72), 1990.

Görland, Ingtraud, *Die Entwicklung der Frühphilosophie Schellings in der Auseinandersetzung mit Fichte*, Ffm., 1973.

Hartmann, Nicolai, *Die Philosophie des deutschen Idealismus*, Berlin/NY., 1974.

Hartnack, Justus, (tr.) M. Holmes Hartshorne, *Kant's Theory of Knowledge*, London u.a., 1968.

Heine, H., *Sämtliche Werke* Bd. IX, hg. v. H. Kaufmann, München, 1964.

Heinrichs, Johannes, *Die Logik der Phänomenologie des Geistes*, Bonn, 1974.

Henrich, D., *Hegel im Kontext*, Ffm., 1967.

_____, *Fichtes ursprüngliche Einsicht*, Ffm., 1967.

_____, "Selbstbewußtsein. Kritische Einleitung in eine Theorie," in : *Hermeneutik und Dialektik I*, Tübingen (257-284), 1970.

_____, *Selbstverhältnisse. Gedanken und Auslegungen zu den Grundlagen der klassischen deutschen Philosophie*, Stuttgart, 1982.

_____, "Fichtes 'Ich'," in : *Selbstverhältnisse. Gedanken und Auslegungen zu den Grundlagen der klassischen deutschen Philosophie*, Stuttgart (57-82), 1982.

_____, "Subjectivity as philosophical Principle," tr. by Dieter Freundlieb, in : *Critical Horizons* 4 : 1 (7-27), Leiden, 2003.

Hirschberger, J., *Geschichte der Philosophie. II. Teil. Neuzeit und Gegenwart*.

Zweite Auflage, Freiburg, 1955.

Hoffmeister, J. (hg.), *Briefe von und an Hegel*. Bd. I, Hamburg, 1952.

Honda, Toshio, "Vom »Tun« zum »Sehen«," in: *Die Spätphilosophie J. G. Fichtes*, Wolfgang H. Schrader (hg). *Fichte-Studien* Bd.17 (69-82), Amsterdam/Atlanta, 2000.

Honneth, A., *Kampf um Anerkennung: zur moralischen Grammatik sozialer Konflikte*, Ffm, 1994.

Horstmann, Rolf-Peter, "The early Philosophy of Fichte and Schelling," in: *The Cambridge Companion to German Idealism* (117-140), Karl Ameriks (ed.), Cambridge, 2000.

_____, *A Treatise of Human Nature*, ed. L. A. Selby-Bigge, Oxford, (reprint of 1888 edition), 1951.

Hume, D., *A Treatise of Human Nature*, ed. L. A. Selby-Bigge, Oxford (reprint of 1888 edition), 1951.

Inwood, M. J., *Hegel*, London, Boston, Melbourne and Henley, 1983.

_____, *A Hegel Dictionary*, Cambridge, Massachusetts, 1993.

Jacobi, *Werke*, hg. v. F. Roth und F. Köppen, 2. Bd., Leipzig, 1815.

Jähnig, D., *Schelling: Die Kunst in der Philosophie*, 2Bde., Pfullingen, 1966/1969.

Jamme, C./Schneider, H. (hg.), *Mythologie der Vernunft*, Ffm., 1984.

Janke, W., *Fichte. Sein und Reflexion. Grundlagen der kritischen Vernunft*, Berlin, 1970.

_____, *Historische Dialektik. Destruktion dialektischer Grundformen von Kant bis Marx*, Berlin u.a., 1977.

Jantzen, Jörg, "Grund und Grundlegung der Philosophie," in: Christian Danz

u.a. (hg.), *System als Wirklichkeit: 200 Jahre »Schellings System des trans-*
zendentalen Idealismus« (9-22), Würzburg, 2001.

Jürgensen, Sven, *Freiheit in den Systemen Hegels und Schellings*, Würzburg,
1997.

Kaufmann, W., *Hegel. A Reinterpretation*, Notre Dame, 1978.

Kelly, G. A., "Notes on Hegels 'Lordship and Bondage'," in: *Hegel. a collec-*
tion of critical essays, hg. v. Alasdair MacIntyre, Notre Dame, 1976.

Kesting, Hanno, *Herrschaft und Knechtschaft. Die Soziale Frage und ihre Lö-*
sungen Freiburg, 1973.

Kojève, Alexandre, *Hegel: Eine Vergegenwärtigung seines Denkens*, hg. v. Iring
Fetscher, Ffm., 1975.

Korsch, D., *Der Grund der Freiheit. Eine Untersuchung zur Problemgeschichte*
der positiven Philosophie und zur Systemfunktion des Christentums im
Spätwerk F. W. J. Schellings, München (72-100), 1980.

Kozu, Kunio, *Das Bedüfnis der Philosophie, Ein Überblick über die Entwicklung*
des Begriffskomplexes „Bedürfnis", „Trieb", „Streben" und „Begierde" bei
Hegel, Bonn, 1988.

Kranich-Strötz, Christiane, *Selbstbewußtsein und Gewissen. Zur Rekonstruk-*
tion der Individualitätskonzeption bei Peter Abaelard. Reihe: Subjekt-
Zeit-Geschichte, Bd. 2, Münster, 2008.

Kroner, R., *Von Kant bis Hegel*, Tübingen, 1961.

Kunzmann, Peter, u.a., *dtv-Atlas zur Philosophie*, München, 1991.

Lauer, Quentin, *A Reading of Hegel' s Phenomenology of Spirit*, NY., 1976.

Lauth, Reinhard, "Le problème de l' interpersonalité chez J. G. Fichte," in: *Ar-*
chives de Philosophie, 25 (325-344), 1962.

Leibniz, Gottfried Willhelm, "La Monadologie," in: *Monadologie und andere metaphysiche Schriften; französisch-deutsch: Disours de mtaphysique, Monadologie, Principes de la nature et de la grâce fondés en raison*, hg., übers., mit Einl., Anm. und Registern vers. von Ulrich Johannes Schneider, Hamburg, 2002.

Leibniz, G. W., *Vernunftprinzipien der Natur und der Gnade*, Hamburg, 2002.

Liebrucks, Bruno, *Sprache und bewußtsein. Bd. 5. Die zweite Revolution der Denkungsart. Hegel: Phänomenologie des Geistes*, Ffm., 1970.

Ludwig, Ralf, *Hegel für Anfänger. Phänomenologie des Geistes*, München, 1997.

Marcuse, Herbert, *Hegels Ontologie und die Grundlegung einer Theorie der Geschichtlichkeit*, Ffm., 1932.

_____, *Reason and Revolution, Hegel and The Rise of Social Theory*, Boston, 1964.

Marx, Werner, *Hegels Phänomenologie des Geistes*, Ffm., 1981.

_____, *Das Selbstbewußtsein in Hegel's Phänomenologie des Geistes*, Ffm., 1986.

McLellan, David, *Übers. v. Renate Zauscher, Die Junghegelianer und Karl Marx*, München, 1974.

Oesch, Martin (hg. u. eingeleitet), *Aus der Frühzeit des deutschen Idealismus. Texte zur Wissenschaftslehre Fichtes 1794-1804*, Würzburg, 1987.

Paek, Hun-Seung, *Selbstbewußtsein und Begierde: eine Untersuchung zur Struktur, Entstehung und Entiwicklung der Begierde bei Hegel*, Ffm., 2002.

Peetz, Siegbert, "Voraussetzungen und Status der intellektuellen Anschauung in Schellings »System des transzendentalen Idealismus«," in: *System als Wirklichkeit: 200 Jahre Schellings System des transzendentalen Idealismus*, Christian Danz, Claus Dieksmeier, Christian Seysen (hg.), Würzburg (23–40), 2001.

Pinkard, Terry, *Hegel's Phenomenology. The Sociality of Reason*, NY., 1994.

Pippin, R., *Hegel's Idealism. The Satisfaction of Self–Consciousness*, NY. u.a., 1989.

Plamenatz, J., *Man & Society. Political and Social Theories from Machiavelli to Marx. Vol. 3, Hegel, Marx and Engels, and the Idea of Progress*, London and NY., 1993.

Pothast, Ulrich, *Über einige Fragen der Selbstbeziehung*, Ffm., 1971.

Pöggeler, O., *Hegels Idee einer Phänomenologie des Geistes*, Freiburg/München, 1973.

_____, "Philosophie als System," in: *Grundprobleme der großen Philosophen. Philosophie der Neuzeit II*, hg. v. J. Speck, Göttingen, 1976.

Reinhold, K. L., *Über das Bedürfnis die Möglichkeit und die Eigenschaften eines allgemeingeltenden ersten Grundsatzes der Philosophie*, in: Beiträge I, Jena, (91–164), 1790.

_____, *Neue Darstellung der Hauptmomente der Elementarphilosophie*, in: *Beiträge zur Berichtigung bisheriger Missverständlisse der Philosophen. Erster Band. das Fundament der Elementarphilosophie betreffend* (=Beiträge I), Jena, (165–254), 1790.

Ritter, Joachim und Gründer, Karlfried (hg.), *Historisches Wörterbuch der Philosophie*, Basel, Bd. 9, 1995.

Rohrmoser, Günter, *Subjektivität und Verdinglichung*, Gütersloh, 1961.

Rohs, P., *Johann Gottlieb Fichte*, München, 1991.

Rosen, Stanley, "Self-Consciousness and Self-Knowledge in Plato and Hegel," in: *Hegel-Studien* Bd. 9, 1974.

Röd, W., *Dialektische Philosophie der Neuzeit I. Von Kant bis Hegel*, München, 1974.

Röttgers, Kurt, *Kritik und Praxis. Zur Geschichte des Kritikbegriffs von Kant bis Marx*, Berlin (89-104), 1975.

Sartre, J. P., *Being and Nothingness*, London, 1989.

Schäfer, Rainer, *Johann Gottlieb Fichtes ›Grundlage der gesamten Wissenschaftslehre‹ von 1794*, Darmstadt, 2006.

Schlegel, Friedrich, *Schriften und Fragmente*, Stuttgart, 1956.

Schnädelbach, Herbert, *Was Philosophen wissen und was man von ihnen lernen kann*, München, 2012.

Schrader, Wolfgang H., *Empirisches Ich und absolutes Ich*, Stuttgart-Bad Cannstatt, 1972.

Schulz, W., *Johann Gottlieb Fichte. Vernunft und Freiheit*, Pfullingen, 1962.

_____, "Einleitung zu Schellings System des transzendentalen Idealismus," in: *Schelling, F. W. J., System des transzendentalen Idealismus*, hg. v. Horst D. Brandt und Peter Müller, Hamburg, 2000.

Schurr, A., *Philosophie als System bei Fichte, Schelling und Hegel*, Stuttgart-Bad Cannstatt, 1974.

Seidel, George J., *Fichte's Wissenschaftslehre of 1794. A Commentary on Part I*, Purdue Univ., 1993.

Siep, L., "Der Kampf um Anerkennung. Zu Hegels Auseinandersetzung mit Hobbes in den Jenaer Schriften," in: *Hegel-Studien*, Bd. 9, 1974.

_____, *Praktische Philosophie im Deutschen Idealismus*, Ffm., 1992.

Simon, Josef, *Das Problem der Sprache bei Hegel*, Köln, 1958.

Singer, P., *Hegel*, Oxford, 1983.

Soll, I., *An Introduction to Hegel's Metaphysics*, Chicago, 1969.

Solomon, Robert C., *In the Spirit of Hegel*, Oxford, 1983.

Soller, A. K., *Trieb und Reflexion in Fichtes Jenaer Philosophie*, Würzburg, 1984.

Stace, W. T., *The Philosophy of Hegel*, NY., 1955.

Stolzenberg, Jürgen, "Geschichte des Selbstbewußtseins. Reinhold–Fichte– Schelling," in: Karl Ameriks und Jürgen Stolzenberg (hg.) *Internationales Jahrbuch des Deutschen Idealismus* 1·2003, Konzepte der Rationalität (93–114), Berlin/NY., 2003.

_____, "Kant und der Frühidealismus," in: *SYSTEM DER VERNUNFT. KANT UND DER DEUTSCHE IDEALISMUS*, hg. v. Wilhelm G. Jacobs, Hans–Dieter Klein, Jürgen Stolzenberg, Band 2, Hamburg (1– 14), 2007.

Stratmann, Nicole, *Leiden: im Lichte einer existenzialontologischen Kategorialanalyse*, Amsterdam/Atlanta, 1994.

Sturma, Dieter, "Die Odyssee des Geistes. Schellings Projekt einer naturphilosophischen Geschichte des Selbstbewußtseins," in: H. M. Baumgartner/W. G. Jacobs (hg.), *Philosophie der Subjektkvität? Zur Bestimmung des neuzeitlichen Philosophierens*, Band 2, Stuttgart–Bad Cannstatt, 1993.

_____, "Schellings Subjektkvitätskritik," in: *Deutsche Zeitschrift für Philosophie* (44), Berlin (429–446), 1996.

Teichner, Wilhelm, *Kants Transzendentalphilosophie*, Freiburg/München, 1978.

Thiel, Udo, "Self-consciousness and personal identity," in: *The Cambridge History of Eighteenth-Century Philosophy. Vol. 1*, ed. by Knud Haakonssen, Cambridge, NY., etc. 2007.

Tillich, P., *Love, power, justice — ontological analysis and ethical application*, London u.a., 1968.

Tugendhat, Ernst, *Selbstbewußtsein und Selbstbestimmung: Sprachanalytische Interpretationen*, Ffm. 1979.

Westphal, Merold, *History and Truth in Hegel's Phenomenology*, Atlantic Highlands, New Jersey, 1979.

Weischedel, W., *Der Aufbruch der Freiheit zur Gemeinschaft. Studien zur Philosophie des jungen Fichte*, Leipzig, 1939.

Wellner, Klaus, *Das bewußtsein. Beschreibung und Kritik der Transzendentalphilosophie bei Kant, Fichte und Schelling*, Ffm. u.a., 1990.

Wetz, Franz Josef, *Friedrich W. J. Schelling zur Einführung*, Hamburg, 1996.

Widmann, Joachim, *Johann Gottlieb Fichte. Einführung in seine Philosophie*, Berlin/NY., 1982.

Williams, H., *Hegel, Heraclitus and Marx's Dialectic*, 1989.

Williams, Robert R., *Recognition. Fichte and Hegel on the Other*, Albany, 1992.

Winterhager, Eberhard, *Selbstbewußtsein. Eine Theorie zwischen Kant und Hegel*, Bonn, 1979.

http://de.wikipedia.org/wiki/Ataraxie

http://plato.stanford.edu/entries/johann-fichte/#4.3

http://www.csudh.edu/phenom_studies/phenom_studies/europ19/lect_3.html

http://www.idealismus.de/zeitgenossen.html

찾아보기